Empirically Oriented Theoretical Morphology and Syntax

Chief Editor : Stefan Müller
Consulting Editors : Berthold Crysmann, Laura Kallmeyer

In this series :

1. Lichte, Timm. Syntax und Valenz : Zur Modellierung kohärenter und elliptischer Strukturen mit Baumadjunktionsgrammatiken

2. Bîlbîie, Gabriela. Grammaire des constructions elliptiques : Une étude comparative des phrases sans verbe en roumain et en français

3. Bowern, Claire, Laurence Horn & Raffaella Zanuttini (eds.). On looking into words (and beyond) : Structures, Relations, Analyses

ISSN : 2366-3529

Grammaire des constructions elliptiques

Une étude comparative des phrases sans verbe en roumain et en français

Gabriela Bîlbîie

language science press

Gabriela Bîlbîie. 2017. *Grammaire des constructions elliptiques* : *Une étude comparative des phrases sans verbe en roumain et en français* (Empirically Oriented Theoretical Morphology and Syntax 2). Berlin : Language Science Press.

This title can be downloaded at : http://langsci-press.org/catalog/book/27
© 2017, Gabriela Bîlbîie
Published under the Creative Commons Attribution 4.0 Licence (CC BY 4.0) :
http ://creativecommons.org/licenses/by/4.0/
ISBN : 978-3-944675-52-7 (Digital)
      978-3-946234-82-1 (Hardcover)
      978-3-944675-67-1 (Softcover)
ISSN : 2366-3529
DOI :10.5281/zenodo.573753
Source code available from www.github.com/langsci/27
Collaborative reading : paperhive.org/documents/remote ?type=langsci&id=27

Cover and concept of design : Ulrike Harbort
Typesetting : Gabriela Bîlbîie, Sebastian Nordhoff, Felix Kopecky, Iana Stefanova
Proofreading : Margot Colinet, Frédéric Laurens, Sebastian Nordhoff, Florence Orluc, Delphine Tribout, Esma Tanis, Grégoire Winterstein
Fonts : Linux Libertine, Arimo, DejaVu Sans Mono
Typesetting software : XƎLᴬTEX

Language Science Press
Unter den Linden 6
10099 Berlin, Germany
langsci-press.org
Storage and cataloguing done by FU Berlin

Language Science Press has no responsibility for the persistence or accuracy of URLs for external or third-party Internet websites referred to in this publication, and does not guarantee that any content on such websites is, or will remain, accurate or appropriate.

Table des matières

Remerciements	vii
Liste des abréviations utilisées dans les gloses des exemples	ix

1 Introduction 1
  1.1 Problématique 1
  1.2 Contributions de cet ouvrage 3
  1.3 Cadre formel utilisé 4
  1.4 Plan du livre 6

2 Les phrases elliptiques 11
  2.1 La notion générale d'ellipse 11
  2.2 Pourquoi ellipse ? 12
  2.3 La phrase et la notion de tête 19
    2.3.1 Définition de la phrase 19
    2.3.2 Phrases averbales 23
    2.3.3 Phrases elliptiques (et fragmentaires) 29
  2.4 Typologie des phrases elliptiques 31
    2.4.1 Nature du matériel manquant 32
      2.4.1.1 Ellipse de la tête 32
      2.4.1.2 Ellipse des dépendants 36
      2.4.1.3 Ellipse non sélective 44
    2.4.2 Contextes syntaxiques 45
    2.4.3 Directionnalité 48
    2.4.4 L'ellipse dans une approche typologique 49
      2.4.4.1 Disponibilité des formes 50
      2.4.4.2 Problèmes d'identification 51
  2.5 Théories de l'ellipse 54
    2.5.1 Approches structurales ou Ellipse syntaxique 56
      2.5.1.1 Arguments pour la présence d'une structure 56
      2.5.1.2 Sous-types d'approches structurales 59

Table des matières

		2.5.2	Approches non structurales ou Ellipse sémantique	63
			2.5.2.1 Arguments pour l'absence d'une structure syntaxique	64
			2.5.2.2 Sous-types d'approches non structurales	69
		2.5.3	Quel type d'identité?	73
			2.5.3.1 Identité sémantique	73
			2.5.3.2 Identité syntaxique	75
	2.6	Conclusion		77

3 Les conjoints fragmentaires : le gapping — 81

- 3.1 Introduction . . . 81
- 3.2 Le gapping et l'ordre des mots à travers les langues . . . 83
  - 3.2.1 Directionnalité du gapping : analepse vs. catalepse . . . 85
  - 3.2.2 Identification du gapping : ellipse médiane vs. ellipse périphérique . . . 89
- 3.3 Propriétés du gapping . . . 94
  - 3.3.1 Contextes phrastiques du gapping . . . 94
    - 3.3.1.1 Gapping et types de phrase . . . 94
    - 3.3.1.2 Gapping et les phrases coordonnées . . . 97
    - 3.3.1.3 Inventaire des coordonnants . . . 104
    - 3.3.1.4 Antécédent linguistique . . . 106
    - 3.3.1.5 Gapping et les autres constructions elliptiques . . . 107
  - 3.3.2 Contraintes générales sur le matériel manquant . . . 112
    - 3.3.2.1 Degré d'identité entre le trou et son antécédent . . . 118
  - 3.3.3 Contraintes générales sur les éléments résiduels . . . 125
  - 3.3.4 Contraintes de parallélisme . . . 136
    - 3.3.4.1 Syntaxe . . . 136
    - 3.3.4.2 Sémantique . . . 142
    - 3.3.4.3 Relations discursives . . . 150
    - 3.3.4.4 Structure informationnelle . . . 156
    - 3.3.4.5 Prosodie . . . 164
- 3.4 Les analyses proposées et leurs limites . . . 165
  - 3.4.1 Taille de la séquence trouée . . . 166
    - 3.4.1.1 Coordination au niveau de la phrase . . . 167
    - 3.4.1.2 Coordination sous-phrastique . . . 168
  - 3.4.2 Nature du matériel manquant . . . 171
    - 3.4.2.1 Effacement au niveau PF . . . 171
    - 3.4.2.2 Reconstruction au niveau LF . . . 176

		3.4.2.3	Mouvement (parallèle ou latéral) du verbe	177
	3.4.3	Limites des analyses structurales		179
		3.4.3.1	Problèmes de l'extraction des éléments résiduels	179
		3.4.3.2	Problèmes de l'extraction du matériel manquant	184
		3.4.3.3	Problèmes de l'effacement	187
	3.4.4	Analyses alternatives : une approche non structurale		191
3.5	Une analyse constructionnelle en HPSG			197
	3.5.1	Architecture générale en HPSG		198
	3.5.2	Formalisation des constructions coordonnées		201
	3.5.3	Formalisation des constructions à gapping		208
		3.5.3.1	Une théorie des clusters	208
		3.5.3.2	Une théorie des fragments	211
		3.5.3.3	La construction à gapping	220
3.6	L'ellipse périphérique gauche : gapping ou coordination de séquences ?			222
	3.6.1	Pas de reconstruction syntaxique		230
	3.6.2	La coordination de séquences en français		235
	3.6.3	Une double analyse en roumain		236
	3.6.4	Théorie des coordinations de clusters en HPSG		246
3.7	Conclusion			251

4 Les subordonnées fragmentaires : les relatives sans verbe — 257

4.1	Qu'est-ce qu'une relative sans verbe ?			257
4.2	Propriétés syntaxiques			260
	4.2.1	L'introducteur d'une RSV		260
		4.2.1.1	Syntagmes prépositionnels	262
		4.2.1.2	La forme *dont* en français	263
	4.2.2	Le corps d'une RSV		267
		4.2.2.1	Un seul constituant	267
		4.2.2.2	Un cluster de constituants	270
	4.2.3	Propriétés de linéarisation		274
	4.2.4	Synthèse		279
4.3	Propriétés sémantiques			280
	4.3.1	Sémantique non restrictive		280
	4.3.2	Sémantique partitive		283
		4.3.2.1	Elément distingué et antécédent	283
		4.3.2.2	Interprétation exemplifiante et partitionnante	286
	4.3.3	Interprétation d'éventualité		292

	4.3.4 Synthèse	296
4.4	Les RSV ne sont pas des phrases relatives verbales	297
	4.4.1 Reconstruction syntaxique	298
	4.4.2 Différences sémantiques	303
	4.4.2.1 Contenu (non-)parenthétique	303
	4.4.2.2 Rôle de l'introducteur	305
	4.4.2.3 Sémantique partitive stricte	306
4.5	Une approche constructionnelle des RSV en termes d'ajouts fragmentaires	307
	4.5.1 Théorie des fragments	308
	4.5.2 Théorie des clusters	312
	4.5.3 Relations fonctionnelles dans la RSV	316
	4.5.3.1 Le corps de la RSV comme tête	318
	4.5.3.2 L'introducteur de la RSV comme foncteur ..	321
	4.5.4 Théorie de la localité de sélection sémantique	326
	4.5.5 Théorie des RSV	327
4.6	Conclusion	337

5 Conclusion générale — 339
5.1	Ellipse et reconstruction	339
5.2	Ellipse et parallélisme	340
5.3	Perspectives	341

Bibliographie — 345

Index — 369
Index des auteurs	369
Index des langues	375
Index terminologique	377

Remerciements

Plusieurs personnes ont contribué, de près ou de loin, à l'aboutissement de cet ouvrage et je tiens à les en remercier chaleureusement.

D'abord, je voudrais remercier *Language Science Press* d'avoir accepté la publication de ce livre. Je tiens à remercier particulièrement Stefan Müller et Berthold Chrysmann pour l'intérêt qu'ils ont porté à mon travail et la patience avec laquelle ils ont attendu la version finale du manuscrit. Je remercie aussi les deux évaluateurs anonymes du manuscrit ; leurs commentaires très fins et leurs suggestions ont nettement amélioré la qualité de cet ouvrage. Un grand merci à Sebastian Nordhoff, qui m'a accompagnée tout au long du processus de mise en forme, afin de remplir les critères techniques de publication de *Language Science Press*.

Cet ouvrage reprend une bonne partie de ma thèse de doctorat, soutenue à l'Université Paris Diderot – Paris 7 en 2011. Je voudrais exprimer toute ma reconnaissance à ma directrice de thèse, Anne Abeillé, qui a dirigé mes recherches depuis le master et m'a permis de réaliser mes travaux de recherche dans les meilleures conditions possibles. Ses intuitions très fines, sa souplesse et son ouverture d'esprit ont contribué de manière significative à mon parcours scientifique.

J'ai eu la chance de me former au milieu d'une équipe exceptionnelle de chercheurs et d'enseignants-chercheurs du Laboratoire de Linguistique Formelle et de l'Université Paris Diderot – Paris 7. Comme doctorante et jeune chercheur, j'ai énormément profité de leurs savoirs et expérience. Plusieurs ont eu un apport essentiel et je tiens à les remercier en particulier. Je suis très reconnaissante à François Mouret, qui m'a aidée à comprendre plusieurs aspects liés à la coordination et à l'ellipse. Son suivi, le sérieux et la précision de ses commentaires m'ont toujours aidée à avancer dans mon travail. Je remercie aussi Olivier Bonami pour son aide précieuse sur la partie formelle de cet ouvrage ; ses commentaires m'ont aidée à résoudre certains problèmes relevant de la méthodologie, la description ou encore la formalisation de faits linguistiques. J'ai eu la chance de côtoyer Jean-Marie Marandin et Danièle Godard ; les discussions avec eux ont répondu à mes questions délicates et m'ont ouvert de nouveaux horizons scienti-

Remerciements

fiques. Je remercie aussi Philip Miller d'avoir lu certaines sections de cet ouvrage ; ses suggestions très pointues m'ont aidée dans la rédaction du chapitre général dédié aux phrases elliptiques.

Je remercie les personnes qui ont accepté d'être membres de mon jury de thèse. Je suis très reconnaissante à Carmen Dobrovie-Sorin pour toute son aide apportée à divers titres depuis mon arrivée à l'Université Paris 7 comme étudiante Erasmus. Je remercie Jonathan Ginzburg d'avoir soulevé des questions profondes liées à l'analyse formelle de l'ellipse. Je tiens à exprimer ma reconnaissance à Emil Ionescu, un des premiers professeurs m'ayant initiée à la linguistique à l'Université de Bucarest. Ma gratitude s'adresse aussi à Jason Merchant, qui, par l'intermédiaire de ses présentations et articles, m'a aidée à approfondir le champ d'étude de l'ellipse ; j'apprécie beaucoup son honnêteté intellectuelle et son ouverture d'esprit. Enfin, je remercie Marleen Van Peteghem d'avoir accepté de lire ma thèse malgré des conditions difficiles.

Un grand merci à mes chers collègues et amis Frédéric Laurens et Grégoire Winterstein, qui ont eu un apport non négligeable aux résultats de cette thèse, par leurs collaborations et leurs discussions stimulantes. Merci à Margot Colinet pour sa disponibilité même à des heures indues, ma référence en matière de français. Merci à mes collègues et amis à Paris 7, et notamment à Israel de la Fuente, Anna Gazdik, Fabiola Henri, Jana Strnadova et Delphine Tribout. Merci à Clément Plancq, qui m'a soutenue dans mes problèmes informatiques.

Je clos enfin ces remerciements en dédiant cet ouvrage à ma famille et aux quelques amis très proches (sans oublier Daniel Lavalette), qui m'ont soutenue tout au long de ces années de travail. Et, plus que quiconque, je remercie Răzvan, mon soutien sans faille, d'avoir sublimé les 2500 km entre Bucarest et Paris pour venir à mes côtés.

Liste des abréviations utilisées dans les gloses des exemples

1	première personne	INTER	interrogative
2	deuxième personne	INTR	intransitif
3	troisième personne	IPFV	imparfait
ACC	accusatif	M	masculin
ADJ	adjectif	N	neutre
ADV	adverbe	NEG	négation, négatif
ART	article	NOM	nominatif
AUX	auxiliaire	OBJ	objet
COMP	complémenteur	OBL	oblique
COND	conditionnel	PASS	passif
CONJ	conjonction	PERF	aspect perfectif
DAT	datif	PL	pluriel
DECL	déclarative	PRED	prédicatif
DEF	défini	PRF	parfait
DEM	démonstratif	PRS	présent
DET	déterminant	PST	passé
DISTR	distributif	PTCP	participe
DOM	marquage différentiel de l'objet direct	Q	marqueur interrogatif
		REFL	réfléchi
DUR	aspect duratif	REL	relatif
EXCL	exclamative	SBJ	sujet
F	féminin	SBJV	subjonctif
FOC	focus	SG	singulier
FUT	futur	SUP	supin
GEN	génitif	TOP	topique
IMP	impératif/impérative	TR	transitif
IND	indicatif	VOC	vocatif
INDF	indéfini		
INF	infinitif		

1 Introduction

1.1 Problématique

Le fait que les langues sont organisées de manière économique devient évident quand on parle d'ellipse. Les utilisateurs d'une langue emploient chaque jour des structures fragmentaires ou incomplètes, en comptant sur le fait que la bonne interprétation sera de toute façon obtenue grâce au contexte ou à la connaissance du monde. Cependant, la manière dont on élide l'information considérée comme redondante n'est pas arbitraire : elle est guidée systématiquement par des facteurs syntaxiques, sémantiques et discursifs.

Le but de cet ouvrage est essentiellement de définir les facteurs qui entrent en jeu dans la description de deux constructions elliptiques en roumain et en français. La première, appelée *gapping*[1], est exemplifiée en (1a) pour le roumain et (1b) pour le français : on coordonne une phrase complète et une phrase elliptique qui compte au moins deux éléments résiduels et où manque le verbe principal. La deuxième construction étudiée, les *relatives sans verbe* (dorénavant RSV), est exemplifiée en (2a) pour le roumain et (2b) pour le français : à une phrase complète s'adjoint une phrase elliptique qui est introduite par un élément relatif suivi d'un ou plusieurs constituants à l'exclusion d'un verbe fini.

(1) a. Ioana studiază lingvistica, [**iar** Maria dreptul].
    Ioana étudie linguistique.DEF et Marie droit.DEF
    'Ioana étudie la linguistique et Maria le droit.'

   b. Jean étudie la linguistique [**et** Marie le droit].

(2) a. Au sunat trei persoane, [**printre care** și Ion].
    ont appelé trois personnes parmi lesquelles aussi Ion
    'Trois personnes ont appelé, parmi lesquelles Ion.'

   b. Plusieurs personnes, [**parmi lesquelles** Jean], ont appelé hier.

---

[1] Le terme de *gapping* est emprunté à l'anglais. Dans cet ouvrage, j'utilise généralement le terme anglais pour parler de la construction, mais quand je parle strictement de la phrase elliptique dans une construction à gapping, j'utilise le terme *phrase trouée*.

1 Introduction

Dans les deux constructions, il s'agit d'une relation entre une séquence de constituants dont l'interprétation requiert plus que ce qui est donné par les mots qui la composent et une expression présente dans le contexte linguistique, qui fournit à cette séquence le matériel manquant dont elle a besoin pour être interprétée (en l'occurrence, le verbe *étudier* dans les exemples en (1) et le verbe *appeler* dans les exemples en (2)).

L'ellipse constitue ainsi un vrai défi à la définition saussurienne du signe linguistique qui associe une forme (le signifiant) à un contenu (le signifié), car dans les constructions mentionnées ci-dessus, comme dans beaucoup d'autres, on arrive à obtenir une interprétation en l'absence d'une forme (*significatio ex nihilo*).

La question générale qui surgit alors est de savoir comment on articule cette dichotomie classique dans le cas de l'ellipse. Une solution simple, couramment admise dans les approches génératives, serait d'aligner ces phrases elliptiques sur leurs contreparties complètes et de considérer que le matériel qui manque a une forme « invisible », auquel cas l'association forme/contenu est préservée. Pour pouvoir adopter cette solution, il faut démontrer que les phrases elliptiques et leurs contreparties complètes ont exactement les mêmes propriétés. L'objectif majeur de cet ouvrage est de montrer que cette solution n'est pas adéquate pour les deux constructions en question, car le comportement de ces phrases elliptiques n'est pas toujours le même que celui des phrases complètes correspondantes. Argumenter contre l'existence d'une forme « invisible » dans ces structures elliptiques et, par conséquent, contre une reconstruction en syntaxe du matériel manquant nous demande, d'une part, de revoir l'ontologie des unités syntaxiques, ainsi que leur pertinence pour la description des phénomènes elliptiques, et, d'autre part, d'examiner l'importance d'autres facteurs. Dans cet ouvrage, j'insiste surtout sur le premier point : revoir la syntaxe et argumenter pour l'existence d'une catégorie *fragment* dans la grammaire (cf. Ginzburg & Sag 2000). La perspective syntaxique que j'adopte est donc celle résumée par Culicover & Jackendoff (2005 : 5) :

(3) *Simpler Syntax Hypothesis*
 « The most explanatory syntactic theory is one that imputes the minimum syntactic structure necessary to mediate between phonology and meaning. »

La plupart des travaux sur l'ellipse se sont concentrés sur la coordination et moins sur la subordination. Dans ce livre, j'ai choisi de traiter une construction elliptique pour chaque type de relation syntaxique, à savoir le gapping pour la coordination et les relatives sans verbe pour la subordination, pour montrer qu'une analyse uniforme (sans reconstruction syntaxique) est disponible dans les deux types de relations syntaxiques : coordination et subordination.

Le gapping a constitué l'objet de recherches nombreuses faites sur des langues différentes (dont, en particulier, l'anglais, l'allemand, le japonais et le coréen), mais il n'y a pas eu de recherche équivalente sur les langues romanes. L'avantage de choisir le roumain comme langue privilégiée pour l'étude du gapping est double : d'une part, le roumain nous permet de confronter les contraintes de parallélisme (tellement discutées pour le gapping) à certaines particularités typologiques (complexe verbal riche, pro-drop, ordre libre des mots, marquage casuel, etc.) et, d'autre part, le roumain dispose d'un inventaire de conjonctions plus riche que celui des autres langues romanes. En particulier, le roumain dispose d'une conjonction particulière *iar* 'et', qui obéit à des contraintes spécifiques, dont certaines sont également requises de manière indépendante dans les constructions à gapping. De plus, comme cette conjonction lie uniquement des contenus propositionnels, elle est utile dans l'analyse de certaines coordinations elliptiques qui sont ambiguës entre une coordination de phrases ou bien une coordination sous-phrastique.

En choisissant les relatives sans verbe comme deuxième construction d'étude, j'ai voulu, d'une part, faire sortir l'ellipse du domaine de la coordination (en étudiant son comportement dans la subordination) et, d'autre part, examiner une construction qui n'a pas été étudiée auparavant, mais qui est disponible dans plusieurs langues romanes.

1.2 Contributions de cet ouvrage

Sur un plan théorique, les phénomènes elliptiques ne fournissent pas tous des arguments pour supposer une structure syntaxique quelconque pour le matériel manquant. On l'admet pour certains énoncés fragmentaires dans le dialogue (cf. Ginzburg & Sag 2000; Ginzburg & Cooper 2004; Ginzburg 2012), mais cela est moins évident pour des constructions, comme les deux étudiées dans ce livre (le gapping et les relatives sans verbe), qui en apparence manifestent des effets de *connectivité*. Une étude approfondie nous fait découvrir que, dans les deux cas, on ne peut pas aligner ces phrases elliptiques sur leurs contreparties complètes, car (i) parfois la reconstruction syntaxique est impossible, (ii) quand elle est disponible, elle ne peut pas s'appliquer de manière uniforme et systématique à toutes les occurrences elliptiques, et (iii) les propriétés syntaxiques et sémantiques des phrases elliptiques et de leurs contreparties complètes ne sont pas les mêmes. Comme il s'agit d'un mécanisme ad-hoc et superflu, l'hypothèse de la reconstruction syntaxique doit être abandonnée pour ces constructions.

1 Introduction

Le refus de toute approche structurale dans la description de ces constructions implique une perspective différente sur la syntaxe de l'ellipse. Il s'agit d'une syntaxe « plus simple » (dans le sens de Culicover & Jackendoff 2005), sans effacement, sans éléments vides, sans mouvement. L'unité essentielle pour décrire le comportement de ces phrases elliptiques est le *fragment* (cf. Ginzburg & Sag 2000), défini comme une expression dont le contenu sémantique n'est pas déductible de la forme prise en isolation et dépend de l'interprétation d'un antécédent dans le contexte. Le contenu sémantique du fragment dépend du type du fragment (différent pour chaque construction, en raison des contraintes différentes), du contenu sémantique des constituants du fragment et des informations contextuelles.

La littérature sur l'ellipse est vaste et diverse aujourd'hui, mais la plupart des travaux insistent sur les points théoriques suscités par le phénomène de l'ellipse dans la grammaire et laissent en arrière-plan l'établissement et la classification des données. Dans cet ouvrage, je mets en valeur la description des données ; les points théoriques, bien que nécessaires, ne prennent pas la place de la description. L'établissement des données nous fait découvrir le rôle très important des facteurs non syntaxiques dans la description des constructions elliptiques : la sémantique (p.ex. le contraste pour le gapping), le discours (p.ex. le type de relations discursives) ou encore la structure informationnelle.

1.3 Cadre formel utilisé

Pour la formalisation des données, j'ai choisi comme modèle théorique la grammaire syntagmatique guidée par les têtes (dorénavant HPSG, cf. anglais *Head-driven Phrase Structure Grammar*). Le cadre HPSG est un formalisme grammatical qui rend compte de l'ensemble des structures bien formées d'une langue en spécifiant une hiérarchie de contraintes de bonne formation, ce qui justifie sa place parmi les grammaires génératives à base de contraintes. HPSG est aussi un modèle lexicaliste. Dans le sens strict du terme, cela veut dire que la syntaxe et le lexique sont séparés. Par conséquent, on ne combine pas en syntaxe les unités inférieures aux mots[2] (qui sont traitées en morphologie), ce qui distingue ce modèle des grammaires dérivationnelles qui manipulent les affixes dans la structure syntaxique. Dans un sens plus large, le fait d'être une grammaire lexicaliste implique qu'au moins certaines généralisations linguistiques sont directement encodées dans le lexique. Donc, le lexique n'est pas simplement une liste d'ex-

---

[2] Cf. le principe d'intégrité lexicale (Miller & Sag 1997).

ceptions. Ainsi, de nombreux phénomènes syntaxiques (p.ex. extraction, phénomènes de « montée », alternances de valence) peuvent être décrits au moyen des règles lexicales, sans passer par une opération de transformation (ou dérivation).

Le modèle HPSG est choisi dans cet ouvrage en particulier pour ses avantages liés au traitement de l'ellipse. Je reprends ici certains des avantages présentés par Ginzburg & Miller (à paraître).

Comme je plaide dans cet ouvrage pour une approche non structurale de l'ellipse, avec une syntaxe « plus simple » (sans effacement, sans éléments vides, sans mouvement) que ce qui est généralement postulé dans les grammaires génératives, le modèle HPSG convient parfaitement pour la formalisation de mes résultats, car le principe par défaut en HPSG, une conséquence du principe général d'économie (le rasoir d'Occam, cf. Miller 1997b), est qu'il n'y a pas de morphèmes zéro ou bien de structures syntaxiques invisibles, non prononcées. HPSG constitue un modèle surfaciste et monostratal dans lequel les expressions linguistiques sont modélisées sous forme de structures de traits typées, permettant l'organisation dans une notation commune d'informations linguistiques hétérogènes; on peut ainsi capter de façon unitaire des informations phonologiques, morphologiques, syntaxiques, sémantiques, discursives et éventuellement prosodiques sur les mots ou les syntagmes, sans postuler d'isomorphie entre les différents niveaux d'analyse (en particulier la syntaxe et la sémantique). Une structure de traits décrit en parallèle les informations provenant de niveaux linguistiques hétérogènes, sans passer par un mécanisme de dérivation d'un niveau à l'autre. A l'aide de ces structures de traits, on représente non seulement les catégories, mais aussi les structures en constituants et les règles de grammaire. Ce type de grammaire opère avec des représentations lexicales riches et des représentations syntaxiques générales qui peuvent être sous-spécifiées. Les syntagmes sont caractérisés par la fonction grammaticale de leurs constituants immédiats (tête, sujet, complément, etc.), et non par leur catégorie ou par leur ordre.

Une propriété extrêmement puissante de ce cadre est donc le fait qu'on peut facilement modéliser simultanément des contraintes relevant de différents niveaux linguistiques (p.ex. les contraintes sémantiques et syntaxiques liées à l'ellipse). En plus, il fournit des moyens pour intégrer des informations contextuelles. De cette manière, le cadre HPSG capte à la fois la complexité linguistique et la complexité contextuelle.

De manière générale, dans le cadre HPSG on considère qu'il n'y a pas un seul mécanisme pour le traitement de l'ellipse, mais plutôt une variété de constructions, chaque construction elliptique ayant ses conditions spécifiques de légitimation. Dans ce sens, le modèle HPSG, dans ses versions récentes constructionnelles

1 Introduction

(cf. Sag 1997; Ginzburg & Sag 2000; Sag et al. 2003; Sag 2012), nous permet de représenter simultanément les propriétés générales communes à une famille de constructions. Il possède une hiérarchie de constructions, qui permet de représenter non seulement les propriétés communes, mais aussi les éventuelles propriétés idiosyncratiques (généralement non compositionnelles) des expressions.

Pour faciliter la lecture, dans ce livre, je distingue autant que possible la partie descriptive de la partie analytique. C'est pour cela que la formalisation en HPSG apparaît généralement en fin de chapitre.

1.4 Plan du livre

Cet ouvrage est composée de trois grands chapitres.

Chapitre 2. Les phrases elliptiques

Ce chapitre se veut une présentation générale du phénomène de l'ellipse, tel qu'il est étudié dans la littérature. Après avoir délimité ce qu'est l'ellipse, je montre qu'elle ne peut pas toujours être expliquée, comme cela a été proposé, par le principe du « moindre effort ». Il y a bien des contextes dans lesquels l'ellipse est obligatoire ou encore des contextes dans lesquels la présence de l'ellipse entraîne des propriétés différentes qu'on ne retrouve pas dans leurs contreparties complètes.

Comme les deux constructions elliptiques étudiées mettent en jeu respectivement une coordination et une subordination de phrases, il résulte que l'unité syntaxique *phrase* est au cœur de cet ouvrage. Je lui dédie donc une partie de ce chapitre, afin de proposer une définition satisfaisante, qui nous permet de délimiter facilement les phrases elliptiques des phrases averbales. Je montre en particulier que la notion de tête prédicative ne doit pas être nécessairement corrélée à la notion de phrase verbale finie ; elle est pertinente aussi dans les phrases verbales non finies ou encore dans les phrases averbales.

Ensuite, je dresse une typologie des phrases elliptiques, en les classifiant par rapport à la nature du matériel manquant, le type de contexte syntaxique dans lequel l'ellipse apparaît, ainsi que par rapport à la directionnalité de l'ellipse. Je donne en particulier un aperçu des différentes constructions elliptiques disponibles dans les deux langues romanes étudiées dans cet ouvrage (le roumain et le français). Je montre ensuite la difficulté d'une étude sur l'ellipse dans une perspective typologique, quant à la disponibilité des différentes constructions inventoriées et aux problèmes d'identification de certaines constructions. Le reste du chapitre présente le grand débat de la littérature entre les différentes manières d'envisager la résolution de l'ellipse, réduites ici à la reconstruction syntaxique (dans les approches structurales) vs. reconstruction sémantique (dans les approches non structurales).

Chapitre 3. Les conjoints fragmentaires : le gapping

Le troisième chapitre est dédié aux coordinations à gapping en roumain et en français. Je montre que la définition classique du gapping, qui retient parmi ses critères la position médiane du verbe manquant et la présence d'un élément résiduel sujet, n'est pas adéquate. Adopter une définition plus large en termes de couverture empirique complique en revanche le travail de délimitation du gapping (à l'intérieur d'une même langue et à travers les langues). D'une part, en roumain et en français, le gapping pose des problèmes de description par rapport à d'autres constructions elliptiques, en particulier les comparatives elliptiques et le stripping. D'autre part, en roumain, les configurations avec le verbe prédicat en position initiale se prêtent a priori à une double analyse : gapping (donc, une coordination au niveau des phrases) ou bien coordination de séquences (et donc une coordination sous-phrastique dans la portée syntaxique d'un prédicat).

Dans un premier temps, je laisse de côté les configurations ambiguës et je présente les propriétés du gapping dans les contextes non ambigus (c.-à-d. avec un verbe prédicat en position médiane ou finale). J'observe d'abord les contraintes générales qui s'appliquent au matériel manquant (en particulier, le type d'identité qui s'établit entre le verbe antécédent et le verbe manquant) et ensuite les contraintes auxquelles obéissent les éléments résiduels. Les contraintes de parallélisme, souvent discutées dans la littérature, sont reprises ici en détail. Je montre que le parallélisme le plus strict opère au niveau sémantico-discursif. Sur le plan syntaxique, différentes asymétries peuvent apparaître, à condition que chaque conjoint puisse apparaître seul en lieu et place de la coordination dans son ensemble (selon la généralisation dite « de Wasow », cf. Gazdar et al. 1985 et Pullum & Zwicky 1986). L'importance des différentes contraintes pesant sur le gapping est évaluée pour le roumain à la lumière de la conjonction *iar* 'et', spécialisée en roumain pour marquer le contraste.

Une autre partie du chapitre est dédiée aux différentes analyses proposées dans la littérature pour le traitement du gapping, qui peuvent être regroupées en trois approches majeures : reconstruction syntaxique (donc, une ellipse syntaxique); mouvement (donc, pas d'ellipse), et reconstruction sémantique (donc, une ellipse sémantique). Après avoir inventorié les différents arguments invoqués dans la littérature pour ou contre l'une de ces approches, je donne des arguments empiriques en faveur d'une approche constructionnelle des coordinations à gapping (c.-à-d. reconstruction sémantique) et contre les approches alternatives en termes de reconstruction syntaxique ou mouvement. Dans cette perspective, la construction à gapping est une coordination entre une phrase finie non elliptique et une phrase fragmentaire. Une formalisation de cette approche est donnée ensuite dans le cadre HPSG.

Dans la dernière section du chapitre, je reviens aux configurations ambiguës en roumain, dans lesquelles le verbe de la phrase complète se trouve en position initiale. Je montre que le problème de l'ambiguïté est résolu pour les coordinations en *iar* 'et', ce type de structure recevant la même analyse que les distributions typiques de gapping. En revanche, pour les coordinations avec d'autres conjonctions, l'analyse est systématiquement ambiguë entre une coordination phrastique (avec ellipse) et une coordination sous-phrastique (sans ellipse).

Chapitre 4. Les subordonnées fragmentaires : les relatives sans verbe

Ce dernier chapitre est consacré à l'étude des relatives sans verbe (RSV) en roumain et en français. Dans un premier temps, je discute leurs propriétés syntaxiques, en regardant la constituance (en particulier, les propriétés distributionnelles de l'introducteur et celles du corps d'une RSV) et la linéarisation, pour en conclure que les RSV se comportent, dans les deux langues, comme des ajouts incidents par rapport à la phrase hôte. Dans un deuxième temps, je m'intéresse à leurs propriétés sémantiques. Je montre que les RSV ont un comportement hybride, car elles ont une interprétation non intersective (comme les relatives non restrictives), mais leur contenu fait partie du contenu asserté (comme dans le cas d'une relative restrictive). De plus, leur sémantique est partitive, rendant possible deux types d'interprétations : une interprétation exemplifiante et une interprétation partitionnante. Les deux interprétations me permettent de décrire plus précisément les différences qu'on observe d'un introducteur à l'autre en roumain et en français, ainsi que les préférences des locuteurs pour certains introducteurs dans certaines configurations des RSV.

Après avoir observé les propriétés syntaxiques et sémantiques des RSV, je montre que l'hypothèse selon laquelle les RSV sont dérivées à partir des phrases relatives ordinaires est empiriquement intenable. D'une part, la reconstruction syntaxique d'une forme verbale n'est pas toujours possible et, quand elle est disponible, des contraintes lexicales, syntaxiques ou sémantiques doivent être prises en compte au cas par cas. Donc il n'y a pas de mécanisme général de reconstruction syntaxique qui s'applique à toutes les RSV. D'autre part, la contribution sémantique des RSV n'est pas la même que celle de leurs contreparties complètes. Par conséquent, je considère que les RSV ne mettent pas en jeu une ellipse syntaxique et que toutes les différences enregistrées entre les phrases relatives verbales et les RSV s'expliquent par le fait que les RSV sont des ajouts fragmentaires. A la fin du chapitre, je montre comment une approche constructionnelle des RSV en termes de *fragments* peut être formalisée dans le cadre HPSG, en utilisant le langage MRS (angl. *Minimal Recursion Semantics*), qui permet, entre autres, la description des représentations sémantiques incomplètes.

2 Les phrases elliptiques

2.1 La notion générale d'ellipse

Selon la définition saussurienne du signe linguistique, chaque unité linguistique se définit par l'association d'une forme (le signifiant) et d'un contenu (le signifié). Ainsi, à une séquence de sons on attribue un certain sens, ce qui rend possible la communication dans les langues naturelles. Cependant, toute langue naturelle présente des situations dans lesquelles cette correspondance manque et où l'on observe une discordance entre les deux éléments constitutifs du signe linguistique : on arrive à avoir une interprétation en l'absence d'une forme phonologique. L'ellipse est par conséquent le grand défi de la dichotomie classique mentionnée ci-dessus, en ce qu'elle est *significatio ex nihilo* (cf. Merchant 2006).

La propriété la plus remarquable de l'ellipse n'est pas le fait qu'une partie de la phrase n'est pas prononcée, mais le fait qu'on n'a pas de problème à interpréter le matériel qui manque. A première vue, cela semble être un défi pour le principe de compositionnalité de Frege, selon lequel l'interprétation d'une expression complexe est une fonction de l'interprétation de ses parties et de la manière dont elles sont assemblées.

On définit l'ellipse comme une relation entre une séquence de constituants dont l'interprétation requiert plus que ce qui est donné par les mots qui la composent et une expression inférée à partir du contexte extra-linguistique ou bien présente dans le contexte linguistique, qui fournit à cette séquence le matériel dont elle a besoin pour être interprétée.

Les critères essentiels que je retiens ici pour identifier une structure elliptique sont donc les suivants : (i) dans une structure elliptique, une partie du matériel nécessaire à l'interprétation de la structure en question manque, ce qui fait que la syntaxe est apparemment incomplète ; (ii) les éléments réalisés dans la structure elliptique doivent pouvoir être analysés comme argument, ajout ou prédicat du matériel manquant, et (iii) l'interprétation d'une structure dite elliptique est toujours obtenue contextuellement, grâce à la présence d'un antécédent (linguistique ou non linguistique, explicite ou implicite). Sur la base de ces critères, je ne considère pas comme ellipses les formules de salutation (p.ex. *Salut, Au revoir* en français, ou *Hello*, *Bye* en anglais), car leur contenu descriptif n'a pas besoin d'être résolu contextuellement, ni les styles appartenant à des registres spécifiques (p.ex. télégrammes, titres, étiquettes, etc.), qui contiennent des expressions sans antécédent[1].

La notion d'ellipse n'est pas réservée à la phrase et concerne tous les types de syntagme. Dans ce livre, je me limite aux phrases elliptiques, en laissant de côté d'autres occurrences de l'ellipse, comme par exemple l'ellipse nominale[2].

2.2 Pourquoi ellipse ?

L'ellipse est l'un des phénomènes les plus présents dans les langues naturelles et en même temps l'un des phénomènes les moins compris dans la grammaire. On considère souvent que l'emploi de l'ellipse s'explique par le principe du « moindre effort » et qu'une séquence elliptique est toujours en distribution libre avec sa contrepartie non elliptique. Voir dans ce sens ce que dit Zribi-Hertz (1986 : 377) : « l'ellipse apparaît donc comme un moyen dont disposent les usagers d'une langue pour abréger la forme des énoncés » et « l'ellipse correspond toujours à un choix pour l'usager ». Un autre aspect qu'on relève souvent au sujet de l'ellipse est le fait que l'emploi de l'ellipse serait une des principales raisons pour lesquelles les langues naturelles sont si ambiguës.

En guise de réponse, je m'appuie sur le papier de Hendriks & Spenader (2005), qui discute la loi du moindre effort, ainsi que d'autres fonctions qu'on peut attribuer à l'ellipse. La loi dite du moindre effort dans le phénomène d'ellipse dérive essentiellement de l'interaction entre deux principes antinomiques, identifiés par Grice (1968) dans sa Maxime de Quantité : l'un vise à économiser les efforts de production du locuteur (c.-à-d. la contribution du locuteur ne doit pas contenir plus d'information qu'il n'est requis), alors que l'autre principe vise à économiser les efforts d'interprétation de l'interlocuteur (c.-à-d. la contribution du locuteur doit contenir autant d'information qu'il est requis)[3]. Appliqué à l'ellipse, cela veut dire que le locuteur peut faire appel à une économie d'efforts de production, à condition que l'interlocuteur soit capable de reconstruire le matériel manquant. On arrive ainsi à omettre l'information qui est redondante et qui peut être faci-

---

[1]Pour une liste détaillée des formes qui ne doivent pas être analysées comme elliptiques, voir Merchant (2006 ; 2013a).

[2]Pour une description de l'ellipse nominale en roumain, voir Giurgea (2010) et Cornilescu & Nicolae (2010). Pour le français, voir Sleeman (1996), Corblin et al. (2004), etc.

[3]Dans l'approche néo-gricéenne de Horn (1993), ces deux forces sont rebaptisées Principe-R (ne pas en dire plus que nécessaire) et Principe-Q (en dire autant que possible).

lement récupérée du contexte immédiat. Si beaucoup de phénomènes elliptiques se laissent expliquer tout simplement par la loi du moindre effort, car il n'y a aucune différence entre l'emploi d'une version elliptique et l'emploi d'une version non elliptique, il y a toutefois des emplois de l'ellipse qui doivent trouver une autre explication, vu les différences qui existent entre les deux.

Fondamentalement, dans certains contextes, l'emploi de l'ellipse est le seul moyen dont on dispose pour construire une séquence grammaticale ou bien pour obtenir une certaine interprétation.

Du point de vue syntaxique, on observe des distributions dans lesquelles la version non elliptique d'une phrase la rend agrammaticale à cause de la violation des contraintes syntaxiques, alors que l'emploi de l'ellipse ne pose aucun problème d'acceptabilité. Ainsi, il y a des formes qui peuvent se combiner à une séquence de constituants, mais qui sont incompatibles avec une forme verbale finie. C'est le cas de la conjonction lexicalisée *ainsi que* (1a) et de la négation de constituant *non* et *non pas* (1b) en français (cf. Abeillé & Godard 1996 ; Mouret 2007), le comparatif *as well as* (2a) et les connecteurs *and not* (2b) et *but not* (2c) en anglais (cf. Culicover & Jackendoff 2005), ou encore le marqueur comparatif *ca* 'comme' (3) en roumain. Toutes ces formes apparaissent dans une phrase elliptique[4] (comme c'est le cas du gapping dans les exemples (1–3)), mais ne peuvent jamais apparaître dans une phrase verbale finie.

(1) a. Jean <u>parle</u> le japonais, **ainsi que** Marie (*parle) le coréen.

b. Paul <u>dormira</u> chez Marie, et **non pas** Marie (*dormira) chez Paul.

(2) a. Robin <u>speaks</u> French, **as well as** Leslie (*speaks) German.

b. Bill <u>invited</u> John, **and not** Jane (*invited) Bill.

c. Robin <u>speaks</u> French, **but not** Leslie (*speaks) German.

(3) Ai <u>pățit</u> și tu acum, **ca** mine (*am pățit) anul
as vécu aussi toi.SBJ maintenant comme moi.ACC (ai vécu) an.DEF
trecut.
dernier

'Il t'est arrivé maintenant ce qui m'est arrivé l'an dernier.'

Dans d'autres contextes, la version non elliptique est agrammaticale, car elle viole certaines contraintes syntaxiques, comme les contraintes dites contraintes

---

[4]Dans beaucoup d'exemples du chapitre 2 et chapitre 3, pour faciliter leur lecture, j'utilise le soulignement pour mettre en évidence le matériel de la phrase complète (appelé *antécédent*) qui contribue à la bonne interprétation de la séquence elliptique.

2 Les phrases elliptiques

d'îles. Ainsi, dans les exemples avec sluicing en (4), la présence d'une phrase subordonnée complète après la forme *qu- which* viole la contrainte de localité s'appliquant aux relatives (c.-à-d. l'extraction d'un mot *qu-* en dehors d'une phrase relative), alors que l'emploi de l'ellipse dans ce contexte ne pose aucun problème particulier.

(4) a. They want to hire someone who speaks a Balkan language but I don't remember which (*they want to hire someone who speaks). (Merchant 2001 : 5)

b. We will discover something that solves a well-known problem, but I won't divulge which (*we will discover something that solves). (Johnson 2008 : 2)

c. Ben will be mad if Abby talks to one of the teachers, but she couldn't remember which (*Ben will be mad if she talks to). (Merchant 2008b : 136)

Du point de vue sémantique, on observe que certains phénomènes, comme la coréférence, se produisent uniquement dans la version elliptique. Ainsi, dans les exemples anglais cités par Johnson (1996/2004 ; 2000 ; 2009) que j'ai repris en (5), on a une co-indiciation du pronom dans le deuxième conjoint avec le sujet quantifié dans le premier conjoint uniquement s'il y a ellipse.

(5) a. [Not every girl]$_i$ ate a green banana and her$_i$ mother (*ate) a ripe one.
b. [No woman]$_i$ can join the army and her$_i$ girlfriend (*can join) the navy.

Parfois, les interprétations associées à une phrase elliptique et respectivement non elliptique sont en distribution complémentaire : ainsi, dans l'exemple (6a) repris de Siegel (1984 ; 1987), le verbe modal répété dans les deux conjoints a nécessairement une portée étroite, alors que l'ellipse du modal nié dans l'exemple (6b) entraîne une portée large de celui-ci sur les deux conjoints[5].

(6) a. John can't eat caviar and Mary can't eat beans. = $((\neg \Diamond p) \wedge (\neg \Diamond q))$

---

[5]Siegel (1984 ; 1987) distingue les cas de gapping du modal comme en (6b) des cas où l'on a un trou complexe qui contient le modal, ainsi que le verbe lexical du syntagme verbal. Selon lui, l'exemple (i) ci-dessous a les deux lectures possibles.

(i) John can't eat caviar and Mary beans.
 a. John can't eat caviar and Mary can't eat beans.
 b. It can't be that John eats caviar and Mary beans.

2.2 Pourquoi ellipse ?

b. John can't eat caviar and Mary eat beans. = $(\neg\Diamond(p \wedge q))$

Dans d'autres contextes, l'emploi de l'ellipse restreint le nombre d'interprétations possibles en dehors de l'ellipse. L'ellipse peut ainsi désambiguïser un énoncé qui, dans sa version non elliptique, est ambigu. Un exemple bien connu dans la littérature est celui cité par Levin & Prince (1986) et repris par Kehler (2002), figurant en (7). La coordination de deux phrases complètes en (7a) est compatible avec deux types de relations discursives : une relation symétrique, si les deux événements sont interprétés comme étant indépendants l'un par rapport à l'autre (et, dans ce cas, on a une relation discursive de ressemblance et en particulier de contraste, dans les termes de Kehler 2002), ou bien une relation asymétrique, si le premier événement est présenté comme étant la cause du deuxième événement (et, cette fois-ci, la relation discursive est de type cause-effet). En revanche, la coordination elliptique en (7b) n'est compatible qu'avec une lecture symétrique.

(7) a. Sue became upset and Nan became downright angry.
     b. Sue became upset and Nan downright angry.

Un autre exemple qui indique la restriction du nombre d'interprétations possibles avec l'ellipse est le fameux puzzle de Dahl (cf. Fiengo & May 1994), exemplifié pour le gapping dans Coppock (2001) : la présence de plusieurs pronoms dans l'exemple non-elliptique en (8) entraîne, dans la deuxième phrase, quatre interprétations possibles, dont deux mixtes. Si la deuxième phrase est elliptique (9), on perd la dernière interprétation mixte (9d) (c.-à-d. strict/sloppy reading).

(8) Max said **he** gave **his** mother a bracelet, and Luc said **he** gave **his** mother a watch.
    a. Max_i said he_i gave his_i mother a bracelet, and Luc_j said he_i gave his_i mother a watch.
    b. Max_i said he_i gave his_i mother a bracelet, and Luc_j said he_j gave his_j mother a watch.
    c. Max_i said he_i gave his_i mother a bracelet, and Luc_j said he_j gave his_i mother a watch.
    d. Max_i said he_i gave his_i mother a bracelet, and Luc_j said he_i gave his_j mother a watch.

(9) Max said **he** gave **his** mother a bracelet, and Luc a watch.
    a. Max_i said he_i gave his_i mother a bracelet, and Luc_j said he_i gave his_i mother a watch.

2 Les phrases elliptiques

b. Max$_i$ said he$_i$ gave his$_i$ mother a bracelet, and Luc$_j$ said he$_j$ gave his$_j$ mother a watch.

c. Max$_i$ said he$_i$ gave his$_i$ mother a bracelet, and Luc$_j$ said he$_j$ gave his$_i$ mother a watch.

d. *Max$_i$ said he$_i$ gave his$_i$ mother a bracelet, and Luc$_j$ said he$_i$ gave his$_j$ mother a watch.

Comme signalé par plusieurs auteurs (Grinder & Postal 1971; Hankamer & Sag 1976; Zribi-Hertz 1986; Gardent 1991; Ginzburg & Miller à paraître, etc.), la relation mise en jeu par l'ellipse se rapproche d'une relation anaphorique ordinaire entre une expression pronominale et son antécédent. De manière générale, l'ellipse établit la cohérence discursive de la même façon que toute relation anaphorique. L'emploi du pronom *il* coréférent au nom propre *Jean* rend l'énoncé en (10a) plus acceptable en termes de cohérence discursive que l'énoncé en (10b), où on répète le nom propre. On observe les mêmes jugements dans des structures elliptiques comme l'ellipse polaire[6] en (11) ou l'ellipse du syntagme verbal (angl. *Verb Phrase Ellipsis*, abrégé VPE) en (12).

(10) a. **Jean** n'est pas venu à l'école. **Il** est malade.

b. **Jean** n'est pas venu à l'école. **Jean** est malade.

(11) a. Jean aime les pommes et Marie aussi (aime les pommes).

b. #Jean aime les pommes et Marie aime les pommes.

(12) a. John saw the flying saucer, and Bill did too. (Dalrymple 2005)

b. #John saw the flying saucer, and Bill saw the flying saucer.

Avant de finir cette section, je voudrais revenir à un aspect que j'ai mentionné dans l'introduction de cette sous-section, à savoir le lien entre l'ellipse et l'ambiguïté. On a vu précédemment que dans certains contextes la version elliptique est moins ambiguë que la version non elliptique. Cependant, on pense souvent que l'ellipse est un des facteurs responsables de l'existence de l'ambiguïté dans les langues naturelles. Dans la littérature, on trouve généralement au moins deux types d'ambiguïtés systématiques liés, d'une part, à l'interprétation des pronoms et, d'autre part, à l'interprétation d'une expression nominale non marquée. En

---

[6]Le terme employé dans la littérature est *stripping*, mais il regroupe plusieurs constructions hétérogènes. Dans cet ouvrage, je suis Abeillé (2005; 2006) et je fais la distinction entre les ellipses « polaires » (incluant un adverbe à polarité, tel que *aussi* ou *non plus*), les conjoints différés et les phrases adverbiales.

2.2 Pourquoi ellipse ?

ce qui concerne le premier type d'ambiguïté, on observe que l'élision d'une expression pronominale possessive de troisième personne, p.ex. *his* en (13), induit dans le second conjoint (elliptique) une double interprétation, à savoir une interprétation stricte (angl. *strict reading*) ou bien une interprétation relâchée (angl. *sloppy reading*). Quant au deuxième type d'ambiguïté, on observe que, si le premier élément résiduel dans le conjoint elliptique est une expression nominale non marquée, il peut être interprété syntaxiquement comme sujet ou bien comme objet, comme illustré dans l'exemple (14) repris de Hendriks & Spenader (2005) ou encore dans les exemples (15–17), repris de Carlson et al. (2005).

(13) John$_i$ <u>loves **his**$_i$ wife</u>, and Bill$_j$ does too.
   a. Bill$_j$ loves his$_i$ wife. (interprétation stricte)
   b. Bill$_j$ loves his$_j$ wife. (interprétation relâchée)

(14) Mary likes John, and **Bill** too.
   a. Bill likes John. (*Bill* = sujet)
   b. Mary likes Bill. (*Bill* = objet)

(15) Bob insulted the guests during dinner and **Sam** during the dance.
   a. Sam insulted the guests during the dance. (*Sam* = sujet)
   b. Bob insulted Sam during the dance. (*Sam* = objet)

(16) Tasha called Bella more often than **the doctor**.
   a. ... more often than the doctor called Bella. (*the doctor* = sujet)
   b. ... more often than Tasha called the doctor. (*the doctor* = objet)

(17) A friend called Marcus for advice, (but) not **a relative**.
   a. A relative didn't call Marcus for advice. (*a relative* = sujet)
   b. A friend didn't call a relative for advice. (*a relative* = objet)

Cependant, le problème de l'ambiguïté liée à l'ellipse se pose beaucoup moins dans les langues avec plus de marquage morpho-syntaxique, lexical ou prosodique. En roumain par exemple, l'ambiguïté liée à l'interprétation des pronoms est levée (au moins pour l'interprétation relâchée) par l'emploi de formes pronominales différentes : ainsi, un clitique réfléchi au datif (à interprétation possessive) permet uniquement l'interprétation relâchée en (18). De même, l'ambiguïté liée à l'interprétation syntaxique (sujet vs. objet) est résolue en roumain grâce au marquage casuel : le sujet (au nominatif) n'a pas de marque spécifique en

2 Les phrases elliptiques

(19a) et (20a), alors que l'objet (à l'accusatif) reçoit la marque *pe* en (19b) et (20b)[7]. Par conséquent, les exemples qui étaient ambigus en anglais ne le sont pas en roumain.

(18) a. Ion$_i$ **îşi$_i$** iubeşte soţia, iar Dan$_j$ de asemenea.
   Ion REFL.DAT.3 aime épouse.DEF et Dan de même
   'Ion aime sa femme et Dan aussi.'

   b. Dan$_j$ îşi$_j$ iubeşte soţia.
   'Dan$_j$ aime sa$_j$ femme.'

   c. *Dan$_j$ îşi$_i$ iubeşte soţia.
   'Dan$_j$ aime sa$_i$ femme.'

(19) a. **Maria îl** iubeşte pe Ion, iar **Dan** de asemenea.
   Maria ACC.M.3SG aime DOM Ion et Dan de même
   'Maria aime Ion, et Dan l'aime aussi.'

   b. **Maria îl** iubeşte **pe Ion**, iar **pe Dan** de asemenea.
   Maria ACC.M.3SG aime DOM Ion et DOM Dan de même
   'Maria aime Ion, et elle aime Dan aussi.'

(20) a. **Bob** i-a insultat pe invitaţi la masă, iar **Sam** la petrecere.
   Bob ACC.M.3PL-a insulté DOM invités à table et Sam à fête
   'Bob a insulté les invités pendant le repas, et Sam les a insultés pendant la fête.'

   b. Bob i-a insultat **pe invitaţi** la masă şi **pe Sam** la petrecere.
   Bob ACC.M.3PL-a insulté DOM invités à table et DOM Sam à fête
   'Bob a insulté les invités pendant le repas et il a insulté Sam pendant la fête.'

En même temps, les travaux montrent que, même dans les langues qui ne possèdent pas de marques casuelles ou de formes pronominales spécifiques, l'ambiguïté n'est pas un problème réel, une fois qu'on a le contexte approprié. Par conséquent, il ne s'agit pas d'une contrainte grammaticale, mais plutôt d'un système

---

[7] Le roumain, tout comme l'espagnol et d'autres langues, présente un marquage différentiel de l'objet direct (abrégé DOM dans les gloses des exemples), corrélé avec le redoublement clitique. En roumain, le marqueur DOM a la forme *pe* et est essentiellement déclenché par les traits sémantiques [+ spécifique], [+ animé] de l'objet direct. Pour plus de détails, voir Mardale (2010).

de préférences relativement complexe mettant en jeu des contraintes informationnelles, prosodiques et psycholinguistiques (voir Hankamer 1973, Kuno 1976, K. Carlson 2002 ; voir le rôle de l'intonation et la facilité du processing qui désambiguïse entre le gapping et la coordination de séquences en anglais, dans les travaux de K. Carlson 2001, K. Carlson 2002).

Pour conclure, on observe qu'en réduisant toutes les occurrences de l'ellipse au principe du moindre effort on ne peut pas rendre compte des différentes discordances observées entre une séquence elliptique et sa contrepartie non elliptique. Il faut donc considérer l'ellipse comme un phénomène en soi, qui doit avoir sa place dans la grammaire.

2.3 La phrase et la notion de tête

Dans cet ouvrage, on s'intéresse aux phénomènes elliptiques qui s'appliquent aux phrases. Cela nous oblige d'abord à bien définir la phrase, ce qui nous permettra ensuite de distinguer les phrases verbales (finies, mais aussi non finies) des phrases averbales. Fondamentalement, les phrases averbales ne seront pas considérées comme des phrases elliptiques.

2.3.1 Définition de la phrase

Une conception répandue analyse la phrase comme l'articulation d'un syntagme nominal sujet et d'un syntagme verbal prédicat, ce que capte la règle de réecriture ou le schéma de constituance SN SV[8]. Cependant, ce schéma est loin de capter toutes les occurrences phrastiques. Je rappelle ici les critères nécessaires pour une définition formelle de la notion de phrase, en m'appuyant sur des recherches récentes faites sur le français (Abeillé & Godard à paraître) et l'anglais (Ginzburg & Sag 2000 ; Huddleston & Pullum 2002).

Dans le cadre HPSG ou des approches qui s'en inspirent, la phrase est un syntagme comportant une tête prédicative dont la valence est saturée. La saturation de la valence est généralement mise en relation avec la fonction syntaxique de sujet. Syntaxiquement, on définit ainsi la phrase comme un syntagme qui n'attend pas de sujet, soit parce que le sujet attendu est réalisé, soit parce que la tête

---

[8] La notion de syntagme verbal prédicat est utilisée par la plupart des théories linguistiques contemporaines, sans avoir toujours de justification empirique (voir une discussion à cet égard dans Abeillé 2002 pour le français). Cette bipartition des structures phrastiques rappelle le découpage classique d'une proposition en un sujet et un prédicat, la notion de syntagme verbal regroupant en gros tout ce qui n'est pas le sujet dans la phrase (en particulier, les compléments du verbe).

2 Les phrases elliptiques

n'attend pas de sujet (Sag 1997; Ginzburg & Sag 2000). Fondamentalement, la phrase contient toujours une tête prédicative, pas nécessairement verbale et pas nécessairement finie.

Toute phrase appartient à un type phrastique (déclaratif, exclamatif, interrogatif, désidératif[9]) qui associe à un ensemble de formes un type de contenu spécifique. Le contenu associé à une phrase est de type *message* (Ginzburg & Sag 2000). Je retiens ici la typologie des contenus sémantiques établie par Marandin (2008) : proposition (pour les déclaratives et les exclamatives), question (pour les interrogatives) et visée (pour les désidératives)[10]. Dans une théorie de la logique des prédicats, cela revient à dire que les types déclaratif et exclamatif sont sémantiquement des *propositions*, alors que les types interrogatif et désidératif sont des *abstractions propositionnelles*, n'ayant pas de contenu susceptible d'être vrai ou faux[11]. Le contenu associé à une phrase doit donc être déterminé. Sur la base de ce critère, on ne peut pas analyser par exemple les interjections comme des phrases, car elles n'ont pas de contenu stable.

Une phrase peut être indépendante, si elle n'entretient pas de relation syntaxique avec une autre phrase (cf. l'exemple (21a) en roumain), ou bien liée à une autre phrase par des relations de coordination (21b) ou de subordination (21c). Le terme de phrase subordonnée couvre toutes les phrases qui ont une fonction de sujet, complément ou ajout par rapport à une tête lexicale ou syntagmatique de la phrase racine[12]. Une classification des phrases en fonction des relations possibles est donnée en Figure 2.1.

---

[9]Je suis Marandin (à paraître) en adoptant la terminologie *type désidératif* au lieu de *type impératif*, afin d'avoir une description uniforme des phrases racines et des phrases subordonnées ne contenant pas de forme verbale à l'impératif.

[10]Ginzburg & Sag (2000) ont aussi le type sémantique *fait* pour les exclamatives, mais je ne le retiens pas ici, cf. Marandin (2008).

[11]Dans ces derniers cas, le contenu est modélisé comme des abstractions simultanées sur un ensemble de paramètres, dont la cardinalité n'est pas contrainte. L'abstraction propositionnelle peut se faire sur 0 paramètres (et on obtient ainsi le contenu d'une question polaire), sur 1 paramètre (c'est le cas d'une question unaire et d'une visée) ou bien sur 2 paramètres ou plus (comme pour les questions binaires ou multiples).

[12]La plupart des grammaires traditionnelles utilisent la notion de *phrase principale* pour désigner la phrase tête ou la phrase qui contient le mot tête. Elle peut être séparée d'une subordonnée ayant la fonction ajout (i), en revanche elle n'a pas d'autonomie syntaxique sans son complément phrastique (ii). Comme Abeillé (à paraître) suggère, le terme de *phrase racine* rend mieux compte de cette distribution.

(i) Je ne viendrai pas (s'il neige).

(ii) Jean m'a dit *(qu'il neigeait).

(21) a. La București ninge.
       à Bucarest neiger.PRS.3SG
       'A Bucarest il neige.'
    b. [La București ninge],   [**iar** la Brașov plouă].
       à Bucarest neiger.PRS.3SG et à Brașov pleuvoir.PRS.3SG
       'A Bucarest il neige et à Brașov il pleut.'
    c. [Ion mi-a   spus [**că** la București ninge]].
       Ion DAT.1SG-a dit que à Bucarest neiger.PRS.3SG
       'Ion m'a dit qu'il neigeait à Bucarest.'

FIGURE 2.1 : Classification des phrases (cf. Abeillé à paraître)

Toute phrase racine, verbale ou non, peut être un énoncé, c.-à-d. une expression linguistique associée à un acte illocutoire. Il faut noter toutefois que l'inverse n'est pas toujours vrai : un énoncé n'est pas toujours une phrase. Ainsi, les exemples roumains en (22) peuvent être considérés comme des énoncés, car chacun a une valeur d'acte illocutoire (exclamation en (22a) et injonction en (22b)). En revanche, aucun des deux énoncés n'est une phrase, car le contenu associé à ces unités est très peu déterminé[13].

(22) a. Ura !
       'Hurrah !'
    b. In   picioare !
       dans pieds
       'Debout !'

Par ailleurs, contrairement aux approches traditionnelles, on ne postule pas ici une association un-à-un entre un certain type syntaxique de phrase et un certain type d'acte illocutoire. Il est généralement admis (cf. Gazdar 1981) que les

---

[13]L'anglais dispose d'une terminologie moins ambiguë : *utterance // sentence / clause*. Huddleston (1994) parle du phénomène de *desententialization* des subordonnées : une *clause* perd son statut de *sentence* (perte de la valeur d'acte illocutoire, perte de la finitude parfois). En français, on a *énoncé // phrase // proposition* et en roumain *enunț // frază // propoziție*. Dans ces deux langues, le problème réside dans l'ambiguïté du terme *proposition* qui est emprunté à la logique et qui est une catégorie relevant plutôt du niveau sémantique.

2 Les phrases elliptiques

types phrastiques sont « polyfonctionnels », c.-à-d. un même type phrastique peut avoir plusieurs usages discursifs. En plus, il y a des cas qui combinent simultanément un acte principal et un acte secondaire dit « indirect » obtenu par inférence.

Pour résumer, je définis donc la phrase comme un syntagme maximal saturé à tête prédicative, dénotant une situation et ayant un contenu de type *message* (proposition ou abstraction propositionnelle). Il s'agit d'un prédicat saturé, soit parce qu'il a trouvé tous ses arguments (y compris le sujet) soit parce qu'il est lexicalement/intrinsèquement saturé (et donc il n'attend pas de sujet).

Cette définition nous permet d'inclure parmi les occurrences phrastiques non seulement les phrases verbales finies, mais aussi les phrases verbales non finies, ainsi que les phrases averbales. Les phrases verbales non finies ont toujours comme tête un verbe à l'infinitif ((23a) en roumain, (24a) en français), au participe présent[14] (23b, 24b), au participe passé actif (23c, 24c)[15] ou passif (23d, 24d) dans les deux langues discutées dans cet ouvrage[16], ou encore un verbe au supin en roumain (23e). Dans tous ces exemples, on remarque bien la présence d'une tête prédicative et d'un sujet.

(23) a. **A nu se folosi** produsul în agricultură.
INF NEG REFL.ACC.3 utiliser produit.DEF en agriculture
'Ne pas utiliser ce produit en agriculture.'

b. [**Date fiind** rezultatele negative], directorul a renunțat
donné.N.PL étant résultats.DEF.N négatif.N.PL directeur.DEF a renoncé
la proiect.
à projet
'Au vu des résultats négatifs, le directeur a renoncé au projet.'

---

[14] Ou gérondif en français.

[15] La plupart de ces phrases verbales non finies en emploi subordonné ont la fonction d'ajout par rapport à la phrase racine (cf. le terme *constructions absolues circonstancielles*, retenu par la tradition grammaticale). Comme le notent Laurens (2007) et Mouret (2011) pour le français, leur distribution peut varier en fonction de la présence ou non d'un introducteur : les phrases qui ont un marqueur subordonnant (p.ex. *o dată* 'une fois' en roumain et *une fois* en français) ont une distribution assez libre par rapport à la phrase racine (c.-à-d. position initiale, médiane ou finale), alors que celles sans marqueur sont naturelles uniquement en position initiale.

[16] En français, ce type de phrase est peu fréquent (cf. Abeillé & Godard à paraître); la plupart du temps, ces verbes apparaissent sans sujet et donnent alors lieu à un syntagme verbal, et pas à une phrase. Dans une approche comparative, on observe qu'au patron donné en (23a) pour le roumain, où l'infinitif de consigne sélectionne un sujet, correspondrait en français un autre type de structure : l'argument thème du verbe à l'infinitif est plutôt un objet, comme le montre la traduction de l'exemple (23a).

c. [(O dată) copiii **plecați** de-acasă], multe cupluri
(une fois) enfants.DEF partis de-maison.ADV beaucoup.N.PL couples
se despart.
se séparent
'Une fois les enfants partis du foyer, beaucoup de couples se séparent.'

d. Oprirea **interzisă**.
arrêt.DEF.F interdit.F
'Stationnement interdit.'

e. **De rezolvat** exercițiul 9, pagina 54.
SUP résolu exercice.DEF 9 page.DEF 54
'Résoudre l'exercice 9, page 54.'

(24) a. Et tous **de trinquer** à la nouvelle année.

b. [La mairie **ne répondant pas** à notre demande], nous avons écrit à la préfecture.

c. [(Une fois) les étudiants **partis** en vacances], de nombreux logements se libèrent.

d. Stationnement **interdit** sous peine d'enlèvement.

Quant aux phrases averbales, leur statut de phrase complète (avec tête prédicative présente) n'est pas toujours reconnu, d'où une tendance forte à les analyser commes des phrases elliptiques. Dans la section suivante, on présente brièvement les arguments dont on dispose dans les deux langues contre une analyse en termes d'ellipse.

2.3.2 Phrases averbales

On regroupe sous le nom de *phrase averbale* toute phrase dont la tête prédicative appartient à une autre catégorie que le verbe. Dans les deux langues, la tête d'une phrase averbale peut appartenir à une catégorie adjectivale (25a, 26a), nominale (25b, 26b), prépositionnelle (25c, 26c), adverbiale (25d, 26d) ou interjectionnelle (25e, 26e), à condition que la catégorie en question permette un emploi prédicatif. Les phrases averbales peuvent avoir un seul constituant immédiat ou deux (comparer (27a) et (27b)).

(25) a. **Foarte reușită**, prăjitura asta!
très réussi.F.SG gâteau.DEF.F.SG DEM.F.SG
'Très réussi, ce gâteau!'

2 Les phrases elliptiques

    b. **Multe salutări** prietenei tale!
       beaucoup.F.PL salutations amie.DAT.DEF POSS.DAT.2SG
       'Meilleures salutations à ton amie!'

    c. Toată lumea **la masă**!
       tout.F.SG monde.DEF.F à table
       'Tout le monde à table!'

    d. **Gata** (cu) joaca!
       prêt.ADV (avec) jeu.DEF.F
       'Fini de jouer!'

    e. **Stop** accidentelor rutiere, viața are prioritate!
       stop accidents.DAT.DEF.N routiers.N vie.DEF a priorité
       'Stop aux accidents routiers, priorité à la vie!'

(26) a. **Agréable**, cette île!
    b. **Quel plaisir**, ce cours!
    c. **A quand** le mariage?
    d. **Combien** un aller-retour sur l'île de Porquerolles?
    e. **Stop** à la violence domestique!

(27) a. **Quel plaisir**!
    b. [**Quel plaisir**], [ce cours]!

Leur statut est problématique pour certains qui essayent de les aligner sur les phrases verbales. Traditionnellement, les phrases averbales sont analysées comme des phrases elliptiques (on considère donc qu'il y a un verbe présent syntaxiquement et effacé en phonologie). Je suis la perspective de Laurens (2007; 2008) et Abeillé & Godard (à paraître) qui considèrent que les phrases averbales ne posent pas de problème particulier et que leur structure s'intègre très naturellement dans la grammaire de la langue. Par conséquent, ces phrases ne doivent pas être assimilées aux phrases verbales.

Si les phrases averbales étaient elliptiques, on devrait pouvoir reconstruire le verbe manquant de manière systématique. Or, pour le français, on a observé qu'il n'y avait pas, en général, de phrase verbale qui correspondrait exactement à ces séquences (cf. Laurens 2007; 2008; Abeillé & Godard à paraître). On ne peut pas trouver un mécanisme de reconstruction d'une phrase verbale ordinaire qui s'applique à toutes les phrases averbales.

2.3 La phrase et la notion de tête

Ainsi, bien qu'on puisse reconstruire dans beaucoup de phrases averbales un verbe comme *être* (28a), les phrases averbales exclamatives ne le permettent pas en français (28b) (cf. Laurens 2008) :

(28) a. ~~Il est~~ très intéressant, ce livre.

b. *Quel dommage ~~c'est~~, qu'il ne vienne pas.

En roumain aussi, on a des cas dans lesquels la reconstruction d'un verbe produit un énoncé inacceptable, comme (29b–29c) :

(29) a. Gata (cu) joaca!
 prêt.ADV (avec) jeu.DEF.F
 'Fini de jouer!'

b. *Gata ~~este~~ (cu) joaca.
 prêt.ADV est (avec) jeu.DEF.F

c. #~~Este~~ gata (cu) joaca.[17]
 est fini (avec) jeu.DEF.F

Selon Abeillé & Godard (à paraître), en français il y a au moins trois possibilités de reconstruction, qui font appel à des mécanismes supplémentaires et par ailleurs coûteux : (i) dans certains contextes avec ordre tête-sujet (30a), il faut reconstruire un ordre sujet-verbe (30b) ; (ii) parfois, il faut reconstruire une structure plus complexe, avec dislocation à droite du sujet (comparer (31a) et (31b)) ; (iii) dans d'autres contextes avec un syntagme exclamatif contenant une forme *qu-* (32a), il faut à la fois une dislocation à droite du sujet et un syntagme antéposé (32b).

(30) a. Agréable, ce petit vin nouveau!

b. Ce petit vin nouveau est agréable.

(31) a. Finies les vacances!

b. Elles sont finies, les vacances!

(32) a. Quelle poisse, cette pluie!

b. Quelle poisse c'est, cette pluie!

---

[17]Cette phrase, bien que grammaticale, ne peut être acceptable, car il n'y a pas de contexte approprié, d'où l'emploi du dièse.

2 Les phrases elliptiques

L'ordre des éléments dans une phrase averbale est souvent contraint en roumain aussi, contrairement à ce qui se passe dans une phrase verbale, où l'ordre est relativement libre. Ainsi, dans les exemples (33) et (34), le syntagme prépositionnel non prédicatif doit suivre la tête prédicative, alors que dans une phrase verbale l'ordre du syntagme prépositionnel par rapport à la tête n'est pas contraint (35).

(33) a. La moarte cu voi!
      à mort avec vous
      'A mort!'

   b. ??Cu voi la moarte!
      avec vous à mort
      'A mort!'

(34) a. Jos cu dictatura!
      bas avec dictature.DEF
      'A bas la dictature!'

   b. *Cu dictatura jos!
      avec dictature.DEF bas
      'A bas la dictature!'

(35) a. Mă cert cu Ion în fiecare zi.
      REFL.ACC.1SG disputer.PRS.1SG avec Ion en chaque jour
      'Je me dispute tous les jours avec Ion.'

   b. Cu Ion mă cert în fiecare zi.
      avec Ion REFL.ACC.1SG disputer.PRS.1SG en chaque jour
      'Avec Ion, je me dispute tous les jours.'

Comme le note Laurens (2008) pour le français (36), la forme du syntagme prédicatif n'est pas toujours la même dans les phrases averbales et dans leurs contreparties verbales. Ainsi, en roumain le nom avec un modifieur adnominal en emploi prédicatif dans une phrase averbale apparaît sans un déterminant indéfini (37a), contrairement aux occurrences verbales (37b) où le même nom, mais cette fois-ci complément du verbe attributif *a fi* 'être', reçoit soit un déterminant défini (37c) soit un déterminant indéfini (37d).

(36) a. Très bel animal, ce chat.

   b. C'est *(un) très bel animal, ce chat.

(37) a. Foarte bună **idee** să   mergem   pe jos!
       très   bonne idée SBJV aller.SBJV.1PL à bas
       'Très bonne idée de marcher!'

   b. *E foarte bună **idee** să   mergem   pe jos!
       est très   bonne idée SBJV aller.SBJV.1PL à bas
       'C'est une très bonne idée de marcher.'

   c. E foarte bună **ideea**   să   mergem   pe jos!
      est très   bonne idée.DEF SBJV aller.SBJV.1PL à bas
      'C'est une très bonne idée de marcher.'

   d. E **o**   foarte bună **idee** să   mergem   pe jos!
      est INDF.F.SG très   bonne idée SBJV aller.SBJV.1PL à bas
      'C'est une très bonne idée de marcher.'

Dans les phrases verbales qui permettent la reconstruction d'un verbe, on observe que les verbes reconstruits sont très variés. Si l'on reprend les exemples donnés ci-dessus en (25), le mécanisme de reconstruction serait à chaque fois introduit par un lexème verbal différent, comme on le voit en (38) :

(38) a. E foarte reușită   prăjitura   asta!
       est très   réussi.F.SG gâteau.DEF.F.SG DEM.F.SG
       'Il est trés réussi, ce gâteau!'

   b. **Transmite**   multe   salutări   prietenei
      transmettre.IMP.2SG beaucoup.F.PL salutations amie.DAT.DEF
      tale!
      POSS.DAT.2SG
      'Transmets mes meilleures salutations à ton amie!'

   c. Toată   lumea   **să   vină**   la masă!
      tout.F.SG monde.DEF.F SBJV venir.SBJV.3 à table
      'Que tout le monde vienne à table!'

   d. **Spune**   stop violenței   în familie!
      dire.IMP.2SG stop violence.DAT.DEF en famille
      'Dis stop à la violence domestique!'

Fondamentalement, les phrases averbales peuvent être énoncées indépendamment de tout contexte, ce qui les distingue des phrases elliptiques, dont l'interprétation est déterminée contextuellement (cf. discussion plus bas).

2 Les phrases elliptiques

Dans la section 2.3.1 de ce chapitre, on a vu qu'à chaque type phrastique on associait un certain type de contenu sémantique. De ce point de vue, les phrases averbales se comportent comme des phrases ordinaires, étant compatibles avec tout type de phrase (c.-à-d. déclaratif, exclamatif, interrogatif et désidératif), tout type de contenu sémantique (c.-à-d. proposition, question, visée) et, pour les phrases averbales en emploi racine[18], tout type d'acte illocutoire (c.-à-d. assertion, exclamation[19], interrogation, injonction). Pour tester le contenu d'une phrase, on fait appel aux adverbes évaluatifs et/ou aux ajouts illocutoires (Bonami & Godard 2005 ; Beyssade & Marandin 2006), mis en gras dans les exemples roumains en (39) : une phrase déclarative dont le contenu est une proposition en (39a) ; une phrase exclamative, introduite par un syntagme exclamatif contenant une forme *qu-* en (39b), ayant aussi comme type de contenu une proposition ; une phrase interrogative, introduite par un syntagme interrogatif contenant une forme *qu-* en (39c), dont le contenu est une question, comme indiqué par l'emploi de l'ajout illocutoire *oare* (compatible uniquement avec les phrases interrogatives) ; enfin, une phrase désidérative en (39d), dont le contenu est de type visée, cf. l'emploi de l'ajout illocutoire *vă rog* 's'il vous plaît'.

(39) a. **Din nefericire**, nimeni la orizont.
par malheur personne à horizon
'Malheureusement, personne à l'horizon.'

b. Câtă dezordine în casa asta, **din păcate** !
combien.F.SG désordre.F dans maison.DEF DEM.F.SG par péchés
'Quel désordre, malheureusement, dans cette maison !'

c. Pe când **oare** nunta ?
à quand Q mariage.DEF.F
'A quand le mariage ?'

d. Gata cu joaca, **vă rog** !
prêt.ADV avec jeu.DEF.F ACC.2PL supplier.PRS.1SG
'Arrêtez de jouer, s'il vous plaît !'

La plupart des phrases averbales apparaissent en emploi racine, mais certaines peuvent être liées à une phrase verbale par coordination (40) et plus rarement par enchâssement (41).

---

[18] Il est généralement admis que les actes illocutoires ne s'appliquent pas aux phrases subordonnées.
[19] L'acte illocutoire le plus fréquent dans les phrases averbales est l'exclamation.

2.3 La phrase et la notion de tête

(40) a. [Foarte frumos tablou], **dar** din păcate nu am bani să-l cumpăr.
 'Très joli tableau, mais malheureusement je n'ai pas l'argent pour l'acheter !'
 b. M-a acuzat că i-am furat banii, **dar** [nici pomeneală de aşa ceva].
 'Il m'a accusé d'avoir volé son argent, mais impossible que ce soit moi.'

(41) a. Toată lumea mă întreabă [**pe când** nunta].
 'Tout le monde me demande à quand le mariage.'
 b. Medicul mi-a spus clar [**că** nici vorbă de operaţie].
 'Le médecin m'a dit clairement que pas question d'opération.'

Pour conclure, les phrases averbales ne sont pas elliptiques. Elles ont toujours une catégorie prédicative présente (quoique non verbale). Leur contenu propositionnel est construit sans faire appel au contexte, ce qui permet leur énonciation indépendamment de tout contexte.

2.3.3 Phrases elliptiques (et fragmentaires)

On a vu dans la section précédente que les phrases averbales ne sont pas des phrases elliptiques. Il nous reste maintenant à définir ce que c'est une phrase elliptique. Afin de capter la distinction phrase complète (verbale ou averbale) vs. phrase elliptique, j'utilise une hiérarchie des types de syntagmes légèrement modifiée (cf. Laurens 2008) par rapport à la hiérarchie proposée par Ginzburg & Sag (2000). La hiérarchie en Figure 2.2 contient cette fois-ci trois dimensions de classification, et non deux. La première dimension, étiquetée HEADEDNESS, est utilisée pour distinguer les syntagmes avec tête (angl. *headed-phrases*) des syntagmes sans tête (angl. *non-headed-phrases*). La deuxième dimension, appelée CONTENT-TYPE, sert à distinguer les syntagmes ayant un contenu de type *message* (angl. *message-denoting-ph*) des syntagmes qui n'ont pas un contenu propositionnel (angl. *non-message denoting-ph*). Enfin, la troisième dimension, étiquetée AUTONOMY, distingue les syntagmes dont le contenu n'est pas sensible au contexte (angl. *autonomous*) des syntagmes dont le contenu est dépendant du contexte (angl. *non-autonomous*).

Selon cette hiérarchie, les phrases verbales et averbales ont toutes une tête (verbale ou non verbale) prédicative (donc, elles sont de type *headed-ph*), elles ont toutes un contenu de type *message* (elles sont donc de type *message-denoting-ph*) et, enfin, le message véhiculé est donné par la phrase elle-même et ne varie pas

2 Les phrases elliptiques

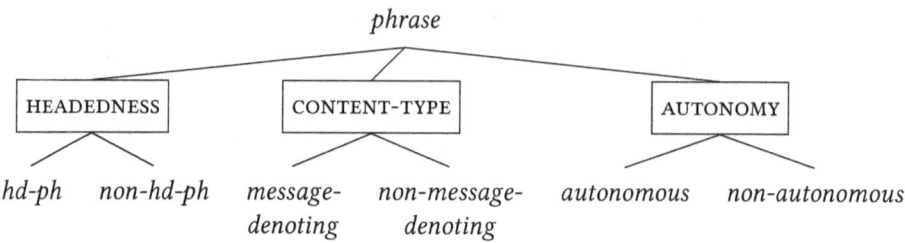

FIGURE 2.2 : Hiérarchie des types de syntagmes (cf. Laurens 2008)

en fonction du contexte discursif (elles sont donc *autonomous-ph*) ; on construit le contenu de la phrase en question sans faire appel au contexte. En vertu de ces propriétés, auxquelles on ajoute le fait qu'il s'agit toujours dans ces cas d'un syntagme syntaxiquement saturé, on peut parler de phrase complète.

Comment peut-on maintenant définir la phrase elliptique par rapport à la phrase complète ? Je commence par l'aspect que les phrases elliptiques et les phrases complètes ont en commun : les deux ont un contenu sémantique de type *message* (donc, les phrases elliptiques sont, elles aussi, de type *message-denoting-ph*). Cependant, une différence majeure entre les deux réside dans le fait que les phrases elliptiques sont syntaxiquement incomplètes : un (ou plusieurs) des constituants de la phrase manque. Ce constituant peut être la tête de la phrase ou bien un dépendant de la tête (plus de détails seront donnés dans la section 2.4.1). Cette incomplétude syntaxique entraîne une autre différence majeure, cette fois-ci au plan interprétatif. Fondamentalement, le contenu principal d'une phrase elliptique dépend du contexte (c.-à-d. *non-autonomous-ph*) : le matériel manquant doit être récupéré dans le contexte, à partir d'un antécédent dans le discours. De ce point de vue, l'ellipse ressemble aux anaphores[20].

Les phrases elliptiques sont donc des phrases avec une constituance a priori incomplète, qui n'ont pas d'autonomie discursive, mais qui ont un contenu de type *message*.

---

[20]Plus précisément, on peut dire, en suivant la distinction faite par Grinder & Postal (1971) entre *Identity of Reference Anaphora* et *Identity of Sense Anaphora*, que l'ellipse est un type d'anaphore de sens (car pas de coréférence, pas de dénotation). Le même rapprochement entre l'ellipse et l'anaphore apparaît chez Ginzburg & Miller (à paraître). Dans les deux types de relations, le contenu sémantique implicite est récupéré à partir d'un élément présent dans le contexte linguistique ou extra-linguistique, et dans les deux cas, la relation peut être anaphorique ou cataphorique, le contexte jouant un rôle très important pour la résolution de l'expression anaphorique/elliptique. L'ellipse serait ainsi, phonologiquement, le degré zéro de l'anaphore.

Parmi les phrases elliptiques, je distingue les phrases fragmentaires. Comme toute phrase, elles ont un contenu de type *message*. Comme dans toute phrase elliptique, le message véhiculé n'est pas donné par la phrase elle-même, mais varie en fonction du contexte discursif (donc, elle n'a pas d'autonomie discursive). Du point de vue de la syntaxe, les phrases fragmentaires n'ont pas de catégorie prédicative présente; il manque la tête et on ne peut pas, du point de vue formel, reconstituer une phrase complète à un mode personnel. Une phrase fragmentaire n'a donc pas une structure endocentrique ordinaire.

Selon cette dernière définition, les phrases fragmentaires posent deux défis à toute théorie linguistique : d'une part, elles ont une constituance fragmentaire, qui ne se laisse pas facilement décrire par les règles habituelles d'une structure endocentrique classique; d'autre part, comme la relation sémantique principale de ces phrases dépend du contexte, on a besoin d'un mécanisme interprétatif complexe.

2.4 Typologie des phrases elliptiques

Avant de présenter les principales constructions mettant en jeu des phrases elliptiques, je veux introduire les termes minimaux dont on a besoin. Le matériel qui manque dans une phrase elliptique sera désigné comme *matériel manquant*. Les éléments réalisés lexicalement dans la phrase elliptique sont appelés *éléments résiduels* (angl. *remnants*). La phrase complète qui fournit le matériel nécessaire à l'interprétation de la phrase elliptique est la *phrase source*. La phrase source contient l'*antécédent* du matériel manquant, ainsi que les *éléments corrélats* qui sont les constituants parallèles aux éléments résiduels dans la phrase complète.

Je m'intéresse dans ce livre aux phrases elliptiques mettant en jeu des constructions spécifiques, c.-à-d. des structures syntaxiques auxquelles manquent la tête et/ou des dépendants, dont l'interprétation et, dans une certaine mesure, la syntaxe sont fixées par le contexte.

Trois critères peuvent être utilisés pour le classement des constructions elliptiques phrastiques : (i) la nature du matériel manquant (c.-à-d. son statut syntaxique : tête ou dépendant); (ii) le type de contexte syntaxique dans lequel une construction elliptique peut apparaître, et (iii) la directionnalité de l'ellipse (c.-à-d. le matériel manquant apparaît avant ou après l'antécédent). Chacun de ces critères sera discuté par la suite.

2 Les phrases elliptiques

2.4.1 Nature du matériel manquant

Selon ce critère, on arrive à trois classes majeures : (i) ellipse de la tête, si le matériel manquant dans une phrase elliptique correspond à la tête de la phrase ; (ii) ellipse des dépendants, si le matériel manquant ne correspond pas à la tête, mais à un dépendant de la phrase (valent ou ajout), et (iii) ellipse non sélective ou indifférenciée, si le matériel manquant peut correspondre à une tête ou bien à un dépendant de la phrase.

La plupart des travaux consacrés à l'ellipse portent sur l'anglais. Par conséquent, les étiquettes utilisées dans la littérature pour désigner la variété des types d'ellipse synthétisent en quelque sorte le comportement syntaxique des constructions respectives en anglais. Dans une perspective typologique, l'emploi de ces étiquettes peut être inapproprié dans certaines langues (voir, par exemple, la discussion de la section 3.2.2). Dans ce qui suit, je garde la terminologie anglo-saxonne pour les constructions qui n'ont pas un équivalent propre en français, afin de faciliter la lecture et la compréhension des phénomènes. Comme l'anglais possède tous les types inventoriés, j'illustre chaque construction avec des exemples en anglais, pour mieux observer les différences d'une construction à l'autre, mais simultanément je dresserai (à l'aide des exemples) une liste exhaustive des constructions elliptiques disponibles en roumain et en français. Dans les exemples qui suivent, le matériel qui est souligné correspond à l'antécédent du matériel manquant.

2.4.1.1 Ellipse de la tête

Parmi les phrases elliptiques dans lesquelles manque la tête prédicative (verbale), on distingue habituellement les constructions suivantes :

Gapping (Ross 1967 ; 1970), ou « phrase trouée », désigne toute phrase elliptique qui compte au moins deux éléments résiduels (dont un est généralement – mais pas de façon obligatoire – le sujet) et où manque au moins le verbe principal (qui se trouve habituellement en position médiane), cf. l'exemple (42). Les travaux dédiés au gapping sont ceux de Neijt (1979), Gardent (1991), Hartmann (2000), Repp (2009), etc. Le gapping apparaît notamment dans la coordination, mais aussi dans certaines structures comparatives. Cette construction est disponible dans les deux langues discutées dans cet ouvrage (roumain (43) et français (44)) et fera l'objet d'une discussion détaillée dans le chapitre 3.

2.4 Typologie des phrases elliptiques

(42) John <u>drinks</u> scotch [and Bill bourbon].

(43) Maria <u>vrea</u> cafea, [iar Ion ceai].
Maria veut café   et   Ion thé
'Maria veut du café et Ion du thé.'

(44) Jean <u>aime</u> les pommes [et Marie les bananes].

Conjunction Reduction (Jackendoff 1971), ou « réduction de conjoints », qui est connue aussi sous le nom de *Left Peripheral Ellipsis* ou encore *Left-node raising*, est exemplifiée en (45a)[21]. Cette construction est très proche des constructions à gapping. Traditionnellement, pour des langues à tête non finale et à ordre fixe comme l'anglais, la distinction entre les deux constructions réside dans la position du matériel manquant : le matériel manquant est en position médiane dans le gapping, alors qu'il est dans une position périphérique dans les réductions de conjoints. Cependant, certains travaux (Dowty 1988 ; Hudson 1988 ; Maxwell & Manning 1996 ; Steedman 2000 ; Mouret 2006 ; 2007, etc.) montrent que la réduction de conjoints ne met pas en jeu une ellipse, mais plutôt une coordination de séquences de syntagmes (qu'on peut appeler pseudo-constituants ou clusters) dans la portée syntaxique d'un prédicat verbal, cf. (45b). Dans cette perspective, le terme qu'on trouve dans la littérature est ***Argument Cluster Coordination*** (Steedman 2000). La distinction entre les deux constructions, qu'il s'agisse d'une ellipse ou pas, reste un problème si on se place dans une perspective typologique (plus de détails, dans la section 3.2)[22]. Le même patron syntaxique apparaît en roumain (46) et en français (47). Si les données du français plaident plutôt pour une analyse en termes de coordination de séquences (voir Mouret 2006 ; 2007), les données du roumain nous montrent qu'on a besoin de deux analyses différentes (voir la discussion dans la section 3.6).

(45) a. John <u>went</u> to Paris on Monday [and to Rome on Friday].
      b. John <u>went</u> [to Paris on Monday] [and [to Rome on Friday]].

---

[21] Historiquement, la « réduction de conjoints » incluait les constructions dans lesquelles le matériel manquant apparaissait en début ou en fin de phrase. Donc, ce terme couvrait à la fois *Left Peripheral Ellipsis* et *Right-Node Raising*. Voir dans ce sens Jackendoff (1971).

[22] Selon Haspelmath (2007), le fait que certaines langues emploient des coordonnants différents dans le gapping et respectivement la réduction de conjoints, à savoir un coordonnant phrastique dans le premier cas et un coordonnant sous-phrastique dans le deuxième cas, est un argument solide pour un traitement différent des deux constructions.

2 Les phrases elliptiques

(46) I-am dat Mariei o carte, [{iar | și} lui Ion un stilou].
DAT.3SG-ai donné Maria.DAT.DEF INDF.F.SG livre {et | et} DAT.DEF Ion un stylo

'J'ai donné à Maria un livre et à Ion un stylo.'

(47) Jean <u>offrira</u> un livre à Marie [et un agenda à Lucie].

Sluicing (Ross 1969), ou « interrogative fragmentaire », définit toute phrase elliptique (généralement enchâssée) réduite à un syntagme interrogatif, cf. (48). L'élément résiduel en question correspond habituellement à un argument (48a) ou ajout (48b) dans le contexte. Une étude détaillée du sluicing apparaît dans Chung et al. (1995), Ginzburg & Sag (2000), Merchant (2001; 2006), Chung (2005), Merchant & Simpson (2012), etc. Le roumain (49) et le français (50) permettent tous les deux le sluicing. Comme le roumain permet dans les questions multiples plus d'un mot *qu-* en position initiale (phénomène appelé en anglais *multiple wh-fronting*), l'interrogative fragmentaire peut contenir deux syntagmes interrogatifs (sluicing multiple (51a), cf. Hoyt & Teodorescu 2004), ce qui n'est pas possible en anglais (51b) ou en français (51c). Dans les exemples du (48) à (51), les syntagmes interrogatifs fragmentaires ont un corrélat dans la phrase racine. Dans certains cas, il peut ne pas y avoir de corrélat explicite (52), phénomène appelé ***sprouting*** en anglais. Il faut noter enfin que toutes les interrogatives fragmentaires peuvent apparaître aussi en emploi racine (patron syntaxique connu en anglais sous le nom de ***short questions*** (53)).

(48) a. John <u>drinks</u> something, but I don't know [what].
b. John <u>will go to Paris</u>, but I don't know [when].

(49) Ion <u>s-a întâlnit</u> cu cineva, dar nu știu [cu cine].
Ion REFL.3-a rencontré avec quelqu'un mais NEG savoir.PRS.1SG avec qui

'Jean a rencontré quelqu'un, mais je ne sais pas qui.'

(50) Quelqu'un <u>est venu</u>, mais je ne sais pas [qui].

(51) a. Cineva <u>a sărutat</u> pe cineva, dar nu știu [cine pe cine].
quelqu'un a embrassé DOM quelqu'un mais NEG savoir.PRS.1SG qui DOM qui

'Quelqu'un a embrassé quelqu'un, mais je ne sais pas qui a embrassé qui.'

2.4 Typologie des phrases elliptiques

    b. *Someone <u>kissed</u> someone, but I don't know who whom.

    c. *Quelqu'un <u>a embrassé</u> quelqu'un d'autre, mais je ne sais pas qui qui.

(52) a. <u>He drank</u>, but I don't know [what].

    b. <u>Ion se căsătoreşte</u>, dar nu ştiu [cu cine].
       Ion se marie mais NEG savoir.PRS.1SG avec qui
       'Ion se marie, mais je ne sais pas avec qui.'

    c. <u>Paul va se marier</u>, je me demande [avec qui].

(53) a. A : - Someone <u>left</u>. B : - [Who]?

    b. A : - <u>Am</u> mâncat azi. B : - [Ce]?
       A : - avoir.PRS.1SG mangé aujourd'hui B : - what
       A : '- J'ai mangé aujourd'hui.' B : '- Quoi?'

    c. A : - <u>Paul va se marier</u>. B : - [Avec qui]?

Stripping (Ross 1969; Hankamer & Sag 1976) caractérise toute phrase elliptique ayant généralement un seul élément résiduel, accompagné souvent d'un adverbe comme *too* (54a) or *not* (54b) en anglais. Habituellement, cet élément résiduel est un valent du verbe prédicat dans la phrase source. Le même type d'ellipse est disponible en roumain (55) et en français (56). Si en anglais la séquence elliptique ne peut pas être enchâssée (57a), l'enchâssement est tout à fait possible dans les deux langues romanes en question (57b–57c).

(54) a. John <u>drinks</u> scotch, [and Bill too].

    b. John <u>drinks</u> scotch, [but not Bill].

(55) a. Ion <u>nu vine la petrecere</u>, [şi nici Maria].
       Ion NEG vient à fête et ni Maria
       'Ion ne vient pas à la fête et Maria non plus.'

    b. Bunica lui <u>ne ajută mult</u>, [dar şi
       grand-mère.DEF POSS.M.3SG ACC.1PL aide beaucoup mais aussi
       părinţii mei].
       parents.DEF POSS.1SG
       'Sa grand-mère nous aide beaucoup, mais mes parents aussi (nous aident).'

2 Les phrases elliptiques

(56) a. Marie <u>est partie</u> [et Paul aussi].

b. Jean <u>est venu</u>, [mais pas Marie].

(57) a. *<u>Jane loves to study</u> rocks, and John says [that geography too]. (Lobeck 1995 : 27)

b. Ion <u>nu vine la petrecere</u>, iar el mi-a spus [că nici Maria].
Ion NEG vient à fête et il m'a dit que ni Maria
'Ion ne vient pas à la fête, et il m'a dit que Maria non plus.'

c. Marie <u>viendra à la fête</u> et elle m'a dit [que son mari aussi].

La construction *stripping* est connue dans la littérature sous différents noms : *end-attachment coordination* (Huddleston & Pullum 2002), *Bare Argument Ellipsis* (Wilder 1997 ; Culicover & Jackendoff 2005) ou encore *split conjuncts*. Cette étiquette regroupe en effet des constructions assez hétérogènes, plus ou moins elliptiques, plus ou moins coordonnées (voir Abeillé 2005, Abeillé 2006 pour les détails)[23].

2.4.1.2 Ellipse des dépendants

Les constructions qui mettent en jeu une ellipse de dépendants sont toutes des variantes d'une ellipse « post-auxiliaire ».

Verb Phrase Ellipsis (dorénavant VPE), ou « ellipse du syntagme verbal », est de loin la construction la plus étudiée, avec référence à l'anglais (Sag 1976 ; Hardt 1993 ; Johnson 2001 ; Dalrymple 2005, etc.). Néanmoins, comme le signalent Miller (2011) et Miller & Pullum (2014), l'étiquette VPE est un mauvais terme, étant utilisée dans la littérature pour parler de phénomènes assez hétérogènes. Une meilleure étiquette, surtout si l'on parle de l'anglais, serait celle d'« ellipse post-auxiliaire » (Miller 2011 ; 2014b). Ce type d'ellipse cible le verbe lexical et tout valent ou ajout qu'il pourrait prendre. Dans ce type de construction, il manque

---

[23]Un cas qui n'est pas elliptique est celui des anaphores *da* 'oui' et *nu* 'non' en roumain, et *oui, non, si* en français, qui ont clairement un comportement phrastique (cf. possibilité d'être enchâssées en (i)–(ii)) et un contenu propositionnel.

(i) Ion crede [că nu].
Ion croit que non
'Jean croit que non.'

(ii) Jean croit [qu'oui].

2.4 Typologie des phrases elliptiques

donc un constituant ou une séquence de constituants qui suit immédiatement un auxiliaire (58). Plus récemment, Miller (2011; 2014b) et Miller & Pullum (2014) ont proposé qu'il y avait deux grands emplois de VPE en anglais, soumis à des conditions discursives différentes. Type (i) : VPE avec choix de l'auxiliaire (59a); dans ces cas, le sujet de l'antécédent et celui de l'auxiliaire elliptique sont coréférents, et l'auxiliaire reçoit un accent, signalant un changement de temps, d'aspect, de modalité ou (le plus souvent) de polarité. Type (ii) : VPE avec choix du sujet (59b), où l'auxiliaire est le même, mais le sujet de l'antécédent est distinct du sujet de l'auxiliaire elliptique (et porte un accent s'il est réalisé par un pronom).

(58) a. John <u>drinks scotch</u>, [but Bill doesn't].
 b. John <u>drinks scotch</u>, [and Bill does too].
 c. John cannot <u>drink scotch</u>, [but Bill can].

(59) a. A : He <u>shops in women's</u>. B : No, he DÓESN'T.
 b. A : She <u>shops in women's</u> and HE does too.

Un phénomène apparenté au VPE, selon Goldberg (2005), est celui de **Verb-Stranding VPE**, qui apparaît dans beaucoup de langues (portugais, hébreu, irlandais, swahili, etc.) : dans cette construction, on peut tout élider dans la phrase, sauf le verbe principal (pas nécessairement auxiliaire). Ce phénomène est illustré par l'exemple portugais en (60)[24].

(60) Portugais
 A : - O Kim pegou o livro ? B : - Pegou.
 A : - DEF Kim prendre.PST.3SG DEF livre B : - prendre.PST.3SG
 A : '- Est-ce que Kim a pris le livre ?' B : '- Oui, il l'a pris.'

Contrairement aux autres types d'ellipses présentés précédemment, VPE, défini comme « ellipse post-auxiliaire », est un phénomène rare typologiquement (Goldberg 2005). En particulier, il est absent dans les langues romanes (Lobeck 1995), comme le montre l'agrammaticalité des exemples (61a) en roumain et (61b)

---

[24] Selon Cyrino & Matos (2002), en portugais, cette construction n'a pas les mêmes propriétés que la construction *Null Complement Anaphora* qu'on présentera par la suite. Cependant, comme le note Philip Miller (c.p.), les données devraient être étudiées plus en détail (études de corpus et expériences psycholinguistiques), afin de cerner les propriétés distinctives de ces deux constructions.

2 Les phrases elliptiques

en français[25], la seule exception étant le portugais (61c), cf. Cyrino & Matos (2002), mais aussi Martins (2005).

(61) a. *Dan a   băut vin, [dar Max nu a].
        Dan avoir.PRS.3SG bu vin mais Max NEG avoir.PRS.3SG
        'Dan a bu du vin, mais Max n'(en) a pas bu.'
    b. *Dan a bu du vin, [mais Max n'a pas].
    c. Portugais (Cyrino & Matos 2002)
        A   Ana já   tinja lido o   livro à   irmã mas a   Paula não
        DEF Ana déjà a   lu DEF livre à.DEF sœur mais DEF Paula NEG
        tinha.
        a
        'Ana a déjà lu le livre à sa sœur, mais Paula ne l'a pas fait.'

Null Complement Ellipsis (appelé *Null Complement Anaphora* dans Hankamer & Sag 1976), ou omission de compléments, caractérise de façon générale toute phrase dans laquelle manque le complément d'un prédicat modal, aspectuel, verbe d'attitude, etc., comme on le voit dans les exemples (62) en anglais. Contrairement à l'ellipse post-auxiliaire qui est bannie dans toutes les langues romanes (sauf le portugais, cf. références ci-dessus), « l'ellipse post-modale » est possible dans toute la Romania (Dagnac 2008 ; 2010), comme l'illustrent les données du roumain (63) et du français (64). En roumain, les possibilités sont plus vastes qu'en français, car l'omission est possible même après un verbe attributif comme la copule *a fi* 'être' (comparer (63d) et (64c)).

(62) a. I asked Bill <u>to leave</u>, [but he refused].
    b. <u>John</u> could <u>have come</u>, [but Mary disapproved].

(63) a. Te   rog   <u>să   vii</u>   mâine, [dacă
        ACC.2SG prier.PRS.1SG SBJV venir.SBJV.2SG demain si
        poți].
        pouvoir.PRS.2SG
        'Je te prie de venir demain, si tu peux.'

---

[25] Miller (1997a) montre que la situation était différente en ancien français. L'ancien français a un système très proche de l'anglais actuel ; en particulier, il y a un auxiliaire *faire* qui fonctionne exactement comme l'auxiliaire *do* en anglais, c.-à-d. il permet de reprendre tous les verbes qui ne sont pas *estre* ou *avoir*, ces auxiliaires permettant directement l'ellipse.

2.4 Typologie des phrases elliptiques

    b. Nu vreau <u>să merg</u> la doctor, [dar trebuie].
        NEG vouloir.PRS.1SG SBJV aller.SBJV.1SG à médecin mais falloir.PRS.3
        'Je ne veux pas aller chez le médecin, mais il faut.'

    c. Nu știu dacă voi reuși <u>să termin</u>, [dar încerc].
        NEG savoir.PRS.1SG si FUT.1SG réussir SBJV finir.SBJV.1SG mais essayer.PRS.1SG
        'Je ne sais pas si j'arrive à finir, mais j'essaie.'

    d. Toți cred că sunt <u>însărcinată</u>, [dar nu sunt].
        tous croient que être.PRS.1SG enceinte mais NEG être.PRS.1SG
        'Tout le monde croit que je suis enceinte, mais je ne le suis pas.'

(64) a. Tom a pu <u>voir Lee</u>, [mais Marie n'a pas pu]. (Dagnac 2010)
     b. [Si la France veut], elle peut <u>prendre l'avantage</u>. (Rigaud & Deulofeu 2014)
     c. Tout le monde crois que je suis <u>enceinte</u>, [mais je ne *(le) suis pas].

Une omission de compléments particulière est celle des objets nominaux (phénomène connu dans la littérature sous le nom de *Null Objects* ou *Object Drop*). Dans une perspective typologique (voir, p.ex., Huang 1984), on observe que toutes les langues permettent *a priori* l'omission des objets à interprétation indéfinie (cf. la distinction *défini/indéfini* de Fillmore 1986), mais seulement quelques langues (chinois, japonais, coréen, portugais) autorisent facilement l'omission des objets à interprétation définie en l'absence de contextes spécifiques (comme, p.ex., les contextes déictiques, les recettes de cuisine, les commentaires sportifs ou les modes d'emploi). Dans la famille des langues romanes, si l'omission des compléments 'indéfinis' est possible ((66a) en roumain, (67a) en français), on considère que l'omission d'un objet direct défini (spécifique et surtout animé) n'est pas autorisée, sauf en portugais (65). Ainsi, en roumain (66b) et en français (67b), l'emploi d'un clitique pronominal objet est généralement obligatoire s'il s'agit d'un objet spécifique (voir, pour le roumain, Ionescu 2005 et Avram & Coene 2009). Quant au français, le problème réside cependant dans le type de données pris en compte, à savoir le français écrit ou le français oral. Des études plus récentes (dont en particulier Lambrecht & Lemoine 2005 et Cummins & Roberge 2005) remettent en question cette généralisation catégorique et montrent que le phénomène est assez productif en français parlé (68).

2 Les phrases elliptiques

(65) Portugais (Cyrino & Matos 2002)
Ela tirou   o anel   do   dedo e guardou(-o)
elle tirer.PST.3SG DEF anneau de.DEF doigt et mettre.PST.3SG(-ACC.3SG)
no   cofre.
dans.DEF coffre
'Elle tira l'anneau de son doigt et le mit dans le coffre.'

(66) a. Nu mi-e   foame, am   mâncat (ceva).
NEG DAT.1SG-être.PRS.3SG faim   avoir.PRS.1 mangé (quelque_chose)
'Je n'ai pas faim, j'ai mangé (quelque chose).'

b. A : - Ai   citit cartea ? B : - Nu, n-am   citit-*(o).
A : - avoir.PRS.2SG lu   livre.DEF B : - NEG NEG-avoir.PRS.1 lu-ACC.F.3SG

A : - 'Est-ce que tu as lu le livre ?' B : - 'Non, je ne l'ai pas lu.'

(67) a. Maman est occupée ; elle lit (quelque chose).

b. A : - Tu as pris le parapluie ? B : - Oui, je *(l')ai pris.

(68) a. A : - Tu veux ce livre ? B : - Mais je (l')ai déjà lu.

b. [*dans une vidéothèque*] Si on prenait *Tigre et Dragon* ? Qui a vu ?
(Cummins & Roberge 2005)

Dans une perspective plus générale, il s'avère très difficile (au moins pour certaines langues) de trouver de vrais diagnostics pour distinguer entre Verb-Stranding VPE, l'ellipse post-modale ou encore l'omission des compléments (à titre d'exemple, l'ellipse post-modale dans les langues romanes est analysée par Busquets & Denis 2001 comme un cas de VPE, alors qu'elle est analysée plutôt comme un cas de *Null Complement Anaphora* par Depiante 2001). Pour ce qui est des données du roumain et du français, je considère que l'omission des compléments (en particulier, les compléments à interprétation indéfinie) est le miroir de l'omission du sujet dans les langues pro-drop, bien que les deux types d'omission aient des contraintes différentes. Dans ce livre, je parlerai de *pro-drop* au sens large, incluant donc l'omission systématique du sujet en roumain (*subject drop*), ainsi que l'omission des compléments 'indéfinis' dans les deux langues (*object drop*). Par conséquent, je n'analyse pas les proformes nulles comme des cas d'ellipse.

Antecedent Contained Ellipsis (Bouton 1970) caractérise l'ellipse qui apparaît dans une relative restrictive dont l'antécédent est dans la portée d'un quantifieur fort ou d'un défini, cf. (69) en anglais. Plus précisément, dans ce type d'el-

2.4 Typologie des phrases elliptiques

lipse, le matériel manquant est contenu dans le syntagme verbal qui sert d'antécédent. Pour plus de détails sur cette construction, voir Baltin (1987), Kennedy (1997), Lappin (1999), etc. On trouve le même phénomène dans les langues romanes (*contra* Cecchetto & Percus 2006, selon lesquels cette construction ne serait pas disponible en italien), mais, comme l'argumente Dagnac (2008 ; 2010), il obéit à une contrainte particulière, à savoir 'la contrainte des sujets similaires', c.-à-d. le sujet de l'antécédent et le sujet du modal elliptique doivent être identiques. Si cette contrainte ne s'applique pas en anglais (en (69b), les deux sujets ne sont pas coréférentiels), on l'observe à l'œuvre en roumain (comparer (70b) et (70c)) et en français (comparer (71a) et (71b)).

(69) a. **John** tried to <u>read</u> everything [**he** could].
 b. **Alicia** <u>visited</u> every town [that **Beatrix** did].

(70) a. <u>Intră</u>   [cine vrea], <u>scapă</u>   [cine poate] !
 entrer.PRS.3SG qui veut sortir.PRS.3SG qui peut
 'Entre qui veut (entrer), sort qui peut (sortir).'
 b. <u>Am   făcut</u> pentru el tot [ce   am   putut].
 avoir.PRS.1 fait pour   lui tout ce_que avoir.PRS.1 pu
 'On a fait pour lui tout ce qu'on a pu (faire).'
 c. *<u>Am   făcut</u> pentru el tot [ce   a   putut **Maria**].
 avoir.PRS.1 fait pour   lui tout ce_que avoir.PRS.3SG pu   Maria
 'On a fait pour lui tout ce que Maria a pu faire.'

(71) a. **Marie** <u>lit</u> tous les livres qu'**elle** peut.
 b. ***Marie** <u>lit</u> tous les livres que **Jean** peut.

Une autre variante, moins étudiée, est représentée par ***Argument Contained Ellipsis*** (Kennedy 1994) en (72), caractérisant une relation elliptique entre deux syntagmes verbaux dont un est enchâssé dans le valent de l'autre, à condition que les valents soient identiques.

(72) History suggests [that a proof [that God <u>exists</u>] never will].

Pseudogapping (Levin 1986) est une construction ayant des propriétés en commun avec à la fois VPE et le gapping. Le pseudogapping caractérise toute phrase elliptique dans laquelle manque une partie du syntagme verbal, mais dans laquelle on a comme éléments résiduels au moins deux dépendants plus l'auxiliaire

(73). Le pseudogapping a en commun avec VPE le fait qu'il y a toujours un auxiliaire (fini) dans la phrase elliptique, mais il se distingue de VPE par le fait qu'il peut comporter plusieurs éléments résiduels (comme dans les constructions à gapping)[26]. Plusieurs détails liés à cette construction apparaissent dans Jayaseelan (1990), Lasnik (1999), Hoeksema (2006), Kubota & Levine (2014), Miller (1990 ; 2014a), Gengel (2013), Thoms (2016), etc. Dans la littérature, le pseudogapping est souvent considéré comme marginal et informel (cf. Lasnik 1999), présentant une forte variation dans les jugements des locuteurs (Hoeksema 2006). Cependant, la marginalité de cette construction dérive du type de données prises en compte. Selon une étude de corpus faite par Miller (2014a), les exemples qu'on trouve typiquement dans les travaux, comme ceux en (73), ne sont pas du tout représentatifs, leur nombre d'occurrences étant extrêmement faible (dans le corpus *COCA - Corpus of Contemporary American English*). La plupart des occurrences de pseudogapping (96,7%, selon l'étude de Miller 2014a) apparaissent dans les comparatives (74), pas dans la coordination. En dehors des comparatives, on observe des préférences d'usage assez fortes (p.ex. le sujet de la phrase elliptique est presque toujours un pronom personnel et généralement coréférent avec le sujet de la phrase source ; les résiduels sont typiquement pronominaux et/ou anaphoriques et en relation de contraste avec les corrélats de la phrase source). Bien que le pseudogapping et le gapping puissent apparaître tous les deux dans les comparatives et la coordination, les tendances sont donc différentes (Hoeksema 2006) : le pseudogapping a une préférence forte pour les structures comparatives, alors que le gapping apparaît typiquement dans la coordination.

(73) a. John <u>drinks</u> scotch, [and Bill does bourbon].
b. John can <u>drink</u> scotch, [and Bill can bourbon].

(74) a. It <u>hurt</u> me [as much as it did her]. (COCA, cf. Miller 2014a)
b. You must <u>treat</u> him [as you would me]. (COCA, cf. Miller 2014a)

En ce qui concerne la disponibilité du pseudogapping dans les langues romanes, la question est délicate. Comme les langues romanes n'autorisent pas VPE (« l'ellipse post-auxiliaire »), le pseudogapping est censé ne pas y apparaître, sauf en portugais. Gengel (2013) observe que les deux variétés du portugais (notamment le portugais européen) permettent une construction similaire au pseudogapping, uniquement dans les comparatives et seulement si le complément résiduel est précédé d'une préposition et/ou d'un déterminant défini,

---

[26] Pour les différences entre le gapping et le pseudogapping, voir Hoeksema (2006) and Johnson (2009).

comme illustré en (75) pour le portugais européen[27]. Cependant, Busquets & Denis (2001) emploient l'étiquette de « pseudogapping » pour parler d'un cas particulier d'« ellipse post-modale » en français, à savoir les structures dans lesquelles on extrait en périphérie gauche un constituant postverbal (76). Comme le note Dagnac (2008), le parallèle avec le pseudogapping anglais n'est que partiel, car en français[28], dans ces cas, le complément est obligatoirement extrait (comparer (76a) et (76b)). Les mêmes observations peuvent être faites pour le roumain (77).

(75) Portugais européen (Gengel 2013)
O Joao tem convidado a Sara mais vezes do que a Maria tem
DEF Joao a invité DEF Sara plus souvent que DEF Maria a
a Joana.
DEF Joana
'Joao a invité Sara plus souvent que Maria a invité Joana.'

(76) a. Alice ne peut pas s'acheter de jouets, [mais des livres, elle peut].
(Busquets & Denis 2001)

b. *Alice ne peut pas s'acheter de jouets, [mais elle peut des livres].
(Dagnac 2008)

(77) a. Dan poate să mănânce castraveți, dar roșii, nu
Dan peut SBJV manger.SBJV.3 concombres mais tomates NEG
poate.
pouvoir.PRS.3SG
'Dan peut manger des concombres, mais des tomates, il ne peut pas.'

b. ??Dan poate să mănânce castraveți, dar nu
Dan peut SBJV manger.SBJV.3 concombres mais NEG
poate roșii.
pouvoir.PRS.3SG tomates
'Dan peut manger des concombres, mais il ne peut pas manger de tomates.'

---

[27] Après avoir vu les préférences d'usage relevées par Miller (2014a) dans son étude de corpus, on devrait refaire les exemples portugais selon les patrons les plus fréquents et tester leur acceptabilité. Le portugais brésilien serait toutefois plus contraint que le portugais européen ; l'exemple (75) semble impossible en portugais brésilien, les locuteurs natifs voulant absolument répéter le verbe lexical (*convidado*).

[28] Il faut noter que la situation était différente en ancien français. Miller (1997a) montre que l'ancien français permet le pseudogapping dans des conditions qui semblent proches de l'anglais contemporain.

2 Les phrases elliptiques

2.4.1.3 Ellipse non sélective

La seule construction elliptique majeure mettant en jeu une ellipse non sélective est **Right-Node Raising** (Postal 1974), connue également sous le nom de *Right Peripheral Ellipsis* (Höhle 1991), ou phrase à « factorisation droite », dorénavant RNR[29]. Ce type d'ellipse définit une relation entre deux phrases dont une elliptique à laquelle manque un dépendant (78a) ou la tête (78b) en position finale, qui précède l'autre phrase (complète) qui détermine son interprétation. Comme dans le cas du pseudogapping, on considère souvent que RNR est une ellipse très rare (Meyer 1995). Dans les études de corpus (p.ex. l'étude de RNR dans le *Penn Treebank*[30], Bîlbîie 2013a), les exemples en (78) sont effectivement sous-représentés. En revanche, on observe que la plupart des occurrences avec RNR apparaissent au niveau sous-phrastique, notamment au niveau du syntagme verbal (79a) et nominal (79b). L'étude des occurrences de RNR dans le *Penn Treebank* remet en question une bonne partie des généralisations faites dans la littérature ; on observe ainsi que ce type d'ellipse n'est pas réservé à la coordination, il apparaît le plus souvent au niveau sous-phrastique, il n'y a pas de restriction sur la catégorie ou sur la fonction syntaxique de l'élément mis en facteur, le parallélisme syntaxique n'est pas très strict, le contraste est moins fort que pour les autres types d'ellipse, etc. RNR est donc beaucoup moins contraint. Pour plus de détails sur le phénomène de RNR, voir Abbot (1976), Hartmann (2000), Chaves & Sag (2008), Chaves (2014), etc. Pour le français, RNR est présenté en détail dans Abeillé & Mouret (2010) et Abeillé et al. (2016). Je reprends de ces travaux quelques exemples montrant l'asymétrie syntaxique qu'on peut avoir avec RNR (80)[31]. Le même type d'ellipse est présent en roumain (81), bien qu'il n'y ait pas d'étude dédiée à ce phénomène. Les asymétries syntaxiques y apparaissent aussi, comme le montre l'exemple (81b), où l'élément mis en facteur est sélectionné en

---

[29] Comme dans le cas du VPE, l'étiquette RNR est un mauvais terme, car elle ne prend en compte que les langues à tête non finale. En plus, elle présuppose déjà une certaine analyse syntaxique.

[30] Le *Penn Treebank* est un grand corpus arboré pour l'anglais américain (4,5 millions de mots). Il dispose d'une annotation assez riche de certaines constructions elliptiques (p.ex. gapping y compris *Argument Cluster Coordination*, RNR, VPE, les fragments dans le dialogue).

[31] On remarque dans ces exemples l'asymétrie syntaxique liée à la forme du déterminant et à la présence/absence de la préposition. Dans la version non elliptique, on devrait avoir les formes données en (i) et (ii).

(i) Il y a des langues qui ont {une | *de} flexion casuelle.

(ii) Ce parti ne parvient pas *(à) surmonter ses contradictions.

tant qu'objet direct par le verbe dans le segment elliptique, mais il est sélectionné via une préposition par le verbe dans le segment complet.

(78) a. [John made], and Mary sold <u>a piece of furniture</u>.
 b. [If the President], and if Congress <u>act under a letter of attorney from the people</u>, so do the judges.

(79) a. Motorola [either denied] or would not comment on <u>the various charges</u>. (wsj-28924, Bîlbîie 2013a)
 b. [...] this was [a formal] or an informal <u>dinner party</u>? (swbd-132959, Bîlbîie 2013a)

(80) a. Il y a [des langues qui ont] et des langues qui n'ont pas <u>de flexion casuelle</u>.
 b. Ce parti [ne parvient pas], voire ne souhaite pas, <u>surmonter ses contradictions</u>.

(81) a. Părinţii   iubitori   [au fost mereu] şi vor   continua să
 parents.DEF affectueux ont été toujours et FUT.3PL continuer SBJV
 fie   <u>alături de copiii   lor</u>.
 être.SBJV.3 à_côté de enfants.DEF POSS.GEN.3PL
 'Les parents affectueux ont toujours été et continueront d'être aux côtés de leurs enfants.'
 b. Nu cunosc   pe nimeni care [să-şi   fi dorit]
 NEG connaître.PRS.1SG DOM personne qui   SBJV-REFL.DAT.3 être désiré
 sau măcar   să   se   fi gândit la <u>un asemenea rezultat</u>.
 ou au_moins SBJV REFL.ACC.3 être pensé à un tel   résultat
 'Je ne connais personne qui ait désiré ou au moins qui ait pensé à un tel résultat.'

2.4.2 Contextes syntaxiques

Selon ce critère, on veut savoir quel est le domaine d'occurrence des différents types d'ellipse mentionnés plus haut, en fonction de la classification des phrases donnée en Figure 2.1 dans la section 2.3.1, à savoir phrase indépendante, phrase coordonnée ou phrase subordonnée.

A part *Antecedent Contained Ellipsis* et *Argument Contained Ellipsis*, toutes les autres constructions ont été largement étudiées en lien avec la coordination, car

2 Les phrases elliptiques

on considère que leur contexte syntaxique privilégié (voire le seul possible pour certaines d'entre elles) est la coordination.

Si certains types d'ellipse semblent être restreints à la coordination (p.ex. le gapping, cf. exemples en (82)), d'autres constructions (p.ex. VPE (83), RNR[32] (84)) permettent aussi la subordination, la phrase elliptique étant enchâssée dans la phrase source.

(82)   a. Robert cooked the first course, **and** Marie the dessert.
       b. *Robert cooked the first course, **because** Marie the dessert.

(83)   a. Joan write a novel, **and** Marvin did too.
       b. Joan write a novel **after** Marvin did too.

(84)   a. You know a man who sells, **and** I know a man who buys, pictures of Elvis Presley.
       b. It seemed likely to me, **though** it seemed unlikely to everyone else, that he would be impeached. (exemples cités par Chaves & Sag 2008)

Un contexte syntaxique particulier privilégiant l'ellipse est celui des comparatives (Lechner 2004). Les structures comparatives améliorent considérablement l'acceptabilité de certains types d'ellipse dans les langues. On a observé ainsi dans la section 2.4.1.2 ci-dessus que le pseudogapping en anglais était considéré marginal dans la coordination, mais tout à fait naturel dans les structures comparatives. De même, on avait noté que l'ellipse post-auxiliaire (VPE) n'était pas disponible en français, quoique Boeckx (2000) donne un exemple acceptable d'ellipse post-auxiliaire dans une structure comparative (voir le contraste en (85). De plus, comme on le verra dans la section 3.3.1, le gapping est généralement agrammatical dans la subordination en roumain et en français, sauf dans les structures comparatives. Cette affinité pour l'ellipse qu'ont en commun les structures comparatives et les structures coordonnées ne devrait pas être étonnante. Plusieurs travaux (Moltmann 1992; Osborne 2009, etc.) situent les structures comparatives comme une relation syntaxique intermédiaire entre les structures coordonnées et la subordination, ce qui expliquerait la fréquence beaucoup plus élevée de l'ellipse dans les comparatives par rapport à d'autres types de subordonnées.

(85)   a. *Jean a lu le livre, et Paul a aussi.
       b. Jean avait lu plus de livres que Marie n'avait. (Boeckx 2000 : 119)

---

[32] Contrairement à ce qu'on dit souvent (p.ex. Haspelmath 2007), RNR peut apparaître sous l'enchâssement, cf. Chaves & Sag (2008), Bîlbîie (2013a), Chaves (2014).

2.4 Typologie des phrases elliptiques

Une difficulté posée par l'étude des comparatives concerne leur analyse syntaxique. Si pour une structure comparative à deux éléments résiduels, le statut phrastique est assez clair (voir l'exemple français en (86a)), le statut syntaxique d'une structure comparative à un seul élément résiduel (86b) est moins évident. Deux approches en compétition sont proposées dans la littérature : une approche 'directe' (une comparative comme celle en (86b) n'est pas une phrase, le syntagme en question étant sous-phrastique, cf. Huddleston 1967 ; Hankamer 1973 ; Hoeksema 1983) ou bien une approche 'réductionniste' (toute structure comparative est une phrase elliptique, cf. Bresnan 1973 ; Lechner 2001 ; 2004). On ne rentrera pas dans ce débat, bien que les comparatives représentent un champ très intéressant d'étude pour l'ellipse en roumain et en français, puisque ces langues possèdent certains éléments linguistiques qui permettent d'argumenter pour ou contre une certaine analyse syntaxique. Je me résume ici aux exemples roumains en (87), qui montrent le comportement différent des comparatives à un élément résiduel par rapport à celles à deux éléments résiduels (voir, en particulier, la différence de marquage casuel du sujet dans les deux comparatives : en (87a), le pronom sujet a une forme d'accusatif, alors que dans l'exemple (87b), le sujet a une forme de nominatif). Pour des détails sur les structures comparatives elliptiques en français, voir Amsili & Desmets (2008), Desmets (2008), Mouret & Desmets (2008).

(86) a. Jean <u>gagne</u> plus de coupes [que Pierre de médailles].
  b. Jean <u>gagne plus de coupes</u> [que Pierre]. (Amsili & Desmets 2008)

(87) a. Ana <u>te   iubește</u>   mai mult   [ca mine].
  Ana ACC.2SG aimer.PRS.3SG plus beaucoup que .ACC.1SG
  'Ana t'aime plus que moi.'

  b. Ana <u>îl   iubește</u> pe   Ion mai mult   [decât eu   pe
  Ana ACC.3SG aime   DOM Ion plus beaucoup que NOM.1SG DOM
  tine].
  ACC.2SG
  'Ana aime Ion plus que moi je t'aime.'

Dans les relations de subordination ordinaire, on remarque certaines constructions elliptiques qui sont généralement oubliées dans les travaux dédiés aux phénomènes de l'ellipse. Les constructions que je retiens ici, en suivant Abeillé (à paraître) pour le français, sont, en plus des comparatives en *comme* (88a), les relatives sans verbe (88b) et les circonstancielles additives (88c), exceptives (88d), concessives (88e) ou conditionnelles (88f). Toutes ces subordonnées 'elliptiques'

2 Les phrases elliptiques

ont la fonction d'ajout par rapport à la phrase source et généralement une prosodie incidente (d'où l'étiquette d'ajout incident, que j'utilise dans le chapitre 4). Un des buts de ce livre est justement celui de faire sortir l'ellipse du domaine de la coordination ; c'est pour cela qu'un chapitre entier de cet ouvrage (chapitre 4) est consacré à l'étude des relatives sans verbe en roumain et en français.

(88)   a. De grandes villes, [**comme** Paris], ont décidé de reprendre la gestion de l'eau.
      b. Plusieurs personnes sont venues, [**dont** Paul (hier)].
      c. Tout le monde viendra, [**y compris** Paul].
      d. Tout le monde est venu, [**sauf** Paul].
      e. Paul participe aux réunions, [**bien que** rarement].
      f. « Si j'épouse une femme avare, elle ne me ruinera pas ; [**si** une joueuse], elle pourra s'enrichir ; [**si** une prude], elle ne sera pas emportée ; [**si** une emportée], elle exercera ma patience ; [**si** une coquette], elle voudra me plaire ; [**si** une galante], elle le sera peut-être jusqu'à m'aimer... » (La Bruyère, *Les caractères*, cité dans Piot 1988)

Enfin, les phrases indépendantes peuvent, elles aussi, être elliptiques. Les structures les plus étudiées sont les fragments dialogiques (c.-à-d. questions courtes (89) – angl. *short questions* –, ou les réponses courtes (90) – angl. *short answers* – dans le dialogue), cf. Barton (1990), Ginzburg & Sag (2000), Schlangen (2003), Merchant (2004), Fernández (2006), Ginzburg (2012), etc.

(89)   A : - A friend of mine will arrive tomorrow.
        B : - [Who] ?

(90)   A : - Who attended the meeting ?
        B : - [John].

2.4.3 Directionnalité

Selon ce dernier critère, on veut voir si l'antécédent se trouve avant ou après la forme elliptique. De ce point de vue, la littérature (voir, par exemple, Haspelmath 2007) enregistre deux types d'ellipse majeurs : (i) ellipse progressive ou analepse (angl. *forward ellipsis*) si la phrase source précède la séquence elliptique, ou bien (ii) ellipse régressive ou catalepse (angl. *backward ellipsis*) si la phrase source suit la séquence elliptique.

2.4 Typologie des phrases elliptiques

Les deux directions de l'ellipse peuvent être observées dans une même langue (à travers les différentes constructions mentionnées dans la section 2.4.1 ou à travers les différents contextes syntaxiques présentés dans la section 2.4.2), ou bien dans une perspective typologique, à travers les langues.

Ainsi, à l'intérieur d'une même langue, on observe que certains types d'ellipse ne peuvent apparaître que dans une des deux directions : en anglais (comme en français, roumain, etc.), le gapping dans la coordination a toujours lieu dans la phrase qui suit une phrase complète (c.-à-d. ellipse progressive) comme en (91a), alors que RNR dans le même contexte syntaxique est toujours une ellipse régressive (91b). En revanche, une construction comme VPE dans la subordination permet les deux ordres (92). De manière générale, on peut dire que la direction de l'ellipse est déterminée de façon plus stricte dans la coordination que dans la subordination.

(91)   a. John <u>loves</u> apples, and Mary bananas.
       b. Birds eat, and flies avoid <u>long-legged spiders</u>.

(92)   a. Bill will <u>make a statement blasting the press</u>, if Hillary will.
       b. If Hillary will, Bill will <u>make a statement blasting the press</u>.

Dans une perspective typologique, on considère souvent que la directionnalité de l'ellipse est liée à l'ordre des mots dans une langue. Par exemple, pour les constructions à gapping, Ross (1970) établit que les langues à tête initiale présentent plutôt l'analepse, alors que les langues à tête finale présentent plutôt la catalepse. Mais cette généralisation est loin de capter tous les faits empiriques qu'on observe à travers les langues. Plus de détails seront donnés dans la section 3.2.1.

2.4.4 L'ellipse dans une approche typologique

Les critères présentés précédemment nous permettent de faire les généralisations suivantes : (i) l'ellipse peut toucher tout constituant (valent, ajout ou tête) d'une phrase ; (ii) l'ellipse peut apparaître dans n'importe quelle position syntaxique (initiale, médiane ou finale), et (iii) l'ellipse peut apparaître soit après l'antécédent (c.-à-d. analepse), soit avant l'antécédent (c.-à-d. catalepse).

Dans une approche typologique, observer le fonctionnement de l'ellipse en suivant ces généralisations s'avère un travail difficile. Les constructions elliptiques, telles que listées dans la section 2.4.1, se rencontrent dans la plupart des langues sous des formes variées (Sanders 1977 ; Harries-Delisle 1978 ; Mallinson & Blake

1981; Haspelmath 2007). Cependant, deux aspects semblent problématiques dans une étude typologique de l'ellipse : (i) la disponibilité des formes, et (ii) les problèmes d'identification.

2.4.4.1 Disponibilité des formes

En ce qui concerne la disponibilité des formes, on admet que certaines constructions ne se rencontrent pas dans toutes les langues. Par exemple, il n'y aurait pas de RNR en hausa et une dizaine de langues apparentées (cf. Koutsoudas 1971), ni de gapping en thaï, mandarin ou maltais (cf. Rosenbaum 1977; Mallinson & Blake 1981), ni de VPE dans la plupart des langues romanes, contrairement aux langues germaniques et celtiques (cf. Chao 1988)[33].

Certains auteurs ont essayé d'établir des règles de prédictibilité pour la disponibilité des formes elliptiques à travers les langues[34]. Ainsi, Sanders (1977) arrive à six types de constructions elliptiques (dans la coordination), en fonction de la position du matériel manquant dans la phrase : trois types de catalepse, avec le matériel manquant dans différentes positions de la première phrase (93), et trois types d'analepse, avec le matériel manquant dans la deuxième phrase (94).

(93)   a. **(A)**BC & DEF   ellipse de A   catalepse initiale
        b. A**(B)**C & DEF   ellipse de B   catalepse médiane
        c. AB**(C)** & DEF   ellipse de C   catalepse finale

(94)   a. ABC & **(D)**EF   ellipse de D   analepse initiale
        b. ABC & D**(E)**F   ellipse de E   analepse médiane
        c. ABC & DE**(F)**   ellipse de F   analepse finale

Sur la base de cette typologie, Sanders (1977) établit une hiérarchie d'accessibilité (95), selon laquelle si un type T est accessible dans une langue, alors tous les types à sa droite le sont aussi.

(95)   Hiérarchie d'accessibilité pour les types d'ellipse dans la coordination

$$A > B > \left\{ \begin{array}{c} C \\ F > E \end{array} \right\} > D$$

---

[33] Voir exceptions : VPE est possible en portugais, mais impossible en allemand ou néerlandais.
[34] Je retiens ici comme illustration uniquement les hypothèses de Sanders (1977). Voir aussi Zoerner & Agbayani (2000) pour une règle alternative de prédictibilité des formes elliptiques à travers les langues, liée aux différents types de mouvement du verbe disponibles dans les langues.

2.4 Typologie des phrases elliptiques

Selon Sanders (1977), cette hiérarchie rendrait compte des disponibilités des formes elliptiques dans les langues, comme illustrées en (96)[35]. Dans cet inventaire, on trouve aux extrémités des langues ayant très peu de types d'ellipse, comme le chinois (où seulement les types C et D sont disponibles), et des langues comme le tojolabal, où tous les types d'ellipse sont disponibles.

(96) a. chinois :   AB<u>C</u> – <u>D</u>EF
      b. anglais, japonais : AB<u>C</u> – <u>DEF</u>
      c. quechua :   ABC – <u>DEF</u>
      d. russe :   AB<u>C</u> – <u>DEF</u>
      e. hindi, zapotec :   A<u>BC</u> – <u>DEF</u>
      f. tojolabal :   **<u>ABC</u> – <u>DEF</u>**

Son hypothèse générale est que les types elliptiques les moins accessibles sont plus difficiles à décoder. Cette hypothèse est basée sur deux observations prises en compte par des facteurs différents :

(i) On considère que les langues utilisent l'analepse beaucoup plus que la catalepse (voir aussi Haspelmath 2007). L'explication donnée par Sanders (1977) dans ce sens est liée à un facteur temporel : la catalepse est plus difficile que l'analepse dans le processing de l'énoncé si l'antécédent du matériel élidé n'a pas été encore présenté. D'ailleurs, le facteur du processing apparaît aussi chez d'autres auteurs (Ramat 1987 ; Hawkins 1988 ; Gaeta & Luraghi 2001).

(ii) En même temps, toujours selon Sanders (1977), les positions A et F seraient les meilleurs antécédents, alors que les positions C et D seraient les pires, d'où résulte le fait que les ellipses de D et de C seraient les plus préférées, alors que les ellipses de A et F seraient les moins privilégiées. Il explique ces préférences en termes de « proéminence de l'antécédent » : les antécédents en début et fin de séquence sont appris plus vite et gardés en mémoire de façon plus exacte que les antécédents en position médiane.

Cependant, la question qui reste à résoudre est par quelles propriétés de ces langues s'explique cette disponibilité des formes.

2.4.4.2 Problèmes d'identification

Un aspect particulièrement problématique dans une approche typologique résulte du fait que certaines constructions elliptiques sont difficiles à identifier dans certaines langues.

---

[35]Les types soulignés sont disponibles dans les langues en question, alors que les autres types (non-soulignés) sont exclus.

2 Les phrases elliptiques

Pour illustrer ce problème, je reprends en Tableau 2.1 une version modifiée d'un tableau de Haspelmath (2007), qui présente les configurations elliptiques les plus fréquentes dans les coordinations phrastiques à travers les langues[36]. Chaque configuration est illustrée par un exemple, repris pour la plupart de Haspelmath (2007).

Tableau 2.1 : Les types d'ellipse les plus fréquents en fonction de l'ordre des mots dans les langues. Tableau adapté de Haspelmath (2007)

		SVO	SOV	VSO	OSV/OVS
ellipse de la tête verbale	analepse	SVO+SO (97)	SOV+SO (98)	VSO+SO (99)	
	catalepse		SO+SOV (100)		
ellipse d'un valent	analepse		SOV+SV (101)		OSV+SV (102) OVS+VS (103)
	catalepse	SV+SVO (104)		VS+VSO (105)	

(97) John <u>drinks</u> scotch and Bill bourbon.

(98) Russe
Vanja vodu <u>pil</u>, a Masha vino.
Vanja eau a-bu et Masha vin
'Vanja a bu de l'eau et Masha du vin.'

(99) Allemand
<u>Liebt</u> Julia Romeo und Kleopatra Cäsar ?
aime Julia Romeo et Kleopatra Caesar
'Est-ce que Juliette aime Roméo et Cléopâtre César ?'

(100) Allemand
Ich glaube dass Peter Kartoffeln und Maria Brod <u>aß</u>.
je crois que Peter pommes-de-terre et Maria pain a-mangé
'Je crois que Peter a mangé des pommes de terre et Maria du pain.'

---

[36]Les cases vides ne signifient pas que les structures en question n'existent pas, mais simplement qu'elles ne sont pas fréquentes.

(101) Coréen
Sonyen-i swuley-lul kul-ko sonye-ka mile-ss-ta.
garçon-NOM carriole-ACC tirer-et fille-NOM pousser-PAST-DECL
'Le garçon a tiré, et la fille a poussé la carriole.'

(102) Malayalam
Pustakam Raamu vaaŋŋi pakṣe Kṛṣnan vaayiccu.
livre   Ramu a-acheté mais Krishnan a-lu
'Ramu a acheté, mais Krishnan a lu le livre.'

(103) Allemand
Das Buch kaufte   mein Vater und las meine Mutter.
DEF livre a-acheté mon père et a-lu ma   mère
'Le livre a été acheté par mon père et lu par ma mère.'

(104) Birds eat, and flies avoid long-legged spiders.

(105) Gallois
Gwelodd Gwen, a rhybuddiodd Ifor, y   dyn.
a-vu   Gwen et a-averti   Ifor DEF homme
'Gwen a vu, et Ifor a averti l'homme.'

En dehors des configurations SVO + SO en (97) et SOV + SO (98), qui sont sans aucun doute des occurrences de gapping, toutes les autres configurations se prêtent à priori à une double analyse. Ainsi, les configurations VSO + SO en (99) et SO + SOV en (100), exemplifiées pour l'allemand, sont a priori ambiguës entre une analyse en termes de gapping (c.-à-d. une coordination de phrases, dont une elliptique) et une analyse en termes de coordination de séquences (ou *Argument Cluster Coordination* en anglais, c.-à-d. une coordination sous-phrastique de pseudo-constituants dans la portée syntaxique d'un prédicat verbal). De même, les autres configurations, avec l'ellipse d'un valent en (101)–(105), sont a priori ambiguës entre une analyse en termes de montée de nœud droit/gauche (ou *Right/Left-Node Raising* en anglais) et une construction à complément nul (ou *Null Complement Anaphora* en anglais); le matériel souligné dans ces derniers exemples peut ainsi être interprété soit comme mis en facteur pour les deux conjoints, soit comme appartenant à un des conjoints.

Je reviendrai à l'ambiguïté gapping vs. coordination de séquences dans la section 3.2.2, où je montre que les langues (en particulier, le roumain) disposent parfois des moyens pour désambiguïser le type de construction elliptique envisagé.

2.5 Théories de l'ellipse

Dans la section 2.1 de ce chapitre, j'ai précisé que le phénomène de l'ellipse présentait un défi majeur pour toute théorie grammaticale, en ce que la dichotomie classique forme/interprétation n'était pas respectée : dans une construction elliptique, on obtient une interprétation sans avoir de forme. La question générale qui surgit alors est comment on articule cette dichotomie classique dans le cas de l'ellipse ?

Dans les approches générativistes traditionnelles, la composante syntaxique de la grammaire rend compte de la correspondance entre forme et interprétation. Par conséquent, la question majeure autour de laquelle ont été centrés les débats sur l'ellipse est liée à la structure syntaxique : est-ce que le matériel manquant d'une construction elliptique possède une structure syntaxique non-prononcée ? La réponse donnée à cette question a des implications significatives pour la théorie de la grammaire. Si la réponse est positive, on doit postuler une structure syntaxique plus abstraite, dans une théorie qui permette que certains nœuds syntaxiques ne correspondent à aucun élément prononcé, qu'il s'agisse d'un mot ou d'un syntagme. En revanche, si la réponse est négative, il n'y a pas de structure syntaxique abstraite, toutes les structures syntagmatiques contiennent uniquement des éléments qui sont prononcés, le principe étant « ce qu'on entend/voit, c'est ce qu'on obtient » (angl. *what you hear/see is what you get*).

Ces deux perspectives donnent lieu à deux types d'approches, appelées par Merchant (2009) approches « structurales » vs. approches « non-structurales ». Les approches structurales considèrent que le matériel manquant a une structure en syntaxe ; la reconstruction du matériel manquant se situe donc au niveau syntaxique. De leur côté, les approches non structurales n'attribuent pas de structure au matériel manquant, la résolution de l'ellipse se situant uniquement en sémantique ou bien à l'interface syntaxe-sémantique. Une présentation schématique des deux approches est illustrée en Figure 2.3.

Qu'on se situe dans une approche structurale ou non structurale, on admet généralement qu'il y a une reconstruction (en syntaxe ou en sémantique), et donc qu'il y a une ellipse (syntaxique ou sémantique). Cependant, je veux préciser qu'il y a une troisième possibilité d'analyse, qui essaie de réduire le phénomène de l'ellipse à des mécanismes syntaxiques requis (de manière indépendante) pour d'autres phénomènes linguistiques[37]. Un exemple bien connu est l'opération de mouvement, qui permettrait de dériver la structure syntaxique d'une construction elliptique comme le gapping, sans postuler un mécanisme d'ellipse (cf. John-

---

[37]Ce dernier type d'approches est appelé *syntax-first approach* par Schwabe & Winkler (2003).

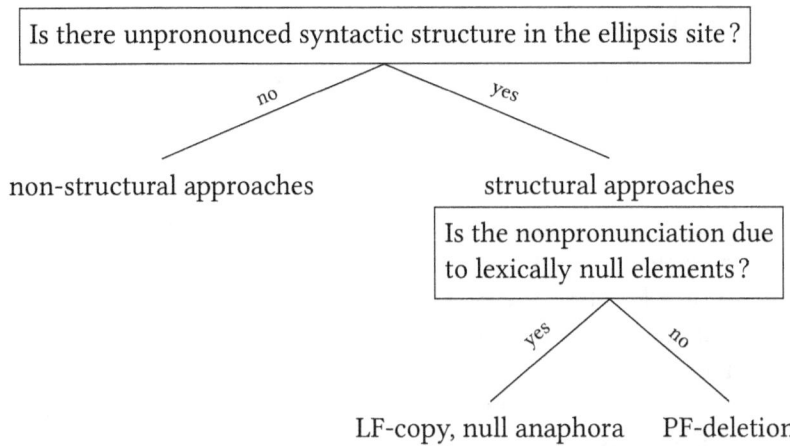

FIGURE 2.3 : Quelle syntaxe pour l'ellipse ? (résumé en anglais, cf. Merchant 2009)

son 1996/2004 ; 2000 ; 2009 ; Zoerner & Agbayani 2000 ; López & Winkler 2003 ; Winkler 2005). Ainsi, en (106), le verbe *drank* est extrait simultanément des deux conjoints (cf. angl. *Across-The-Board Movement*, abrégé *ATB Movement*) et laisse deux traces t_i (voir plus de détails dans la section 3.4.2.3). La construction gapping est ainsi alignée sur les constructions dites à extraction, ne mettant en jeu aucune ellipse[38].

(106) [$_{TP}$ Randy$_j$ [$_{T'}$ drank$_i$ [$_{vP}$ t_j t_i scotch] and [$_{vP}$ Amy t_i rum]]]. (Johnson 2009)

Cependant, cette approche ne s'applique qu'aux constructions avec un antécédent linguistique, car pour pouvoir extraire l'antécédent, il faut qu'il soit présent. Pour toutes les occurrences elliptiques avec un antécédent non linguistique (ou pragmatique), cette analyse ne fonctionne pas (p.ex. les fragments dans le dialogue). Comme la notion d'ellipse n'est pas pertinente pour ce type d'approches, j'ai voulu simplement signaler l'existence d'une telle analyse. Par la suite, je me concentre plutôt sur les deux approches mettant en jeu une ellipse syntaxique ou sémantique.

---

[38]Le mécanisme d'extraction a été repris aussi pour la mise en facteur à droite (abrégée RNR) et certains cas de réduction de conjoints (voir Ross 1967 ; Hudson 1976 ; Maling 1972 ; Sabbagh 2007, etc.). Dans ce type d'approche sans ellipse, le stripping est analysé comme un cas d'extraposition du syntagme nominal, ou encore l'ellipse comparative comme un cas de complémentation ordinaire.

2 Les phrases elliptiques

2.5.1 Approches structurales ou Ellipse syntaxique

L'hypothèse majeure faite dans ce type d'approches est la suivante : le matériel manquant a une certaine structure syntaxique à un certain niveau de la représentation. Il est donc présent, mais pas prononcé (on a ainsi une correspondance inhabituelle entre la syntaxe et la phonologie). Par conséquent, on n'a pas besoin d'une règle d'interprétation spécifique ; l'interprétation est dérivée par les mêmes mécanismes agissant dans les contextes non elliptiques.

On aligne ainsi les phrases elliptiques sur leurs contreparties non elliptiques, en considérant que les deux ont la même structure et obéissent aux mêmes règles. Comme le matériel manquant est « non-prononcé », il n'y a pas de moyen direct qui prouve sa présence. Mais on peut détecter sa présence en syntaxe de manière indirecte, en vertu des effets de sa présence sur les éléments résiduels. Si l'on trouve des effets qui semblent être dus au matériel manquant, alors cela est un argument pour supposer la présence du matériel manquant dans la structure syntaxique. Si, en revanche, les effets auxquels on s'attend n'apparaissent pas, alors on doit conclure que le matériel manquant n'est pas présent en syntaxe.

2.5.1.1 Arguments pour la présence d'une structure

Les approches structurales sont ainsi basées sur ce qu'on appelle les « effets de connectivité » (angl. *connectivity effects*, cf. Merchant 2001 et Merchant 2004 : la phrase elliptique présente des « connexions » grammaticales avec la forme de la phrase source), alors que les approches non structurales sont fondées sur les effets de non-connectivité. Si les contraintes syntaxiques continuent à s'appliquer aux constructions elliptiques, cela serait un argument pour la résolution de l'ellipse au niveau syntaxique.

Je reprends par la suite certains des effets syntaxiques mentionnés par Merchant (2004 ; 2009), qui semblent suggérer la présence d'une structure ordinaire, mais non prononcée, dans les constructions elliptiques.

(i) Un effet syntaxique observé est le marquage casuel des éléments résiduels dans les phrases elliptiques (Ross 1967 ; 1969 ; Merchant 2001 ; 2004), qui montre que les assigneurs de cas sont syntaxiquement présents. Ainsi, dans l'exemple allemand repris de Ross (1969) en (107), le mot *qu-* apparaissant dans la phrase elliptique avec sluicing reçoit exactement les mêmes marques casuelles que son corrélat dans la phrase source : le cas datif requis par le verbe *schmeicheln* 'flatter' en (107a) et respectivement le cas accusatif imposé par le verbe *loben* 'féliciter' en (107b).

2.5 Théories de l'ellipse

(107) Allemand (Ross 1969)

a. Er will jemand**em** schmeicheln, aber sie wissen nicht {*wer
il veut quelqu'un.DAT flatter mais ils savent NEG {qui.NOM
| *wen | w**em**}.
| qui.ACC | qui.DAT}
'Il veut flatter quelqu'un, mais ils ne savent pas qui.'

b. Er will jemand**en** loben, aber sie wissen nicht {*wer |
il veut quelqu'un.ACC féliciter mais ils savent NEG {qui.NOM |
w**en** | *wem}.
qui.ACC | qui.DAT}
'Il veut féliciter quelqu'un, mais ils ne savent pas qui.'

(ii) On observe que les contraintes de localité (en particulier, les contraintes d'îles) régissent l'extraction des éléments se trouvant à l'intérieur du matériel manquant. Si ces contraintes sont syntaxiques (cf. Sag 1976), alors leur applicabilité dans le domaine de l'ellipse est un argument en faveur d'une représentation syntaxique non prononcée. Je reprends en (108) deux exemples de Merchant (2009) illustrant l'îlot relatif : l'extraction d'un constituant en dehors d'une phrase relative est interdite avec VPE en (108a) ou encore avec le stripping en (108b).

(108) a. *Abby knows five people [who have **dogs**], but **cats**, she doesn't.
b. *They caught the man [who'd stolen **the car**] after searching for him, but not **the diamonds**.

De manière plus générale, dans ce type d'approches, le test de l'extraction est pris comme le diagnostic d'une structure syntaxique « riche », car si l'extraction est permise dans une construction elliptique, le site de l'ellipse doit contenir suffisamment de structure syntaxique pour qu'il y ait une place pour la « trace » du mouvement.

(iii) Merchant (2001 ; 2004 ; 2009) observe une corrélation typologique entre la possibilité d'avoir une préposition « orpheline » (angl. *preposition stranding*) dans les contextes non elliptiques avec extraction et aussi dans les contextes elliptiques (avec sluicing ou réponses courtes) d'une part, et l'antéposition obligatoire du syntagme prépositionnel en entier (angl. *pied-piping*) dans les contextes non elliptiques avec extraction et dans les contextes elliptiques (avec sluicing ou réponses courtes) d'autre part. Ainsi, dans l'exemple anglais repris de Merchant

2 Les phrases elliptiques

(2009) en (109), on observe qu'une langue comme l'anglais, qui permet une préposition orpheline dans un contexte non elliptique avec extraction comme en (109b), le permet aussi dans un contexte elliptique avec sluicing (109a) ou réponse courte (109c). En revanche, une langue comme le roumain, qui n'accepte pas une préposition orpheline dans les contextes habituels d'extraction (110b), mais qui exige l'antéposition du syntagme prépositionnel en entier (110c), a le même comportement dans les contextes elliptiques avec sluicing (110a) ou réponses courtes (110d). Par conséquent, on considère que cette contrainte syntaxique liée à la distribution de la préposition opère de manière uniforme dans les contextes elliptiques et non elliptiques à travers les langues.

(109) a. Peter was talking with someone, but I don't know **(with) who(m)**.
b. A : - **Who** was he talking **with**?
c. B : - **(With)** Mary.

(110) a. Ion vorbea cu   cineva,   dar nu ştiu   *(cu) cine.
Ion parlait avec quelqu'un mais NEG savoir.PRS.1SG avec qui
'Ion parlait avec quelqu'un, mais je ne sais pas avec qui.'
b. *Cine vorbea Ion cu?
qui   parlait Ion avec
'Avec qui parlait Ion?'
c. A : - **Cu cine** vorbea Ion?
A : '- Avec qui parlait Ion?'
d. B : - *(Cu) Maria.
B : '- Avec Maria.'

(iv) Une corrélation supplémentaire est observée entre la distribution de l'infinitif dans les contextes non elliptiques avec clivage d'une part, et son comportement dans les réponses elliptiques d'autre part. Seuls les verbes infinitifs à contrôle peuvent être clivés et c'est le seul type d'infinitifs qui est compatible avec un emploi dans les réponses elliptiques, comme le montrent les exemples en (111) et (112) repris de Merchant (2009) : un infinitif à montée ne peut ni être clivé (111a), ni apparaître dans une réponse courte (111b), alors qu'un infinitif à contrôle peut apparaître dans les deux contextes (112a–112b).

(111) a. *It's [to procrastinate] that people tend.
b. A : - How do people tend to behave?
B : - *To procrastinate.

2.5 Théories de l'ellipse

(112)   a. It's [to get a job in Europe] that she really wants.
          b. A : - What does she really want ?
             B : - To get a job in Europe.

Les effets de connectivité retenus ici montrent que le matériel manquant obéit dans beaucoup de cas aux mêmes contraintes syntaxiques que son antécédent et/ou que la séquence elliptique se comporte de la même façon qu'une séquence non elliptique par rapport à certains mécanismes syntaxiques.

2.5.1.2 Sous-types d'approches structurales

Comme illustré dans le schéma présenté plus haut en Figure 2.3, les approches structurales se divisent en deux sous-types majeurs, en fonction du statut du matériel manquant non prononcé : élément lexical ordinaire ou bien élément vide. Le premier type d'approches est identifié dans la littérature avec l'analyse par effacement phonologique (angl. *PF-deletion approach*), alors que le deuxième est considéré comme étant l'analyse en termes de proforme nulle (avec deux sous-types, que je listerai ci-dessous).

2.5.1.2.1 Effacement phonologique   Le premier type mentionné constitue la solution traditionnelle utilisée dans les grammaires génératives, cf. Ross (1967 ; 1969), Sag (1976), Hankamer & Sag (1976), Hankamer (1979), Lasnik (1999), Hartmann (2000), Merchant (2001), Chung (2005), etc.

Une phrase elliptique a la même syntaxe que sa contrepartie complète. La différence apparaît uniquement au niveau de la forme phonologique (angl. *Phonological Form*, abrégé PF), où une partie de la structure est dépourvue de son contenu phonologique, en vertu de la présence d'un antécédent qui permet la reconstruction de ce contenu. Le matériel manquant correspond donc à un élément lexical, qui est ensuite « effacé sous identité » (angl. *deletion under identity*)[39].

La représentation d'une phrase avec sluicing dans une approche par effacement phonologique est donnée en Figure 2.4 : l'élément résiduel correspondant au mot *qu-* *what* est extrait en périphérie gauche de la phrase (déplacé à l'extérieur du TP, cf. angl. *Tense Phrase*), laissant à sa place une trace t_1. Le TP est

---

[39]La description de ce type d'approches est présentée ici d'une manière simplifiée. En réalité, cette solution syntaxique de l'ellipse a plusieurs versions, que je résume en reprenant Merchant (2009). La non-prononciation du matériel présent en syntaxe est due : (i) soit à une opération d'effacement (qui se produit soit en syntaxe avant l'Epel – angl. *Spell-Out* –, soit après l'Epel dans la dérivation vers PF), cf. p.ex. Sag (1976), (ii) soit à un réflexe phonologique d'un algorithme prosodique, cf. p.ex. Merchant (2001).

2 Les phrases elliptiques

ensuite effacé sous identité avec l'antécédent *John can play* dans la phrase source. L'arbre simplifié correspondant à la phrase elliptique figure en (113). L'effacement phonologique est déclenché par un trait ellipse E, qui figure sur la tête autorisant l'ellipse (p.ex. la tête complémenteur C pour l'ellipse de TP dans le sluicing, la tête T [*Tense*] pour VPE).

(113) John can play something, but I don't know [$_{CP}$ what$_1$ [$_{TP}$ ~~John can play~~ ~~t_1~~]].

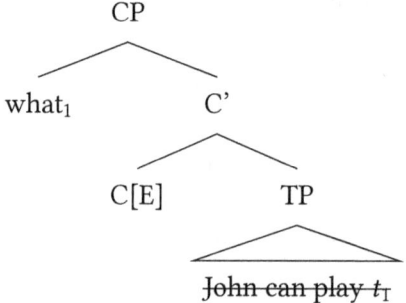

FIGURE 2.4 : Arbre simplifié de la phrase elliptique en (113)

2.5.1.2.2 Proformes nulles Le deuxième type d'approche structurale postule en syntaxe des éléments vides (ou proformes nulles), remplacés ou identifiés à un certain niveau de la représentation qui n'est pas pertinent pour la prononciation, p.ex. en forme logique (angl. *Logical Form*, abrégé LF) ou dans une composante sémantique/pragmatique.

L'élément manquant correspond donc en syntaxe à un élément vide. Certains travaux (Hardt 1993 ; Lobeck 1995, etc.) postulent un seul élément vide *e*, indépendamment de la taille du matériel manquant, comme en (114), alors que d'autres (Wasow 1972 ; Ludlow 2005, etc.) postulent une pléthore d'éléments vides, comme en (115).

(114) John can play something, but I don't know [$_{CP}$ what [$_{IP}$ *e*]].

(115) John can play something, but I don't know [$_{CP}$ what$_4$ [$_{IP}$ e_1 e_2 e_3 t_4]].

L'interprétation assignée à cet élément vide est fournie par un antécédent, mais de deux façons différentes : dans certains travaux (Wasow 1972 ; Shopen

2.5 Théories de l'ellipse

1972 ; Williams 1977 ; Zribi-Hertz 1986 ; Hardt 1993 ; Lobeck 1995 ; Depiante 2000 ; Ludlow 2005, etc.), l'interprétation est obtenue par des algorithmes non syntaxiques, purement sémantiques, similaires à ceux utilisés pour l'interprétation des anaphores ordinaires, par exemple les pronoms ; dans d'autres travaux (Fiengo & May 1994 ; Chung et al. 1995 ; Lappin 1999 ; Beavers & Sag 2004 ; Fortin 2007, etc.), l'antécédent est copié dans le site de l'ellipse en forme logique (c.-à-d. au niveau LF), assurant à l'élément vide la bonne interprétation. Les deux types de résolution de l'ellipse sont connus dans la littérature sous le nom d'« anaphore nulle » (angl. *Null Anaphora*) et respectivement « copie en forme logique » (angl. *LF-copy*).

L'argument majeur pour une approche en termes de proforme nulle vient des ressemblances qu'on observe entre le site de l'ellipse et le comportement des pronoms, ce qui laisse penser que la relation qui s'établit entre le matériel manquant et son antécédent est une relation anaphorique. Je liste par la suite quatre ressemblances observées entre certaines constructions elliptiques (ici, VPE) et les pronoms.

(i) Comme les pronoms, le matériel manquant peut avoir un antécédent éparpillé (angl. *split antecedents*), cf. les exemples en (116) repris de Hardt (1993) : en (116a), le pronom *they* a un antécédent composé de deux syntagmes nominaux (*Brian* et respectivement *Jill*) se trouvant à des niveaux syntaxiques différents ; de même, dans l'exemple (116b) avec VPE, l'antécédent du matériel manquant correspond aux deux séquences soulignées (*walk and ... chew gum*).

(116)   a. Brian$_i$ told Jill$_j$ that they$_{i+j}$ could go away together.
          b. I can walk and I can chew gum. Gerry can too, but not at the same time.

(ii) Comme les proformes déictiques, le matériel manquant peut parfois avoir un antécédent non linguistique, ayant ainsi un emploi exophorique, comme dans les exemples (117) :

(117)   a. [*On receiving a present :*] You shouldn't have.
          b. [*At a door :*] May I ?

(iii) Comme les pronoms, certains types d'ellipse peuvent avoir un emploi cataphorique s'ils apparaissent sous enchâssement. Le matériel manquant peut ainsi précéder son antécédent, à condition qu'il s'agisse d'une phrase elliptique enchâssée (angl. *Backwards Anaphora Constraint*), ce qui explique les différences dans les jugements d'acceptabilité pour les exemples en (118) et (119) repris de Kehler (2000).

2 Les phrases elliptiques

(118) a. **If** Hillary will, Bill will <u>make a statement blasting the press</u>.
   b. **If** he$_i$ makes a statement blasting the press, Bill$_i$ will make a fool of himself.

(119) a. *Bill will, if Hillary will <u>make a statement blasting the press</u>.
   b. *He$_i$ will make a fool of himself, if Bill$_i$ makes a statement blasting the press.

(iv) La phrase source contenant l'antécédent d'un pronom ou d'une ellipse de type VPE peut être assez éloignée de la phrase contenant le pronom ou le site de l'ellipse, cf. Hardt (1993). Cela est illustré dans l'exemple (120) repris de Kehler (2000) : l'antécédent (*stifle it*) de l'ellipse verbale (*he couldn't*) ne se trouve pas dans la phrase précédant immédiatement la phrase elliptique ; de même, pour l'antécédent de la dernière proforme *he*.

(120) The thought came back, the one nagging at him these past four days. He tried to <u>stifle it</u>. But the words were forming. He knew he **couldn't**.

Dans une approche en termes de proforme nulle, les pronoms, et les anaphores de manière plus générale, sont réécrits en forme logique comme des variables (en utilisant les lambda-calculs), cf. Williams (1977). Cela permet de dériver directement l'interprétation relâchée (angl. *sloppy reading*) des pronoms se trouvant dans la phrase source, comme c'est le cas des exemples (121) et (122) repris de Winkler (2006). Une approche par effacement doit postuler des mécanismes supplémentaires pour dériver l'interprétation relâchée. D'ailleurs, la possibilité d'une telle interprétation est problématique pour les approches postulant une identité syntaxique stricte entre l'antécédent et le matériel manquant.

(121) A : - Do you think they will like **me** ?
   B : - Yes, I'm sure they will (like **you**).

(122) John$_i$ visits his$_i$ children on Sunday and Bill does too.
   a. Bill$_k$ visits his$_i$ children on Sunday. (interprétation stricte)
   b. Bill$_k$ visits his$_k$ children on Sunday. (interprétation relâchée)

Cette analyse offre ainsi une solution simple au puzzle de l'ellipse avec une interprétation relâchée (angl. *sloppy ellipsis puzzle*, cf. Hardt 1999 ; Schwarz 2000). L'exemple (123) peut avoir deux interprétations : (i) une interprétation stricte, si le syntagme verbal elliptique reçoit la même interprétation que le syntagme verbal le plus enchâssé dans son antécédent, (ii) une interprétation relâchée, si l'interprétation du syntagme verbal elliptique vient en partie d'un antécédent dans

2.5 Théories de l'ellipse

la première phrase (*want me to*) et en partie d'un antécédent dans la deuxième phrase (*kiss you*). L'interprétation relâchée est obtenue uniquement s'il y a ellipse dans la première phrase (comparer (123) et (124)). Cela montre, selon les deux auteurs cités ci-dessus, que le syntagme verbal le plus enchâssé se comporte comme une variable en sémantique.

(123) I'll help you if you want me to. I'll kiss you even if you don't <>.
 a. <> = *want me to **help** you* (interprétation stricte)
 b. <> = *want me to **kiss** you* (interprétation relâchée)

(124) I'll help you if you want me to help you. I'll kiss you even if you don't <>.
 a. <> = *want me to **help** you* (interprétation stricte)
 b. <> ≠ *want me to **kiss** you* (pas d'interprétation relâchée)

2.5.2 Approches non structurales ou Ellipse sémantique

Contrairement aux approches structurales faisant appel au mécanisme de reconstruction syntaxique, les approches non structurales envisagent plutôt une reconstruction sémantique, en enrichissant la théorie des interprétations et en exploitant les moyens qui permettent de générer une interprétation en l'absence d'une structure syntaxique (ce qui justifie le terme d'« interprétation directe », attribué par Merchant 2004 à ce type d'approches). L'ellipse est ainsi expliquée dans une théorie plus générale de la récupération d'information.

Dans ce type d'approches, la structure syntaxique correspond à ce qui est donné par la phonologie, c.-à-d. ce qu'on entend/voit, c'est ce qu'on obtient (angl. *what you hear/see is what you get*) ; par conséquent, il n'y a pas de matériel « manquant » en syntaxe, qui soit présent sous la forme d'un élément effacé ou encore sous la forme d'un élément vide. Par exemple en (125), le syntagme interrogatif *what* reçoit une structure syntaxique fragmentaire associée à une règle d'interprétation et à des contraintes de parallélisme.

(125) John can play something, but I don't know [$_S$ what].

La perspective syntaxique envisagée par ce type d'approches est celle résumée par Culicover & Jackendoff (2005) en (126) :

(126) *Simpler Syntax Hypothesis* (Culicover & Jackendoff 2005 : 5)
 « The most explanatory syntactic theory is one that imputes the minimum syntactic structure necessary to mediate between phonology and meaning. »

2 Les phrases elliptiques

Parmi les travaux qui s'inscrivent dans cette perspective, on peut citer Sag et al. (1985), Gardent (1991), Dalrymple et al. (1991), Ginzburg & Sag (2000), Schlangen (2003), Culicover & Jackendoff (2005), Stainton (2006).

2.5.2.1 Arguments pour l'absence d'une structure syntaxique

Pour argumenter leur position, les approches non structurales font appel aux effets de non-connectivité : les effets syntaxiques auxquels on s'attend habituellement n'apparaissent pas dans certaines constructions elliptiques, ce qui montre que le matériel « manquant » dans ces constructions elliptiques n'a pas de structure syntaxique (ou au moins pas de structure avec les mêmes propriétés que la contrepartie non elliptique).

(i) Un premier argument pour une telle approche vient de l'absence des effets de localité, cf. Culicover & Jackendoff (2005), Stainton (2006). Dans certains contextes elliptiques (sluicing, certaines réponses courtes, certains cas de gapping, certains cas d'ellipse dans les comparatives), on observe des violations des contraintes d'îles. Ainsi, dans les exemples (127) repris de Culicover & Jackendoff (2005), l'extraction hors d'une subordonnée relative est possible[40].

(127)   a. Bob found a plumber [who fixed the sink], but I'm not sure **with what**.
           b. A : - John met a woman [who speaks French]. B : - **And Bengali**?
           c. Robin knows a lot reasons [why dogs are good pets], **and Leslie, cats**.

(ii) Bien que la généralisation sur les prépositions orphelines, telle qu'illustrée plus haut en (109) et (110), s'applique à une variété de langues, on note des exceptions. Ainsi, en italien (cf. Merchant 2001), certains contextes elliptiques sont compatibles avec une préposition orpheline, alors que cela est impossible dans les contextes non elliptiques. On peut donc avoir un syntagme *qu-* sans préposition à la place d'un syntagme prépositionnel dans les ellipses de type sluicing, comme en (128a), alors que l'antéposition du syntagme interrogatif sans préposition est impossible dans les contextes non elliptiques à extraction, cf. (128b). Le même comportement est observé en français, cf. (129).

---

[40] D'ailleurs, la nature syntaxique des contraintes de localité a été récemment contestée. Voir Kluender (1998), Fanselow & Frisch (2006), Ambridge & Goldberg (2008), Hofmeister & Sag (2010), etc. Selon Ginzburg & Miller (à paraître), une analyse plus fine des contraintes discursives agissant dans les constructions elliptiques et de leur interaction avec l'extraction *wh-* pourrait mieux expliquer les données.

2.5 Théories de l'ellipse

(128) Italien (Merchant 2001)

    a. Pietro ha parlato con qualcuno, ma non so ?(**con**) **chi**.
       Pietro a parlé avec quelqu'un mais NEG savoir.PRS.1SG avec qui
       'Pietro a parlé avec quelqu'un, mais je ne sais pas avec qui.'

    b. *__Chi__ ha parlato Pietro **con** ?
       qui a parlé Pietro avec
       'Avec qui a parlé Pietro ?'

(129)   a. Pierre a parlé avec quelqu'un, mais je ne sais pas (**avec**) **qui**.

      b. *__Qui__ Paul a-t-il parlé **avec** ?

(iii) Parfois, le matériel nécessaire pour la reconstruction syntaxique n'est pas disponible dans la phrase source ; l'antécédent ne peut pas fournir le matériel syntaxique approprié pour la reconstruction. Les deux exemples discutés dans la littérature concernent les asymétries de voix et les asymétries de catégorie syntaxique qu'on peut observer entre le matériel qu'on doit reconstruire dans la phrase elliptique et l'antécédent dans la phrase source.

Ainsi, on note des exemples dans lesquels le matériel à reconstruire doit contenir un verbe à la voix active, alors que son antécédent est un verbe à la voix passive, comme illustré par (130a) repris de Dalrymple (2005). L'exemple (130b), repris de Merchant (2008a), illustre la situation inverse : le matériel reconstruit doit contenir une forme passive, alors que son antécédent est un verbe à la voix active.

(130)   a. In March, four fireworks manufacturers asked that the decision **be reversed**, and on Monday the ICC did (**reverse** the decision).

      b. The janitor must **remove** the trash whenever it is apparent that it should be (**removed**).

En ce qui concerne les discordances de catégorie syntaxique, on observe que parfois un nominal fonctionne comme antécédent pour un verbe, comme dans les exemples (131a) et (131b), repris de Kennedy (2003) et respectivement Miller & Hemforth (2014). L'approche non structurale ne rencontre pas de problèmes si elle postule que la nominalisation évoque une représentation événementielle.

(131)   a. In yesterday's elections, only 43 percent of registered **voters** did (**vote**).

2 Les phrases elliptiques

b. Mubarak's **survival** is impossible to predict and, even if he does (**survive**), his plan to make his son his heir apparent is now in serious jeopardy. (COCA)

(iv) Parfois la reconstruction syntaxique rend les phrases agrammaticales, car elle donne lieu à des violations de contraintes syntaxiques, p.ex. les principes du liage, connus comme les principes A, B et C (Lobeck 1995).

Dans certains contextes (avec des relations discursives asymétriques de type cause-effet, cf. Kehler 2000), l'interprétation stricte est disponible même avec des réfléchis, cf. Hardt (1993), ce qui représente une violation du Principe A, selon lequel les anaphores doivent être liées dans leur catégorie gouvernante. La reconstruction syntaxique de l'antécédent en (132)[41] rend la phrase agrammaticale, car le réfléchi présent sur le site de l'ellipse n'est pas lié dans son domaine.

(132)   a. Bill$_i$ defended **himself**$_i$ against the accusations because [his lawyer]$_k$ couldn't (*defend **himself**$_i$).

b. John$_i$ voted for **himself**$_i$ even though [no one else]$_k$ did (*vote for **himself**$_i$).

De même, le principe B (selon lequel les pronoms doivent être libres dans leur catégorie gouvernante) semble ne pas s'appliquer dans certaines constructions elliptiques si la relation discursive qui s'établit entre la phrase source et la phrase elliptique est de type cause-effet, cf. Kehler (1994) et Dalrymple (2005). Dans les exemples (133) repris de Kehler (2000), la reconstruction syntaxique de l'antécédent a comme effet la coréférence entre des arguments pronominaux dans la phrase elliptique, coréférence qui d'ailleurs est interdite dans les phrases ordinaires.

(133)   a. John's$_i$ mother introduced **him**$_i$ to everyone because he$_i$ wouldn't (*introduce **him**$_i$).

b. John's$_i$ lawyer defended **him**$_i$ because he$_i$ couldn't (*defend **him**$_i$).

Enfin, dans d'autres contextes, la reconstruction syntaxique de l'antécédent implique la présence d'une expression référentielle dans le site de l'ellipse et d'un élément coréférent qui la c-commande, ce qui rendrait la phrase agrammaticale (134), car il y a une violation du principe C (selon lequel les expressions nominales référentielles doivent être libres ; un pronominal ne peut donc c-commander une expression coréférentielle). Fiengo & May (1994) ont proposé, comme solution

---

[41] Les exemples sont repris de Kehler (2000) et Dalrymple (2005).

2.5 Théories de l'ellipse

à ce problème, un mécanisme de « vehicle change » (c.-à-d. une expression référentielle peut avoir le comportement syntaxique d'un pronom dans la phrase elliptique reconstruite), mais cette solution rencontre des difficultés (voir à cet égard Dalrymple 2005).

(134) a. I shaved **Bill**$_i$ because **he**$_i$ wouldn't (*shave **Bill**$_i$).
       b. Someone likes **Janet**$_i$, but only **she**$_i$ knows who (*likes **Janet**$_i$).

(v) Parmi les effets de connectivité, j'ai mentionné le marquage casuel (voir les exemples allemands plus haut en (107). Cependant, Stainton (2006) note le fait qu'en allemand, dans certains contextes (en particulier, les réponses elliptiques dans le dialogue), l'élément résiduel peut recevoir la marque du nominatif (le cas par défaut) à la place de l'accusatif, comme c'est le cas de la réponse courte en (135b), dont l'interprétation est (135c)[42].

(135) Allemand (Stainton 2006)

   a. Die Lampe erinnert mich an meinen   Onkel Wolfram.
      la lampe rappelle moi à mon.ACC oncle Wolfram
      'La lampe me rappelle mon oncle Wolfram.'

   b. {Mein | #Meinen} Vater !
      {mon.NOM | mon.ACC} père
      'Mon père !'

   c. Das erinnert mich an meinen   Vater.
      cela rappelle moi à mon.ACC père
      'Cela me rappelle mon père.'

(vi) Un autre problème des approches structurales concerne la non-détermination des ellipses qui tirent leur antécédent directement de la situation en cours ou de la connaissance du monde, sans avoir d'antécédent proprement linguistique (cf. emploi exophorique). Il s'agit des ellipses avec un antécédent pragmatique (angl. *situation-based ellipsis*, cf. Reich 2011), illustrées dans les exemples (136) et (137) repris de Reich (2011). Pour un fragment comme en (136), une approche structurale (en termes d'effacement, par exemple) doit supposer plusieurs possibilités de reconstruction (voir (136a) et (136b)). En (137), l'interprétation de la forme *decaf* doit être enrichie avec une information pertinente qui est implicite dans le contexte non linguistique, afin d'obtenir le type sémantique (proposition, question, visée) et/ou l'acte illocutoire (assertion, interrogation, injonction).

---

[42] Consulter Stainton (2006) pour avoir les détails des contextes dans lesquels ont lieu les interventions figurant en (135a) et (135b).

2 Les phrases elliptiques

(136) Tall decaf cappucino.
    a. I'd like to have a tall decaf cappucino.
    b. Give me a tall decaf cappucino, please.

(137)   a. *Customer* : - Decaf!
      b. *Barista* : - Decaf ?
      c. *Customer* : - Yes, decaf.

(vii) L'ellipse syntaxique, dans ses versions récentes, implique de manière générale l'extraction des éléments résiduels en périphérie gauche de la phrase, afin de pouvoir élider un constituant syntagmatique. Cependant, les éléments résiduels peuvent correspondre à des constituants non extrayables, tels que l'adjectif *expensive* en (138b) ou encore le nom propre *Kim* en (139b), exemples repris de Culicover & Jackendoff (2005).

(138)   a. A : - What kind of scotch does Harriet drink ? B : - **Expensive**.
      b. *It is **expensive** that Harriet drinks scotch.

(139)   a. A : - Did Susan say that she saw PAT Smith ? B : - No, **Kim**.
      b. ***Kim**, Susan said that she saw _ Smith.

(viii) Je finis la liste en mentionnant un problème que rencontre l'approche structurale en termes de proforme nulle : le matériel manquant ne se comporte pas exactement de la même façon qu'un pronom. Ainsi, dans les exemples en (140) repris de Aelbrecht (2009), on observe que le matériel manquant peut être contenu dans l'antécédent (angl. *Antecedent Contained Ellipsis*, cf. Sag 1976), ce qui n'est pas le cas d'un pronom ordinaire (comparer (140a) et (140c)).

(140)   a. Christina [read every book Hilary did pro_i]$_i$.
      b. *Christina read every book Hilary did [read every book Hillary did [read every book Hillary did [read every book ...]]].
      c. *Waldo saw [a picture of it$_i$]$_i$.
      d. *Waldo saw [a picture of a picture of a picture of ...].

Les effets de non-connectivité retenus ici montrent que dans beaucoup de cas[43] la séquence elliptique n'a pas le même comportement syntaxique que sa contrepartie non elliptique, ce qui justifie le besoin d'une approche non structurale qui

---

[43] Voir d'autres exemples de non-connectivité dans Stainton (2006), Ginzburg (2012), Nykiel (2013), Ginzburg & Miller (à paraître).

gère ces effets de non-connectivité. De plus, ce type d'approches semble mieux gérer les interactions de portée dans les contextes elliptiques, ainsi que les interprétations stricte et relâchée des pronoms (voir Dalrymple et al. 1991).

Tous ces effets de non-connectivité sont donc problématiques pour toute approche structurale ; pour pouvoir expliquer l'absence des effets de connectivité attendus, une approche structurale doit faire appel à des hypothèses variées de type *ad hoc*. Comme signalé par Ginzburg & Miller (à paraître), même dans les cas où les effets de connectivité sont observés, les approches structurales n'arrivent pas à offrir une analyse explicite sur la manière dont le matériel syntaxique reconstruit est rendu accessible dans le contexte et introduit dans la structure syntaxique, notamment dans les cas exophoriques (où l'antécédent n'est pas linguistique).

En guise de conclusion, on rappelle ici le point de vue de Culicover & Jackendoff (2005) :

- par rapport à la reconstruction syntaxique de manière générale : « A syntactic account needs, in addition to its syntactic machinery, all the machinery of the semantic account. »

- par rapport à l'approche en termes de catégories vides : « The real work is done by the interface to semantics, which has to provide interpretations for all the empty nodes by looking at the previous sentence. But notice : the interface could do the same thing without the empty syntactic structure, since all the semantic content assigned to this structure comes from the preceding clause. Why bother assigning it to specific nodes in an empty syntactic structure, especially when these nodes don't always correspond exactly to those in the antecedent ? »

2.5.2.2 Sous-types d'approches non structurales

Les approches non structurales se divisent en deux sous-types majeurs : (i) reconstruction purement sémantique (p.ex. Dalrymple et al. 1991 ; Dalrymple 2005), et (ii) reconstruction sémantique avec contraintes de parallélisme (p.ex. Ginzburg & Sag 2000 ; Culicover & Jackendoff 2005).

2.5.2.2.1 Reconstruction purement sémantique Dans ce type d'approches, la syntaxe légitime telles quelles toutes les séquences « elliptiques » et une règle d'interprétation filtre parmi ces séquences celles qui donnent lieu à une phrase interprétable. Chez Dalrymple et al. (1991) et Dalrymple (2005), cette règle d'interprétation consiste en une unification sur des lambda-termes d'ordre supérieur

2 Les phrases elliptiques

(angl. *higher-order unification*). L'interprétation du matériel « manquant » est fournie en résolvant une égalité sémantique entre la phrase source et la phrase elliptique : une certaine relation P (pour propriété) peut être obtenue à partir de l'interprétation de la phrase source et ensuite utilisée pour obtenir l'interprétation de la phrase elliptique.

J'illustre ce mécanisme d'unification en (141) sur un exemple de VPE, repris de Kennedy (2003). Il y a essentiellement trois étapes. D'abord, on identifie les éléments sémantiques parallèles dans la phrase source et dans la phrase elliptique (en l'occurrence, le syntagme nominal *Lou* et son corrélat *Sterling*) ; une propriété P est appliquée aux éléments résiduels en question (p.ex. *P(Lou)* en (141a)). Ensuite, une relation P est dérivée par l'abstraction opérée sur le contenu propositionnel de la phrase source, comme en (141b). Enfin, cette relation P, extraite de la représentation sémantique de la phrase source, est appliquée aux éléments résiduels dans la phrase elliptique, comme en (141c).

(141) Sterling quit the band because Lou did.
    a. *quit(Sterling, the band)* BECAUSE *P(Lou)*
    b. $P = \lambda x.quit(x, the\ band)$
    c. *quit(Sterling, the band)* BECAUSE $\lambda x.quit(x, the\ band)(Lou)$

2.5.2.2.2 Reconstruction à l'interface syntaxe-sémantique La reconstruction purement sémantique, telle que présentée ci-dessus, permet l'ellipse sans nécessairement avoir un antécédent syntaxiquement approprié et ne rend pas compte du fait que les éléments résiduels doivent généralement respecter les contraintes morpho-syntaxiques qu'ils observeraient si l'on avait une phrase complète.

Pour pallier ce problème de sur-génération, on se donne en syntaxe la notion de *fragment* (d'où le terme *phrase fragmentaire*[44] dans la section 2.3.3), conçu comme une construction à laquelle sont associées des conditions de bonne formation syntaxiques et interprétatives (cf. Ginzburg & Sag 2000 ; Culicover & Jackendoff 2005). La reconstruction sémantique est donc accompagnée des contraintes de parallélisme qui s'établissent entre la phrase fragmentaire et la phrase source.

Par exemple, dans le cas des phrases elliptiques sans tête verbale (p.ex. le stripping, le gapping, etc.), la contrainte de parallélisme est la suivante : Les éléments résiduels d'une phrase fragmentaire doivent être interprétés comme valent ou comme ajout du prédicat antécédent et ils doivent avoir un correspondant (c.-à-d.

---

[44]Cf. Abeillé (à paraître), tous les fragments ne sont pas des phrases. Il faut que leur interprétation soit univoque (c.-à-d. un contenu bien déterminé) dans le contexte et soit de type phrastique (proposition, question, visée).

2.5 Théories de l'ellipse

un corrélat) – implicite ou explicite – dans le contexte. La forme de ce correspondant peut déterminer leur propre forme. Dans les exemples en (142) repris de Abeillé (à paraître), on observe que les deux premiers exemples sont agrammaticaux, car les éléments résiduels en question ne sont pas des valents appropriés pour le prédicat antécédent et on n'arrive pas à avoir les éléments parallèles requis par la contrainte de parallélisme : en (142a), l'élément résiduel *Marie* a comme corrélat un sujet impersonnel et il ne peut pas être le valent du verbe *pleuvoir* ; en (142b), pour qu'il soit un valent approprié du prédicat antécédent, l'élément résiduel doit recevoir le marquage prépositionnel, ce qui n'est pas le cas (comparer, dans ce sens, (142b) et (142c)).

(142) a. *Il pleut et Marie aussi.
       b. *Le rouge va à Jean, et je crois que Marie aussi.
       c. Le rouge va **à Jean** et je crois qu'**à Marie** aussi.

La phrase fragmentaire dépend ainsi syntaxiquement et sémantiquement de la phrase source. Pour l'interprétation de la phrase fragmentaire, Culicover & Jackendoff (2005) font appel à un mécanisme de « légitimation indirecte » (angl. *indirect licensing*, abrégé IL) d'un ou plusieurs éléments résiduels (appelés « orphelins »). Ce mécanisme implique deux étapes essentielles : (i) la reconstruction sémantique, qui consiste dans l'intégration sémantique des constituants orphelins dans une structure propositionnelle, et (ii) l'intégration syntaxique, qui consiste dans une substitution syntaxique en parallèle (c.-à-d. chaque élément résiduel doit avoir un correspondant réalisé ou potentiel dans la phrase source).

J'illustre le fonctionnement du mécanisme proposé par Culicover & Jackendoff (2005) sur un de leurs exemples dans le dialogue (143). La représentation syntaxique et sémantique (dans leurs terms « structure conceptuelle », abrégée CS en anglais) du fragment figure en (144) et celle de la phrase source en (145). Ayant les deux représentations, on peut maintenant passer à une procédure de substitution : (i) *scotch* a comme corrélat l'objet direct *something* dans la phrase source ; (ii) *something* a dans sa structure conceptuelle THEME : [BEVERAGE] ; (iii) de son côté, *scotch* est un [BEVERAGE], donc les deux correspondent sémantiquement ; (iv) par conséquent, on substitue la structure conceptuelle du fragment à la place de l'objet direct dans la phrase source et on obtient : scotch[BEVERAGE] ≡ THEME : [BEVERAGE] ; (v) enfin, on obtient le résultat attendu : **drink**(AGENT : Harriet, THEME : scotch[BEVERAGE]).

(143) a. A : - Harriet was drinking something.
       b. B : - Yeah, [**scotch**].

2 Les phrases elliptiques

(144) Le fragment
Syntax : [$_{NP}$ scotch]
CS : scotch[BEVERAGE]

(145) La phrase source
Syntax : [$_S$ Harriet [$_{VP}$ drink [$_{NP}$ something]]]
CS : **drink**(*AGENT* : Harriet, *THEME* : [BEVERAGE])

Une proposition similaire apparaît dans Ginzburg & Sag (2000) dans le cadre d'une grammaire syntagmatique guidée par les têtes (grammaire HPSG), pour les questions courtes et les réponses courtes en anglais. Une représentation simplifiée de l'élément résiduel *scotch* est donnée en Figure 2.5[45]. Il s'agit d'un syntagme fragmentaire de type déclaratif (angl. *declarative-fragment-phrase*) qui obéit à une contrainte d'« uniformité » : il doit dominer un syntagme dont les valeurs CATEGORY et CONTENT sont les mêmes que les valeurs CATEGORY et CONTENT d'un syntagme corrélat dans la phrase source. L'information grammaticale liée à ce corrélat est rendue accessible par un trait contextuel appelé SAL-UTT (abrégé de SALIENT-UTTERANCE).

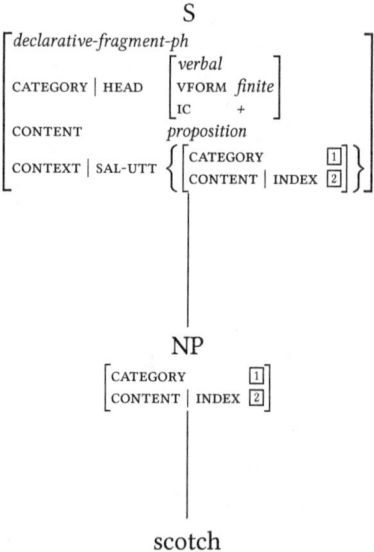

FIGURE 2.5 : Arbre simplifié de la phrase elliptique en (143b)

---

[45]Le fragment, dans l'analyse de Ginzburg & Sag (2000), a le comportement d'une phrase finie (cf. *verbal* et VFORM *finite* dans l'arbre simplifié) et ne peut pas être enchâssé (ce qui explique la valeur positive du trait IC, angl. *Independent Clause*).

2.5 Théories de l'ellipse

Je reprends ici l'explication fournie par Ginzburg & Sag (2000 : 301) par rapport au trait contextuel SAL-UTT : « In information-structure terms, SAL-UTT can be thought of as means of underspecifying the subsequent focal (sub)utterance or as a potential parallel element in the sense of Dalrymple et al. (1991) and Shieber et al. (1996). [...] Which constituent of a given utterance will be the SAL-UTT need not be viewed as determined prior to that utterance's taking place. Typically, the determination of SAL-UTT is a consequence of how conversationalist decides to structure her context, depending on which question she decides to make maximal in QUD[46] at a given point. »

L'identification de l'élément résiduel avec un corrélat approprié dans la phrase source, grâce au trait SAL-UTT, permet ainsi la reconstruction sémantique du matériel manquant. Pour des détails supplémentaires, voir la section 3.5.3.2.

2.5.3 Quel type d'identité ?

Dans la section 2.3.3, on a rapproché le phénomène de l'ellipse des relations anaphoriques, car de manière générale le matériel manquant doit être récupéré dans le contexte, à partir d'un antécédent dans le discours, comme c'est le cas des anaphores ordinaires.

La question qui se pose maintenant est quel type de relation s'établit entre le matériel manquant et son antécédent ? Bien que la réponse soit évidente après avoir énuméré les effets de connectivité et surtout les effets de non-connectivité, je synthétise la discussion portée à ce sujet dans la littérature sur l'ellipse.

Qu'on se situe dans une approche en termes de reconstruction syntaxique ou bien dans une approche par reconstruction sémantique, il semble que l'identité qui s'établit entre le matériel manquant et son antécédent est plutôt de nature sémantique.

2.5.3.1 Identité sémantique

Fondamentalement, le matériel manquant doit avoir la même interprétation que son antécédent (Dalrymple et al. 1991 ; Hardt 1993 ; Ginzburg & Sag 2000 ; Merchant 2001 ; Culicover & Jackendoff 2005, etc.).

L'argument majeur pour postuler une identité sémantique regroupe tous les faits empiriques montrant des discordances entre la structure syntaxique de l'antécédent et celle du matériel manquant. La plupart d'entre eux ont été déjà discutés précédemment : les discordances de voix (cf. exemples (130)), les violations

---

[46] QUD = *Question Under Discussion*.

2 Les phrases elliptiques

des principes du liage (cf. exemples (132), (133) et (134) ci-dessus), l'interprétation relâchée des pronoms (122), et on peut ajouter à cette liste le comportement des expressions de polarité, cf. Sag (1976). En (146), on observe que l'indéfini se comporte comme un item de polarité dans la phrase source, mais pas dans la phrase reconstruite.

(146) John didn't see **anyone**, but Mary did. (Sag 1976 : 157)
    a. ... but Mary did see **someone**.
    b. ... *but Mary did see **anyone**.

Un autre argument majeur en faveur de l'identité sémantique regroupe des faits liés à l'absence d'ambiguïté dans les contextes avec ellipse, alors que les mêmes structures sont par ailleurs ambiguës. Le premier type de contextes est représenté par les exemples en (147), toujours repris de Sag (1976). La séquence X *is ready to eat* est a priori ambiguë entre une interprétation active (p.ex. *X eats*) ou bien passive (p.ex. *X is being eaten*). Pourtant, si cette séquence est suivie par une phrase elliptique, on observe que la phrase source et la phrase elliptique doivent avoir le même type d'interprétation (on obtient ainsi une interprétation parallèle dans les deux conjoints). La généralisation qui découle de ces exemples est la suivante : si plusieurs interprétations existent, la phrase elliptique doit recevoir la même interprétation que la phrase source.

(147) The chickens are ready to eat and the children are, too. (Sag 1976 : 533)
    a. = The chickens eat and the children eat.
    b. = The chickens are being eaten and the children are being eaten.
    c. ≠ The chickens eat and the children are being eaten.
    d. ≠ The chickens are being eaten and the children eat.

Le deuxième type d'exemples concerne la portée des quantifieurs. Dans la séquence *Someone hit everyone* que représente la phrase source en (148) reprise de Sag (1976), le quantifieur *someone* peut avoir une portée large (c.-à-d. quelqu'un a la propriété d'avoir frappé tout le monde) ou bien une portée étroite (c.-à-d. tout le monde a été frappé par quelqu'un). Cependant, on observe que, bien que la phrase source permette les deux portées, la présence de la phrase elliptique enlève l'ambiguïté, le quantifieur *someone* ne pouvant recevoir qu'une portée large, car son corrélat dans la phrase elliptique (en l'occurrence, l'expression référentielle *Bill*) n'a qu'une portée large.

(148) Someone hit everyone, and then Bill did. (Sag 1976 : 61)

2.5 Théories de l'ellipse

Tous les faits mentionnés précédemment suggèrent que l'identité qui s'établit entre le matériel manquant et l'antécédent est essentiellement de nature sémantique. Dans la littérature, cette identité sémantique a été formalisée de différentes manières : (i) identité en forme logique, modulo le lambda-calcul (p.ex. Sag 1976 ; Williams 1977)[47], ou (ii) identité de sens, modulo les éléments focalisés (p.ex. Merchant 2001 ; 2004)[48].

2.5.3.2 Identité syntaxique

Certains travaux issus des approches structurales (p.ex. Sag 1976 ; Williams 1977 ; Fiengo & May 1994 ; Chung et al. 1995) postulent qu'entre le matériel manquant et l'antécédent on doit avoir une identité de structure syntaxique.

Dans ces approches, l'identité syntaxique n'implique pas une identité « superficielle » (morpho-phonologique). Ainsi, dans les exemples en (149) repris de Merchant (2009), on observe que les traits flexionnels ne sont pas pertinents : le matériel manquant peut correspondre à une forme verbale infinitive, alors que son antécédent est une forme fléchie au passé.

(149)   a. Jake **ate** the sandwich even though his friend told him not **to** <**eat** the sandwich>.
           b. Emily **played** beautifully at the recital and her sister **will** too <**play** beautifully at the recital>.

Parmi les arguments invoqués en faveur de ce type d'approches, on mentionne le comportement spécial de l'auxiliaire *be* en anglais (cf. Merchant 2009). Contrairement aux autres verbes de l'anglais, l'auxiliaire *be* exige une identité morphologique dans les constructions elliptiques : un exemple avec *be* en (150), bien que construit de la même façon que (149), est agrammatical ; le matériel manquant comportant cet auxiliaire doit avoir la même forme morphologique que son antécédent.

(150)   *Emily **was** beautiful at the recital and her sister **will** too <**be** beautiful at the recital>.

Merchant (2008a ; 2009) ajoute, comme possible argument, la distribution asymétrique des discordances de voix dans les ellipses « hautes » par rapport aux ellipses « basses » (angl. *high vs. low ellipsis*). Il observe que dans les ellipses qu'il

---

[47] Voir la notion *alphabetic variance* de Sag (1976).
[48] Voir la condition de *e-givenness* de Merchant (2001 ; 2006) et l'implication mutuelle $XP_A \sim XP_E$.

2 Les phrases elliptiques

appelle « hautes » (p.ex. sluicing, gapping, stripping, réponses courtes), l'antécédent et le matériel manquant doivent partager la même voix, ce qui explique l'agrammaticalité des exemples (151a) et (152a). En revanche, dans les ellipses « basses » (p.ex. VPE ou pseudogapping), on peut avoir des discordances de voix entre le matériel manquant et son antécédent : le matériel manquant peut avoir une forme active et son antécédent une forme passive (151b), et vice-versa (152b). Merchant explique cette distribution irrégulière en termes d'identité syntaxique : les ellipses « hautes », élidant plus que le simple syntagme verbal (angl. VP), sont sensibles à la présence du nœud Voix (angl. *Voice*) qu'elles incluent et exigent donc des traits de Voix identiques, alors que dans le cas des ellipses « basses », le nœud Voix se trouve à l'extérieur du matériel effacé (car l'ellipse du syntagme verbal ne l'inclut pas), donc la Voix n'a aucune incidence sur les conditions d'identité[49]. La conclusion de Merchant est la suivante : A chaque fois qu'il y a une discordance apparente, le déclencheur de l'ellipse se situe en dehors du site de l'ellipse, alors que la cible se trouve à l'intérieur.

(151)   a. *Joe **was murdered**, but we don't know who <**murdered** Joe>.

        b. This problem **was to have been looked** into, but obviously nobody **did** <**look** into this problem>.

(152)   a. *Someone **murdered** Joe, but we don't know who by <Joe **was murdered**>.

        b. The janitor should **remove** the trash whenever it is apparent that it needs to **be** <**removed**>.

Un autre fait soutenant (au moins dans certains contextes) une identité syntaxique est lié au comportement des éléments résiduels qui peuvent être marqués par une préposition dans les constructions avec sluicing. Chung (2005) observe qu'un argument marqué habituellement par une préposition (comme c'est le cas du syntagme prépositionnel *about what* en (153)) peut apparaître sans préposition uniquement s'il a un corrélat explicite dans la phrase source (153c) ; si son corrélat est implicite, l'élément résiduel doit comporter la préposition (comparer (153a) et (153b)). Chung (2005) ajoute donc pour le sluicing une contrainte lexico-syntaxique concernant l'identité qui doit s'établir entre le matériel manquant et son antécédent : chaque élément appartenant au matériel manquant doit avoir

---

[49] Il faut noter cependant que ces asymétries de voix ont reçu aussi d'autres explications. Voir l'explication en termes de processing, donnée par Frazier & Clifton (2005 ; 2006), ou encore l'explication en termes de relations de cohérence discursive, donnée par Kehler (2000 ; 2002).

un corrélat lexical dans l'antécédent de la phrase source (contrainte résumée en anglais comme : *no new words*).

(153)   a. Bill is upset. Guess about what <he's upset>.
        b. Bill is upset. *Guess what <he's upset about>.
        c. Bill is upset about something. Guess what <he's upset about>.

Toujours dans les constructions avec sluicing, on note (cf. Merchant 2013b) l'absence des alternances de valence (154c–154d), bien que l'alternance de position des objets soit possible en dehors de l'ellipse (154a–154b).

(154)   a. They embroidered [something] [**with** peace signs]. (Merchant 2013b : 99)
        b. They embroidered [peace signs] [**on** something].
        c. *They embroidered [something] [**with** peace signs], but I don't know what **on**.
        d. *They embroidered [something] [**on** their jackets], but I don't know **with** what.

Enfin, on doit ajouter le fait qu'il y a des approches postulant une identité hybride (p.ex. Kehler 2002) : le matériel manquant et l'antécédent sont identiques tant au niveau sémantique que syntaxique.

2.6 Conclusion

Dans ce chapitre, j'ai donné un aperçu de la problématique de l'ellipse, phénomène qui sera étudié dans les chapitres suivants à travers deux constructions : (i) le gapping dans la coordination, et (ii) les relatives partitives sans verbe dans le domaine de la subordination.

Pour pouvoir parler d'ellipse dans une structure, il faut (i) qu'une partie du matériel nécessaire à l'interprétation manque dans la structure syntaxique, et (ii) que le matériel manquant soit récupérable à partir d'un antécédent dans le contexte (linguistique ou extra-linguistique). Contrairement à ce que l'on peut croire, l'ellipse n'est pas toujours facultative ; par conséquent, on ne peut pas réduire tous les emplois de l'ellipse au principe du moindre effort.

Traditionnellement, la phrase « complète » est considérée comme étant la phrase qui contient une tête verbale à un mode personnel. J'ai montré, en m'appuyant sur les données du roumain et du français, qu'on peut avoir des phrases

« complètes » avec des formes verbales non finies ou encore des phrases « complètes » averbales, dont la tête n'est pas un verbe. Contrairement aux phrases complètes, les phrases elliptiques ont une constituance « incomplète » et n'ont pas d'autonomie discursive.

J'ai fait ensuite l'inventaire des constructions elliptiques majeures, en fonction de trois critères : la nature du matériel manquant, le type de contexte syntaxique dans lequel apparaît le type d'ellipse en question et la directionnalité de l'ellipse. En ce qui concerne les conditions de légitimité de l'ellipse, on observe que (i) chaque type d'ellipse est autorisé dans un certain type de configuration syntaxique, et que (ii) tous les types d'ellipse n'apparaissent pas dans toutes les langues. On a vu que l'identification des différentes constructions est un travail difficile si l'on se place dans une perspective typologique.

Pour ce qui est de la résolution de l'ellipse (c.-à-d. le moyen mis en place pour récupérer l'information qui manque), on a vu que plusieurs possibilités d'analyse se présentent, en fonction du niveau linguistique auquel opère la résolution, c.-à-d. la syntaxe, la sémantique ou bien l'interface syntaxe-sémantique. Les propositions se regroupent en deux approches majeures, que j'ai appelées, en suivant Merchant (2009), approches structurales vs. approches non structurales. Le choix entre l'une ou l'autre de ces approches joue autour des effets de connectivité ou de non-connectivité, qu'on observe entre la phrase source et la phrase elliptique : l'ellipse syntaxique semble être justifiée à chaque fois qu'on observe des effets de connectivité, alors que l'ellipse sémantique semble être plus attractive dans les situations qui ne présentent pas ces effets. Au-delà de la compétition existant entre ces deux approches pour expliquer un même phénomène elliptique, je considère que dans une grammaire de l'ellipse les deux solutions doivent être disponibles, car on ne peut pas établir d'analyse uniforme pour toutes les constructions elliptiques d'une langue (voir aussi Ginzburg & Miller à paraître) et parfois on ne peut pas avoir une analyse unitaire même pour une même construction elliptique dans des langues différentes. La description et l'analyse de l'ellipse doivent se faire donc construction par construction et langue par langue.

Bien que les constructions elliptiques dans leur hétérogénéité obéissent à des contraintes grammaticales plus ou moins strictes, la contrainte majeure s'appliquant à toutes les constructions elliptiques concerne l'identité sémantique qui doit caractériser la relation entre le matériel manquant et son antécédent (c.-à-d. ils doivent être équivalents quant à leurs conditions de vérité).

Dans l'étude du phénomène de l'ellipse, j'ai pris en compte surtout les facteurs syntaxiques et sémantiques. Des travaux récents, que je n'ai pas présentés dans ce chapitre, révèlent l'importance d'autres types de facteurs dans le fonctionnement de l'ellipse : la structure informationnelle (p.ex. Winkler 2005 ; Kertz 2010 ; 2013), les relations de cohérence discursive (p.ex. Kehler 1994 ; 2000 ; 2002) ou encore les facteurs psycholinguistiques (p.ex. K. Carlson 2001 ; 2002 ; Carlson et al. 2005 ; Martin & McElree 2009 ; 2011 ; Yoshida et al. 2012).

3 Les conjoints fragmentaires : le gapping

3.1 Introduction

Ce chapitre examine en détail les propriétés des phrases fragmentaires dans la coordination, à travers la construction à gapping[1], terme qui apparaît pour la première fois dans les travaux de Ross (1967 ; 1970).

Je regroupe sous le nom de gapping les constructions dans lesquelles une séquence de syntagmes apparemment sans tête verbale, mais ayant néanmoins le contenu d'une phrase, se combine avec une phrase complète qui détermine sa forme et son interprétation. Ainsi, en (1) on coordonne une phrase ordinaire (*John eats apples*) et une séquence elliptique (*and Mary pears*) à laquelle manque la tête verbale *eats*. Dans la description de ce phénomène, j'utilise les étiquettes suivantes : la phrase elliptique qui présente un *trou* (angl. *gap*) verbal est une *phrase trouée* ; la phrase complète qui contribue à la reconstruction du contenu dans la phrase trouée est la *phrase source* ; le *trou* ou le *matériel manquant* désigne l'élément qui manque dans la phrase trouée ; l'*antécédent* est le matériel présent dans la phrase source, qui contribue à l'interprétation de la phrase trouée ; les *éléments résiduels* (angl. *remnants*) font référence aux constituants qui composent la séquence elliptique ; les *éléments corrélats* sont les constituants parallèles aux éléments résiduels dans la phrase complète.

(1)   John eats apples, and Mary pears.

Depuis les travaux fondateurs de Ross (1967 ; 1970), le gapping a constitué l'objet de nombreux travaux de recherche[2]. On observe une certaine disproportion

---

[1] Abeillé & Mouret (2010) proposent le terme français *construction trouée*. Je garde l'étiquette anglaise, afin de faciliter la lecture.

[2] Parmi les plus importants figurent les travaux de Koutsoudas (1971) ; Jackendoff (1971) ; Maling (1972) ; Hankamer (1973) ; Hudson (1976 ; 1989) ; Kuno (1976) ; Neijt (1979) ; Siegel (1984) ; Oehrle (1987) ; Jayaseelan (1990) ; Steedman (1990 ; 2000) ; Gardent (1991) ; Kehler (1994) ; Johnson (1996/2004 ; 2009) ; Kim (1997 ; 1998 ; 2006) ; Hartmann (2000) ; Zoerner & Agbayani (2000) ; Coppock (2001) ; K. Carlson (2001 ; 2002) ; Lin (2002) ; López & Winkler (2003) ; Carlson et al. (2005) ; Chaves (2005) ; Winkler (2005) ; Reich (2006) ; Hernández (2007) ; Hoyt (2008) ; Vicente (2010) ; Boone (2014), etc.

3 Les conjoints fragmentaires : le gapping

quant aux langues étudiées : l'anglais est de loin la langue la plus étudiée, suivi par l'allemand (Hartmann 2000; Winkler 2005; Osborne 2006; Reich 2006; Repp 2009), le japonais et le coréen (Kim 1997; 1998; Abe & Hoshi 1999; Lee 2005; Sato 2009). D'autres langues représentées sont : le hollandais (Neijt 1979; Aelbrecht 2009), le chinois (Paul 1999; Tang 2001; Ruixi Ressy 2008), le grec classique (Gaeta & Luraghi 2001), le latin (Panhuis 1979), le russe (Kazenin 2001; Agafonova 2014), le turc (Ince 2009), le persan (Farudi 2013), et aussi des langues comme le quechua (Pulte 1971), le zapotec (Rosenbaum 1977), le dargwa et le chuvash (Kazenin 2001), ou encore les langues bantoues (Manus & Patin 2011). En revanche, il y a très peu d'études consacrées au gapping dans les langues romanes : Tran (2010) et Centeno (2011) pour l'espagnol, et Zribi-Hertz (1986) et Abeillé & Mouret (2010) pour le français.

Ce chapitre est une monographie du gapping en roumain, faite dans une approche comparative avec le français (et parfois avec l'anglais). L'avantage d'étudier le roumain est double : d'une part, cela permet de combler une lacune dans la description empirique des phénomènes elliptiques en roumain, et d'autre part, cela permet de vérifier la pertinence des contraintes et des analyses postulées pour le gapping dans d'autres langues, afin d'avoir une perspective générale sur le fonctionnement de ce type d'ellipse dans la grammaire. En particulier, le roumain nous permet de confronter les contraintes de parallélisme (tellement discutées pour le gapping) à certaines particularités typologiques (p.ex. ordre libre des mots, pro-drop, marquage casuel, conjonctions spéciales, etc.). Pour cela, je m'appuie sur les travaux de Bîlbîie (2009), Abeillé & Mouret (2010) et Abeillé et al. (2014).

Les données utilisées dans cette étude sont de natures diverses. Les distributions simples du gapping ne posent aucun problème d'acceptabilité pour les locuteurs. De façon générale, les données utilisées sont ainsi des exemples construits, soumis au jugement des locuteurs natifs. Pour certains aspects cependant, je me sers d'exemples attestés (sur internet ou dans les textes de presse), dont l'acceptabilité a été vérifiée auprès de plusieurs locuteurs natifs.

Le chapitre est organisé de la manière suivante : Dans la section 3.2, je présente les critères définitoires pour l'identification correcte du gapping par rapport à d'autres constructions réputées elliptiques (en particulier la coordination de séquences, connue sous le nom de *Conjunction Reduction* ou encore *Argument Cluster Coordination*) dans une perspective typologique. Pour les langues à ordre des mots relativement libre, comme le roumain, certaines configurations sont syntaxiquement ambiguës, se prêtant a priori à une double analyse selon que la coordination se place au niveau phrastique ou bien à un niveau sous-phrastique. Dans les trois sections qui suivent (section 3.3, section 3.4 et section 3.5), je me concentre sur les configurations non ambiguës de gapping en roumain (c.-à-d. celles dans lesquelles le verbe antécédent dans la phrase source est en position médiane ou finale), en y ajoutant les données du français. Dans la section 3.3, j'établis les propriétés du gapping, en discutant dans un premier temps les contraintes générales qui s'appliquent au matériel manquant et aux éléments résiduels, et ensuite les contraintes de parallélisme au niveau syntaxique, sémantique et discursif. Je synthétise ensuite dans la section 3.4 les analyses proposées dans différents cadres théoriques, en insistant sur les problèmes que la plupart de ces analyses n'arrivent pas à résoudre. Ensuite, dans la section 3.5, je donne une analyse constructionnelle du gapping, en m'inspirant des analyses non structurales, qui ne postulent pas de reconstruction syntaxique ou mouvement. Enfin, après avoir décrit en détail les distributions non ambiguës de gapping, je reviens, dans la section 3.6, aux configurations ambiguës en roumain relevées dans la section 3.2 (c.-à-d. celles dans lesquelles le verbe se trouve en position initiale), qui se prêtent a priori à deux analyses : gapping ou coordination de séquences. Après avoir invalidé l'hypothèse d'une reconstruction syntaxique, je montre qu'il faut distinguer en roumain les configurations avec la conjonction *iar* 'et' des configurations avec la conjonction *și* 'et'. Je donne des arguments pour aligner les structures en *iar* 'et' sur les cas standard de gapping discutés dans les sections précédentes, on a donc dans ces cas une coordination d'une phrase complète avec un fragment. En revanche, les configurations avec la conjonction *și* 'et' restent ambiguës, n'étant pas incompatibles avec une analyse en termes de coordination de séquences dans la dominance syntaxique d'un prédicat verbal. Une analyse formelle est donnée en fin de chapitre pour rendre compte de cette deuxième possibilité.

3.2 Le gapping et l'ordre des mots à travers les langues

De manière générale, les critères minimaux pris en compte pour l'identification des phrases trouées concernent le nombre des éléments résiduels et la catégorie du trou : il s'agit d'une phrase elliptique qui compte au moins deux éléments résiduels et où manque au moins le verbe principal. Le premier critère distingue ainsi

3 Les conjoints fragmentaires : le gapping

le gapping du stripping[3] (constructions différées (2a) ou ellipses polaires (2b)), où la phrase elliptique est réduite à un seul élément résiduel, éventuellement accompagné d'un adverbe. Le deuxième critère sépare le gapping de la construction pseudogapping, où il y a deux éléments résiduels, mais accompagnés d'un verbe auxiliaire ou modal (2c).

(2)   a. John can play the guitar, but not Mary.
       b. John can play the guitar, and Mary too.
       c. John can play the guitar and Mary can the violin.

En revanche, ces deux critères ne permettent pas a priori de faire la différence entre le gapping et la coordination de séquences (angl. *Conjunction Reduction* ou *Argument Cluster Coordination*, dorénavant ACC) en (3), surtout si on les regarde dans une perspective typologique. Par conséquent, dans cette section je présente deux aspects dont on doit tenir compte quand on analyse le gapping. Le premier concerne la directionnalité du gapping à travers les langues et le deuxième la position de la tête verbale.

(3)   a. We play [poker] [at our house], and [bridge] [at Betsy's house].
       b. [At our house] we play [poker], and [at Betsy's house], [bridge].

---

[3] Dans la littérature, on trouve le terme *stripping* (voir aussi la section 2.4.1.1), mais distributionnellement il réfère à des constructions hétérogènes, c'est pour cela que Abeillé (2006 ; à paraître) utilise des termes différents. Elle distingue le stripping (i) des constructions différées (ii) et des ellipses polaires (iii). Dans le premier cas, il n'y a pas d'ellipse, car il y a toujours un adverbe propositionnel qui constitue la tête de la phrase (cet adverbe propositionnel est mis en gras dans les exemples (i)). Dans les deux derniers cas, le deuxième conjoint est elliptique, dans le sens où on doit récupérer une partie du contenu du premier conjoint, pour qu'on puisse interpréter le deuxième conjoint.

(i)   a. Paul viendra, [mais Marie **non**].
      b. Paul viendra, [mais Marie **certainement pas**].
      c. Paul ne viendra pas, [mais Marie **peut-être**].

(ii)   a. Paul viendra, [ou bien Marie].
       b. Paul viendra, [et même Marie].
       c. Paul est venu hier, [mais pas Marie].

(iii)   a. Paul viendra [et Marie aussi].
        b. Paul ne viendra pas [et Marie non plus].

3.2 Le gapping et l'ordre des mots à travers les langues

3.2.1 Directionnalité du gapping : analepse vs. catalepse

Ross (1970) est le premier à établir une corrélation entre la directionnalité du gapping et l'ordre des mots dans une langue, en particulier la position de la tête verbale dans la phrase. Ainsi, les langues à tête non finale strictement SVO, comme l'anglais (4) ou le français (5), ou strictement VSO, comme le gaélique irlandais (6), se caractérisent par la présence de l'analepse ou ellipse progressive (angl. *forward gapping*), ce qui implique que la phrase source précède toujours la séquence elliptique (SVO+SO, *SO+SVO), alors qu'une langue à tête finale strictement SOV, comme le japonais (7) ou le coréen, présente la catalepse ou l'ellipse régressive (angl. *backward gapping*), où la phrase source suit la séquence elliptique (SO+SOV, *SOV+SO).

(4) a. John likes apples and Mary pears.
    b. *John apples and Mary likes pears.

(5) a. Jean aime les pommes et Marie les poires.
    b. *Jean les pommes et Marie aime les poires.

(6) Gaélique irlandais (Steedman 2000 : 177)
    a. Chonaic Eoghan Siobhán agus Eoghnaí Ciarán.
       voir.PST Eoghan Siobhán et   Eoghnaí Ciarán
       'Eoghan a vu Siobhán et Eoghnaí Ciarán.'
    b. *Eoghan Siobhán agus chonaic Eoghnaí Ciarán.
        Eoghan Siobhán et   voir.PST Eoghnaí Ciarán
       'Eoghan a vu Siobhán et Eoghnaí Ciarán.'

(7) Japonais (Ross 1970 : 251)
    a. Watakusi wa sakana o,   Biru wa gohan o   tabeta.
       1SG   TOP poisson ACC Biru TOP riz   ACC manger.PST
       'J'ai mangé du poisson et Biru du riz.'
    b. *Watakusi wa sakana o   tabeta,   Biru wa gohan o.
        1SG   TOP poisson ACC manger.PST Biru TOP riz   ACC
       'J'ai mangé du poisson et Biru du riz.'

Si la généralisation de Ross est pertinente pour les langues à tête strictement non finale (voir aussi Jackendoff 1971, Lobeck 1995, etc.), elle est loin de capter tous les faits empiriques qu'on observe à travers les langues, en particulier le

3 Les conjoints fragmentaires : le gapping

comportement inattendu de certaines langues à tête finale ou encore les différences qu'on peut trouver parmi les langues à ordre de mots libre. Les langues à tête finale ne rentrent pas toutes dans la généralisation de Ross. Un premier cas de figure est relevé par Hernández (2007) pour le persan standard, qui est une langue à tête finale, mais qui, contrairement à des langues comme le japonais ou le coréen, permet uniquement le gapping progressif, c.-à-d. SOV+SO, comme on voit en (8).

(8) Persan (Hernández 2007 : 2123)

   a. Æli sib   xord   væ Mærzi hulu.
      Ali pomme a-mangé et Marzo pêche
      'Ali a mangé des pommes et Marzo des pêches.'

   b. *Æli sib   væ Mærzi hulu   xord.
      Ali pomme et Marzo pêche a-mangé
      'Ali mange des pommes et Marzo des pêches.'

Un deuxième cas de figure est représenté par l'existence de langues à tête finale qui présentent à première vue les deux directions de gapping (SO+SOV et aussi SOV+SO) : basque, chuvash, hindi, punjabi, turc, les subordonnées en allemand (cf. Maling 1972 ; Mallinson & Blake 1981 ; Kazenin 2001 ; Hernández 2007 ; Haspelmath 2007, etc.). Je reprends en (9) l'exemple du basque, cité par Haspelmath (2007).

(9) Basque (Haspelmath 2007 : 42–43)

   a. Linda-k   ardau   eta Ander-ek   esnea   edaten dabez.
      Linda-ERG vin.ABS et Ander-ERG lait.ABS boire   3PL.3SG
      'Linda va boire du vin et Ander du lait.'

   b. Linda-k   ardau   edaten du,   eta Ander-ek   esnea.
      Linda-ERG vin.ABS boire   3SG.FUT et Ander-ERG lait.ABS
      'Linda va boire du vin et Ander du lait.'

En allemand, on observe que dans les phrases racines il s'agit plutôt d'un ordre SVO et donc on a uniquement l'analepse (10), alors que dans les subordonnées, il présente à première vue les deux directions de l'ellipse (11).

(10) Allemand (Crysmann 2006 : 192)

   a. Peter trank Wein, und Marie Bier.
      Peter a-bu vin   et Marie bière
      'Peter a bu du vin et Marie de la bière.'

3.2 Le gapping et l'ordre des mots à travers les langues

    b. *Peter Wein, und Marie trank Bier.
        Peter vin   et   Marie a-bu bière
        'Peter a bu du vin et Marie de la bière.'

(11)   Allemand (Crysmann 2006 : 192)

    a. Ich vermute daß Peter Wein, und Marie Bier getrunken hat.
        je suppose que Peter vin   et   Marie bière bu   a
        'Je suppose que Peter a bu du vin et Marie de la bière.'

    b. Ich vermute daß Peter Wein getrunken hat, und Marie Bier.
        je suppose que Peter vin   bu   a   et   Marie bière
        'Je suppose que Peter a bu du vin et Marie de la bière.'

On a observé le comportement des langues SVO et des langues à tête finale. Mais que se passe-t-il dans les langues à ordre de mots libre ? Là aussi, on ne peut pas parler d'homogénéité des faits. Il y a des langues qui peuvent avoir les deux directions du gapping, avec différents ordres possibles, dont le nombre varie d'une langue à l'autre. C'est le cas du russe, du latin ou du grec classique (qui ont au moins les ordres typiques SVO+SO, SO+SOV, SOV+SO), auxquels on peut ajouter le zapotec qui est encore plus libre (SVO+SO, SO+SVO, SOV+SO, SO+SVO[4], OVS+OS, OS+OVS, VSO+SO, *SO+VSO, cf. Rosenbaum 1977) ou encore le tojolabal qui peut avoir toutes les combinaisons possibles dans les deux sens (cf. Furbee 1974). Je me limite à un exemple du russe en (12)[5], qui vient de Ross (1970).

(12)   Russe (Ross 1970 : 251–252)

    a. Ja pil   vodu, i Anna vodku.
        je bois eau   et Anna vodka
        'Je bois de l'eau et Anna de la vodka.'

    b. Ja vodu, i Anna vodku pila.
        je eau   et Anna vodka boit.FEM
        'Je bois de l'eau, et Anna de la vodka.'

---

[4]Ross (1970) considère qu'il n'y a pas de langue ayant cet ordre dans le gapping. Cette hypothèse s'avère fausse pour le quechua (cf. Pulte 1971; 1973) et le zapotec (cf. Rosenbaum 1977).

[5]Selon Tatiana Philippova (c.p.), on a une préférence nette pour l'emploi de la conjonction *a* 'et' au lieu de la conjonction *i* 'et' dans tous les exemples en (12). Cette préférence est attendue dans les constructions à gapping, car le russe, comme le roumain, dispose d'une conjonction spécialisée pour le contraste multiple, cf. Bîlbîie & Winterstein (2011). Pour plus de détails, voir la section 3.3.4.4.

3 Les conjoints fragmentaires : le gapping

    c. Ja vodu pil, i Anna vodku.
       je eau bois et Anna vodka
       'Je bois de l'eau, et Anna de la vodka.'

Enfin, on observe qu'il y a des langues qui peuvent avoir (plus ou moins) tous les ordres possibles, mais qui permettent uniquement l'ellipse progressive (SVO+SO, SVO+OS, SOV+SO, SOV+OS, VSO+SO, VSO+OS, OVS+OS, OVS+SO). C'est le cas du quechua bolivien, du cherokee (cf. Pulte 1971 ; 1973), etc. J'ajoute ici le roumain qui ne permet pas le gapping régressif (13), mais qui est une langue à ordre de mots relativement libre, donc on s'attend à avoir plusieurs ordres qui soient possibles dans les deux conjoints, ce qui s'avère être le cas en (14) : ordre SVO+SO en (14a), ordre OVS+OS en (14b), ordre VSO+SO en (14c), ordre VOS+OS en (14d), ordre SOV+SO en (14e)[6] ou bien ordre OSV+OS en (14f).

(13) a. Ion mănâncă mere, iar Maria pere.
       Ion mange pommes et Maria poires
       'Ion mange des pommes et Maria des poires.'

    b. *Ion mere, iar Maria pere mănâncă.
       Ion pommes et Maria poires mange
       'Ion mange des pommes et Maria des poires.'

(14) a. Ion spală vasele, iar Maria rufele.
       Ion lave vaisselle.DEF.PL et Maria linge.DEF.PL
       'Ion fait la vaisselle et Maria la lessive.'

    b. Vasele le spală Ion, iar rufele Maria.
       vaisselle.DEF.PL ACC.3PL.F lave Ion et linge.DEF.PL Maria
       'Ion fait la vaisselle, et Maria la lessive.'

    c. Mâine va spăla Ion vasele, iar Maria rufele.
       demain va laver Ion vaisselle.DEF.PL et Maria linge.DEF.PL
       'Demain Ion va faire la vaisselle, et Maria la lessive.'

    d. Mâine va spăla vasele Ion, iar rufele Maria.
       demain va laver vaisselle.DEF.PL Ion et linge.DEF.PL Maria
       'Demain Ion va faire la vaisselle, et Maria la lessive.'

    e. Ion VAsele le spală, iar Maria RUfele.
       Ion vaisselle.DEF.PL ACC.3PL.F lave et Maria linge.DEF.PL
       'C'est la vaisselle que Ion fait, et Maria, c'est la lessive qu'elle fait.'

---

[6] Les syllabes en majuscules dans tous les exemples de cet ouvrage marquent la saillance prosodique, indiquant le focus informationnel.

f. Vasele ION le spală, iar rufele MaRIa.
vaisselle.DEF.PL Ion ACC.3PL.F lave et linge.DEF.PL Maria
'C'est Ion qui fait la vaisselle, et c'est Maria qui fait la lessive.'

En conclusion, on ne peut pas postuler un principe universel quant à la directionnalité du gapping. On observe une tendance à avoir le gapping progressif plutôt que régressif, mais, en l'absence d'une étude empirique adéquate, il est difficile de fournir une explication convaincante. A priori, ce fait est susceptible de deux explications : (i) soit il s'agit d'une contrainte interne à la grammaire, qui dérive du paramètre de la dépendance en syntaxe, (ii) soit la contrainte mise en jeu est plutôt externe à la grammaire et doit être mise en relation avec les faits de processing, comme le proposent Mallinson & Blake (1981) ou Gaeta & Luraghi (2001). Invoquer les facteurs de processing expliquerait aussi pourquoi on a tendance à utiliser plutôt l'anaphore que la cataphore. Une telle explication est invoquée par Ramat (1987 : 90) : « An ellipsis which refers to a constituent not previously introduced, places a heavy burden on short-term memory. [...] It is thus only natural that gapping of what is contextually known should be preferred. »

3.2.2 Identification du gapping : ellipse médiane vs. ellipse périphérique

Dans ce paragraphe, je présente les critères définitoires du gapping, nous permettant de distinguer cette construction de la coordination de séquences (abrégée ACC).

Comme la plupart des travaux sur l'ellipse ont été consacrés à l'anglais (donc, implicitement aux langues de type SVO), on définit le gapping par rapport à la position du matériel manquant. Par conséquent, on considère souvent que le phénomène du gapping implique un trou en position médiane, c.-à-d. on a au moins deux éléments résiduels qui 'encadrent' le matériel manquant, ce qui distingue le gapping d'autres types d'ellipse (Jackendoff 1971 ; Lobeck 1995)[7]. Jackendoff

---

[7]Contrairement à Jackendoff (1971) et Lobeck (1995), je considère qu'on ne peut utiliser ce critère pour distinguer le gapping et le sluicing, car on peut trouver des exemples avec sluicing où il y a deux éléments résiduels (i).

(i) Cineva a lovit pe cineva, dar nu știu cine pe cine.
quelqu'un a frappé DOM quelqu'un mais NEG savoir.PRS.1SG qui DOM qui
'Quelqu'un a frappé quelqu'un d'autre, mais je ne sais pas qui a frappé qui.'

3 Les conjoints fragmentaires : *le gapping*

(1971), par exemple, prend ce critère au sérieux et distingue le gapping des structures à « réduction de conjoints » (qui, selon lui, regroupent ACC et RNR), ces dernières n'ayant pas le matériel manquant en position médiane (dans les ACC, il est en position initiale ; dans les RNR, il est en position finale). Cependant, pour les langues n'ayant pas un ordre SVO ou pour celles qui ont un ordre de mots relativement libre, il n'est pas toujours évident que l'étiquette *gapping* soit le terme approprié pour décrire les faits observés (voir aussi Haspelmath 2007). Dans beaucoup de ces langues (pour lesquelles on peut considérer que le sujet et l'objet sont au même niveau dans la structure syntaxique), une séquence d'au moins deux éléments résiduels sans tête verbale se prête a priori à deux analyses possibles, au moins dans certaines de leurs configurations.

Ce qui nous permet de faire la distinction entre le gapping et une éventuelle coordination de séquences est, à première vue, l'adjacence des éléments (résiduels et corrélats) par rapport à la tête de la phrase complète. Si tous ces éléments suivent ou précèdent la tête, on devrait trouver des arguments empiriques pour décider si c'est du gapping ou bien si c'est une coordination de séquences. Les deux distributions majeures qui se prêtent a priori à l'une ou l'autre des deux constructions sont :

(i) l'ordre SO+SOV, pour les langues qui permettent la catalepse, comme c'est le cas de l'allemand dans les phrases subordonnées, du japonais ou du coréen. Voir dans ce sens les discussions de Lee (2005) pour le coréen, Osborne (2006) pour l'allemand, Sato (2009) pour le japonais. Voir aussi Kazenin (2001) pour des discussions sur le dargwa et le chuvash.

(ii) l'ordre VSO+SO, pour les langues qui permettent l'analepse, voir le russe (Kazenin 2001), le roumain (Bîlbîie 2010), etc.

En revanche, le terme de gapping semble approprié (sans confusion possible avec la coordination de séquences) pour trois distributions à travers les langues :

(i) position médiane de la tête avec les deux directions du gapping (p.ex. SVO+SO, SO+SVO, etc.) ;

(ii) position finale de la tête, corrélée avec l'analepse (p.ex. SOV+SO) ;

(iii) position initiale de la tête, corrélée avec la catalepse (p.ex. SO+VSO).

3.2 Le gapping et l'ordre des mots à travers les langues

Je vais illustrer les problèmes liés à l'identification du gapping en utilisant l'exemple de l'allemand. Haspelmath (2007) donne trois exemples en allemand, avec à chaque fois un ordre différent. Selon les distributions inventoriées ci-dessus, on va considérer (16b) comme un cas incontestable de gapping, mais quel type envisager pour l'exemple (15) ou bien (16a) : gapping ou ACC[8] ?

(15) Allemand (Haspelmath 2007 : 44)
Liebt Julia Romeo und Kleopatra Cäsar ?
aime Julia Romeo et   Kleopatra Cäsar
'Est-ce que Juliette aime Roméo et Cléopâtre César ?'

(16) Allemand (Haspelmath 2007 : 43)
a. ... dass Georg Wein und Barbara Bier trinkt.
   ... que Georg vin   et   Barbara bière boit
   '... que Georg boit du vin et Barbara de la bière.'
b. ... dass Georg Wein trinkt und Barbara Bier.
   ... que Georg vin   boit   et Barbara bière
   '... que Georg boit du vin et Barbara de la bière.'

L'accord permet de définir un test. Ainsi, l'accord au pluriel peut être un argument pour considérer la structure en question plutôt comme une coordination de séquences, comme c'est le cas en dargwa[9], une langue ayant l'ordre SO+SOV en (17).

(17) Dargwa (Kazenin 2001)
dul mutal,   dil rasul   malHal[Qalalij {b-atalRibda |
1ERG Mutal.ABS 2ERG Rasul.ABS à-Makhachkala {1PL-envoyer.PST |
*w-atalRibda}.
1SG-envoyer.PST}
'J'ai envoyé Mutal à Makhachkala, et toi, Rasul.'

---

[8] Pour les subordonnées en allemand, Maling (1972) donne deux arguments montrant qu'on a affaire à deux constructions différentes en (16a) et (16b) : (i) on ne peut pas élider uniquement l'auxiliaire dans la distribution SOV+SO, alors que cela est possible pour la distribution SO+SOV ; (ii) l'ordre SO+SOV exige des contraintes de linéarisation plus fortes que l'ordre SOV+SO. Voir aussi Ince (2009) qui considère que l'analepse en turc doit être analysée différemment de la catalepse (un de ses arguments est le fait que la catalepse ne permet qu'une identité parfaite entre l'antécédent et le matériel manquant).

[9] Voir aussi l'exemple (9a) ci-dessus en basque, qui se prête a priori à la même analyse.

3 Les conjoints fragmentaires : le gapping

Mon hypothèse semble être confirmée par les données du russe et du chuvash, reprises de Kazenin (2001). En russe, avec l'ordre VSO+SO, on a l'accord au pluriel (18b), alors que l'ordre SVO+SO présente plutôt un accord au singulier (18a). Le chuvash, langue SOV qui permet et l'analepse et la catalepse, présente une variation d'accord (singulier ou pluriel) avec l'ordre SO+SOV (19b), mais uniquement l'accord au singulier pour l'ordre SOV+SO (19a)[10]. Par conséquent, l'accord au pluriel est possible uniquement si le verbe précède (ou suit) les deux conjoints.

(18) Russe (Kazenin 2001)

a. Kolja {poedet | *poedut} zavtra v Moskvu, a Vasja v
Kolja {aller.FUT.SG | aller.FUT.PL} demain à Moscou et Vasja à
Peterburg.
Petersburg

'Kolja ira demain à Moscou, et Vasja à Saint Petersburg.'

b. Zavtra {poedut | *poedet} : Kolja v Moskvu, a Vasja v
demain {aller.FUT.PL | aller.FUT.SG} Kolja à Moscou et Vasja à
Peterburg.
Petersburg

'Demain Kolja ira à Moscou et Vasja à Saint Petersburg.'

(19) Russe (Kazenin 2001)

a. Vasja KanaS-a {kaja-T | *kaja-C-C-e}, Petja
Vasja Kanash-DAT {aller-PRS.3SG | aller-PRS-PL-3} Petja
SupaSkar-a.
Cheboksary-DAT

'Vasja va à Kanash, et Petja à Cheboksary.'

b. Vasja KanaS-a, Petja SupaSkar-a {kaja-T |
Vasja Kanash-DAT Petja Cheboksary-DAT {aller-PRS.3SG |
kaja-C-C-e}.
aller-PRS-PL-3}

'Vasja va à Kanash, et Petja à Cheboksary.'

Est-ce que le gapping pose un problème d'identification en français et en roumain, les deux étant compatibles uniquement avec l'analepse ?

---

[10]Pour d'autres asymétries entre l'analepse et la catalepse en chuvash, voir Kazenin (2001).

3.2 Le gapping et l'ordre des mots à travers les langues

Comme le français est une langue à ordre des mots fixe, c.-à-d. généralement SVO, le trou se trouve dans la plupart des cas en position médiane. Cependant, il y a les cas d'inversion du sujet (20) ou encore les séquences à deux compléments (21), qui peuvent se prêter a priori à une double analyse. Voir dans ce sens l'analyse de Mouret (2007 ; 2008) et la discussion dans la section 3.6.

(20) Alors surgit d'un champ un renard et d'un buisson une biche.

(21) a. Paul apportera un disque à Marie et un livre à Jean.
      b. A Marie Paul apportera un disque et à Jean un livre.

Quant au roumain, on peut considérer comme cas de gapping tous les exemples avec tête médiane (SVO+SO ou OVS+OS) et aussi les exemples avec tête finale (SOV+SO ou OSV+OS). Si le verbe est en position initiale (VSO+SO ou bien VOS+OS), il reste à vérifier si c'est du gapping ou une coordination de séquences (ACC). C'est pour cela que la suite de ce chapitre se concentrera tout d'abord sur les cas non ambigus de gapping, en montrant leurs propriétés, leurs contraintes, les analyses proposées dans la littérature, ainsi que l'analyse la plus adéquate pour rendre compte de ces contraintes, et ensuite finira par une présentation détaillée des cas ambigus où la tête est en première position, afin de décider sur le type de construction envisagé : gapping ou ACC.

Pour conclure, on a observé dans cette section que la perspective typologique rend encore plus difficile l'étude de l'ellipse. Les faits discutés ci-dessus nous montrent qu'il faudrait se méfier de l'adéquation des étiquettes proposées pour certaines constructions elliptiques dans certaines langues et qu'une étude empirique des données devrait être faite avant de postuler l'existence d'un certain type elliptique dans une langue. Ce problème explique le flou terminologique qui existe dans la littérature sur les types d'ellipse et en partie la pléthore d'analyses proposées pour expliquer un même phénomène.

Deux points ont été abordés dans une perspective typologique : d'une part, la direction de l'ellipse, et d'autre part, le contraste potentiel entre le gapping et ACC. On a observé que le gapping ne se comporte pas comme un phénomène uniforme quant à sa distribution à travers les langues. De plus, dans certaines distributions et dans certaines langues, il doit être distingué sur une base empirique des occurrences d'ACC. Donc, les critères doivent être relativisés aux contraintes d'ordre des mots des différentes langues.

3.3 Propriétés du gapping

Comme le gapping n'a pas été décrit pour le roumain, j'insiste surtout sur les données de cette langue ; les données du français seront présentées quand il y a des différences entre le fonctionnement du gapping dans les deux langues. Pour une analyse détaillée du gapping en français, voir Abeillé & Mouret (2010) et Abeillé et al. (2014). En ce qui concerne le roumain, comme je l'ai mentionné plus haut, je commence l'étude du gapping en regardant essentiellement les cas non ambigus, c.-à-d. les structures dans lesquelles la phrase source a le verbe tête en position médiane ou en position finale.

3.3.1 Contextes phrastiques du gapping

3.3.1.1 Gapping et types de phrase

Une phrase trouée est composée d'au moins deux syntagmes interprétés comme valents ou ajouts (d'un verbe antécédent de la phrase source), ayant un contenu propositionnel qui est récupéré à partir de la phrase source. Ce contenu propositionnel apparaît a priori avec tous les types de phrase, bien que les types interrogatif et exclamatif soient plus contraints, en particulier en français. Dans les deux langues, les types déclaratif et désidératif ne posent aucun problème en termes d'acceptabilité (voir les déclaratives (22a) et (23a), ainsi que les désidératives (22b) et (23b)).

(22) a. Ion <u>a cumpărat</u> o carte pentru Dana, iar Petre un stilou pentru Maria.
'Ion a acheté un livre pour Dana, et Petre un stylo pour Maria.'

b. Mâine <u>fă-mi</u>, te rog, o pizza, iar poimâine o friptură de vițel !
'Demain fais-moi, s'il te plaît, une pizza, et après-demain un rôti de veau.'

(23) a. Jean <u>a acheté</u> un livre à Marie et Paul un stylo à Anne.

b. Demain <u>va</u> à la piscine et après-demain au stade !

Quant aux types interrogatif et exclamatif, les contextes qui sont parfaitement acceptables sont ceux dans lesquels le syntagme interrogatif ou exclamatif est mis en facteur et prend donc portée large sur la coordination dans son ensemble. D'ailleurs, l'ellipse du verbe est même requise dans ces contextes (la répétition du verbe dans le deuxième conjoint dégrade significativement l'acceptabilité de la phrase). Un petit point comparatif à noter est le fait qu'en roumain les interrogatives partielles avec un syntagme *qu-* extrait demandent généralement un sujet postverbal[11] (comparer (24a–24b), ainsi que (24c–24d) pour les interrogatives et (25a–25b) et (25c–25d) pour les exclamatives), alors qu'en français on n'observe pas cette contrainte : les deux placements du sujet, préverbal et postverbal, sont possibles, cf. (26) et (27). Par conséquent, en roumain, les interrogatives ou exclamatives avec la mise en facteur du syntagme *qu-* sont à priori ambiguës quant à l'identification du type de construction : une construction à gapping (donc, une coordination de phrases) ou bien une construction ACC (donc, une coordination de séquences), car le verbe dans ces contextes précède à la fois les éléments corrélats et les éléments résiduels (voir les sections 3.2.2 et 3.6).

(24) a. [Pe cine] sună Ion dimineața și Maria (*sună) seara ?
       DOM qui appelle Ion matin.DEF.F et Maria appelle soir.DEF.F
       'Qui est-ce que Ion appelle le matin et Maria le soir ?'

    b. *[Pe cine] Ion sună dimineața și Maria seara ?
       DOM qui Ion appelle matin.DEF.F et Maria soir.DEF.F
       'Qui est-ce que Ion appelle le matin et Maria le soir ?'

    c. [Ce ziar] citește Ion dimineața și Maria (*citește) seara ?
       'Quel journal lit Ion le matin et Maria le soir ?'

    d. *[Ce ziar] Ion citește dimineața și Maria seara ?
       quel journal Ion lit matin.DEF.F et Maria soir.DEF.F
       'Quel journal lit Ion le matin et Maria le soir ?'

(25) a. [Ce răbdare] are Maria cu copiii ei și Ion (*are) cu studenții lui !
       'Quelle patience a Maria avec ses enfants et Ion avec ses étudiants !'

    b. *[Ce răbdare] Maria are cu copiii ei și Ion cu studenții lui !
       'Quelle patience Maria a avec ses enfants et Ion avec ses étudiants !'

---

[11]Le syntagme interrogatif *de ce* 'pourquoi' permet le sujet préverbal sous certaines conditions :

(i) a. [De ce] (Ion) merge (Ion) cu mașina, iar Maria pe jos ?
       'Pourquoi Ion y va en voiture, et Maria à pied ?'

    b. De ce (Ion) vine (Ion) azi (Ion) ?
       'Pourquoi Ion vient-il aujourd'hui ?'

    c. De ce (*Ion) vine (Ion) ?
       'Pourquoi Ion vient-il ?'

3 Les conjoints fragmentaires : le gapping

    c. [Ce oameni săraci] <u>a întâlnit</u> Ion în Dolj şi Maria (*a întâlnit) în Vaslui !

       'Quels gens pauvres a rencontré Ion en Dolj et Maria en Vaslui !'

    d. *[Ce oameni săraci] Ion <u>a întâlnit</u> în Dolj şi Maria în Vaslui !

       'Quels gens pauvres Ion a rencontré en Dolj et Maria en Vaslui !'

(26) a. [Quels livres] Paul <u>a-t-il lu</u> hier et Marie (*a-t-elle lus) aujourd'hui ?

     b. [Quels livres] <u>a lus</u> Paul hier et (??a lus) Marie aujourd'hui ?

(27) a. [Quelle patience] Paul <u>a montrée</u> avec ses enfants et Marie (*a montrée) avec ses étudiants !

     b. [Quelle patience] <u>a montrée</u> Paul avec ses enfants et (??a montrée) Marie avec ses étudiants !

En revanche, si le syntagme interrogatif ou exclamatif n'est pas mis en facteur (donc, on a un syntagme interrogatif ou exclamatif dans chaque conjoint), les jugements sont très difficiles à faire, en particulier en français[12]. La seule observation qui est claire en français concerne l'acceptabilité des phrases avec des syntagmes interrogatifs sujet (30a–30b). Il reste à préciser les facteurs qui jouent sur les degrés d'acceptabilité qu'on observe[13].

(28) a. **Cine** <u>vine</u> azi şi **cine** mâine ?

       'Qui vient aujourd'hui et qui demain ?'

     b. (Mă întreb) **Ce** carte <u>să-i ofer</u> lui Ion şi **ce** disc Mariei.

       '(Je me demande) Quel livre offrir à Ion et quel disque à Maria.'

---

[12] Certaines exclamatives sont parfaitement acceptables, mais dans ces cas, la séquence trouée peut apparaître toute seule comme phrase averbale.

  (i) a. (C'est incroyable) Quelle chance <u>on a eue</u> à Londres et quelle poisse à Berlin !

      b. Quelle poisse à Berlin !

  (ii) a. Quelle tristesse (<u>on voyait</u>) parmi les soldats, mais quelle joie parmi les officiers !

      b. Quelle joie parmi les officiers !

[13] Les éléments qu'on pourrait examiner sont : (i) le marquage d'un des éléments résiduels, (ii) la présence d'un sujet dans la séquence trouée et (iii) s'il y a un sujet dans la phrase trouée, vérifier si le placement du sujet dans la phrase source joue un rôle (en particulier, si les phrases avec sujet préverbal sont préférées aux phrases avec sujet postverbal).

c. **Câte** minute <u>ai vorbit</u> tu și **câte** eu ?
'Combien de minutes as-tu parlé, toi, et combien moi ?'

(29) a. %**Ce** rochie frumoasă <u>are</u> Ioana și **ce** pantaloni demodați soțul ei !
'Quelle jolie robe a Ioana et quel pantalon démodé a son mari !'
b. %E uimitor **cât** de frig <u>e</u> înăuntru și **cât** de cald afară !
est étonnant combien de froid est dedans et combien de chaud dehors
'C'est étonnant à quel point il fait froid à l'intérieur et à quel point il fait chaud dehors !'

(30) a. **Qui** <u>va</u> à Rome et **qui** à Florence ?
b. Je me demande **lesquelles** <u>vont aller</u> à la piscine, **lesquelles** au musée.
c. %Parmi les livres que ton frère a reçus, **lesquels** <u>a-t-il offerts</u> à Paul et **lesquels** à Marie ?
d. %Dans cette bibliothèque, il y a plein de livres de mon enfance. Je me souviens **lesquels** <u>je lisais</u> à 6 ans et **lesquels** à 8 ans.

(31) a. ??**Quel** bonheur Paul <u>a connu</u> à Paris et **quelle** tristesse Marie à Londres !
b. ??C'est incroyable **quelle** chance <u>a eue</u> Paul et **quelle** malchance son frère !

3.3.1.2 Gapping et les phrases coordonnées

On considère souvent que le gapping est compatible uniquement avec la coordination, son emploi étant exclu de la subordination (voir, p.ex., Johnson 2009). Le gapping apparaît toujours dans des constructions « parallèles » du point de vue sémantique et discursif (la notion de parallélisme étant développée par la suite), ce qui explique l'occurrence massive de ce type d'ellipse dans des phrases liées par la coordination ou la juxtaposition. Tout type de coordination y est présent : coordination de phrases racines (32a) ou coordination de phrases subordonnées[14] (32b), coordination simple (32a–32b) ou coordination omnisyndétique ou « corrélative » (32c)[15].

---

[14] Le gapping n'est pas un phénomène réservé aux phrases racines (*contra* Hankamer 1971 ; 1979 ; Ince 2009).

[15] Pour plus de détails sur les coordinations omnisyndétiques (« corrélatives »), voir Bîlbîie (2008) pour le roumain et Mouret (2007) pour le français.

3 Les conjoints fragmentaires : le gapping

(32) a. Dan <u>vine</u> azi, (**iar**) Maria mâine.
   'Dan vient aujourd'hui, (et) Maria demain.'
   b. Mi s-a spus că Dan <u>vine</u> azi, **iar** Maria mâine.
   'On m'a dit que Dan viendrait aujourd'hui, et Maria demain.'
   c. **Fie** Dan <u>va cânta</u> la vioară, **fie** Maria la pian.
   'Soit Dan va jouer du violon, soit Maria du piano.'

Si l'on a une coordination de subordonnées, la phrase trouée ne peut pas être introduite par un complémenteur (33). Cela s'explique si l'on suppose que le complémenteur exige la présence d'une tête verbale finie (cf. Godard 1989). Or, la contrainte générale qui pèse sur le matériel manquant est d'omettre au moins la tête verbale (y compris le complémenteur).

(33) a. Mi s-a spus **că** Dan <u>vine</u> azi și (***că**) Maria mâine.
   'On m'a dit que Dan viendrait aujourd'hui et Maria demain.'
   b. Vreau **ca** Dan <u>să vină</u> azi și (***ca**) Maria mâine.
   'Je veux que Dan vienne aujourd'hui et Maria demain.'

Beaucoup d'auteurs (Jackendoff 1971 ; Koutsoudas 1971 ; Hankamer 1979 ; Wilder 1994 ; Johnson 2009, etc.) considèrent qu'il est impossible d'avoir une phrase trouée enchâssée sous une phrase source racine (34). Sag (1976) notamment observe que le gapping opère uniquement au nœud phrastique le plus haut et jamais à un nœud enchâssé. On observe des contraintes similaires en roumain (35) et en français (36) : généralement, la phrase trouée ne peut pas être enchâssée dans une phrase source racine.

(34) a. *Sam <u>played</u> tuba **whenever** Max sax. (Jackendoff 1971)
   b. *McTavish <u>plays</u> bagpipe **despite the fact that** McCawley the contrafagotto d'amore.

(35) a. *Maria <u>cântă</u> la vioară, {**pentru că** | **deși**} Ion la pian.
   'Maria joue du violon, {parce que | quoique} Ion joue du piano.'
   b. *Maria <u>mănâncă</u> o pară, {**înainte ca** | **după ce**} Ion un măr.
   'Maria mange une poire, {avant que | après que} Ion mange une pomme.'

(36) a. *Marie <u>va souvent</u> à la piscine, **parce que** son mari au stade.
   b. *Marie <u>va</u> toujours <u>aux concerts</u>, **bien que** son mari jamais.

3.3 Propriétés du gapping

Cependant, Izutsu (2008) note quelques exemples de gapping avec des complémenteurs comme *whereas* ou *while*, qui semblent être acceptables en anglais (37)[16]. Dans les deux langues étudiées dans ce livre, on observe que les subordonnants oppositifs *în timp ce* 'alors que' en roumain (38) et *alors que* ou *tandis que* en français (39)[17] permettent le gapping dans la séquence qu'ils introduisent. L'acceptabilité de ces introducteurs dans ces contextes est certainement due à leur emploi discursif compatible avec le gapping. Contrairement aux subordonnants conditionnels, concessifs, etc., ces introducteurs oppositifs entretiennent, du point de vue discursif, une relation symétrique (de contraste et/ou parallélisme) ; or, comme on le verra dans la section 3.3.4.3, ce type de relation est le prototype des relations discursives dans les constructions à gapping.

(37) a. Men are valued for their economic status, **whereas** women for their appearance. (Izutsu 2008 : 654)
   b. Boys are encouraged to go out for work, **while** girls to stay at home.

(38) a. Unele pisici vomită tot timpul, **în timp ce** altele foarte rar.
   'Certains chats vomissent tout le temps, alors que d'autres très rarement.'
   b. Unii dintre noi pierd milioane pe lună, **în timp ce** alții niciun leu.
   'Certains d'entre nous perdent des millions par mois, alors que d'autres même pas un sou.'

(39) a. Paul va souvent à la piscine, **alors que** moi jamais.
   b. Paul a vu plusieurs hérons, **tandis que** moi aucun.

Cependant, la question se pose de savoir si ces éléments comme le roumain *în timp ce* 'alors que', qui figurent normalement sur la liste des complémenteurs (ou conjonctions de subordination, selon la terminologie traditionnelle), se comportent effectivement comme des subordonnants dans les constructions à gapping (et dans les coordinations en général). Il semble y avoir au moins deux arguments empiriques pour distinguer entre un *în timp ce* subordonnant et un *în*

---

[16] Il reste à expliquer pourquoi cela ne marche pas dans les cas les plus simples (verbe simple sans auxiliaire, sujet ou objet direct sans marquage), comme celui illustré par Culicover & Jackendoff (2005) en (i) :

(i) John drank whisky, {*whereas | *while} Mary beer.

[17] Selon Anne Dagnac (c.p.) à qui on doit ces exemples, ces subordonnants permettent le gapping à condition qu'un des éléments résiduels soit un élément négatif.

3 Les conjoints fragmentaires : le gapping

timp ce coordonnant. D'une part, une subordonnée temporelle introduite par *în timp ce* peut précéder et suivre la phrase racine (40), alors qu'une coordonnée introduite par *în timp ce* ne peut pas être antéposée (41). D'autre part, le subordonnant temporel *în timp ce* impose des contraintes sur le temps du verbe (il exige généralement un verbe à l'indicatif imparfait ; comparer (40a), où le verbe est à l'imparfait, et (42a), où le verbe est au passé composé), alors que le coordonnant *în timp ce* n'impose pas de contrainte particulière (42b)). Enfin, on constate que le subordonnant *în timp ce* a une interprétation temporelle (c.-à-d. il marque la simultanéité des événements dans les phrases liées), tandis que le coordonnant *în timp ce* a plutôt un sens abstrait (il marque une relation de parallélisme et contraste entre les phrases, sans qu'il s'agisse de simultanéité temporelle).

(40) a. Cineva ne-a spart casa, **în timp ce** noi eram în vacanță.
'Quelqu'un est entré par effraction dans la maison, pendant qu'on était en vacances.'

b. **In timp ce** noi eram în vacanță, cineva ne-a spart casa.
'Pendant qu'on était en vacances, quelqu'un est entré par effraction dans la maison.'

(41) a. Eu am făcut zeci de proiecte, **în timp ce** ea nici măcar unul.
'J'ai fait des dizaines de projets, alors qu'elle même pas un seul.'

b. *** In timp ce** ea nici măcar unul, eu am făcut zeci de proiecte.
en temps que elle ni même un.DEF je ai fait dizaines de projets
'J'ai fait des dizaines de projets, alors qu'elle même pas un seul.'

(42) a. ??Cineva ne-a spart casa, **în timp ce** noi am fost în vacanță.
'Quelqu'un est entré par effraction dans la maison, pendant qu'on a été en vacances.'

b. Am constatat că unele pisici au reacționat destul de violent la administrarea medicamentului, **în timp ce** altele n-au reacționat în niciun fel.
'On a constaté que certains chats ont réagi assez violemment à l'administration du médicament, alors que d'autres n'ont pas réagi du tout.'

Un autre cas intermédiaire est celui des structures comparatives. Comme l'anglais (43), les deux langues étudiées (roumain (44) et français (45)) permettent

3.3 Propriétés du gapping

le gapping dans les comparatives. Comme discuté à la fin de cette section, les contraintes du gapping dans les comparatives sont beaucoup moins strictes que celles observées dans les coordinations. Il reste à établir s'il s'agit du même phénomène ; ce qui est clair est que, contrairement aux subordonnées ordinaires, les structures comparatives se rapprochent beaucoup plus des structures coordonnées (Moltmann 1992 ; Osborne 2009, etc.), cf. discussion dans la section 2.4.2.

(43) a. Robin speaks French **better than** Leslie German. (Culicover & Jackendoff 2005)
  b. Bill ate **more** peaches than Harry grapes. (Jackendoff 1971)

(44) a. O mustrare pătrunde mai mult pe omul priceput **decât** o sută de lovituri pe cel nebun.
  'Une réprimande fait plus d'impression sur l'homme intelligent **que** cent coups sur l'insensé.'
  b. Ana îl iubește pe Ion mai mult [decât eu pe tine].
  Ana ACC.3SG.M aime DOM Ion plus beaucoup que NOM.1SG DOM ACC.2SG
  'Ana aime Ion plus que moi je t'aime.'

(45) a. Jean est doué en bricolage **comme** Marie en décoration. (Amsili & Desmets 2008)
  b. Jean gagne plus de coupes **que** Pierre de médailles.

Concernant la relation entre le gapping et la subordination, l'(in)acceptabilité de ce type d'ellipse sous l'enchâssement a été récemment discutée dans Farudi (2013) et Johnson (2014). A partir des exemples comme (46) en anglais, Johnson (2014) considère que le non-enchâssement est une contrainte forte (et en même temps un diagnostic) pour les constructions à gapping (angl. *No Embedding Constraint*). Cependant, comme le note Farudi (2013), cette contrainte ne s'applique pas dans toutes les langues (par exemple. le persan). Revenant aux deux langues qui nous intéressent, on observe que le français se comporte comme l'anglais, ne permettant pas de gapping enchâssé (47)[18]. En revanche, en roumain l'enchâssement est possible dans certains contextes avec « amalgamation syntaxique » (G. Lakoff 1974), où un verbe épistémique comme *a crede* 'croire' (48a),

---
[18] Il faudrait toutefois voir de plus près les données, car, selon Green (1976), l'anglais permettrait dans les subordonnées certains phénomènes spécifiques à la phrase racine dans les mêmes contextes que ceux mentionnés ici pour le roumain.

3 Les conjoints fragmentaires : le gapping

a vedea 'voir' (48b), *a şti* 'savoir' (48c) (à une personne déictique, en particulier à la première personne) ou impersonnel comme *a părea* 'paraître' (48d) exprime une attitude propositionnelle par rapport au contenu de la phrase trouée. Leur emploi dans ces contextes spécifiques semble être très différent et assez marginal par rapport à l'emploi ordinaire de ces verbes, ce qui impose une analyse syntaxique différente (p.ex. verbes « faibles », cf. Blanche-Benveniste & Willems 2007, angl. *grafts*, cf. van Riemsdijk 2006, ou encore angl. *hedges*, cf. G. Lakoff 1973). En dehors de ces exemples, la phrase trouée est toujours au même niveau syntaxique que la phrase contenant l'antécédent (Lobeck 1995).

(46) *Alfonse <u>stole</u> the emeralds, and **I think that** Mugsy the pearls. (Hankamer 1979)

(47) *Jean <u>aime</u> Marie et **je crois qu'**elle aussi Jean.

(48) a. Nu eu îl <u>urăsc</u> pe el, ci **cred că** EL pe mine.
NEG je ACC.3SG.M hais DOM 3SG.M mais crois.1SG que il DOM ACC.1SG
'Ce n'est pas moi qui le hais, mais je crois que c'est lui qui me hait.'

b. Ion o <u>iubeşte</u> pe Ana şi **văd că** şi ea pe el.
Ion ACC.3SG.F aime DOM Ana et vois.1SG que aussi elle DOM lui
'Ion aime Ana et je vois qu'elle aussi, elle l'aime.'

c. Ion <u>este îndrăgostit</u> de Ana, **nu ştiu însă dacă** şi ea de el.
Ion est amoureux de Ana NEG sais.1SG cependant si aussi elle de lui
'Ion est amoureux de Ana, mais je ne sais pas si elle est amoureuse de lui.'

d. Ion <u>este îndrăgostit</u> de Ana şi **pare-se că** şi ea de el.
Ion est amoureux de Ana et paraît-REFL que aussi elle de lui
'Ion est amoureux de Ana et, paraît-il, elle de lui aussi.'

Revenons aux emplois typiques de gapping dans les phrases coordonnées. On observe que le gapping peut apparaître dans une coordination multiple, avec plusieurs phrases coordonnées. Dans ce cas, plusieurs options se présentent : soit il y a une seule phrase trouée (et en général c'est le dernier conjoint) (49a), soit

3.3 Propriétés du gapping

il y en a plusieurs (49b), coordonnées à une phrase source[19]. Les exemples avec une phrase trouée encadrée par deux phrases complètes sont marginaux (49c), mais ils s'améliorent si l'on a plus de trois conjoints (50a–50a).

(49) a. La petrecere, Dan <u>a băut</u> bere, Maria <u>a băut</u> vin, iar Ioana suc.
  'A la fête, Dan a bu de la bière, Maria a bu du vin, et Ioana du jus.'

  b. La petrecere, Dan <u>a băut</u> bere, Maria vin, iar Ioana suc.
  'A la fête, Dan a bu de la bière, Maria du vin, et Ioana du jus.'

  c. ?La petrecere, Dan <u>a băut</u> bere, Maria vin, iar Ioana <u>a băut</u> suc.
  'A la fête, Dan a bu de la bière, Maria du vin, et Ioana a bu du jus.'

(50) a. Mama <u>vrea</u> o casă, tata o mașină, Ion <u>vrea</u> un câine, iar Maria o pisică.
  'Ma mère veut une maison, mon père une voiture, Ion veut un chien, et Maria un chat.'

  b. O specialitate <u>o făceam</u> cu domnul profesor, alta cu doamna domnului, o alta cu fiul lor, iar alte specialități <u>le-am făcut</u> cu frații, finii și nora marilor profesori.
  'Une spécialité on la faisait avec M. le professeur, une autre avec la dame du monsieur, une autre avec leur fils, et d'autres spécialités, on les a faites avec les frères, les filleuls et la belle-fille de ces grands professeurs.'

Des exemples plus complexes de coordination multiple apparaissent dans les coordinations récursives (avec des éléments corrélatifs), qui permettent la coordination de phrases trouées entre elles (51).

(51) a. Dan <u>va cânta</u> la vioară, iar apoi [**fie** Maria la pian, **fie** Ion la trompetă].
  'Dan va jouer du violon, et ensuite soit Maria du piano, soit Ion de la trompette.'

  b. **Fie** [Ion <u>va merge</u> cu trenul și Dan cu mașina], **fie** [Dan cu trenul și Ion cu mașina].
  'Soit Ion va prendre le train et Dan la voiture, soit Dan le train et Ion la voiture.'

---

[19] A priori, l'anglais serait différent, selon McCawley (1988), qui note que, dans une coordination multiple, tous les conjoints sont troués, sauf le premier.

3 Les conjoints fragmentaires : le gapping

3.3.1.3 Inventaire des coordonnants

Le choix des conjonctions qui peuvent être utilisées dans les constructions à gapping est conditionné par les contraintes sémantiques et discursives qu'on étudiera dans la section 3.3.4. Le gapping permet l'emploi de toute conjonction qui est compatible avec une relation discursive symétrique, ce qui exclut donc les conjonctions *or* et *car* en français. Toutes les autres conjonctions sont possibles : fr. *et, ou, mais, ni, soit... soit...*; roum. *și* 'et', *sau* 'ou', *iar* 'et', *dar* 'mais', *ci* 'mais'[20], *fie... fie...* 'soit... soit...', ainsi que des éléments comme fr. *ainsi que, comme, que* comparatif[21] ; roum. *ca (și)* et *precum (și)* 'ainsi que', ou encore *la fel ca* 'comme'.

Les premiers travaux considéraient que le gapping est beaucoup moins acceptable avec *but* en anglais ou *mais* en français. A l'instar de Repp (2009), on observe que *but* ne pose aucun problème s'il apparaît dans un contexte approprié, certes plus contraint que les autres conjonctions typiques. Il est légitimé surtout par la présence de certains opérateurs sémantiques dans le deuxième conjoint (p.ex. *only, even*) ou bien par une différence de polarité entre la phrase source et la phrase trouée. Ainsi, en roumain, l'adversatif *dar* 'mais' est permis dans la phrase trouée, s'il est accompagné d'un adverbe associatif comme l'additif *și* 'aussi' en (52a) ou le restrictif *numai* 'seulement' en (52b), ou bien si la phrase trouée contient un mot négatif qui renverse la polarité par rapport à la phrase source (53). Tous ces éléments (*și* 'aussi', *numai* 'seulement', *nici măcar* 'même pas', *nimic* 'rien') renforcent le contraste et contribuent au mouvement argumentatif de la conjonction adversative *dar* 'mais'.

(52)   a.   Ne e greu, pretențiile <u>sunt</u> mari, **dar și** răsplata pe măsură.

              'C'est difficile pour nous, les exigences sont grandes, mais la récompense à la hauteur aussi.'

        b.   Ion <u>schiază</u> pe orice fel de pistă, **dar** Maria **numai** pe cele mai ușoare.

              'Ion skie toutes les pistes, mais Maria seulement les plus faciles.'

(53)   a.   Ioanei <u>îi plac</u> toate dulciurile, **dar** Mariei **nici măcar** tortul făcut în casă.

              'Ioana aime toutes les sucreries, mais Maria même pas le gâteau fait maison.'

---

[20] Le roumain, comme l'espagnol et l'allemand, distingue entre une conjonction adversative (*dar* 'mais') et une conjonction corrective (*ci* 'mais').

[21] Voir Mouret (2007) et Mouret & Desmets (2008) pour des discussions sur le statut conjonctif de ces éléments en français. A noter la différence entre le complémenteur *que*, qui n'autorise pas le gapping, et le comparatif *que*, qui apparaît dans une phrase trouée.

3.3 Propriétés du gapping

    b. Băiatul a mâncat ceva, **dar** fata **nimic**.

        'Le garçon a mangé quelque chose, mais la fille rien du tout.'

Le correctif *ci* 'mais' est autorisé lui aussi dans les constructions à gapping, à condition que la phrase source contienne la négation (de constituant) *nu* qui a portée uniquement dans la phrase source (54a) (voir Toosarvandani 2011 pour les données de l'anglais). Toujours pour la correction, on peut utiliser la conjonction *și* 'et' avec la négation de constituant *nu* dans la phrase trouée cette fois-ci, la phrase source ayant une polarité positive (54b).

(54) a. **NU** Ana$_i$ îl   iubește pe   Dan$_j$, **ci**   EL$_j$ pe   ea$_i$.
          NEG Ana ACC.3SG.M aime   DOM Dan mais il   DOM elle

        'Ce n'est pas Ana qui aime Dan, mais c'est Dan qui l'aime.'

      b. DAN$_j$ o   iubește pe   Ana$_i$, **și NU** ea$_i$ pe   el$_j$.
         Dan ACC.3SG.F aime   DOM Ana   et NEG elle DOM lui

        'C'est Dan qui aime Ana, et pas l'inverse.'

Néanmoins, les conjonctions qui apparaissent le plus souvent avec le gapping en roumain sont *și* et *iar* 'et', avec une fréquence extrêmement élevée de la conjonction *iar*. Si la conjonction *și* est assez sous-spécifiée, pouvant être utilisée dans tous les contextes et à tous les niveaux en dehors du gapping, la conjonction *iar* impose plusieurs contraintes (Bîlbîie & Winterstein 2011). La préférence pour cette conjonction dans les constructions à gapping s'explique essentiellement par la contrainte sémantico-discursive qu'elle impose aux conjoints : *iar* lie (uniquement) des phrases qui présentent au moins deux paires contrastives (c.-à-d. chaque paire réunit des éléments qui ont un *intégrateur commun*, cf. Lang 1984, et qui marquent une opposition sémantique), dont une est constituée par des topiques (ce qui justifie l'intitulé de *contraste thématique* attribué habituellement à cette conjonction, cf. Zafiu 2005). Or, on verra dans la section 3.3.4.2 que la contrainte la plus importante dans le gapping est exactement celle-ci, c.-à-d. le double contraste. On observe ainsi qu'il y a une superposition entre le gapping et la conjonction *iar* : les deux imposent la même contrainte sémantico-discursive. L'exemple typique avec *iar* est (55a), où l'on a (au moins) deux paires contrastives obligatoires : une paire d'individus (*Ioana, Maria*) et une paire de fruits (*un măr, o pară*). En dehors du gapping, on observe que la conjonction *iar* est autorisée en (55b), où l'on coordonne des phrases, mais pas en (55c), où l'on coordonne des syntagmes nominaux, bien qu'il y ait un contraste. Cette conjonction spécialisée pour le double contraste en roumain n'existe pas dans les autres langues

3 Les conjoints fragmentaires : le gapping

romanes, mais elle a un correspondant dans les langues slaves (voir le fonctionnement de la conjonction *a* en russe, cf. Jasinskaja & Zeevat 2009 ; Kazenin 2001 ; Agafonova 2014, etc.).

(55) a. Ioana a mâncat un măr, **iar** *(Maria) (a mâncat) o pară.
   'Ioana a mangé une pomme, et Maria (a mangé) une poire.'
   b. La București plouă, **iar** *(la Brașov) ninge.
   'A Bucarest il pleut, et à Brașov il neige.'
   c. Ioana mănâncă mere verzi {și | *iar} pere galbene.
   'Ioana mange des pommes vertes et des poires jaunes.'

Comme mentionné ci-dessus, la phrase trouée peut ne pas être introduite par une conjonction. Dans certains cas de juxtaposition, on remarque la présence des connecteurs adverbiaux (p.ex. *însă* 'cependant' en (56a), *dimpotrivă* 'au contraire' en (56b)) qui rendent explicite la relation discursive de contraste requise par les constructions à gapping.

(56) a. Eu <u>apreciez</u> mai mult valorile spirituale, ea **însă**, mai mult pe cele materiale.
   'Moi, j'apprécie surtout les valeurs spirituelles, elle en revanche, surtout les valeurs matérielles.'
   b. Studenții <u>erau</u> încântați, profesorii, **dimpotrivă**, extrem de abătuți.
   'Les étudiants étaient enchantés, les professeurs, au contraire, extrêmement abattus.'

3.3.1.4 Antécédent linguistique

Les travaux traditionnels considèrent que le matériel manquant dans le gapping ne peut pas avoir un antécédent pragmatique, extra-linguistique (Hankamer & Sag 1976 ; Chao 1988), le gapping ne permettant donc pas l'emploi exophorique. C'est pour cette raison que Hankamer & Sag (1976) considèrent le gapping (tout comme VPE, le sluicing, le stripping ou les anaphores en *so* en anglais) comme un cas d'anaphore « de surface » (angl. *surface anaphora*), qu'ils distinguent des anaphores « profondes » (angl. *deep anaphora*, p.ex. les expressions pronominales ordinaires, les anaphores de complément nul ou les anaphores en *do it* en anglais) qui peuvent avoir un antécédent situationnel. Leur exemple est donné en (57). Cependant, on pourrait envisager un contexte comme celui décrit en (58) pour le roumain, qui pourrait permettre un antécédent extra-linguistique dans les phrases avec deux éléments résiduels. En l'absence d'exemples attestés, je me limite dans ce travail uniquement aux occurrences de gapping avec antécédents linguistiques et je laisse la question ouverte en ce qui concerne l'antécédent non linguistique. Il faudrait regarder aussi les titres de journaux avec ellipse multiple, où il n'y a pas d'antécédent explicite (59)[22].

(57) [*Hankamer produces an orange, proceeds to peel it, and just as Sag produces an apple, says :*] #And Ivan, an apple. (Hankamer & Sag 1976)

(58) [*C'est la fête de Noël. La mère de Marie et Jean entre dans la pièce avec deux grands paquets joliment décorés, et s'adresse d'abord à Marie et ensuite à Jean :*] Tu pachetul roşu. [*et quelques secondes plus tard :*] Iar tu pe cel albastru.

'Toi, le paquet rouge. Et toi, celui qui est bleu.'

(59) a. Ieri pe tron, azi în închisoare.

'Hier sur le trône, aujourd'hui en prison.'

b. Ploi în vestul ţării, caniculă în sud.

'Pluies dans l'ouest du pays, canicule dans le sud.'

3.3.1.5 Gapping et les autres constructions elliptiques

Le gapping est co-occurrent avec d'autres types d'ellipse, ce qui a suscité un grand débat (surtout dans les années 1970-1980) concernant l'extension ou non de la règle de gapping à d'autres séquences elliptiques. A priori, on n'a pas d'arguments pour distinguer le gapping à l'intérieur d'un énoncé du gapping qui apparaît dans le dialogue, dans les réponses courtes (angl. *short answers*) ou dans les questions courtes (angl. *short questions*).

Contrairement à ce que soutiennent, entre autres, Hankamer & Sag (1976), Williams (1977)[23] ou Lobeck (1995), on constate que le gapping peut apparaître aussi dans le dialogue (60), donc il peut intervenir au-delà des limites d'un énoncé,

---

[22] On doit quand même faire attention à ce type d'exemples, pour bien distinguer les phrases elliptiques des phrases non elliptiques averbales (en l'occurrence, (59a) semble être un énoncé elliptique, alors que le deuxième exemple (59b) ressemble plutôt à une phrase averbale existentielle).

[23] A partir de cette observation (à laquelle s'ajoute la contrainte sur les syntagmes nominaux complexes), Williams (1977) distingue les ellipses bornées (p.ex. le gapping) des ellipses non bornées (p.ex. VPE) et il propose une règle spécifique à chaque type : les ellipses bornées relèvent de la grammaire de la phrase, alors que les autres doivent être décrites dans une grammaire du discours (*Sentence Grammar* vs. *Discourse Grammar*).

3 Les conjoints fragmentaires : le gapping

si les locuteurs des énoncés en question communiquent de façon coopérative (voir aussi Merchant 2001, qui reprend Sag et al. 1985 : 160).

(60) a. A : - Eu <u>vreau</u> să merg la mare. B : - Iar eu la munte.

A : '- Je veux aller à la mer.' B : '- Et moi à la montagne.'

b. A : - Trebuie să lucrez, deşi <u>nu prea am spor</u> după o masă copioasă.
B : - Nici eu după o întâlnire cu Ion.

A : '- Je dois travailler, bien que je ne sois pas très productif après un repas copieux.'

B : '- Moi non plus après une rencontre avec Ion.'

Un type d'ellipse proche du gapping est le stripping (appelé aussi en anglais *Bare Argument Ellipsis* (BAE)). Bien que le terme *stripping* regroupe des constructions assez hétérogènes (voir Abeillé 2006 et note 3 ci-dessus), les constructions qui m'intéressent ici sont surtout les ellipses polaires, qui présentent habituellement un élément résiduel accompagné d'un adverbe polaire (comme les adverbiaux *şi*[24] 'aussi' (61a) et *nici* 'non plus' (61b) en roumain, ou *aussi* (62a) et *non plus* (62b) en français), auxquelles j'ajoute les exemples avec *şi/dar nu* 'et/mais pas' (61c) en roumain, et *mais pas* (62c) en français.

(61) a. Binele   va ieşi   biruitor, [şi, odată   cu   el, şi   Dreptatea].
bien.DEF va sortir vainqueur et une_fois avec lui aussi justice.DEF

'Le Bien triomphera et, avec lui, la Justice aussi.'

b. Ion nu   vrea să   aibă   copii,   [şi **nici**   nevastă-sa].
Ion NEG veut SBJV avoir.SBJV.3 enfants et non_plus femme-POSS.3SG

'Ion ne veut pas avoir d'enfants, et sa femme non plus.'

c. Libertate, egalitate, fraternitate – [dar **nu şi**   pentru romi].
liberté   égalité   fraternité   – mais pas aussi pour   Roms

'Liberté, égalité, fraternité – mais pas pour les Roms.'

(62) a. Jean viendra à la fête [et Marie **aussi**].

b. Jean n'est pas venu à la fête [et Marie **non plus**].

c. Jean est venu hier [mais **pas** Marie].

Ce genre d'exemples est analysé comme un sous-type de gapping par Hankamer & Sag (1976), Williams (1977), Chao (1988), Gardent (1991), Lobeck (1995),

---

[24] La conjonction *şi* 'et' est distincte de l'adverbe additif homonyme *şi* 'aussi'. Voir plus de détails dans Bîlbîie (2008).

Hendriks (1995), Hartmann (2000) ou encore Toosarvandani (2011). En l'absence d'une description adéquate de ces constructions, je ne peux pas me prononcer sur leur lien avec le gapping. En revanche, les cas intermédiaires (63), avec deux éléments résiduels, ne semblent pas poser de problème particulier pour une analyse à gapping. Je ferai référence à ces exemples à plusieurs reprises dans ce chapitre.

(63) a. Ne e greu, pretențiile sunt mari, [dar și răsplata pe măsură].
'C'est difficile pour nous, les exigences sont grandes, mais la récompense aussi (sera) à la hauteur.'

b. Ion nu merge la film [și **nici** Maria la teatru].
Ion NEG va à film et non_plus Maria à théâtre
'Ion n'ira pas au cinéma, ni Maria au théâtre.'

c. MaRIa$_i$ îl loveşte pe Ion$_j$, [și **nu** el$_j$ pe ea$_i$].
Maria ACC.3SG.M frappe DOM Ion et NEG lui DOM elle
'C'est Maria qui frappe Ion, et pas l'inverse.'

Les structures comparatives constituent un autre type d'ellipse qui permet des séquences qui ressemblent au gapping (cf. Zribi-Hertz 1986 ; Culicover & Jackendoff 2005 ; Amsili & Desmets 2008). Assimiler les séquences comparatives comportant deux éléments résiduels aux occurrences typiques de gapping est un choix controversé, car on considère souvent que le gapping est compatible uniquement avec les coordonnants ; or, les marqueurs comparatifs ne sont pas habituellement inclus dans la liste des conjonctions. Une solution serait d'élargir l'inventaire des marqueurs de coordination, afin d'inclure les marqueurs comparatifs (Matos & Brito 2008). Cependant, cette solution est problématique, car, contrairement aux conjonctions ordinaires, qui ne peuvent pas se combiner entre elles, les marqueurs comparatifs sont compatibles avec une conjonction (p.ex. *plus que Paul et plus que Jean*). De plus, même si l'on inclut les marqueurs comparatifs dans la classe des conjonctions, il reste néanmoins des différences notables entre le gapping dans la coordination et le gapping dans les comparatives. Jackendoff (1971) est le premier qui l'affirme, en se basant sur les différences observées entre (64a) et (64b), montrant que les constructions comparatives permettent beaucoup plus de types d'ellipse que les constructions coordonnées.

(64) a. Bill ate more peaches **than** {Harry | Harry did | Harry did grapes | Harry grapes | Harry will grapes}.

b. Bill ate the peaches **and** {*Harry | *Harry did | *Harry did the grapes | Harry the grapes | *Harry will the grapes}.

3 Les conjoints fragmentaires : le gapping

Il y a d'autres éléments qui suggèrent la souplesse des contraintes sur les constructions comparatives, par rapport à celles agissant dans une structure coordonnée. Si la coordination ne permet que l'analepse (65), l'ellipse peut présenter les deux directions (analepse et catalepse) dans les comparatives (66).

(65)   a.   Ion mănâncă un măr, **iar** Maria o pară.

           'Ion mange une pomme, et Maria une poire.'

       b.   *Ion un măr,   **iar** Maria o   pară mănâncă.
            Ion   une pomme et   Maria une poire mange

           'Ion mange une pomme, et Maria une poire.'

(66)   a.   Ion s-a băgat și el în discuție **ca** musca în lapte.

           'Ion s'est mêlé à la conversation comme une mouche dans le lait.'

       b.   Exact **ca** o muscă în lapte, Ion s-a băgat în discuție pe nepusă masă.

           'Tout comme une mouche dans le lait, Ion s'est mêlé à la conversation d'une manière intempestive.'

Contrairement aux structures coordonnées (67a), dans une construction comparative (67b–67c) on peut avoir une discordance en ce qui concerne le temps, l'aspect ou le mode (McShane 2005) :

(67)   a.   *Ion pleacă azi, **iar** Maria ieri.

           'Ion part aujourd'hui et Maria est partie hier.'

       b.   Ion se comportă cu mine acum **ca** Maria ieri.

           'Ion se comporte avec moi maintenant comme Maria (s'est comportée) hier.'

       c.   Maria se uita la mine **precum** câinele la stăpân.

           'Maria me regardait comme le chien (regarde) son maître.'

De plus, la contrainte de parallélisme sémantique et contraste est moins stricte dans les comparatives. Les éléments d'une paire contrastive peuvent appartenir à des domaines assez éloignés, p.ex. la paire contrastive <*Maria, câinele*> en (68b), ou encore ils peuvent avoir un statut syntaxique différent, p.ex. affixe pronominal *mă* vs. syntagme nominal en (69b).

(68)   a.   #Maria ascultă de profesor, **iar** câinele de stăpân.

           'Maria écoute son professeur, et le chien son maître.'

     b. Maria ascultă de profesor, **precum** câinele de stăpân.
        'Maria écoute son professeur, comme le chien son maître.'

(69) a. *Paul mă   iubeşte şi Dan pe   Ioana.
       Paul ACC.1SG aime   et Dan DOM Ioana
       'Paul m'aime, moi, et Dan aime Ioana.'
     b. Paul mă   educă **precum** dascălul   pe   elevii   lui.
       Paul ACC.1SG éduque comme maître.DEF DOM élèves.DEF POSS.3SG.M
       'Paul m'éduque comme un maître ses disciples.'

Enfin, on observe qu'une structure comparative elliptique peut être contenue dans son antécédent (*Antecedent Contained Ellipsis*) en (70) :

(70) Pentru omenire, zâmbetele sunt [**precum** soarele pentru flori].
     'Pour les humains, les sourires sont comme le soleil pour les fleurs.'

Certes, une étude détaillée reste à faire pour voir si l'on peut envisager une analyse uniforme pour ces deux structures. Dans ce livre, je ne me prononce pas sur l'une ou l'autre des approches. Cependant, je considère que la reconstruction syntaxique ne marche pour aucune des deux constructions (voir Amsili & Desmets 2008 pour une approche similaire des comparatives en français).

D'autres constructions permettant des séquences à deux éléments résiduels en dehors de la coordination sont les ellipses appelées sluicing (71a) et certaines subordonnées ayant la fonction ajout : ajouts circonstanciels (71b), ajouts additifs (71c), ajouts exceptifs (71d) et ajouts relatifs sans verbe (71e). Les propriétés de ces constructions sont assez différentes des propriétés du gapping (voir chapitre 4), c'est pour cela qu'on ne les discutera pas ici.

(71) a. Cineva   a sărutat   pe   cineva,   dar nu ştiu   [cine pe
       quelqu'un a embrassé DOM quelqu'un mais NEG sais.1SG qui   DOM
       cine].
       qui
       'Quelqu'un a embrassé quelqu'un, mais je ne sais pas qui a embrassé qui.'
     b. [Deşi pentru prima oară în străinătate], nu-i era deloc dor de ţară.
       'Quoique pour la première fois à l'étranger, son pays ne lui manquait pas du tout.'

3 Les conjoints fragmentaires : le gapping

    c. Toți copiii au adus câte ceva, [inclusiv Maria o prăjitură].

       'Tous les enfants ont apporté quelque chose, y compris Maria un gâteau.'

    d. Niciun elev nu-și făcuse temele, [mai puțin Ion tema la engleză].

       'Aucun élève n'avait fait ses devoirs, mis à part Ion le devoir d'anglais.'

    e. Mai mulți prieteni au plecat în străinătate, [dintre care 2 la Roma].

       'Plusieurs amis sont partis à l'étranger, dont 2 à Rome.'

Pour conclure, on doit dire que les phrases fragmentaires avec au moins deux éléments résiduels ne sont pas restreintes à la coordination. Cependant, leur occurrence dans la coordination (et juxtaposition) est conditionnée par des contraintes particulières, qui ne s'appliquent pas en dehors de la coordination standard. En particulier, toutes les constructions discutées dans cette sous-section peuvent ne comporter qu'un seul élément résiduel, ce qui n'est pas le cas du gapping dans la coordination. Par conséquent, dans ce chapitre je me limite à la description de ce type d'ellipse en prenant en compte les structures coordonnées. Je reviendrai néanmoins sur un des types d'ajouts mentionnés ci-dessus (à savoir les relatives sans verbe) dans le chapitre 4.

3.3.2 Contraintes générales sur le matériel manquant

Minimalement, le matériel manquant doit obligatoirement inclure le verbe tête de la phrase, qu'il s'agisse d'un auxiliaire ou non (72). Ce qui inclut le gapping dans le groupe des ellipses sans tête, selon la typologie de Chao (1988). On explique dès lors l'impossibilité de garder le complémenteur dans une phrase trouée (cf. l'exemple (33) ci-dessus), si l'on admet que les complémenteurs (au moins roum. *că* 'que', fr. *que* complétif) exigent la présence d'une tête verbale finie.

(72)   a. Maria <u>mănâncă</u> un măr, iar Ion o pară.

         'Maria mange une pomme, et Ion une poire.'

      b. Maria <u>a mâncat</u> un măr, iar Ion o pară.

         'Maria a mangé une pomme, et Ion une poire.'

En dehors des formes verbales finies standard, on peut avoir comme matériel manquant un verbe au participe présent[25] (roumain (73) et français (74)). On considère souvent que le gapping est limité aux phrases à verbe fini, mais

---

[25] Le participe présent est considéré comme ayant le comportement d'une forme finie en français (voir le placement de la négation ou encore la possibilité d'être hôte des clitiques pronominaux).

3.3 Propriétés du gapping

l'exemple (75) en français, où le matériel manquant correspond à un infinitif, nous oblige à alléger cette contrainte (au moins pour le français)[26].

(73)   Monitorizarea face parte din contractul de consultanţă [...], care prevede trei astfel de analize lingvistice, două dintre ele <u>fiind efectuate</u> în martie şi mai, iar următoarea în septembrie, informează NewsIn.

   'Le monitorage fait partie du contrat de consultance [...], qui prévoit trois analyses linguistiques de ce type, deux étant effectuées en mars et mai, et la suivante en septembre, informe NewsIn.'

(74)   Paul <u>étant pris</u> le matin et Marie l'après-midi, la réunion est reportée.

(75)   Pourquoi <u>aller</u> en Chine et pourquoi en Inde ?

Si le verbe est à un temps composé et contient un auxiliaire, le gapping opère nécessairement sur les deux éléments en roumain (76), ce qui l'oppose à des langues comme le français (77a) ou l'anglais (77b), dans lesquelles le trou peut correspondre seulement à un auxiliaire. Cette différence peut être due au comportement clitique des auxiliaires en roumain, l'auxiliaire et le verbe auxilié formant un sous-constituant en syntaxe (structure à complexe verbal, cf. Barbu 1999, Bîlbîie 2011, etc.).

(76)   a. *Maria <u>va</u> citi o poveste, iar Ion recita o poezie.

   'Maria va lire une histoire, et Ion réciter un poème.'

   b. *Dan <u>a</u> mâncat un sandviş, iar Maria băut o bere.

   'Dan a mangé un sandwich, et Maria bu une bière.'

(77)   a. Paul <u>a</u> écrit un roman et Marie fini sa thèse.

   b. Kim <u>will</u> lead the party and Pat bring up the rear.

En roumain (78), comme en français (79a), les formes verbales composées demandent l'élision de l'auxiliaire, si le participe passé ou l'infinitif est élidé. La situation est différente en anglais (79b), ce qui explique la possibilité du pseudogapping en anglais, mais pas dans les deux langues romanes.

---

[26]En roumain, on utilise le subjonctif dans ce type de contextes :

   (i)   De ce   să   merg   în China şi de ce   în India ?
      pourquoi SBJV aller.SBJV.1SG en Chine et pourquoi en Inde
      'Pourquoi aller en Chine et pourquoi en Inde ?'

3 Les conjoints fragmentaires : le gapping

(78) a. Ion a <u>mâncat</u> mere,   iar Maria (*a) banane.
Ion a mangé pommes et Maria a   bananes
'Ion a mangé des pommes et Maria des bananes.'

b. Ion va <u>mânca</u> mere,   iar Maria (*va) banane.
Ion va manger pommes et Maria va   bananes
'Ion va manger des pommes, et Maria des bananes.'

(79) a. Jean a <u>mangé</u> des pommes et Marie (*a) des bananes.

b. John will <u>vote</u> for Bush and Mary (will) for Nader.

Le trou peut correspondre à une expression idiomatique[27] : *a da foc* litt. 'donner feu' pour 'mettre le feu' (80a), *a-și bate joc* litt. 'se battre jeu' pour 'se moquer' (80b).

(80) a. Ca să se amuze în lipsa părinților, băiatul <u>a dat foc</u> grajdului, iar Maria grămezii de coceni.

'Pour s'amuser en l'absence de leurs parents, le garçon a mis le feu à l'écurie, et Maria aux tas d'épis.'

b. Guvernul <u>îşi bate joc</u> de munca Senatului, iar Senatul de munca Guvernului.

'Le Gouvernement se moque du travail du Sénat, et le Sénat du travail du Gouvernement.'

A part la tête verbale, on peut omettre d'autres éléments (sujets (81a), compléments (81b), ajouts (81c)) qui peuvent être de même niveau (82a) ou enchâssés (82b). Certains ajouts (ou compléments optionnels) présents uniquement dans la phrase source peuvent s'interpréter dans les deux phrases (et dans ce cas ils font partie du matériel manquant) ou bien uniquement dans la phrase source (83).

---

[27] Si le matériel manquant contient toute l'expression idiomatique, le gapping est parfaitement acceptable. En revanche, si le matériel manquant ne contient qu'une partie de l'expression idiomatique, le gapping est moins acceptable, voire agrammatical, cf. les exemples (i) en français (*donner lieu* vs. *donner naissance*) signalés par Olivier Bonami.

(i) a. *La mise en cause de Paul <u>donne</u> lieu à une polémique et ses commentaires **naissance** à un scandale.

b. La mise en cause de Paul <u>donne lieu</u> à une polémique et ses commentaires à un scandale.

(81) a. La Valea Leurzii, întemeietorul de școală a fost C. Ionescu, iar la Buciumeni, Ion Apostolescu, fiu al satului.

'A Valea Leurzii, le fondateur de l'école a été C. Ionescu, et à Buciumeni, Ion Apostolescu, fils du village.'

b. Ion își face temele cu mama, iar Maria cu sora ei mai mare.

'Ion fait ses devoirs avec sa mère, et Maria avec sa sœur aînée.'

c. Ion aleargă în parc dimineața, iar Maria seara.

'Ion court dans le parc le matin, et Maria le soir.'

(82) a. Mama i-a făcut un cadou Mariei de Paște, iar tata de Crăciun.

'La mère a fait un cadeau à Maria à Pâques, et le père à Noël.'

b. Dan și-a dorit să înceapă să scrie o nuvelă, iar Maria o piesă de teatru.

'Dan a voulu commencer à écrire une nouvelle, et Maria une pièce de théâtre.'

(83) a. Ion **merge cu familia** la munte, iar Dan la mare.

'Ion va avec sa famille à la montagne, et Dan à la mer.'

b. Deși ne iubim foarte mult, ajungem la divergențe cu privire la lucruri pe care eu le-am învățat într-un fel **în familia mea**, iar el în alt fel.

'Bien qu'on s'aime beaucoup, on arrive à des divergences sur des trucs que j'ai appris d'une certaine façon dans ma famille, et lui d'une autre façon.'

c. Ion **întotdeauna** merge la film, iar Maria la teatru.

'Ion va toujours au cinéma, et Maria au théâtre.'

d. Ion **tocmai** a sosit acum 5 minute, iar Maria azi-dimineață.

'Ion vient d'arriver il y a 5 minutes, et Maria (est arrivée) ce matin.'

Le trou ne correspond pas nécessairement à un constituant. Les éléments manquants peuvent être discontinus (84) ou en position finale (85). Contrairement au roumain, le français ne permet pas facilement le positionnement final du matériel manquant, ayant une préférence pour une construction (pseudo)clivée (86). L'acceptabilité de ces exemples en roumain s'explique par trois propriétés de cette langue : (i) l'ordre des mots assez libre, (ii) le manque d'isomorphisme entre la fonction syntaxique et la position dans l'arbre, et (iii) le marquage prosodique des éléments focalisés.

3 Les conjoints fragmentaires : le gapping

(84) a. Ion merge SÂMbăta la piață, iar Maria duMInica.
'Ion va le samedi au marché, et Maria le dimanche.'
b. Ion crede că FRANța va câștiga, iar Maria ArgenTIna.
'Ion croit que la France va gagner, et Maria l'Argentine.'

(85) a. In sectorul 4, PoPEScu are șanse să câștige, iar în sectorul 1, PăuNEScu.
'Dans le 4ème arrondissement, Popescu a une chance de gagner (les élections), et dans le 1er, Păunescu.'
b. La noi în casă, păRINții iau deciziile, dar la voi, coPIii.
'Chez nous, les parents prennent les décisions, mais chez vous, les enfants.'

(86) a. ??Chez nous, les parents décident et chez vous les enfants.
b. Chez nous, les parents décident et chez vous, ce sont les enfants.
c. Chez nous, ce sont les parents qui décident et chez vous, les enfants.

On a longtemps considéré que la règle du gapping était bloquée lorsque la phrase source comportait une négation (Ross 1967). La conclusion des premiers travaux (Ross 1967 ; Jackendoff 1971 ; Zribi-Hertz 1986, etc.) est que la négation ne peut pas être élidée, à moins que la phrase trouée ne contienne la conjonction *nor* ou *or* (87).

(87) a. *I didn't eat fish and Bill ice-cream. (Sag 1976)
b. I didn't eat fish nor/or Bill ice-cream.

Repp (2009) fait une analyse exhaustive du comportement de la négation dans les constructions à gapping, en montrant non seulement que la négation est tout à fait acceptable dans ces contextes, mais surtout qu'il y a plusieurs interprétations possibles si on a une négation dans la phrase source. Ainsi, on obtient trois lectures : (i) négation distribuée sur les deux conjoints, (ii) négation avec portée étroite, et (iii) négation avec portée large. Les facteurs qui jouent sur l'interprétation de la négation dans le gapping seraient, selon elle, l'intonation, le type de conjonction utilisée, le type de négation (propositionnelle pour les deux premières lectures, ou illocutoire pour la portée large), la présence de certains opérateurs sémantiques dans la phrase trouée ou bien la forme du trou verbal (verbe fini, auxiliaire avec ou sans verbe fini, modal, item à polarité négative). Je montre brièvement la présence de ces trois interprétations de la négation dans le gapping en roumain.

3.3 Propriétés du gapping

Dans le premier cas, la négation est distribuée sur les deux conjoints : (¬A) ∧ (¬B). La phrase trouée, tout comme la phrase source, est négative. Selon Repp (2009), c'est la lecture par défaut dans les constructions à gapping. Au niveau prosodique, chaque conjoint constitue une unité prosodique autonome, et le verbe antécédent ne reçoit pas d'accent prosodique particulier.

(88) a. La nunta Anei, lui Ion **nu** i-a plăcut muzica, iar Mariei mâncarea.

  'Au mariage d'Ana, Ion n'a pas aimé la musique, et Maria la nourriture.'

  b. (¬A) ∧ (¬B) = [Ce n'est pas le cas que Ion ait aimé la musique] et [ce n'est pas le cas que Maria ait aimé la nourriture].

La deuxième interprétation se résume à une portée étroite de la négation : (¬A) ∧ (B). La négation s'interprète uniquement dans la phrase source, tandis que la phrase trouée est positive. Chaque conjoint est une unité prosodique autonome (cf. Oehrle 1987). La négation ainsi que les éléments contrastés sont marqués prosodiquement. Cette interprétation est disponible en roumain au moins dans trois contextes : (i) de manière générale, dans tous les emplois de la conjonction corrective *ci* 'mais' (89), (ii) si la phrase trouée contient un adverbe associatif, comme le restrictif *doar* 'seulement' (90a), et (iii) si la phrase trouée est introduite par un connecteur adversatif/argumentatif, p.ex. *însă, dar* 'mais' (90b).

(89) a. **Nu** Ion$_i$ o loveşte pe Maria, **ci** Maria pe el$_i$.

  'Ce n'est pas Ion qui frappe Maria, mais Maria Ion.'

  b. (¬A) ∧ (B) = [Ce n'est pas le cas que Ion frappe Maria], mais [c'est le cas que Maria frappe Ion].

(90) a. A : - Ce au cumpărat Ion şi Maria de la târg ? B : - Ion **n-a cumpărat** mai nimic, iar Maria **doar** o pereche de papuci.

  A : '- Qu'est-ce que Ion et Maria ont acheté au foire ?' B : '- Ion n'a pas acheté grand-chose, et Maria seulement une paire de chaussons.'

  b. A : - La câte întrebări au răspuns Ion şi Maria ? B : - Ion **n-a răspuns** la aproape nicio întrebare, **însă** Maria la toate, şi încă fără greşeală.

  A : '- A combien de questions ont répondu Ion et Maria ?' B : '- Ion n'a répondu à presque aucune question, mais Maria à toutes, et sans faute.'

Enfin, il y a des constructions à gapping avec une « montée » sémantique de la négation. Dans ces contextes, la négation (souvent avec un modal) dans la phrase

3 Les conjoints fragmentaires : le gapping

source prend portée large sur la coordination dans son ensemble (une seule négation qui porte sur les deux conjoints) : ¬(A ∧ B). Repp (2009) considère que la négation dans ce contexte n'est pas une négation propositionnelle (comme dans les deux premiers cas), mais plutôt une négation au niveau illocutoire. De plus, contrairement aux deux autres lectures, la portée large de la négation est corrélée au niveau prosodique avec le fait que les deux conjoints forment une seule unité prosodique (pas de pause possible entre les conjoints), cf. Oehrle (1987). La négation (plus le modal, ou l'auxiliaire en anglais) est prosodiquement proéminente, cf. Winkler (2005). Cette interprétation est plus difficile à obtenir hors contexte, c'est pour cela que je reprends le modèle de Repp (2009) en (91) et je fabrique des contextes pour forcer cette interprétation en roumain (92).

(91) Kim DIDn't play bingo and Sandy sit at home all night. I am sure Sandy went to a club herself. That's what she always does when Kim plays bingo. (Repp 2009 : 171)

(92) [*Contexte : Ion et Maria sont frère et sœur. Ion est devenu très riche, mais sa sœur est restée très pauvre. Les gens commentent le fait que Ion n'aide pas sa sœur.*]
 a. Ion **nu poate** locui într-un palat și Maria într-o cocioabă. Trebuie să facă ceva să-și ajute sora !
 'Ion ne peut pas habiter dans un palais et Maria dans une baraque. Il doit faire quelque chose pour aider sa sœur.'
 b. ¬(A ∧ B) = Ce n'est pas le cas que [Ion habite dans un palais et Maria dans une baraque].

3.3.2.1 Degré d'identité entre le trou et son antécédent

Avant de passer en revue les contraintes générales sur le matériel manquant, on doit préciser le degré d'identité qui s'établit entre le matériel antécédent et le matériel manquant, en relevant d'abord les ressemblances et ensuite les différences.

3.3.2.1.1 Ressemblances En ce qui concerne les ressemblances, deux aspects sont très importants. Premièrement, le verbe manquant doit appartenir au même paradigme de flexion que le verbe antécédent et avoir le même sens. Généralement il s'agit du même lexème, sauf dans certains exemples avec des formes homonymes ou avec des zeugmes sémantiques (ou attelages), présents dans certaines citations littéraires, mais rejetés dans l'usage ordinaire, qui ont une lecture ironique incitée par le jeu de mot (voir les exemples français en (93)). Dans

3.3 Propriétés du gapping

ces occurrences inattendues, le matériel manquant et le verbe antécédent appartiennent au même paradigme flexionnel, mais avec deux acceptions différentes d'un même terme (ils n'ont pas le même sens et constituent donc deux lexèmes différents). Leur emploi reste cependant très marginal[28].

(93) a. Son corps <u>nageait</u> dans l'eau verte, et son esprit dans l'opulence.
(Troyat, cité par Clément 2010 : 233)
b. La pie <u>vole</u> des bijoux et l'oiseau vers son nid.

Cette contrainte sur l'identité lexématique nous permet de rendre compte de l'inacceptabilité de l'exemple en (94a), où le verbe antécédent et le matériel manquant n'appartiennent pas au même paradigme de flexion (voir la flexion différente *acord* vs. *acordez* au présent en (94a) et (94c)), n'ont pas la même valence et n'ont pas le même sens (*a acorda$_1$* : octroyer une aide à quelqu'un *vs. a acorda$_2$* : régler un instrument musical) ; il s'agit clairement de deux lexèmes distincts.

(94) a. #Pe perioada concediului, eu <u>am acordat</u> ajutoare săracilor, iar soțul meu piane.
'Pendant nos congés d'été, j'ai accordé des aides aux pauvres, et mon mari des pianos.'
b. Eu **acord** ajutoare săracilor.
'J'accorde des aides aux pauvres.'
c. Eu **acordez** piane.
'J'accorde des pianos.'

Les mêmes contraintes s'appliquent aux autres éléments faisant partie du matériel manquant. Ainsi, en (95), où le matériel manquant contient une copule suivie d'un nom prédicatif, il faut que le nom prédicatif du matériel manquant soit du même lexème que le nom prédicatif antécédent[29].

(95) a. *Filip <u>e frate</u> cu directorul, iar Maria cu secretara.
Filip est frère avec directeur.DEF et Maria avec secrétaire.DEF
'Filip est le frère du directeur et Maria est la sœur de la secrétaire.'

---

[28] Pour plus de détails sur la description et l'analyse de ces exemples, voir Clément (2010).
[29] Jason Merchant (c.p.) me signale que le même effet est observé en espagnol ou en grec où la base morphologique est la même ; selon lui, c'est plutôt la différence d'interprétation visée qui cause l'inacceptabilité, et un peu moins la différence de flexion.

3 Les conjoints fragmentaires : le gapping

    b. *Maria <u>e soră</u> cu   secretara,   iar Filip cu   directorul.
       Maria est sœur avec secrétaire.DEF et Filip avec directeur.DEF
       'Maria est la sœur de la secrétaire, et Filip est le frère du directeur.'

    c. Filip <u>e frate</u> cu   directorul,   iar Florin (e frate) cu
       Filip est frère avec directeur.DEF et Florin (est frère) avec
       secretara.
       secrétaire.DEF
       'Filip est le frère du directeur et Florin (est le frère) de la secrétaire.'

    d. Maria <u>e soră</u> cu   secretara,   iar Ioana (e soră) cu
       Maria est sœur avec secrétaire.DEF et Ioana (est sœur) avec
       directorul.
       directeur.DEF
       'Maria est la sœur de la secrétaire, et Ioana (est la sœur) du directeur.'

Deuxièmement, ils doivent partager les mêmes propriétés de temps[30], mode, voix et aspect. Ainsi, en (96), on ne peut pas avoir de temps ou de modes différents. De même, les exemples en (97) montrent qu'une discordance de voix (passive-active ou bien active-passive) est possible s'il n'y a pas ellipse ; en revanche, l'emploi du gapping impose une identité de voix entre les deux conjoints.

(96) a. *Ion <u>a sosit</u> ieri, iar Maria mâine.
       Ion a arrivé hier et Maria demain
       'Ion est arrivé hier, et Maria arrivera demain.'

    b. *Ion <u>ar   merge</u> la film   azi,   iar Maria ieri.
       Ion AUX.COND.3 aller à film aujourd'hui et Maria hier
       'Ion irait au cinéma aujourd'hui, et Maria y serait allée hier.'

(97) a. Ion <u>a fost muşcat</u> de un câine, iar pe   Ana *(a muşcat-o)   o
       Ion a été mordu de un chien et DOM Ana a   mordu-ACC.3SG.F un
       şopârlă.
       lézard
       'Ion a été mordu par un chien, et Ana par un lézard.'

    b. Pe   Ana <u>a muşcat-o</u>   o şopârlă, iar Ion *(a fost muşcat) de
       DOM Ana a mordu-ACC.3SG.F un lézard   et Ion a été mordu de

---

[30]On parle ici du gapping typique de la coordination. On a vu en (67b–67c) ci-dessus que les comparatives autorisaient une différence de temps entre les événements des deux conjoints.

> un câine.
> un chien
>
> 'Ana a été mordue par un lézard, et Ion par un chien.'

Pour les langues qui présentent des marques aspectuelles, comme le russe, on observe qu'on doit avoir le même aspect dans une construction à gapping : en russe (98), le gapping n'accepte pas de discordance imperfectif vs. perfectif dans les deux conjoints.

(98) Russe (Repp 2009 : 9)
    *Wtchera ja pisala   pismo dwa tchasa, a ty ~~napisala~~   ~~pismo~~
    hier   je écrire.PST.DUR lettre 2   heures et tu écrire.PST.PERF lettre
    za dri tchasa.
    en 3 heures
    'Hier j'ai écrit une lettre pendant 2 heures et toi en 3 heures.'

Selon Repp (2009), les propriétés TAM (temps-aspect-mode) ont une fonction d'ancrage référentiel dans le monde factuel. La phrase trouée est une phrase non ancrée, qui a besoin d'emprunter son ancrage à la phrase source. Ce rôle d'ancrage empêche ainsi les TAM d'avoir des valeurs différentes dans la phrase trouée par rapport à la phrase source.

3.3.2.1.2 Différences Du côté des différences, on observe que le matériel manquant ne possède pas nécessairement les mêmes propriétés de personne (99a) ou de nombre (99b).

(99) a. Eu vreau un ceai, iar Ioana (vrea) o cafea.
         je veux un thé et Ioana (veut) un café
         'Je veux un thé, et Ioana un café.'
     b. Noi citim o carte, iar tu (citești) un ziar.
         nous lisons un livre et tu (lis) un journal
         'Nous lisons un livre, et toi un journal.'

Quant au genre, on observe une certaine asymétrie en fonction de la catégorie qui apparaît dans la composition du matériel manquant, et cela dans les deux langues (roumain et français)[31]. S'il s'agit d'un verbe au participe ((100a) et (101a))

---

[31] L'asymétrie en genre est par ailleurs possible dans d'autres constructions elliptiques. Voir Merchant (2011) pour une discussion sur ce type d'asymétrie avec l'ellipse nominale en grec.

3 Les conjoints fragmentaires : le gapping

ou d'un adjectif prédicatif ((100b) et (101b)), on n'a pas nécessairement le même genre. En revanche, si le matériel manquant contient un nom prédicatif, il doit généralement avoir le même genre que le nom prédicatif dans la phrase source. Les asymétries de genre qui sont permises concernent uniquement les formes syncrétiques (102a) ou les formes homophones (102b–102c) en français, ou bien les noms de métier qui permettent l'emploi du masculin pour les deux genres ((103a) et (104a)). Si le matériel antécédent contient un nom prédicatif sous sa forme au féminin, le matériel manquant ne peut pas correspondre à un nom prédicatif au masculin ((103b) et (104b)).

(100) a. Fata   e iubită de toți, dar băiatul   (nu e iubit) de
       fille.DEF est aimée de tous mais garçon.DEF (NEG est aimé) de
       nimeni.
       personne
       'La fille est aimée par tous, mais le garçon par personne.'

   b. Maria e încântată de noua ei rochie, iar Ion (e încântat) de noua lui mașină.
      'Maria est contente de sa nouvelle robe, et Ion de sa nouvelle voiture.'

(101) a. La lettre a été écrite par la secrétaire et le mail (a été écrit) par le directeur.

   b. Jean est content de son travail et Marie (est contente) de ses vacances.

(102) a. Jean est secrétaire dans un garage BMW à Paris et Maria (est secrétaire) dans un collège à Lyon.

   b. Jean est ami avec Paul et Marie (est amie) avec Sophie.

   c. Marie est amie avec Sophie et Jean (est ami) avec Paul.

(103) a. Ion e profesor la un liceu din Cluj, iar Ana la o școală generală din Iași.
      'Ion est professeur dans un lycée à Cluj, et Ana dans une école élémentaire à Iași.'

   b. ??Ana e profesoară la o școală generală din Iași, iar Ion la un liceu din Cluj.
      'Ana est professeure dans une école élémentaire à Iași, et Ion dans un lycée à Cluj.'

c. Ion e {profesor | *profesoară}.
   Ion est {professeur.M | professeur.F}
   'Ion est professeur.'

d. Ana e {profesor | profesoară}.
   Ana est {professeur.M | professeur.F}
   'Ana est professeur.'

(104) a. Patrick est directeur de l'UFR et Marie du laboratoire.

b. *Marie est directrice du laboratoire et Patrick de l'UFR.

c. Patrick est {directeur | *directrice}.

d. Marie est {directrice | directeur}.

Ce comportement rappelle la distinction entre flexion inhérente et flexion contextuelle, due à Booij (1994; 1996; 2007)[32]. Le premier terme fait référence à la flexion d'un mot qui n'est pas demandée par le contexte syntaxique (p.ex. le genre sur les noms, le pluriel des noms, les marques de temps sur un verbe), alors que le deuxième terme caractérise toute flexion qui est dictée par le contexte syntaxique dans lequel un mot apparaît (p.ex. les marques d'accord en genre sur un adjectif, l'accord entre un verbe et un sujet, le marquage casuel). Pour résumer les différences liées aux marques de personne, nombre et genre dans les constructions à gapping, on peut donc dire que le gapping maintient la flexion inhérente, mais pas nécessairement la flexion contextuelle.

Deuxièmement, le matériel manquant ne prend pas nécessairement les mêmes affixes pronominaux ou adverbiaux[33]. On a deux cas de figure : soit les affixes en question, s'ils sont reconstruits avec un verbe dans la phrase trouée, n'ont pas la même forme que les affixes dans la phrase source (voir l'opposition masculin/féminin en (105a)[34] et pluriel/singulier en (105b)), soit ces affixes ne sont présents que dans un des conjoints (en (106a) l'affixe pronominal *le* 'les' ne peut apparaître que dans la phrase source, alors qu'en (106b) l'affixe adverbial *nu* 'non' est interprété uniquement dans la phrase trouée). Les affixes ont le même comportement en français : on n'a pas les mêmes affixes pronominaux en (107); l'affixe

---

[32] Merci à Olivier Bonami pour ce commentaire.

[33] Pour plus de détails sur le statut affixal des pronoms atones et de certains adverbes (la négation *nu* 'non' et cinq 'semi-adverbes') en roumain, voir Barbu (1999; 2003), Monachesi (2005) et Bîlbîie (2011).

[34] Le redoublement clitique des objets est une propriété générale du roumain. Pour l'objet direct [+spécifique] et [+animé], le redoublement clitique est co-occurrent avec le marquage différentiel de l'objet par la forme *pe*.

3 Les conjoints fragmentaires : le gapping

pronominal *en* en (108a) et l'affixe adverbial *ne* en (108b) s'appliquent uniquement à la phrase trouée.

(105) a. Ion l-a văzut pe Dan, iar Ana (a văzut-o) pe
Ion ACC.3SG.M-a vu DOM Dan et Ana (a vu-ACC.3SG.F) DOM
Maria.
Maria

'Ion a vu Dan, et Ana (a vu) Maria.'

b. Eu i-am văzut pe [Ion şi Maria], iar Ana (l-a
je ACC.3PL.M-ai vu DOM Ion et Maria et Ana (ACC.3SG.M-a
văzut) pe Paul.
vu) DOM Paul

'J'ai vu Ion et Maria, et Ana (a vu) Paul.'

(106) a. Ion le-a citit pe toate, dar Ana ((*le-)a citit)
Ion ACC.3PL.F-a lu DOM toutes mais Ana (ACC.3PL.F-a lu)
doar câteva.
seulement quelques

'Ion les a tous lus, mais Ana seulement quelques-uns.'

b. Ion a citit câteva dintre ele, dar Ana (*(nu) a citit) absolut
Ion a lu quelques parmi elles mais Ana (NEG a lu) absolument
niciuna.
aucune

'Ion en a lu quelques-uns, mais Ana absolument aucun.'

(107) a. Paul en a lu seulement certains, mais Marie (les a) presque tous (lus).
b. Paul les a lus, vos livres, et Marie (en a lu) seulement certains.

(108) a. Paul a lu tous vos livres et Marie (en a lu) quelques-uns.
b. Paul en a lu certains, et Marie (*(n')en a lu) absolument aucun.

Troisièmement, la polarité dans les deux conjoints n'est pas toujours la même. D'une part, on a des cas où la phrase source est positive, alors que la phrase trouée est négative (109)[35]. D'autre part, il y a des cas où la négation est présente

---

[35]Le roumain est une langue à concordance négative stricte, les mots négatifs étant co-occurrents avec la négation *nu* 'non'. Fălăuş (2008) et Iordăchioaia (2010) analysent les mots négatifs du roumain comme des quantifieurs négatifs (cf. ils peuvent apparaître sans un autre élément négatif, introduisant à eux seuls une négation sémantique).

uniquement dans la phrase source et a portée étroite, ne s'appliquant donc pas à la phrase trouée ; pour ce deuxième cas de figure, voir les exemples mentionnés ci-dessus en (90).

(109)   a. De ce unii <u>au</u> totul, iar eu (**nu am**) **nimic** ?

'Pourquoi certains ont tout, et moi (je n'ai) rien ?'

b. Eram la un metru depărtare de un vampir care <u>știa</u> prea multe despre mine, iar eu (**nu știam**) **nimic** despre el.

'J'étais à un mètre d'un vampire qui savait trop de choses sur moi, et moi (je ne savais) rien sur lui.'

c. Tu <u>ai primit</u> mereu cadouri de ziua ta, dar eu (**nu am primit**) **nimic**.

'Tu as toujours reçu des cadeaux pour ton anniversaire, mais moi (je n'ai) rien (reçu).'

d. Mulți tipi <u>au fantezii</u> cu femei cu forme, dar **niciunul** (**nu are fantezii**) cu femei doar piele și os.

'Beaucoup d'hommes ont des fantasmes avec des femmes rondes, mais aucun (n'a de fantasmes) avec des femmes trop maigres.'

e. Eu <u>îmi cer scuze</u> întotdeauna, dar el (**nu-și cere scuze**) **niciodată**.

'Je demande toujours des excuses, mais lui jamais.'

f. Mariei <u>îi plac</u> doar merele și perele, însă Ioanei (**nu-i plac**) **nici măcar** astea.

'Maria aime seulement les pommes et les poires, mais Ioana (n'aime) même pas celles-ci.'

3.3.3 Contraintes générales sur les éléments résiduels

Contrairement à d'autres types d'ellipse, la séquence trouée dans les coordinations à gapping doit comporter au moins deux éléments résiduels[36], mis en correspondance avec des éléments parallèles dans la phrase source (110).

---

[36] A ne pas confondre l'exemple (110) avec l'exemple (i) qui contient un seul élément résiduel accompagné obligatoirement d'un adverbial *și* 'aussi' (et de la conjonction homonyme *și* 'et'). A priori, les propriétés (distribution, intonation, etc.) ne semblent pas être les mêmes dans les deux cas, d'où l'hypothèse selon laquelle dans l'exemple (i) on a une ellipse polaire plutôt que du gapping.

(i) Ioana mănâncă un măr, și și Maria.
    Ioana mange   une pomme et aussi Maria
    'Ioana mange une pomme, et Maria aussi.'

3 Les conjoints fragmentaires : le gapping

(110)   [Ioana] mănâncă [un măr], iar [Maria] [*(o pară)].

   'Ioana mange une pomme, et Maria une poire.'

La séquence trouée peut contenir plus de deux éléments résiduels (111). Certains travaux sur le gapping en anglais (Jackendoff 1971 ; Kuno 1976 ; Haspelmath 2007, etc.) considèrent que le gapping permet strictement deux éléments résiduels. Cependant, on observe que, même en anglais, la présence des éléments résiduels multiples n'est pas bloquée par une contrainte grammaticale (cf. Kuno 1976 ; Sag et al. 1985 ; Zribi-Hertz 1986 ; Steedman 1990).

(111)   a. De Paşte, părinţii au mers la mare cu bunicii, iar copiii la munte cu prietenii.

   'A Pâques, les parents sont allés à la mer avec les grands-parents, et les enfants à la montagne avec leurs amis.'

   b. Seara, Ion vorbeşte cu prietena lui pe Skype, iar Maria cu amantul pe Messenger.

   'Le soir, Ion parle avec sa copine sur Skype, et Maria avec son amant sur Messenger.'

Les jugements d'acceptabilité sont sensibles à des contraintes psycholinguistiques de processing (ou traitement de l'information). En particulier, selon Zribi-Hertz (1986), la restriction sur le nombre de constituants relève de la performance. De manière générale, les exemples qui posent un problème d'acceptabilité ont des séquences elliptiques composées uniquement de syntagmes nominaux[37]. Leur traitement est difficile sous deux aspects. D'abord, une séquence elliptique composée uniquement de syntagmes nominaux est beaucoup plus difficile à traiter qu'une séquence où les éléments résiduels reçoivent un marquage morpho-syntaxique (marquage casuel, préposition, etc.). C'est ce qui expliquerait les différences dans l'acceptabilité des exemples (112) en anglais : (112b) est meilleur que (112a), car les trois éléments résiduels ont chacun un marquage différent (aucun marquage pour le premier, la préposition *with* pour le deuxième, la préposition *about* pour le troisième). Comme le roumain est une langue à marquage casuel et prépositionnel, les séquences à trois éléments résiduels ne posent pas de problème particulier (113).

---

[37] Voir, dans ce sens, Sag et al. (1985 : 157) : « processing difficulty associated with sequences of NPs found in ellipsis contexts ».

3.3 Propriétés du gapping

(112) a. *Millie will send the President an obscene telegram, and [Paul] [the Queen] [a pregnant duck]. (Jackendoff 1971 : 25)

b. Some talked with you about politics and [others] [**with** me] [**about** music]. (Winkler 2005 : 193)

(113) a. Ion i-a   dat   Mariei o carte, iar [Dan] [Ioanei] [niște
Ion DAT.3SG-a donné Maria.DAT un livre et Dan Ioana.DAT des flori].
fleurs

'Ion a offert un livre à Maria, et Dan des fleurs à Ioana.'

b. Eu am vorbit cu Ion despre Maria, iar [tu] [**cu** Dan] [**despre** Ana].

'J'ai parlé avec Ion au sujet de Maria, et toi avec Dan au sujet de Ana.'

c. Steaua l-a ales pe M. Stoica director sportiv, iar [Dinamo] [**pe** Rednic] [antrenor].

'Steaua a choisi M. Stoica comme directeur sportif, et Dinamo (a choisi) Rednic comme entraîneur.'

Il semble aussi que les séquences avec des éléments résiduels de même type sémantique (p.ex. individus) peuvent poser plus de problèmes d'acceptabilité que les séquences avec des éléments résiduels de type différent. Ainsi, l'acceptabilité de l'exemple (114a) est dégradée à cause d'un nombre important de noms d'individus. Cependant, Johnson (2014) considère que les phrases à trois éléments résiduels (tous des syntagmes nominaux) s'améliorent s'il s'agit d'une réponse à une question multiple (114b). Tous ces aspects que je viens de mentionner montrent l'importance des facteurs non syntaxiques dans l'acceptabilité des constructions à gapping avec plus de deux éléments résiduels. Ces facteurs sont responsables aussi d'autres « violations » qu'on observe dans certains contextes de gapping (en particulier, les contraintes de localité discutées plus loin), ce qui nous oblige à réfuter une approche purement syntaxique de ce type d'ellipse.

(114) a. *Arizona elected Goldwater Senator, and Massachussets McCormack Congressman. (Jackendoff 1971 : 25)

b. A : - Who will send who what ?
B : - Sally will send Ron pickles, and Martha Hermione kumquats. (Johnson 2014)

La phrase trouée prototypique contient généralement un élément résiduel correspondant à un sujet dans la phrase source, donc la séquence typique est sujet-

3 Les conjoints fragmentaires : le gapping

complément ou sujet-ajout. Mais, étant donné qu'on peut omettre d'autres éléments, en dehors de la tête verbale (c.-à-d. sujets, compléments, ajouts) et que le roumain a un ordre de mots assez libre, les éléments résiduels peuvent avoir des fonctions différentes par rapport au verbe antécédent. Ainsi, la phrase trouée peut être une séquence complément-sujet (115a), ajout-sujet (115b), complément-complément (115c), ajout-complément (115d), complément-ajout (115e)[38].

(115)   a. Mariei   îi   plac   fructele, iar Ioanei   prăjiturile.
           Maria.DAT DAT.3SG plaisent fruits.DEF et Ioana.DAT gâteaux.DEF
           'Maria aime les fruits, et Ioana les gâteaux.'

   b. Ieri a venit Ion, iar azi   Maria.
      hier est venu Ion et aujourd'hui Maria
      'Hier, c'est Ion qui est venu, et aujourd'hui, c'est Maria.'

   c. Mariei   i-am   dat   o carte, iar Ioanei   un stilou.
      Maria.DAT DAT.3SG-ai donné un livre et Ioana.DAT un stylo
      'A Marie j'ai donné un livre, et à Ioana un stylo.'

   d. Dimineaţa mănânc   cereale, iar seara   fructe.
      matin.DEF.F mange.1SG céréales et soir.DEF.F fruits
      'Le matin je mange des céréales, et le soir des fruits.'

   e. Engleza   o   învăţ   la şcoală, iar franceza
      anglais.DEF ACC.3SG.F apprends.1SG à école   et français.DEF
      acasă.
      à_maison
      'L'anglais, je l'apprends à l'école, et le français à la maison.'

En dehors des deux éléments résiduels, la séquence trouée peut contenir un adverbe de phrase, qui modifie la séquence en entier et qui sémantiquement prend comme argument une proposition ou un acte illocutoire, dans le cas des énonciatifs et de certains connecteurs (Bonami & Godard 2005). Ainsi, en roumain, la séquence trouée peut comporter un connecteur (116a), un adverbe modal (116b),

---

[38] Je considère que la position préverbale dans les exemples (115) ne correspond pas à une fonction syntaxique spécifique (p.ex. *antéposé/extrait*, voir l'exemple (i) en français), mais plutôt à une fonction discursive (c.-à-d. en l'absence d'un marquage prosodique particulier, le premier élément est interprété généralement comme un topique du point de vue discursif).

(i) A Pierre, Paul a promis d'apporter un disque et à Marie un livre.

évaluatif (116c) ou énonciatif (116d). Cela est un argument pour considérer la séquence trouée comme ayant un contenu propositionnel.

(116) a. Eu <u>am zis</u> o vorbă, **apoi** el alta, și uite așa am ajuns la conflict.
'J'ai dit un mot, ensuite lui un autre, et c'est ainsi qu'on est arrivé au conflit.'

b. Ion <u>vine</u> azi, iar Maria **probabil** mâine.
'Ion vient aujourd'hui, et Maria probablement demain.'

c. La examen, Ion <u>a luat</u> nota 10, iar Maria, **din nefericire**, nota 2.
à examen Ion a pris note.DEF 10 et Maria par malheur note.DEF 2
'Ion a eu 10/10 à l'examen et Maria malheureusement 2/10.'

d. Cu el <u>am rezolvat eu</u> ceva, dar cu ea, **sincer**, nimic.
avec lui ai résolu je quelque_chose mais avec elle franchement rien
'Avec lui, j'ai résolu quelque chose, mais avec elle, franchement, rien.'

Les éléments résiduels sont des constituants majeurs. Minimalement les éléments résiduels sont des projections maximales (Sag 1976 ; Hartmann 2000, etc.), ce qui explique l'agrammaticalité des exemples suivants, où le deuxième élément résiduel ne peut pas former de syntagme à lui tout seul (un déterminant sans nom (117a) ou une préposition transitive sans son complément (117b)). En revanche, si l'on substitue aux éléments en question un pronom (118a) ou une préposition utilisée intransitivement (118b) (qui chacun forme un syntagme unaire), les exemples ne posent aucun problème de grammaticalité[39].

(117) a. *Lui Ion <u>îi place</u> acest costum, iar Mariei, acel.
DAT Ion DAT.3SG plaît ce costume et Maria.DAT DET.DEM.SG.M
'Ion aime ce costume, et Maria celui-là.'

b. *Maria <u>își pune</u> geanta sub masă, iar Ion pe.
Maria REFL.3SG pose serviette.DEF sous table et Ion sur
'Maria pose sa serviette sous la table, et Ion au-dessus.'

---
[39]Hartmann (2000) et Repp (2009) considèrent que les prépositions ne peuvent pas être des constituants majeurs en allemand. Mais il faudrait faire la différence entre les prépositions toujours transitives et les prépositions qui peuvent avoir un emploi intransitif.

3 Les conjoints fragmentaires : le gapping

(118) a. Lui Ion îi   place acest costum, iar Mariei,   acela.
      DAT Ion DAT.3SG plaît ce   costume et Maria.DAT DEM.SG.M
      'Ion aime ce costume, et Maria, celui-là.'

   b. Maria îşi   pune geanta   sub masă, iar Ion, deasupra.
      Maria REFL.3SG pose serviette.DEF sous table et Ion au-dessus
      'Maria pose sa serviette sous la table, et Ion, au-dessus.'

Essentiellement, ces éléments résiduels doivent être des **constituants majeurs**, c.-à-d. des valents ou ajouts d'une tête verbale (ou prédicative) dans la phrase source. Par conséquent, on ne peut pas avoir comme élément résiduel une sous-partie d'un constituant majeur (Hankamer 1971; 1973; Neijt 1979; Gardent 1991; Hartmann 2000), dépendant d'une tête non verbale et non prédicative, p.ex. un nom sans son déterminant (119a), un syntagme nominal sans sa tête prépositionnelle[40] (119b), un syntagme nominal (ou un syntagme prépositionnel) complément d'un autre syntagme nominal (119c), un syntagme adjectival ajout à un syntagme nominal (119d), etc.

(119) a. Paul a mâncat o portocală, iar Maria *(o) banană.
      'Paul a mangé une orange, et Maria une banane.'

   b. Maria vorbeşte cu un avocat, iar Ion *(cu) o actriţă.
      'Maria parle avec un avocat, et Ion avec une actrice.'

   c. Ion citeşte **introducerea** unui roman, iar Ana *(**introducerea**) unui eseu.
      'Ion lit l'introduction d'un roman, et Ana l'introduction d'un essai.'

   d. Ion şi-a   vândut **maşina**   albastră, iar Maria *(**maşina**)
      Ion REFL.3SG-a vendu voiture.DEF bleue   et Maria (voiture.DEF)
      roşie.
      rouge
      'Ion a vendu sa voiture bleue, et Maria sa voiture rouge.'

---

[40] Apparemment, certains locuteurs acceptent les exemples sans préposition en anglais (voir Culicover & Jackendoff 2005), alors que la plupart les considèrent agrammaticaux (voir Gardent 1991). Chaves (2005) considère qu'il y a une gradience dans l'acceptabilité de ces exemples.

(i) a. *Jim reads a book to Fred, and Mary, Peter. (Chaves 2005 : 11)
    b. ?John is going to Japan, and his sister, Australia.
    c. Jim reads to his brother, and Mary, our kids.

Les exemples qui semblent violer cette contrainte sont en fait de faux contre-exemples, car les éléments résiduels qui à première vue semblent être des dépendants d'une tête nominale et non prédicative peuvent être en fait réanalysés comme des compléments du verbe tête (120). Ainsi, en (120a), le syntagme adjectival *dulce* 'douce' n'est pas un ajout à la tête nominale *ciorba* 'la soupe' dans la phrase source, mais un attribut de l'objet.

(120) a. Mariei   îi   place ciorba   acră, iar lui Ion, dulce.
       Maria.DAT DAT.3SG plaît soupe.DEF aigre et DAT Ion douce
       'Maria aime la soupe aigre, et Ion douce.'

   b. Mie   îmi   place ciocolata   cu   mentă, iar lui,   cu
      moi.DAT DAT.1SG plaît chocolat.DEF avec menthe et lui.DAT avec
      stafide.
      raisins_secs
      'Moi, j'aime le chocolat à la menthe, et lui aux raisins secs.'

Dans la plupart des cas, tous les éléments résiduels dépendent de la même tête qui est à la fois verbale et prédicative, c.-à-d. le verbe racine. Cependant, il y a des cas où l'un des éléments résiduels dépend (i) d'une tête non verbale mais prédicative, ou bien (ii) d'une tête verbale mais enchâssée.

(i) Le premier cas est illustré par les constructions à prédicat complexe. Le deuxième élément résiduel peut dépendre d'un complément du verbe racine, si celui-ci est un verbe attributif (121) ou un verbe support (122). Ces exemples ne posent pas de problème pour la condition de constituant majeur, car l'élément résiduel est (ré)analysé dans ces cas comme un complément du verbe tête, via l'héritage ou la « composition d'arguments » (cf. Abeillé & Godard 2003). La condition générale qui doit être remplie est que les éléments résiduels doivent être légitimés par **une** des têtes prédicatives de la phrase source, tout en respectant l'ordre licite de mots dans la grammaire.

(121) a. Paul e foarte mândru de fiul lui, iar Maria, (foarte mândră) de fiica ei.
       'Paul est très fier de son fils, et Marie (très fière) de sa fille.'

   b. Cel din stânga mea e premierul pentru criză, iar cel din dreapta, (premierul) pentru haos. (*Dilema veche* VII : 341)
      'Celui à ma gauche est le ministre pour la crise, et celui à ma droite (le ministre) pour le chaos.'

3 Les conjoints fragmentaires : le gapping

c. Unii <u>devin dependenți</u> de exercițiile fizice, alții, (dependenți) de curele de slăbire.

'Certains deviennent dépendants aux exercices physiques, d'autres (dépendants) aux cures d'amincissement.'

(122) a. Hasan <u>a făcut o călătorie</u> la Mecca, iar Elena (o călătorie) la muntele Athos.

'Hasan a fait un voyage à la Mecque, et Elena, (un voyage) au Mont Athos.'

b. Criminalii <u>au teamă</u> de polițiști, iar polițiștii (teamă) de criminali.

'Les criminels ont peur des policiers, et les policiers (peur) des criminels.'

c. Decebal <u>a dus lupte aprige</u> cu romanii, iar Ștefan cel Mare (lupte aprige) cu turcii.

'Decebal a mené de lourds combats contre les Romains, et Stefan le Grand contre les Turcs.'

d. Băiatului <u>i-a pus numele</u> Flavius, iar fetei (numele) Dorina.

'Au garçon, on lui a donné le nom de Flavius, et à la fille (le nom de) Dorina.'

(ii) Un deuxième cas est illustré par les exemples dans lesquels un des éléments résiduels ne dépend pas directement du verbe racine, mais d'un verbe enchâssé. L'exemple classique est celui de Ross (1970) en (123), avec plusieurs infinitifs enchâssés en anglais. En roumain, l'exemple typique de verbe enchâssé est le subjonctif en (124), qui, dans l'état actuel de la langue, prend de plus en plus la place de l'infinitif (Guțu-Romalo 2005 : 392). Le gapping opère donc facilement à travers une complétive non marquée par un complémenteur, comme c'est le cas des subordonnées au subjonctif introduites par *să* en roumain[41].

(123) I <u>want to try to begin to write</u> a novel and Mary a play. (Ross 1970 : 250)

(124) a. Ion <u>încearcă să intre</u> la drept, iar Maria la medicină.
Ion essaie SBJV entrer.SBJV.3 à droit et Maria à médecine

'Ion essaie de passer l'examen d'entrée à la faculté de droit, et Maria à la faculté de médecine.'

---

[41]La forme *să* précédant les formes verbales au subjonctif n'est pas un complémenteur, mais une marque flexionnelle. Voir les détails dans Barbu (1999) et Bîlbîie (2011 : chapitre 1).

b. Ion <u>pare să fie</u> bolnav, iar Maria obosită.
   Ion semble SBJV être.SBJV.3 malade et Maria fatiguée
   'Ion semble être malade, et Maria fatiguée.'

c. Dan <u>și-a dorit să înceapă</u> a scrie o nuvelă,
   Dan REFL.3-a désiré SBJV commencer.SBJV.3 INF écrire une nouvelle
   iar Ana un poem.
   et Ana un poème
   'Dan a voulu commencer à écrire une nouvelle, et Ana un poème.'

Un cas plus complexe toujours en lien avec les verbes enchâssés concerne les subordonnées introduites par un vrai complémenteur. Si l'on accepte comme élément résiduel un dépendant d'un verbe enchâssé à l'infinitif (ou au subjonctif en roumain), les choses ne sont pas claires avec les autres types d'enchâssement, qui sont plus complexes. Ainsi, Koutsoudas (1971), Hankamer (1979), Wilder (1994), Johnson (1996/2004), Williams (1997), etc. considèrent qu'on ne peut pas avoir d'élément résiduel enchâssé dans une complétive en *that* (*que* en français, *că* 'que' en roumain). Gardent (1991) donne des exemples acceptables en anglais (125), mais elle considère que la grammaticalité est liée au statut syntaxique de la subordonnée par rapport au verbe racine : les complétives en *that* vs. les circonstancielles ajouts (comparer (125a–125b) et (125c)). Cependant, un regard attentif des données laisse entrevoir des exemples qui sont acceptables en roumain (et en français).

(125)   a. This doctor <u>said that I should eat</u> salmon and that doctor tuna.
        b. The child <u>insisted that she wanted</u> chips and the mother salad.
        c. *John <u>left without telling</u> his boss and Bill his colleagues. (Gardent 1991)

Je me limite ici aux discussions sur les complétives en angl. *that*, fr. *que* et roum. *că* 'que'. Les autres exemples d'enchâssement seront mentionnés dans la section 3.4.3.1, où je discute les contraintes de localité. On trouve un exemple classique dans l'œuvre de Diderot en (126), avec un gapping multiple, où le deuxième élément résiduel est toujours un dépendant d'un verbe enchâssé dans une complétive en *que*.

(126)   Et les voilà embarqués dans une querelle interminable sur les femmes ; l'un <u>prétendant qu'elles étaient</u> bonnes, l'autre méchantes : et ils avaient tous deux raison ; l'un sottes, l'autre pleines d'esprit : et ils avaient tous deux raison ; l'un fausses, l'autre vraies : et ils avaient tous deux raison ;

3 Les conjoints fragmentaires : le gapping

[...] l'un folles, l'autre sensées, l'un grandes, l'autre petites : et ils avaient tous deux raison. (Diderot, *Jacques le fataliste et son maître*)

Il est vrai que les jugements d'acceptabilité ne sont pas clairs. Mais ce qui a été observé et en anglais et en français laisse penser que ce n'est pas une contrainte syntaxique qui rend compte de ce genre d'exemples, mais des facteurs sémantiques et psycholinguistiques. En français, le gapping à travers les complétives en *que* est tout à fait acceptable si le sujet enchâssé est un clitique explétif impersonnel (127a), ou un clitique référentiel (127b), et assez dégradé si le sujet enchâssé est un syntagme nominal (127c). De même, Merchant (2001 : 113), Lasnik (2006) et Repp (2009) observent qu'en anglais l'élément résiduel peut être dépendant d'un verbe enchâssé dans une complétive en *that* si le sujet racine et le sujet enchâssé sont coréférents (voir les données en (128) et (129)).

(127)   a. Paul {dit / pense} qu'**il** faut aller à Rome et Marie à Florence.
        b. Paul dit qu'**il** est allé à Rome et Marie à Florence.
        c. ??Paul dit que **l'orage** a détruit la culture de seigle et Marie la culture de blé.

(128)   a. Jim said that he called his mum and John his dad.
        b. *Jim claimed that Alan went to the ballgame and John to the movies. (Repp 2009 : 12)

(129)   a. John$_i$ thinks that **he**$_i$ will see Susan and Harry Mary.
        b. *John said **you** kissed Mary, and Bill Mary. (Lasnik 2006)

Quant au roumain, on peut avoir des enchâssées dont le sujet n'est pas coréférent au sujet racine, mais dans la plupart de ces exemples, il s'agit d'un sujet « inclus » dans la flexion verbale (c.-à-d. pro-drop). Le pro-drop du sujet joue probablement un rôle dans leur acceptabilité. Le seul problème est qu'en roumain ces exemples, en l'absence d'un contexte spécifique, posent un problème d'ambiguïté concernant le niveau auquel opère le gapping : au niveau de la phrase racine ou bien au niveau des phrases subordonnées. Hors contexte particulier, on a une préférence pour un gapping plus « bas », dans la subordonnée uniquement, mais il reste à vérifier quel type de facteur joue sur cette préférence (en particulier, s'il s'agit d'une contrainte grammaticale ou si c'est lié à la facilité du processing). Si on arrive à avoir un bon contexte, avec une intonation particulière, corrélée parfois avec la juxtaposition, on arrive à établir le parallélisme avec la phrase racine, comme en (130).

(130) a. Care e   cauza   reală a   varicelor ? Unii   spun că sunt
    quelle est cause.DEF réelle GEN varices.GEN certains disent que sont
    genele,   alții   – tocurile   înalte, alții   – excesul de
    gènes.DEF d'autres – talons.DEF hauts d'autres – excès.DEF de
    greutate...
    poids

    'Quelle est la cause réelle des varices ? Certains disent que c'est les gènes, d'autres – les hauts talons, d'autres – le surpoids...'

 b. Cardiologul   mi-a spus că ar   trebui să
    cardiologue.DEF m-a dit   que AUX.COND.3 devoir SBJV
    mănânc   mai multe   lipide, iar nutriționistul, mai
    manger.SBJV.1SG plus beaucoup lipides et nutritionniste.DEF plus
    multe   glucide.
    beaucoup glucides

    'Le cardiologue m'a dit que je devrais manger plus de lipides, et le nutritionniste, plus de glucides.'

Les mêmes contraintes non syntaxiques qu'on avait invoquées pour expliquer les différences d'acceptabilité pour le gapping avec plus de deux éléments résiduels, peuvent rendre compte de l'acceptabilité des exemples en (131) : l'exemple (131a) est meilleur que l'exemple (131b), car les éléments résiduels ne sont sémantiquement pas de même nature (humain *vs.* pays) et, de plus, il met en jeu les connaissances encyclopédiques du locuteur, ce qui facilite l'organisation des éléments résiduels et corrélats en paires contrastives.

(131) a. Ion crede că FRANța va câștiga, iar Maria ArgenTIna.
    'Ion pense que la France va gagner, et Maria l'Argentine.'
 b. ??Ion crede că Ana va câștiga, iar Maria Ioana.
    'Ion pense que Ana va gagner, et Maria Ioana.'

Pour conclure, les éléments résiduels doivent pouvoir être mis en correspondance avec des constituants majeurs dans la phrase source, et en particulier avec les dépendants d'un verbe racine ou enchâssé. A priori, tous les problèmes qu'on rencontre avec l'enchâssement ne sont pas d'ordre syntaxique, mais plutôt sémantique et/ou psycholinguistique, ce qu'on observera aussi avec les contraintes de localité.

3 Les conjoints fragmentaires : le gapping

3.3.4 Contraintes de parallélisme

3.3.4.1 Syntaxe

Un des arguments majeurs qu'on mentionne habituellement en faveur d'une reconstruction syntaxique dans les constructions elliptiques est la présence des effets de « connectivité » discutés dans le chapitre 2, section 2.5.1.1, c.-à-d. un parallélisme structural entre la phrase trouée et la phrase source, en ce qui concerne les propriétés morpho-syntaxiques des éléments résiduels (marquage casuel, marquage prépositionnel, catégorie et fonction syntaxique, nombre des éléments, ordre des mots, etc.), cf. Hartmann (2000); Culicover & Jackendoff (2005); Culicover (2009).

Dans les constructions à gapping, on observe qu'un élément résiduel doit avoir la même fonction syntaxique et généralement la même marque casuelle. L'identité fonctionnelle est une conséquence de la contrainte d'identité sémantique qu'on discutera dans la section 3.3.4.2 : ainsi, en (132a), on ne peut avoir une paire contrastive <*cartea, noaptea*>, où *cartea* 'le livre' est un complément, alors que *noaptea* 'la nuit' est un ajout par rapport au verbe antécédent *a citi* 'lire'. De même, une paire contrastive comporte généralement la même marque casuelle, à l'exception de quelques idiosyncrasies casuelles en roumain, comme c'est l'exemple du datif en (132b), où le syntagme contenant un élément quantitatif (p.ex. *la trei dintre copii* 'à trois parmi les enfants') reçoit la marque prépositionnelle *la* (demandant une forme d'accusatif), alors que son correspondant résiduel dans la séquence trouée comporte la marque synthétique (affixée) habituelle (p.ex. *tuturor copiilor* 'à tous les enfants)[42].

(132)   a.   #Ion citește cartea, iar Maria noaptea.
             'Ioana lit le livre, et Maria lit la nuit.'

        b.   Ion oferă mere   [**la** trei dintre copii], iar Maria [tutu**ror**
           Ion offre pommes à   trois parmi enfants et Maria tous.DAT
           copii**lor**].
           enfants.DAT

           'Ion offre des pommes à trois des enfants, et Maria à tous les enfants.'

---

[42]Philip Miller (c.p.) signale un exemple similaire en anglais où il ne s'agit pas de la même valence dans les deux phrases :

    (i)   John sent [Mary] roses and Bob a nice book [to Paul].

3.3 Propriétés du gapping

En revanche, on observe que le parallélisme structural n'est pas strict en ce qui concerne la catégorie grammaticale, le nombre de dépendants réalisés, ainsi que l'ordre dans lequel apparaissent les éléments résiduels par rapport à leurs corrélats dans la phrase source. Ainsi, comme Sag et al. (1985) l'observent pour l'anglais, un élément résiduel et son corrélat n'ont pas nécessairement la même catégorie syntaxique (p.ex. syntagme nominal *vs.* syntagme prépositionnel en (133a) ou bien syntagme nominal *vs.* phrase en (133b)), à condition que chacune de ces catégories constitue un dépendant possible du prédicat antécédent.

(133) a. Ioana citește [ziua]$_{NP}$, iar Maria [pe-ntuneric]$_{PP}$.
 'Ioana lit pendant la journée, et Maria dans l'obscurité.'

 b. Mie îmi place [muzica]$_{NP}$, iar prietenului meu [să
 moi.DAT DAT.1SG plaît musique.DEF et ami.DAT POSS.1SG SBJV
 facă sport]$_S$.
 faire.SBJV.3 sport
 'Moi j'aime la musique, et mon ami (aime) faire du sport.'

De plus, la phrase trouée peut comporter un nombre de dépendants différent du nombre de dépendants dans la phrase source. On a deux cas de figure : (i) un élément résiduel des deux paires contrastives n'a pas de corrélat lexical dans la phrase source (le corrélat est ainsi implicite)[43], ou bien (ii) en dehors des deux paires contrastives, la phrase trouée contient un élément supplémentaire. Le premier cas est illustré par le phénomène du pro-drop : on observe ainsi qu'en roumain l'élément résiduel sujet peut ne pas avoir de corrélat lexical dans la phrase source (*subject drop*), et cela avec toutes les personnes, comme illustré en (134) ; de même, on peut avoir un résiduel objet sans corrélat explicite dans la phrase source (*object drop*), comme illustré par les exemples (135) en français, ou bien des

---

[43] On pourrait rajouter ici les exemples (i.a–i.b), dans lesquels la séquence qui suit la conjonction *iar* est analysée comme une phrase trouée (voir la section 3.6). Les éléments mis en gras n'ont pas de correspondant explicite dans le premier conjoint, mais leur présence est obligatoire pour la grammaticalité des exemples (cf. la contrainte du double contraste avec la conjonction *iar*).

(i) a. Nu am nicio legătură cu biserica, sunt [un simplu credincios], iar *(**de meserie**) [șofer].
 'Je n'ai aucun lien avec l'église, je suis un simple croyant, et quant à mon métier, chauffeur.'

 b. Ioana mănâncă [un măr], iar *(**apoi**) [o pară].
 'Ioana mange une pomme, et ensuite une poire.'

3 Les conjoints fragmentaires : le gapping

cas dans lesquels un des corrélats dans la phrase source correspond à un élément « faible », p.ex. un clitique adverbial (136a) ou pronominal (136b).

(134) a. Lunea <u>merg</u> la film, iar **sora mea** la muzeu.
lundi.DEF aller.PRS.1SG à film et sœur.DEF POSS.1SG à musée
'Le lundi, je vais au cinéma, et ma sœur au musée.'

b. Nu l-am <u>înțeles niciodată</u> pe Ion și nici **el** pe
NEG ACC.3SG.M-AUX.1SG compris jamais DOM Ion et ni lui DOM
mine.
moi
'Je n'ai jamais compris Ion, et il ne m'a jamais compris non plus.'

c. O vorbă n-ai scos, de parcă <u>ai fi</u> văduv, iar **eu**
un mot NEG-as sorti comme si COND.2SG être veuf et moi
menajera ta.
domestique.DEF POSS.2SG
'Tu n'as pas dit un mot, comme si tu étais veuf, et moi, ta domestique.'

d. <u>Are</u> vreo 35 de ani, iar **soțul ei** cu
avoir.PRS.3SG environ 35 de ans et mari.DEF POSS.3SG.F avec
vreo 10 ani mai mult
environ 10 ans plus beaucoup
'Elle a environ 35 ans, et son mari 10 ans de plus qu'elle.'

(135) a. Marie <u>nage</u> bien, mais Paul **seulement la brasse**.
b. Paul <u>a mangé ce matin</u>, mais Marie **seulement un fruit**.
c. Paul <u>boit</u> trop, mais son frère **que de l'eau**.

(136) a. Dan **tot mai** <u>citește</u>, dar prietena lui **absolut**
Dan ADV ADV lit mais copine.DEF POSS.3SG.M absolument
nimic.
rien
'Dan lit un peu, mais sa copine absolument rien.'

b. Ion **mi**-<u>e</u> prieten, iar **ție** **dușman**.
Ion DAT.1SG-est ami et toi.DAT ennemi
'Ion est mon ami, et pour toi, un ennemi.'

Le deuxième cas est illustré par les exemples en (137), où la séquence trouée contient un élément de plus par rapport aux deux paires contrastives obligatoires, n'ayant pas de corrélat dans la phrase source. Cet élément « solitaire » peut être réinterprété[44], en considérant que la deuxième paire contrastive (p.ex. <*un ziar, o jucărie (pentru fetița ei)*> en (137a)) met en jeu deux propriétés (et non deux entités), la deuxième propriété étant obtenue par montée de type du syntagme nominal résiduel *o jucărie* 'un jouet' et composition fonctionnelle avec le terme « solitaire » *pentru fetița ei* 'pour sa fille', en suivant l'analyse proposée en Grammaire Catégorielle par Steedman (2000).

(137) a. [Ion] a cumpărat [un ziar], iar [Maria] [o jucărie] **pentru fetița ei**.
'Ion a acheté un journal, et Maria un jouet pour sa fille.'

b. [Dan] merge [la munte], iar [Maria] **probabil** [la mare].
'Dan va à la montagne, et Maria probablement à la mer.'

Enfin, comme le note Sag et al. (1985) pour l'anglais (138a), on observe que l'ordre des éléments résiduels n'est pas nécessairement le même que l'ordre des corrélats dans la phrase source, à condition que l'ordre en question soit possible par ailleurs dans la grammaire (*contra* Johnson 2014, qui postule un ordre rigide dans les constructions à gapping en anglais (138b)). Ces asymétries d'ordre sont beaucoup plus visibles en roumain (139). Cela s'explique par les faits suivants : (i) l'ordre des mots relativement libre en roumain, (ii) la saillance prosodique (c.-à-d. focus prosodique, marqué dans les exemples suivants par des majuscules), et (iii) la présence d'une conjonction, notamment la conjonction *iar* 'et', qui impose des contraintes discursives facilitant l'organisation des paires contrastives. Le manque de parallélisme en ce qui concerne l'ordre des éléments résiduels et corrélats semble être moins acceptable avec la juxtaposition (140b).

(138) a. A policeman walked in at 11, and at 12, a fireman. (Sag et al. 1985)
b. ??I bought a car on Monday, and on Tuesday, a motorcycle. (Johnson 2014 : 25)

(139) a. Dimineața (EU) spăl   (EU) vesela   (EU), iar seara   IOAna.
matin.DEF (je) lave.1SG (je) vaisselle.DEF (je) et soir.DEF Ioana
'Le matin c'est moi qui fais la vaisselle, et le soir c'est Ioana.'

b. EU spăl   vesela   dimineața, iar seara   IOAna.
je lave.1SG vaisselle.DEF matin.DEF et soir.DEF Ioana
'C'est moi qui fais la vaisselle le matin, et le soir c'est Ioana.'

---

[44]Cette observation reprend la note 4 dans l'article de Abeillé & Mouret (2010 : 186).

3 Les conjoints fragmentaires : le gapping

    c. Eu spăl vesela dimiNEAţa, iar Ioana SEAra.
       je lave.1SG vaisselle.DEF matin.DEF et Ioana soir.DEF
       'Je fais la vaisselle le matin, et Ioana le soir.'

    d. DimiNEAţa spăl eu vesela, iar Ioana SEAra.
       matin.DEF lave.1SG je vaisselle.DEF et Ioana soir.DEF
       'C'est le matin que je fais la vaisselle, et quant à Ioana, elle fait la vaisselle le soir.'

(140) a. Fiul lor studiază dreptul, fiica mea medicina.
        fils.DEF POSS.3PL étudie droit.DEF fille.DEF POSS.1SG médecine.DEF
        'Leur fils étudie le droit, ma fille la médecine.'

    b. Fiul lor studiază dreptul, *(iar) medicina, fiica mea.
       fils.DEF POSS.3PL étudie droit.DEF et médecine.DEF fille.DEF POSS.1SG
       'Leur fils étudie le droit, et la médecine, c'est ma fille.'

Sur la base de ces observations, on doit conclure que le parallélisme syntaxique n'opère pas au niveau de la catégorie ou encore au niveau de l'ordre des mots (*contra* Hartmann 2000 ; Culicover & Jackendoff 2005 ; Culicover 2009), mais plutôt au niveau de la structure argumentale du prédicat antécédent. Ce parallélisme syntaxique « relâché » exige simplement que les éléments résiduels remplissent les conditions de sélection du prédicat antécédent dans la phrase source. On observe ainsi que les éléments résiduels et leurs corrélats dans les constructions à gapping obéissent à la même contrainte syntaxique que les conjoints dans les structures coordonnées ordinaires, à savoir la généralisation dite « de Wasow » (Gazdar et al. 1985 ; Pullum & Zwicky 1986) : une construction coordonnée est syntaxiquement bien formée dans un contexte phrastique si et seulement si chacun des termes coordonnés peut apparaître seul dans ce contexte sans en altérer les propriétés (voir le contraste en (141) et (142) en anglais). Cette généralisation commune aux constructions à gapping et aux structures coordonnées s'applique en égale mesure aux deux langues étudiées dans cet ouvrage. Ainsi, en roumain, dans la coordination à gapping en (143), le verbe *a cere* 'demander' est compatible à la fois avec un syntagme nominal et une phrase au subjonctif, mais moins avec un syntagme verbal à l'infinitif ; il aura le même comportement dans une coordination ordinaire (144). De même en français, le verbe *réclamer* impose les mêmes propriétés de sélection dans les constructions à gapping (145) et les coordinations ordinaires (146).

3.3 Propriétés du gapping

(141)   a. Pat <u>has become</u> [crazy]$_{AP}$ and Chris [an incredible bore]$_{NP}$.
       b. *Pat <u>has become</u> [crazy]$_{AP}$ but Chris [in good spirit]$_{NP}$.
       c. He became {crazy | an incredible bore | *in good spirit}. (Sag et al. 1985 : 156–158)

(142)   a. He has become [crazy]$_{AP}$ and [an incredible bore]$_{NP}$.
       b. *He has become [crazy]$_{AP}$ but [in good spirit]$_{PP}$.

(143)   a. La meeting-ul de azi, unii <u>cereau</u> [demisia Preşedintelui]$_{NP}$, alţii [să li se mărească salariile]$_S$.

'Au meeting d'aujourd'hui, certains demandaient la démission du Président, d'autres (demandaient) qu'on leur augmente les salaires.'

       b. ??La meeting-ul de azi, unii <u>cereau</u> [demisia Preşedintelui]$_{NP}$, alţii [a avea salarii mai mari]$_{VPinf}$.

'Au meeting d'aujourd'hui, certains demandaient la démission du Président, d'autres (demandaient) d'avoir de meilleurs salaires.'

       c. Manifestanţii cer {demisia Preşedintelui | să li se mărească salariile | ?a avea salarii mai mari}.

'Les manifestants demandent {la démission du Président | qu'on leur augmente les salaires | d'avoir de meilleurs salaires}.'

(144)   a. Manifestanţii cer [demisia Preşedintelui]$_{NP}$ şi [să li se mărească salariile]$_S$.

'Les manifestants demandent la démission du Président et qu'on leur augmente les salaires.'

       b. ??Manifestanţii cer [demisia Preşedintelui]$_{NP}$ şi [a avea salarii mai mari]$_{VPinf}$.

'Les manifestants demandent la démission du Président et d'avoir de meilleurs salaires.'

(145)   a. Certains <u>réclament</u> [des augmentations]$_{NP}$, d'autres [qu'on leur garantisse la sécurité]$_S$.
       b. *Certains <u>réclament</u> [des augmentations]$_{NP}$, d'autres [être mieux protégés]$_{VPinf}$.
       c. Ils réclament {des augmentations | qu'on leur garantisse la sécurité | *être mieux protégés}.

3 Les conjoints fragmentaires : le gapping

(146)   a. Ils réclament [des augmentations]$_{NP}$ et [qu'on leur garantisse la sécurité]$_S$.

         b. *Ils réclament [des augmentations]$_{NP}$ et [être mieux protégés]$_{VPinf}$.

3.3.4.2 Sémantique

Au niveau sémantique, chaque élément résiduel doit être mis en correspondance avec un corrélat dans la phrase source. Pour le type d'ellipse qui nous intéresse ici, cette correspondance se traduit par une relation de contraste[45]. On peut donc dire qu'une coordination à gapping doit contenir au moins deux paires contrastives (Kuno 1976; Sag 1976; Hartmann 2000; Féry & Hartmann 2005; Winkler 2005; Repp 2009, etc.)[46]. Ainsi, en (147), les deux paires mises en jeu sont <*Ioana, Maria*> et <*un măr, o pară*>.

(147)   Ioana a mâncat un măr şi Maria o pară.

         'Ioana a mangé une pomme et Maria une poire.'

Le roumain se distingue des autres langues romanes (et se rapproche ainsi des langues slaves) par le fait qu'il comporte une conjonction spécialisée pour le contraste dans la coordination (Bîlbîie & Winterstein 2011). Il s'agit de la conjonction *iar* 'et'[47], qui est la conjonction la plus fréquente dans les coordinations à gapping; la contrainte majeure imposée par cette conjonction est que les conjoints doivent contenir au moins deux paires contrastives (148a–148b), la conjonction *iar* étant donc exclue dans les contextes à une seule paire contrastive (148c). Dans la plupart des cas, les corrélats dans la phrase source sont lexicalisés. Cependant, il y a certains cas où le corrélat dans une paire contrastive est implicite, p.ex. le pro-drop en (134) ou bien les exemples mentionnés en-dessous de la note 43.

(148)   a. Ioana a mâncat un măr, iar *(Maria) o pară.

         'Ioana a mangé une pomme, et Maria une poire.'

         b. Ion i-a dat o carte Mariei, iar Dan un stilou Ioanei.

         'Ion a offert un livre à Maria, et Dan un stylo à Ioana.'

         c. Ioana a mâncat un măr {şi | *iar} o pară.

         'Ioana a mangé une pomme et une poire.'

---

[45] La notion de *contraste* doit être prise en compte pour d'autres types d'ellipse aussi, p.ex. *Bare Argument Ellipsis* (BAE). Voir les détails dans Konietzko & Winkler (2010).

[46] On utilise parfois le terme de *contrastive foci*, mais on évite le terme de *focus* ici. On l'utilisera uniquement dans son sens strict, d'information nouvelle (voir la section 3.3.4.4).

[47] Voir une analyse détaillée dans Bîlbîie (2011 : chapitre 2).

3.3 Propriétés du gapping

Une paire contrastive se définit essentiellement par deux aspects concomitants : (i) l'appartenance à un même ensemble d'alternatives, et (ii) la présence d'une opposition sémantique entre ses éléments. Ainsi, le contraste suppose à la fois une relation de ressemblance et dissemblance (Sag 1976 ; Rooth 1992 ; Vallduví & Vilkuna 1998). La même idée apparaît chez Umbach (2005), qui définit le parallélisme sémantique en utilisant la terminologie de Lang (1984) : la ressemblance des éléments d'une paire s'établit grâce à la présence implicite d'un intégrateur commun, c.-à-d. un concept qui subsume les deux conjoints ; tandis que la dissemblance est garantie par la condition d'indépendance sémantique ou la propriété d'être distincts, c.-à-d. les éléments en question ne doivent pas se subsumer (voir aussi Zeevat 2004). C'est ce qui explique les différences d'acceptabilité pour les exemples en (149). Selon Umbach (2005), dans l'exemple (149a) on viole le principe de l'indépendance sémantique, car *a drink* subsume *a martini*. En revanche, dans l'exemple (149b), la condition d'avoir un intégrateur commun détermine le choix d'un certain sens (compatible avec *the beer*) pour le syntagme *the port*.

(149)   a. #John <u>had</u> a drink, and Mary a martini.
           b. John <u>bought</u> the beer, and Mary the port. (exemple adapté d'après Umbach 2005)

Dans cet ouvrage, j'utiliserai plutôt les notions d'ensemble d'alternatives et opposition sémantique. Dans une coordination à gapping, on a donc pour chaque paire un ensemble restreint d'alternatives identifiables et explicites. Les alternatives de chaque ensemble doivent avoir un type approprié. Ainsi, appartiennent au même ensemble d'alternatives des éléments dénotant différents agents, différentes indications temporelles, différentes indications spatiales, différents objets, etc. L'énoncé devient inacceptable si la paire contient des éléments qui ne font pas partie du même ensemble d'alternatives ou qui n'ont pas le même type sémantique (150) : on ne peut pas avoir comme paire contrastive un instrument et un thème (150a), un thème et une indication temporelle (150b), un agent animé et une cause non animée (150c) ou encore un co-agent et un instrument (150d)[48].

---

[48]Un exemple comme (150d) peut être amélioré si le syntagme prépositionnel *cu Maria* 'avec Maria' désigne un moyen de transport possédé par Maria (la voiture de Maria) :

(i)   Ion <u>merge la lucru</u> cu Maria, iar Dan cu trenul.
       'Ion va au travail avec Maria, et Dan (y va) en train.'

3 Les conjoints fragmentaires : le gapping

(150)   a. #Maria <u>cântă</u> **la pian**, iar Ioana **arii de Chopin**.

           'Maria joue du piano, et Ioana (joue) des aires de Chopin

      b. #Ioana <u>mănâncă</u> **mere**, iar Maria **la miezul nopții**.

           'Ioana mange des pommes, et Maria (mange) à minuit.'

      c. #<u>Sunt păzit</u> **de Cel-de-Sus**, iar tu **de orice rău**.

           'Je suis protégé par le bon Dieu, et toi (tu es protégé) de tout mal.'

      d. #Ion <u>merge la film</u> **cu Maria**, iar Dan **cu mașina**.

           'Ion va au cinéma avec Maria, et Dan (va au cinéma) en voiture.'

Selon la première contrainte pesant sur le contraste (c.-à-d. la ressemblance des éléments mis en contraste, cf. Umbach 2005), les éléments doivent appartenir au même ensemble d'alternatives (ayant en commun un type sémantique et une archi-propriété), mais ils ne doivent pas se subsumer. Ce qui explique l'inacceptabilité de l'exemple (151a), où l'on a comme deuxième paire contrastive <*un măr, un fruct*> définie comme <hyponyme, hyperonyme>. Mais comment expliquer l'acceptabilité de l'exemple (151b), qui semblent contredire la contrainte qu'on vient de préciser ? Selon Bîlbîie & Winterstein (2011), dans la paire <*toate, câteva*> la subsomption est fausse si l'on établit la liste exhaustive des membres associés à *câteva* 'quelques-unes', c.-à-d. si on interprète *câteva* 'quelques-unes' comme *quelques-unes, mais pas toutes*. Or, cette lecture exhaustive est fortement préférée par les locuteurs dans cet exemple. En revanche, on ne peut pas exhaustifier un hyperonyme, p.ex. *fruit = fruit, mais pas pomme*. Ainsi, il est impossible de dériver une inférence scalaire à partir de l'assertion d'un hyperonyme (*Maria a mangé un fruit* n'implique pas *Maria n'a pas mangé une pomme*), ce qui n'est pas le cas avec les implicatures quantitatives en (151b) (*Maria a répondu à quelques questions* implique *Maria n'a pas répondu à toutes les questions*).

(151)   a. #Ioana <u>a mâncat</u> un **măr**, iar Maria un **fruct**.

           'Ioana a mangé une pomme, et Maria un fruit.'

      b. Ioana <u>a răspuns</u> la **toate** întrebările, iar Maria la **câteva**.

           'Ioana a répondu à toutes les questions, et Maria à quelques-unes.'

Selon la deuxième contrainte pesant sur le contraste (c.-à-d. la dissemblance, cf. Umbach 2005), il faut qu'il y ait une distinction entre les éléments mis en contraste. Tournons-nous à présent vers d'autres cas complexes, qui nécessitent des discussions sur l'identité lexématique (appelée « identité de surface » dans Hinterwimmer & Repp 2008), ainsi que sur l'éventuelle co-indiciation des éléments qui forment une paire contrastive. La deuxième contrainte d'une paire

3.3 Propriétés du gapping

contrastive exige que les éléments soient distincts, d'où résulterait le fait trivial selon lequel une paire contrastive ne peut pas contenir des éléments qui présentent une identité lexématique (152).

(152)   a.   #**Ioana** plătește chiria și **Ioana** impozitele.
              'Ioana paie le loyer et Ioana les impôts.'
        b.   #Ion vorbește **cu Maria** și Dan **cu Maria**.
              'Ion parle avec Maria et Dan avec Maria.'
        c.   #Ion a cumpărat (niște) **flori** și Maria (niște) **flori**.
              'Ion a acheté des fleurs et Maria des fleurs.'

Cependant, il y a au moins trois types de contextes qui contredisent cette contrainte liée à la non-identité lexématique : les pronoms à interprétation déictique (153), les éléments interrogatifs (154) ou encore les numéraux[49] (155). Fondamentalement, on observe que les éléments « identiques » dans ces paires ne renvoient pas au même référent.

(153)   a.   Uite cele două rochii pe care le-am cumpărat ieri : **pe-asta** am cumpărat-o pentru cununia civilă, iar **pe-asta** pentru cununia religioasă.
              'Voici les deux robes que j'ai achetées hier : celle-ci je l'ai achetée pour la cérémonie civile, et celle-là pour la cérémonie religieuse.'

---

[49] Voir Hinterwimmer & Repp (2008) et Repp (2009) pour plus de détails sur ce point en anglais. Ils observent que seuls certains types de syntagmes quantifiés (c.-à-d. ce qu'ils appellent les *indéfinis spécifiques* ou *indéfinis topiques*) permettent l'identité « de surface » en anglais (voir le contraste entre (i.a) et (i.b) ci-dessous) et cela, uniquement en position préverbale (voir le contraste entre (i.a) et (i.c)). De plus, ils observent des différences entre les numéraux simples comme *three* en (ii.a) et les numéraux dans des quantifieurs plus complexes comme *less than three*, les derniers demandant a priori une identité « de surface » en anglais (comparer (ii.b) et (ii.c)).

    (i)   a.   One student called the director and one student the dean.
             b.   *A student called the director and a student the dean.
             c.   *The director called one student and the dean one student. (Repp 2009 : 9)
    (ii)   a.   Three children chose the book and three (children) the CD.
             b.   *Less than three children chose the book and less than three (children) the CD.
             c.   Less than three children chose the book and less than four (children) the CD.
                (Hinterwimmer & Repp 2008 : 244)

3 Les conjoints fragmentaires : le gapping

b. Priveşte-i pe cei doi colegi ai mei pe scenă : **el** [*arătând cu degetul spre dreapta*] <u>a făcut</u> medicina, iar **el** [*arătând cu degetul spre stânga*] dreptul.

'Regarde mes deux collègues sur l'estrade : lui [*en pointant du doigt vers la droite*] a fait des études de médecine, et lui [*en pointant du doigt vers la gauche*] des études de droit.'

(154) a. **Cine** <u>vine</u> azi şi **cine** mâine ?

'Qui vient aujourd'hui et qui demain ?'

b. **De când** <u>te-ai sculat</u> tu şi **de când** eu? [*question de reproche*]

'A quelle heure tu t'es réveillé et à quelle heure moi ?'

(155) a. Dintre cei şase copii selecţionaţi, **trei** <u>vin</u> azi şi **trei** mâine.

'Parmi les six enfants sélectionnés, trois viennent aujourd'hui et trois demain.'

b. Dintre cele patru mere rămase, Ioana <u>a luat</u> **două** şi Maria **două**.

'Parmi les quatre pommes qui restaient, Ioana en a pris deux, et Maria deux.'

Ainsi, Hartmann (2000) et Repp (2009) vont plus loin et postulent la condition d'un contraste référentiel entre un élément résiduel et son corrélat. Par conséquent, une paire contrastive ne peut comporter des éléments qui renvoient au même référent. On explique ainsi l'inacceptabilité des exemples en (156), dans lesquels la première paire contrastive contient des éléments qui sont co-indicés[50].

(156) a. #Maria$_i$ <u>participă</u> la concursul de fotografie şi Maria$_i$ la festivalul de muzică.

'Maria participe au concours de photographie et Maria au festival de musique.'

---

[50]On note certains exemples marginaux comme (i) dans lesquels une paire contrastive contient des syntagmes nominaux renvoyant au même référent, mais avec des interprétations différentes (intensionnelle vs. extensionnelle).

(i) [Le président de la République]$_i$ est agnostique, mais [l'homme Sarkozy]$_i$ catholique.

3.3 Propriétés du gapping

b. #Maria$_i$ participă la concursul de fotografie și [proasta asta]$_i$ la festivalul de muzică.

'Maria participe au concours de photographie et cette cruche au festival de musique.'

Néanmoins, les exemples inacceptables avec identité lexématique et co-indiciation en (152) peuvent être améliorés (au moins pour la paire contrastive ne contenant pas le résiduel en première position dans la phrase trouée)[51] si l'on emploie des adverbes additifs comme *tot* 'aussi' en roumain (157) ou *aussi* en français (158). Konietzko & Winkler (2010) remarquent eux aussi que, dans certains cas, le dispositif permettant le contraste dans les ellipses « contrastives » est l'emploi de ce qu'ils appellent une particule discursive (p.ex. *aussi*).

(157) a. ?**Ioana** plătește chiria și **tot Ioana** impozitele ; prietenul ei nu plătește niciodată nimic.

'Ioana paie le loyer et toujours Ioana les impôts ; son ami ne paie jamais rien.'

b. Ion vorbește **cu Maria**, iar Dan **tot cu Maria**.

'Ion parle avec Maria et Dan avec Maria aussi.'

c. Ion a cumpărat (nişte) **flori** și Maria **tot** (nişte) **flori**.

'Ion a acheté des fleurs et Maria des fleurs aussi.'

(158) a. #**Marie** paie le loyer et **Marie** les impôts.

b. ??**Marie** paie le loyer et puis **Marie aussi** les impôts ; son ami ne paie jamais rien.

---

[51] Il reste à expliquer pourquoi (157a) et (158b), c.-à-d. les exemples dans lesquels la paire contrastive établie par identité lexématique et co-indiciation contient des éléments apparaissant en première position dans la phrase (ici, des sujets), ne peuvent pas être améliorés par la présence d'un adverbe associatif comme *tot* 'aussi' en roumain ou *aussi* en français. Une explication possible serait liée aux différences d'association qu'engendre la position de l'adverbe. Si l'adverbe *aussi* est en position préverbale, on a nécessairement une association étroite de l'adverbe, qui met en parallèle uniquement l'associé de *aussi* dans la séquence trouée et son corrélat dans la phrase source. En revanche, en position finale, l'adverbe additif peut avoir une association large, donc il peut avoir comme associé toute la séquence trouée dans les constructions à gapping. Dans ce dernier cas, on obtient un contraste plus large entre les événements pris dans leur totalité, ce qui fournit (en plus du parallélisme) l'opposition sémantique dont on a besoin dans une construction à gapping. Une autre explication serait liée au statut informationnel de l'associé de *aussi*. Il a été remarqué que l'associé de *aussi* est prosodiquement distingué, c.-à-d. il est un focus prosodique, et donc, au niveau discursif, un focus informationnel (Jackendoff 1972). Or, le prototype d'une séquence trouée dans une construction à gapping est une séquence contenant un topique contrastif (en première position) et un focus contrastif (en deuxième position), cf. Winkler (2005).

3 Les conjoints fragmentaires : le gapping

      c. #Jean <u>est arrivé</u> **aujourd'hui** et Marie **aujourd'hui**.
      d. Jean <u>est arrivé</u> **aujourd'hui** et Marie **aujourd'hui aussi**.
      e. #Jean <u>parle</u> **avec Marie** et Pierre **avec Marie**.
      f. Jean <u>parle</u> **avec Marie** et Pierre **avec Marie aussi**.

Dans ces cas, le lien entre la relation de contraste (exigée dans une paire contrastive) et la relation de parallélisme (caractérisant l'emploi de *aussi*) est compliqué à établir. D'une part, l'absence du marqueur de parallélisme rend la phrase dégradée, car *aussi* est obligatoire (cf. Saebo 2004 ; Amsili & Beyssade 2009, etc.). Le caractère obligatoire de *aussi* est demandé par la relation de similarité qui doit exister entre l'associé de *aussi* et un élément appartenant à l'ensemble d'alternatives de l'associé. D'autre part, pour obtenir le double contraste dont on a besoin dans une construction à gapping, on est obligé de postuler que, en dehors du contraste local qui s'établit entre deux éléments formant une paire contrastive, on a parfois un contraste plus large entre les événements pris dans leur totalité, grâce à la présence d'un adverbial comme *aussi* dont l'associé est la séquence trouée dans son ensemble. Un argument qui pourrait être donné en faveur de cette hypothèse est la préférence pour le positionnement de l'adverbe additif sur le deuxième élément résiduel : en français, *aussi* en position postverbale peut avoir une association large sur toute la phrase (pour plus de détails sur le fonctionnement de *aussi* en français, voir Winterstein 2010).

Parfois, l'opposition sémantique à l'intérieur d'une paire contrastive est lexicalisée : l'élément résiduel peut être une expression désignant par elle-même l'idée de contraste, comme le syntagme nominal *contrariul* 'le contraire' en (159). Ainsi, la deuxième paire contrastive dans ces exemples est construite du syntagme nominal *contrariul* 'le contraire' et d'un autre syntagme, qui peut être un syntagme nominal comme *ceva* 'quelque chose' (159a) ou *singurătatea* 'la solitude' (159b) ou bien une phrase comme *că pilula scade riscul de cancer* 'que la pilule réduit le risque de cancer' (159c).

(159)   a. Eşti bombardat zilnic cu tot felul de informaţii, unii <u>susţin</u> **ceva**, alţii **contrariul**, chiar nu mai ştii ce să mai crezi.

        'On est bombardé chaque jour avec toute sorte d'informations, certains soutiennent quelque chose, d'autres le contraire, on ne sait plus quoi croire.'

      b. Sunt oameni <u>care preferă</u> **singurătatea**, iar alţii, **contrariul**.

        'Il y a des gens qui préfèrent la solitude, et d'autres, le contraire.'

c. Unii <u>spun</u> că pilula scade riscul de cancer, iar alții **contrariul**.

'Certains disent que la pilule réduit le risque de cancer, et d'autres le contraire.'

Les deux facettes du contraste dans les paires rendent aussi compte de l'inacceptabilité des exemples en (160)[52], où la deuxième paire est construite des morceaux d'expressions idiomatiques qui ne peuvent pas réaliser un contraste approprié, bien que le matériel manquant ait la même forme que le matériel antécédent.

(160) a. #Mie <u>îmi arde</u> **sufletul** de durere, iar ție **călcâiele**
moi.DAT DAT.1SG brûle âme.DEF de douleur et toi.DAT talons.DEF
să mergi la discotecă.
SBJV aller.SBJV.2SG à discothèque

'Mon âme brûle de douleur, et tes talons d'impatience pour aller à la discothèque.'

b. #De când stă beat prin șanțuri, nevastă-sa <u>își</u>
depuis quand reste.3SG ivre dans fossés femme-POSS.3SG REFL.3SG
<u>duce</u> **crucea** fără să crâcnească, iar el **zilele** de
porte croix.DEF sans SBJV broncher.SBJV.3 et lui jours.DEF de
azi pe mâine.
aujourd'hui à demain

'Depuis qu'il est toujours ivre au bord de la route, sa femme porte sa croix sans broncher, et lui vit au jour le jour.'

c. #După întrevederea de ieri cu Ion, eu <u>am ajuns</u> cu el **la o înțelegere**,
iar Maria **la cuțite**.

'Après la rencontre d'hier avec Ion, je suis arrivé avec lui à un accord, et Maria à couteaux tirés.'

d. #Față de incidentul produs în firmă, cei mai mulți <u>păstrează</u> **tăcerea**,
iar alții **amintiri de neuitat**.

'Face à l'incident survenu dans l'entreprise, la plupart garde le silence, et d'autres des souvenirs inoubliables.'

e. #Eu <u>pun</u> o **vorbă bună** pentru el, iar el (în schimb) **paie pe**
je mets un mot bon pour lui et lui (en revanche) paille sur

---

[52]Ces exemples sont acceptés uniquement s'ils sont interprétés comme des occurrences de zeugmes sémantiques, ayant une lecture ironique.

3 Les conjoints fragmentaires : le gapping

        foc.
        feu
        'J'interviens en sa faveur, et lui (en revanche) attise la querelle.'

Pour conclure, les coordinations à gapping mettent en jeu un parallélisme sémantique fort, c.-à-d. il doit y avoir au moins deux contrastes sémantiques entre les éléments résiduels et les corrélats. Les paires contrastives exploitent chacune un ensemble d'alternatives qui fournit les éléments qui vont être mis en contraste.

3.3.4.3 Relations discursives

On considère généralement que les relations discursives qui s'établissent entre les phrases liées par coordination appartiennent à l'un des deux grands types suivants : relations symétriques vs. relations asymétriques[53] (Asher 1993 ; Asher & Lascarides 2003 ; Kehler 1996 ; 2000 ; 2002). Dans les phrases entretenant une relation discursive symétrique, les événements coordonnés sont indépendants l'un par rapport à l'autre, ce qui explique la possibilité d'inverser l'ordre des conjoints sans changer les conditions de vérité de la phrase. En revanche, une relation discursive asymétrique place les conjoints dans une relation hiérarchique en quelque sorte, dans le sens où le deuxième événement dépend du premier, p.ex. dans une relation de type cause-effet. Par conséquent, tout changement dans l'ordre des conjoints entraîne des différences d'interprétation.

Levin & Prince (1986) sont les premiers à observer une différence discursive entre les coordinations standard et les coordinations à gapping. Si une coordination simple comme celle en (161a) est compatible avec les deux types de relations, le gapping en (161b) impose une lecture symétrique. On ne peut donc avoir l'interprétation selon laquelle Nan devient furieux à cause du fait que Sue était fâchée.

(161)   a.   Sue became upset and Nan became downright angry.
          b.   Sue <u>became</u> upset and Nan downright angry. (Kehler 2002 : 83)

Kehler (2002) reprend l'observation de Levin & Prince (1986) et l'applique non seulement à la conjonction *and*, mais aussi aux conjonctions *or* et *but*. A l'instar de Kehler (2002), on peut dire que c'est le facteur discursif qui explique l'impossibilité du gapping avec un marqueur de subordination comme *because, even*

---

[53] Asher (1993) et Asher & Lascarides (2003) utilisent plutôt la distinction *relations de coordination* vs. *relations de subordination*. Ces termes peuvent créer une confusion avec les termes utilisés habituellement pour les deux types de phrases liées. Par conséquent, j'éviterai ces termes dans cet ouvrage.

3.3 Propriétés du gapping

though, despite the fact that, although, etc. (voir les exemples mentionnés auparavant en (34) pour l'anglais, (35) pour le roumain et (36) pour le français) ou encore avec une conjonction comme fr. *or* ou *car*, et roum. *or*, car tous ces connecteurs indiquent une relation discursive asymétrique de type cause-effet. Par conséquent, le gapping sera compatible uniquement avec les marqueurs qui entretiennent des relations discursives symétriques entre les phrases, en particulier avec tout élément lexical qui n'est pas contradictoire avec la notion de contraste : ce sont le plus souvent les conjonctions (de coordination), mais aussi certains marqueurs « hybrides » comme *în timp ce* 'alors que' en roumain ou *alors que / tandis que* en français (cf. les données en (38–39) discutées dans la section 3.3.1), certains connecteurs adverbiaux (56) ou encore certains adverbes additifs (comme *aussi, de même* en français). On explique aussi pourquoi les premiers travaux excluaient le connecteur adversatif *but* de la liste des conjonctions possibles avec le gapping, car ce type de connecteur (en particulier, dans son usage argumentatif) demande un conjoint droit argumentativement plus fort que celui de gauche (voir Winterstein 2010 pour une analyse du connecteur *mais* en français), par conséquent les conjoints n'ont pas le même type de contribution et entretiennent en quelque sorte une asymétrie discursive. Mais, comme le note Winterstein (2010), l'adversatif *mais* en français (comme d'ailleurs la conjonction *but* en anglais) a plusieurs emplois, dont un usage contrastif (opposition sémantique, cf. R. Lakoff 1971) en (162a). Cet usage se distingue des autres emplois de *mais* par le fait que la coordination met en jeu deux paires contrastives, avec un élément provenant de chacun des conjoints dans chacune des paires (p.ex. <*Lemmy, Ritchie*> et <*basse, guitare*>). De plus, l'interprétation dans ce type d'emploi contrastif est symétrique, ce qui nous permet d'inverser l'ordre des conjoints en (162b) sans modification de sens, contrairement à l'usage argumentatif (déni d'attente, cf. R. Lakoff 1971) en (163a), dont l'interprétation n'est pas symétrique ((163a) et (163b) ne sont donc pas équivalents). Enfin, dans son emploi contrastif, la conjonction *mais* peut être facilement remplacée par la conjonction *et* en (162c), avec un changement de sens à peine perceptible ; en revanche, la substitution de *mais* par *et* dans l'usage argumentatif change le sens de l'énoncé global ((163a) et (163c) ont ainsi des interprétations différentes). On observe donc que les contraintes liées à l'usage contrastif de *mais* sont proches de celles du gapping, ce qui explique l'occurrence de la conjonction *mais* dans ce type de constructions elliptiques.

(162)   a. Lemmy joue de la basse, **mais** Ritchie de la guitare.
            b. Ritchie joue de la guitare, **mais** Lemmy de la basse.
            c. Lemmy joue de la basse, **et** Ritchie de la guitare. (Winterstein 2010 : 42)

3 Les conjoints fragmentaires : le gapping

(163)   a. Lemmy fume, mais il est en bonne santé.

b. Lemmy est en bonne santé, mais il fume.

c. Lemmy fume, et il est en bonne santé. (Winterstein 2010 : 43)

Selon Kehler (2000 ; 2002), les relations discursives s'organisent en trois types majeurs. D'une part, on a les relations de ressemblance (dont le prototype est la relation de parallélisme, paraphrasée par *and similarly*), qui caractérise toute connexion de deux ou plusieurs séquences dans laquelle on met l'accent sur les similarités ou les contrastes qui s'établissent entre les entités ou les événements en question (p.ex. le parallélisme, le contraste, la généralisation, l'exemplification, l'exception, l'élaboration). D'autre part, on a les relations de type cause-effet (dont la relation canonique est de type résultat, paraphrasée par *and therefore*), dans lesquelles on doit repérer une sorte d'implication entre les propositions dénotées par les énoncés (p.ex. le résultat, l'explication, le déni d'attente, la concession). Enfin, on a les relations de contiguïté (dont le prototype est la relation de narration, paraphrasée par *and then*), qui impliquent le plus souvent une séquence d'événements.

Parmi les trois types de relations mentionnés ci-dessus, le gapping est très naturel avec les relations discursives de ressemblance (où les événements sont interprétés comme étant indépendants l'un par rapport à l'autre), et en particulier avec les relations de parallélisme (164a–165a) et contraste (164b–165b). Pourquoi ces deux relations ? Parce qu'elles explicitent les deux conditions du contraste sémantique discutées dans la section 3.3.4.2 : d'une part, la relation de contraste est rendue explicite par la constitution même des paires contrastives ; d'autre part, le parallélisme est licite avec le gapping, car les éléments de chaque paire contrastive doivent être parallèles, c.-à-d. appartenir au même ensemble d'alternatives. On explique ainsi la fréquence massive de la conjonction *iar* dans les constructions à gapping, car cette conjonction est, par définition, compatible uniquement avec les relations de parallélisme et contraste.

(164)   a. Ion <u>o   iubeşte</u> pe   Maria şi **şi**   Maria pe   Ion.
Ion ACC.3SG.F aime   DOM Maria et aussi Maria DOM Ion
'Ion aime Maria et Maria aussi Ion.'

b. Amândoi soţii au fost azi la vot. Ion <u>a votat</u> cu Băsescu, **însă** Maria cu Antonescu.

'Les deux époux ont été aujourd'hui au vote. Ion a voté pour Băsescu, mais par contre Maria pour Antonescu.'

(165)   a. Paul <u>aime</u> Marie et **réciproquement** Marie Paul.

3.3 Propriétés du gapping

b. Mes amis ont voté aujourd'hui. Jean <u>a voté</u> pour Sarkozy, mais **par contre** Michel pour Royal.

Cette contrainte liée au type de relation discursive explique aussi pourquoi les coordinations à gapping obéissent toujours à la Contrainte sur les Structures Coordonnées (CSC, Ross 1967), selon laquelle dans une structure coordonnée l'extraction ou la cliticisation d'un constituant hors d'un terme conjoint est interdite à moins d'opérer simultanément hors de chacun des conjoints. Si cette contrainte d'extraction parallèle a été longtemps considérée comme un test syntaxique pour distinguer la coordination des autres constructions, on sait aujourd'hui que cette contrainte est dépendante du type de relation discursive qui s'établit entre les conjoints (G. Lakoff 1986 ; Kehler 2002 ; Kubota & Lee 2008) : les relations discursives symétriques ne permettent qu'une extraction parallèle (obéissant ainsi la CSC), tandis que les relations discursives asymétriques sont compatibles avec une extraction asymétrique (violant ainsi la CSC). Comme les constructions à gapping se caractérisent par des relations discursives symétriques, l'extraction d'un constituant doit opérer simultanément hors de chacun des conjoints (166), une extraction asymétrique étant impossible[54].

(166) a. Acesta e primul **film** în care Ion <u>joacă</u> rolul
celui-ci est premier.DEF film dans lequel Ion joue rôle.DEF
principal, iar Maria un rol secundar (*în film).
principal et Maria un rôle secondaire (dans film)
'C'est le premier film où Ion joue le rôle principal, et Maria un rôle secondaire.'

b. Acesta e **filmul** pe care Ion <u>vrea</u> să-l vadă,
celui-ci est film.DEF DOM lequel Ion veut SBJV-ACC.3SG.M voir.SBJV.3
iar Maria să-l cumpere (*filmul).
et Maria SBJV-ACC.3SG.M acheter.SBJV.3 (film.DEF)
'C'est le film que Ion veut voir, et Maria acheter.'

---

[54]Contrairement aux constructions à gapping, la construction *Bare Argument Ellipsis* permet l'extraction asymétrique seulement d'un des conjoints, cf. l'exemple (i), ce qui est en argument pour l'analyser comme ajout.

(i) Iată o carte al cărei editor este necunoscut, nu însă
voici INDF.F livre.F GEN.SG.M quel.GEN.SG.F éditeur est inconnu NEG cependant
și autorul ei.
aussi auteur.DEF POSS.3SG.F
'Voici un livre dont l'éditeur est inconnu, mais pas son auteur.'

3 Les conjoints fragmentaires : *le gapping*

A part les relations de parallélisme et contraste, le gapping n'est pas très naturel avec les autres relations de ressemblance, comme l'exemplification, la généralisation, l'exception ou encore l'élaboration, bien qu'elles soient symétriques. Ces relations ne réalisent pas un contraste approprié entre les éléments parallèles dans une paire contrastive (Kehler 2000 ; 2002). Ainsi, dans le cas de l'exemplification en (167a) et de la généralisation (167b), on a des paires dans lesquelles un élément subsume un autre : dans les paires <*plantele medicinale, sunătoarea*>, <*anumite boli, durerile de stomac*>, le deuxième élément de chaque paire est l'hyponyme du premier ; dans les paires <*Cristea, oamenii politici*>, <*pe țărani, pe cei neinstruiți*>, le premier élément est une instance de la classe dénotée par le deuxième élément ; or, cela contredit la première condition observée pour le contraste sémantique. Les mêmes observations s'appliquent aux exemples français en (168).

(167) a. ??Plantele medicinale <u>sunt indicate</u> în anumite boli și **spre exemplu** sunătoarea în durerile de stomac.

'Les plantes médicinales sont recommandées pour certaines maladies et ainsi la verveine est recommandée pour les maux d'estomac.'

b. ??Ponta îi <u>manipulează</u> pe țărani și, **în general**, oamenii politici pe cei neinstruiți.

'Cristea manipule les paysans et, en général, les hommes politiques manipulent les gens sans instruction.'

(168) a. ??Un président <u>flatte</u> son électorat et **ainsi** Chirac les électeurs de droite.

b. ??Chirac <u>flatte</u> les électeurs de droite et **généralement** les hommes politiques leur électorat.

Bien que ce ne soit pas la relation privilégiée, le gapping peut apparaître avec une relation de contiguïté, c.-à-d. narration qui présente une séquence d'événements dans une progression temporelle (Hendriks 2004), comme illustré pour le roumain en (169) et pour le français en (170).

(169) Eu <u>am zis</u> o vorbă, **apoi** el alta, și uite așa am ajuns la conflict.

'J'ai dit un mot, ensuite lui un autre, et c'est ainsi qu'on est arrivé au conflit.'

(170) Marie <u>a composé</u> le numéro de Paul et **ensuite** Jean le numéro d'Anne.

3.3 Propriétés du gapping

En revanche, on observe que dans les deux langues étudiées dans cet ouvrage le gapping n'est pas préféré avec les relations de type cause-effet : résultat (171a–172a), concession (171b–172b), condition (171c–172c). Ce type de contrainte discursive sur les constructions à gapping a l'air d'être indépendante de la langue ; elle opère non seulement en roumain et en français, mais aussi en anglais, comme le montre l'exemple (173) extrait de Culicover & Jackendoff (2005). Selon le principe du contraste symétrique/équilibré (angl. *principle of balanced contrast*) de Repp (2009), les conjoints dans une construction à gapping doivent avoir le même type de contribution par rapport à un topique discursif. Or, comme le remarque Hendriks (2004), les relations de type cause-effet, contrairement aux relations de parallélisme et contraste, construisent un topique non contrastif. Les conjoints dans une relation cause-effet ne peuvent pas être tous des réponses adéquates à une question multiple implicite, comme c'est le cas des relations symétriques (cf. section 3.3.4.4).

(171) a. Copilul era grav bolnav şi (#**deci**) părinţii lui extrem de obosiţi.
'L'enfant était gravement malade, et donc ses parents étaient extrêmement malheureux.'
b. Alex a venit cu maşina şi (#**totuşi**) soţia lui pe jos.
'Alex est venu en voiture et pourtant sa femme est venue à pied.'
c. Ion va pleca la Paris sau (#**în caz contrar**) Maria la Roma.
'Ion va partir à Paris ou sinon Maria va partir à Rome.'

(172) a. Leur fils était malade depuis plus de deux mois et (#**donc**) ses parents extrêmement fatigués.
b. D'habitude, Jean agit de la même façon que sa femme Marie, mais pas aujourd'hui. Il a voté pour Sarkozy, mais (#**étonnamment**) Marie pour Royal.
c. Jean ira à Paris ou (#**sinon**) Marie à Rome.

(173) *Robin saw Leslie and {**so** | **thus** | **consequently** | **therefore**} Leslie, Robin.

Cette contrainte discursive à l'œuvre dans les constructions à gapping explique pourquoi ce type d'ellipse n'est pas compatible avec les constructions corrélatives comparatives en (174a–175a), qui ont une interprétation conditionnelle (de type *if...then...*, cf. Beck 1997), ni avec les coordinations causales en (174b–175b), ou encore les contextes de subordination en (174c–175c), car dans tous ces trois types de structures, les relations discursives sont asymétriques.

3 Les conjoints fragmentaires : le gapping

(174) a. **Cu cât** e Ion mai liniștit, **cu atât** *(e) Ana mai
avec combien est Ion plus calme avec autant est Ana plus
fericită.
heureuse

'Plus Ion est calme, plus Maria est heureuse.'

b. Ion <u>are</u> costum albastru, **căci** soția lui *(are) rochia roșie.

'Ion est habillé en costume bleu, car sa femme est habillée en robe rouge.'

c. Maria <u>cântă</u> la vioară, **pentru că** soțul ei *(cântă) la pian.

'Maria joue du violon, parce que son mari joue du piano.'

(175) a. **Plus** Marie <u>lira</u> des romans et **plus** Jean *(lira) de BD.

b. Jean <u>a mis</u> un costume, **car** Marie *(a mis) une jolie robe.

c. Jean <u>voit</u> une autre fille, **parce que** sa copine *(voit) son meilleur ami.

Par conséquent, on doit maintenir l'idée d'un parallélisme discursif fort dans les constructions à gapping, qui privilégie les relations symétriques de parallélisme et contraste.

3.3.4.4 Structure informationnelle

On a vu dans la section 3.3.4.1 que le gapping n'exigeait pas un parallélisme syntaxique strict en ce qui concerne l'ordre des éléments résiduels et corrélats. Mais comment expliquer l'inacceptabilité de l'exemple en (176) ? Le but de cette section est de montrer l'importance de la structure informationnelle pour la légitimation d'une coordination à gapping, en particulier le gapping avec la conjonction *iar* 'et' en roumain, qui est de loin la conjonction la plus fréquente avec ce type d'ellipse.

(176) #Ioana <u>mănâncă</u> un măr, iar o pară Maria.
Ioana mange une pomme et une poire Maria

'Ioana mange une pomme, et Maria une poire.'

Le parallélisme sémantique fort, qui exige des paires contrastives, est corrélé à un parallélisme informationnel (Winkler 2005). Deux aspects sont à discuter ici : (i) le rapprochement avec les questions multiples, et (ii) les notions de topique (contrastif) et focus (informationnel).

3.3 Propriétés du gapping

On a proposé de rapprocher les constructions à gapping des couples question-réponse, en particulier de la notion de congruence des réponses (Kuno 1976 ; 1982 ; Steedman 2000 ; Reich 2006 ; Winkler 2005 ; Hoyt 2008 ; Repp 2009 ; Johnson 2014). La motivation pour une telle approche vient du fait que l'acceptabilité des phrases trouées semble être fortement dépendante du contexte discursif, comme l'avaient suggéré Kuno (1976), Prince (1986), Steedman (2000), etc. Ainsi, les constructions à gapping sont acceptables lorsqu'on présuppose une proposition ouverte (*open proposition*, cf. Prince 1986), qui a la forme d'une question multiple. Je reprends l'affirmation de Prince (1986 : 212) : « gappings are felicitous just in case they can be taken to instantiate an OP [=open proposition] corresponding to the full conjunct, where the leftmost constituents bear the same sort of anaphoric (set) relation to something in the prior context found in Topicalization and where the rightmost constituents instantiate the variable in the OP. »

Dans cette perspective, le prototype discursif dans le gapping est une réponse en liste de paires à une question multiple implicite (177). Les conjoints (source et celui troué) dans une construction à gapping mettent en valeur une même question en discussion (QUD, c.-à-d. *Question Under Discussion*), cf. Reich (2006). Voir dans ce sens la remarque de Steedman (1990 : 248) : « even the most basic gapped sentence, like *Fred ate bread, and Harry, bananas*, is only really felicitous in contexts which support (or can accommodate) the presupposition that the topic under discussion is *Who ate what*. » Johnson (2014) remarque que certains des exemples qui sont considérés agrammaticaux en anglais (p.ex. les phrases à trois éléments résiduels en (114a)) s'améliorent s'il s'agit d'une réponse à une question multiple (114b).

(177)   A : - Who ate what ?
            B : - Fred <u>ate</u> bread, and Harry bananas.

Cette hypothèse se justifie empiriquement dans les constructions à gapping avec *iar* 'et' en roumain (178a) (et avec la conjonction *a* en russe (178b), cf. Kazenin 2001 et Jasinskaja & Zeevat 2009). Cette conjonction spécialisée pour le double contraste au niveau de la phrase est la plus fréquente avec le gapping et relie des phrases qui répondent implicitement à une question multiple, cf. Bîlbîie & Winterstein (2011) (pour le russe *a*, voir Jasinskaja & Zeevat 2010). La description synthétique des deux conjonctions figure en Tableau 3.1. La spécificité de la conjonction *iar* au sein des conjonctions de coordination en roumain est marquée par la négation des traits ci-dessous. La conjonction *iar* s'oppose ainsi à la conjonction *și* 'et' par la négation du trait SINGLE (¬SINGLE) qui indique que

3 Les conjoints fragmentaires : le gapping

chaque conjoint doit être une réponse à une question multiple, avec au moins deux éléments *qu-*. La conjonction *iar* s'oppose aussi à la conjonction corrective *ci* 'mais' (par le trait ¬CORRECTION) et à la conjonction argumentative *dar* 'mais' (par le trait ¬(WHETHER,2nd))[55].

(178) **Qui** aime **quoi** ?
    a. Lui Ion îi   place fotbalul,   iar Mariei   baschetul.
       DAT Ion DAT.3SG plaît football.DEF et Maria.DAT basketball.DEF
       'Ion aime le football, et Maria le basketball.'
    b. Oleg ljubit futbol a Roma basketbol.
       'Oleg aime le football, et Roma le basketball.'

Tableau 3.1 : Conjonctions « contrastives » en roumain et russe

roumain *iar*	¬SINGLE,¬CORRECTION,¬(WHETHER,2nd)
russe *a*	¬SINGLE, ¬(WHETHER,2nd,WHY)

Si les paires contrastives fournissent les réponses à une question multiple (implicite), est-ce que leur contribution est identique du point de vue informationnel ? En particulier, quel est le statut informationnel des éléments résiduels ? Dans la littérature, on trouve deux analyses possibles pour le statut informationnel des éléments résiduels : (i) tous les éléments résiduels sont des focus (Kuno 1976 ; Hartmann 2000 ; Johnson 2014), ou (ii) un des éléments résiduels est un topique (Winkler 2005 ; Repp 2009 ; Konietzko & Winkler 2010). Dans toutes ces analyses, le topique et/ou le focus en question sont contrastifs, c.-à-d. ils sont associés à des alternatives.

La première analyse ne peut pas tenir pour le roumain (cf. Bîlbîie & Winterstein 2011) et le russe (cf. Jasinskaja & Zeevat 2009), au moins pour le gapping avec *iar* (et respectivement *a* en russe). Je discute par la suite les éléments qui justifient l'analyse de la phrase trouée introduite par *iar* en roumain comme une séquence topique-focus.

De manière générale, on observe qu'en roumain l'ordre naturel des éléments suit la structuration du discours. Ainsi, la différence majeure entre (179) et (180) consiste dans l'ordre relatif des personnes (*Ioana, Maria*) et des activités (*cinéma,*

---

[55]Pour plus de détails sur la formalisation sémantique de ces conjonctions, voir Bîlbîie & Winterstein (2011).

théâtre), en fonction du type de question posée. Le placement naturel de l'élément qui résout la question est à la fin du conjoint, alors que l'élément distingué pour répondre à une question (c.-à-d. celui qui donne une indication sur la manière de résoudre la question, cf. la notion de *sorting key* de Kuno 1982) apparaît en position initiale.

(179) A : Cu cine ieși la film și cu cine la teatru ?

A : 'Avec qui tu sors au cinéma et avec qui au théâtre ?'

a. B_1 : La film, ies cu Ioana, iar la teatru cu Maria.

'Au cinéma je sors avec Ioana, et au théâtre avec Maria.'

b. B_2 : #Cu Ioana ies la film, iar cu Maria la teatru.

'Avec Ioana je sors au cinéma, et avec Maria au théâtre.'

(180) A : Unde ieși cu fetele weekendul ăsta ?

A : 'Où est-ce que tu sors avec tes filles ce weekend ?'

a. B_1 : Cu Ioana ies la film, iar cu Maria la teatru.

'Avec Ioana je sors au cinéma, et avec Maria au théâtre.'

b. B_2 : #La film ies cu Ioana, iar la teatru cu Maria.

'Au cinéma je sors avec Ioana, et au théâtre avec Maria.'

On peut expliquer ces différences si on fait appel aux notions de topique contrastif et focus informationnel, telles que définies par Büring (2003). Je dois préciser que la notion de topique contrastif de Büring (2003) correspond à la notion de « clé de tri » (angl. *sorting key*) de Kuno (1982) ; la seule différence entre les deux notions concerne le domaine d'application : *sorting key* est un terme utilisé par Kuno exclusivement dans les couples question-réponse, alors que le topique contrastif est un terme utilisé de manière plus générale dans le modèle de Büring. Les phrases présentent deux valeurs sémantiques associées à un topique (contrastif) et respectivement à un focus (informationnel). Le topique contrastif est inclus dans la question à laquelle répond l'énoncé et, d'une manière générale, est l'élément qui est saillant dans le discours (dans beaucoup de cas, il reprend un élément déjà mentionné dans le discours). En revanche, le focus informationnel est l'élément qui répond à la question, indiquant l'information nouvelle. Généralement, celui-ci est marqué par un contour prosodique spécifique.

A travers la littérature, la plupart des exemples avec gapping ont comme première paire contrastive un ensemble de noms propres. Si l'on veut observer le comportement informationnel des éléments résiduels, il s'avère difficile de le

3 Les conjoints fragmentaires : le gapping

faire en se limitant à ce type d'expressions, car ils sont discursivement neutres, c.-à-d. ils peuvent être utilisés en toutes circonstances, l'utilisation d'un nom propre demandant simplement que les interlocuteurs sachent de qui ils parlent. Par conséquent, j'utilise trois moyens spécifiques, afin de tester le statut informationnel des éléments résiduels introduits par *iar* : (i) la réalisation emphatique d'un accent lexical (c.-à-d. saillance prosodique), (ii) la variation entre les syntagmes nominaux spécifiés par un déterminant indéfini vs. déterminant défini, et (iii) le comportement des adverbes associatifs sensibles au focus.

L'identification du focus informationnel peut être forcée par la présence d'une saillance prosodique sur l'élément en question. J'utilise le gras dans les exemples (181) et (182) pour indiquer quelle est la conjonction la plus naturelle et préférée par les locuteurs; je marque la saillance prosodique en utilisant simultanément les majuscules et le gras. Si l'on regarde le premier conjoint, on observe que le focus informationnel n'a pas un ordre contraint (il peut être en position finale – et c'est l'ordre habituel –, ou bien en position initiale, et cela uniquement s'il reçoit une saillance prosodique). En revanche, si l'on regarde le conjoint introduit par la conjonction *iar*, on observe que, indépendamment de l'ordre des éléments dans la phrase source, les locuteurs n'aiment pas avoir en position initiale un élément résiduel distingué prosodiquement (cf. les réponses B_2 en (181b) et (182b)). Par conséquent, dans les réponses B_3 en (181c) et (182c), le parallélisme syntaxique est violé, afin d'éviter un focus informationnel en première position dans la phrase trouée. On voit donc que l'ordre dans lequel ils apparaissent ne correspond pas nécessairement à l'ordre de leurs corrélats dans la phrase source (*contra* Konietzko & Winkler 2010).

(181) A : Cu cine ieși la film și cu cine la teatru?

       A : 'Avec qui tu sors au cinéma et avec qui au théâtre?'

    a. B_1 : La film, <u>ies</u> cu IOAna, {**iar** | și} la teatru cu MaRIa.

       'Au cinéma je sors avec Ioana, et au théâtre avec Maria.'

    b. B_2 : Cu IOAna <u>ies</u> la film, {#iar | ??și} cu MaRIa la teatru.

       'C'est avec Ioana que je sors au cinéma, et c'est avec Maria que je sors au théâtre.'

    c. B_3 : Cu IOAna <u>ies</u> la film, {**iar** | și} la teatru cu MaRIa.

       'C'est avec Ioana que je sors au cinéma, et au théâtre, c'est avec Maria.'

(182) A : Unde ieși cu fetele weekendul ăsta?

       A : 'Où est-ce que tu sors avec tes filles ce weekend?'

3.3 *Propriétés du gapping*

a. B$_1$: Cu Ioana <u>ies</u> la **FILM**, {**iar** | şi} cu Maria la **TEA**tru.

'Avec Ioana je sors au cinéma, et avec Maria au théâtre.'

b. B$_2$: La **FILM** <u>ies</u> cu Ioana, {#iar | ??şi} la **TEA**tru cu Maria.

'Au cinéma je sors avec Ioana, et au théâtre avec Maria.'

c. B$_3$: La **FILM** <u>ies</u> cu Ioana, {**iar** | şi} cu Maria la **TEA**tru.

'Au cinéma je sors avec Ioana, et avec Maria au théâtre.'

Un argument supplémentaire justifiant la partition topique–focus dans la séquence trouée introduite par *iar* vient des différences qu'on observe avec les syntagmes nominaux accompagnés d'un déterminant. Ainsi, on préfère avoir comme premier élément résiduel un syntagme nominal spécifié par un déterminant défini (*stiloul* 'le stylo', cf. (183b)) plutôt qu'un syntagme nominal avec un déterminant indéfini (*un stilou* 'un stylo', cf. (183a)). Or, on suppose habituellement qu'une expression référentielle définie introduit un référent connu et identifiable dans le discours, alors qu'une expression référentielle indéfinie doit désigner un référent non préalablement identifié, c.-à-d. une information nouvelle. Un exemple d'indéfini qui est acceptable comme premier élément résiduel est celui des indéfinis génériques (183c) ; cela n'a rien d'étonnant : Kuno (1972) et Kuroda (1972) ont observé que le syntagme recevant le marqueur topique en japonais ou coréen avait toujours une interprétation définie ou générique ; Gundel (1988) et Gundel & Fretheim (2004) considèrent que les indéfinis sont généralement exclus comme topiques sauf s'ils ont une interprétation générique, le référent étant dans ces cas familier ou au moins identifiable de manière unique, car l'interlocuteur est censé avoir une représentation de la classe ou de l'espèce s'il connaît le sens des mots.

(183) a. #Mariei <u>i-am oferit</u> o carte, iar **un stilou** Ioanei.

'A Maria j'ai offert un livre, et à Ioana un stylo.'

b. Ma**RI**ei <u>i-am oferit</u> cartea, iar **stiloul** IO**A**nei.

'A Maria j'ai offert le livre, et à Ioana le stylo.'

c. O casă <u>costă</u> 200.000 de euro, iar **o maşină** 20.000.

'Une maison coûte 200.000 euros, et une voiture 20.000.'

Enfin, le fait que le premier constituant suivant *iar* doit être un topique contrastif explique aussi pourquoi cet élément résiduel ne peut être modifié par des adverbes associatifs comme l'adverbe *şi* 'aussi' en (184a) ou *nici* 'non plus' en (184b), qui s'associent à des éléments portant le focus informationnel. Dans ces contextes, on utilise la conjonction *şi* 'et' au lieu de la conjonction *iar*.

3 Les conjoints fragmentaires : le gapping

(184) a. Ana$_i$ îi   plac   merele,   {şi | *iar} [şi   Marei]$_F$
         Ana.DAT DAT.3SG plaisent pommes.DEF {et | et} aussi Mara.DAT
         perele.
         poires.DEF

   'Ana aime les pommes et Mara aussi les poires.'

b. Ana$_i$ nu-i   plac   merele,   {şi | *iar} [nici Marei]$_F$
         Ana.DAT NEG-DAT.3SG plaisent pommes.DEF {et | et} ni   Mara.DAT
         perele.
         poires.DEF

   'Ana n'aime pas les pommes et Mara non plus les poires.'

L'analyse des constructions avec *iar* montre ainsi que le premier élément résiduel de la phrase trouée est un topique contrastif. Selon Winkler (2005), un topique contrastif présente trois propriétés : (i) il a une intonation montante (mais cette propriété varie à travers les langues), (ii) il occupe une position initiale dans la phrase, et (iii) cf. Molnár (1998), il exige la présence dans le même conjoint d'un focus contrastif. Un focus contrastif est différent d'un focus non contrastif (cf. Repp 2010) : il appartient à un ensemble d'alternatives fermé/restreint, dont les alternatives sont identifiables dans le discours ; ce qu'on dit sur le focus contrastif ne peut pas s'appliquer à un autre élément du même ensemble, p.ex. à son corrélat.

On arrive ainsi à distinguer entre le gapping (185a), dont la phrase trouée est une séquence topique contrastif – focus contrastif, et les BAE (185b–185c), dont la séquence elliptique contient simplement un focus contrastif[56].

(185) a. [Ioana]$_{CT}$ joacă [volei]$_{CF}$, iar [Maria]$_{CT}$ [tenis]$_{CF}$.

   'Ioana joue au volleyball, et Maria au tennis.'

---

[56] A priori, les cas de stripping avec un adverbe propositionnel seraient différents des BAE. Voir les données de Konietzko & Winkler (2010), où le premier élément précédant l'adverbe propositionnel est interprété comme un topique contrastif. A priori, cette hypothèse semble être correcte pour le roumain, vu la possibilité d'employer la conjonction *iar* dans ces contextes (i), alors que cela n'est pas possible pour les BAE.

(i) a. Ioana joacă [volei]$_{CT}$, iar [tenis]$_{CT}$ de asemenea.
      'Ioana joue au volleyball, et au tennis aussi.'
   b. Ioana joacă [volei]$_{CT}$, dar [tenis]$_{CT}$ nu.
      'Ioana joue au volleyball, mais au tennis non.'

b. Ioana joacă [volei]_CF, și [nu tenis]_CF.

'Ioana joue au volleyball, et non pas au tennis.'

c. Ioana joacă [volei]_CF, dar [și tenis]_CF.

'Ioana joue au volleyball, mais aussi au tennis.'

Schwabe (2000) va plus loin et considère que la structure informationnelle joue un rôle très important dans l'identification d'une structure syntaxique ou sémantique pour les constructions elliptiques ; en particulier, c'est le deuxième conjoint qui détermine la structure informationnelle de l'antécédent (cf. Rooth 1992 ; 1996). Cela se rapproche de l'hypothèse de Kuno (1982 : 141) qui considère le premier élément dans une construction à gapping comme une « clé de tri » (*sorting key*) : « in a multiple *wh*-word question, the fronted *wh*-word represents the key for sorting relevant pieces of information in the answer. » Par conséquent, en l'absence d'un verbe, on arrive à avoir une bonne interprétation des éléments résiduels grâce aussi à la structure informationnelle : on identifie le topique contrastif dans la phrase trouée, on lui trouve le corrélat dans la phrase source ; l'autre élément résiduel sera un focus contrastif, corrélé à un autre focus contrastif dans la phrase source.

Je finis cette section en précisant que le matériel manquant doit être donné dans le discours. A part le verbe antécédent, tout autre matériel qui fait partie du fond (dans la phrase source) ne peut être répété dans la phrase trouée (186a–186b), sauf s'il s'agit d'un résiduel qui n'est pas un dépendant direct du verbe antécédent (186c) (voir aussi les exemples (120–122) ci-dessus).

(186) a. Ioana <u>vine mâine</u> cu trenul, iar Maria (#mâine) cu autobuzul.

'Ioana vient demain en train, et Maria (demain) en bus.'

b. Maria <u>a cumpărat flori</u> pentru mama ei, iar Ion (#flori) pentru bunica lui.

'Maria a acheté des fleurs pour sa mère, et Ion (des fleurs) pour sa grand-mère.'

c. Maria <u>a luat trenul care merge</u> la Briançon, iar Ion ??(trenul care merge) la Saint-Gervais.

'Maria a pris le train qui va à Briançon, et Ion le train qui va à Saint-Gervais.'

Pour conclure, on observe qu'on doit postuler aussi un parallélisme informationnel pour les constructions à gapping présentant la conjonction *iar* en roumain : le résiduel doit avoir le même statut informationnel que son corrélat. En

3 Les conjoints fragmentaires : le gapping

particulier, une construction à gapping contient au moins une paire contrastive avec des topiques et une paire contrastive avec des focus. Une étude détaillée reste à faire afin de vérifier si cette généralisation s'applique aussi en dehors des coordinations avec *iar*.

3.3.4.5 Prosodie

En ce qui concerne la prosodie, on s'est posé la question de savoir si le gapping est associé à une prosodie spéciale. Les principales hypothèses ont été faites sur l'anglais et l'allemand (Hartmann 2000; Schwarz 2000; K. Carlson 2001; 2002; Féry & Hartmann 2005; Winkler 2005). Il y a un travail en cours (basé sur des expériences de production) pour le français (Abeillé et al. en préparation). Quant au roumain, cela n'a pas été étudié et le sujet ne pourra pas être abordé en détail dans cet ouvrage. Dans cette section, je veux simplement énumérer les points qui semblent importants à étudier quand on s'intéresse au marquage prosodique des constructions à gapping.

Les recherches faites dans ce sens tournent autour de cinq questions majeures : (i) Est-ce que le verbe antécédent est marqué prosodiquement? (ii) Est-ce qu'à la place du matériel manquant on a un marquage prosodique particulier? (iii) Est-ce que les éléments contrastifs reçoivent un accent (particulier)? ou uniquement les éléments résiduels? (iv) Est-ce qu'il y a une pause entre les conjoints? (v) Est-ce qu'on observe une compression de registre sur le deuxième conjoint?

Je me limite ici à simplement résumer les principales hypothèses qui dérivent des travaux faits sur la prosodie de ces constructions.

(i) On considère que le verbe antécédent est typiquement désaccentué, ce qui permet l'ellipse dans le conjoint troué (Hartmann 2000; Schwarz 2000). Cependant, l'étude en cours faite sur le français, qui compare les séquences elliptiques avec leurs contreparties complètes, observe que la désaccentuation du matériel antécédent dans la phrase source ne caractérise pas seulement les constructions elliptiques, mais elle peut apparaître aussi dans une coordination non elliptique.

(ii) Dans une approche syntaxique de l'ellipse, on s'attend à ce qu'il y ait toujours une rupture à l'endroit attendu du matériel manquant. Mais il n'y a pas toujours de pause à l'endroit où se trouve le matériel manquant. En français, Abeillé et al. (en préparation) remarquent un enchaînement prosodique entre les éléments résiduels de la séquence trouée.

(iii) On considère qu'au moins les éléments résiduels reçoivent un accent contrastif, qui est plus fort qu'un accent syntagmatique habituel, ce qui explique l'impossibilité d'avoir des pronoms inaccentués (ou faibles) dans la phrase trouée en (187) (cf. Sag et al. 1985) :

(187) *You talked to John's mother, and I him. [*him* sans accentuation prosodique] (Sag et al. 1985 : 161)

Hartmann (2000) et Féry & Hartmann (2005) considèrent que la prosodie souligne le contraste sémantique : les différents accents sur les éléments résiduels, ainsi que (parfois) sur leurs corrélats facilitent la construction des paires contrastives. Selon Féry & Hartmann (2005), les éléments résiduels et corrélats non finaux reçoivent un pitch accent montant (L*H), alors que les éléments résiduels et corrélats finaux reçoivent un accent descendant (H*L).

(iv) De manière générale, chaque conjoint constitue une unité prosodique autonome, c.-à-d. il y a une frontière marquée par une pause intonative entre les conjoints. Dans les langues citées plus haut, on observerait ainsi un ton de frontière haut (optionnel) à la fin de la phrase source et un ton de frontière bas dans la phrase trouée. Néanmoins, la pause intonative reste optionnelle. Voir, dans ce sens, les coordinations à gapping avec portée large de la négation, où les conjoints forment une seule unité prosodique (cf. Oehrle 1987 ; Winkler 2005).

(v) Féry & Hartmann (2005) observent une compression de registre dans la séquence trouée. Cependant, l'étude préliminaire faite sur le français montre que le registre du deuxième conjoint est rarement compressé.

Les travaux faits sur l'anglais et l'allemand attribuent la spécificité prosodique du gapping au phénomène d'ellipse ; on tirerait donc de l'analyse prosodique des arguments en faveur d'une analyse par ellipse. Cependant, en l'absence d'une description des mêmes contextes sans ellipse, on ne peut pas attribuer une spécificité prosodique aux constructions à gapping.

Une étude détaillée reste à faire pour le roumain, afin de confirmer ou infirmer ces hypothèses avancées sur l'anglais et l'allemand. Pour le français, une partie de ces hypothèses semble s'infirmer, cf. l'étude en cours de Abeillé et al. (en préparation).

L'hypothèse qu'on pourrait faire est que l'intonation dans le gapping est plutôt sensible aux aspects sémantiques (parallélisme entre les paires contrastives) et pragmatiques (paire de topiques et paire de focus), et moins aux aspects syntaxiques (*contra* Féry & Hartmann 2005), mais cela reste à être vérifié.

3.4 Les analyses proposées et leurs limites

Les analyses proposées dans la littérature pour traiter les constructions à gapping sont nombreuses et variées. La plupart de ces travaux ont comme cadre théorique le courant dominant de la grammaire générative sous ses différentes formes (Théorie Standard étendue, Principes et Paramètres, Programme Minimaliste). Le point commun de toutes ces approches, par-delà leur hétérogénéité, réside dans le rôle très important attribué à la syntaxe pour obtenir l'interprétation de la phrase trouée, la plupart faisant appel à un mécanisme de reconstruction syntaxique. L'idée générale est que le matériel manquant a une certaine structure syntaxique à un certain niveau de la représentation, ce qui justifie l'appellation d'*approches structurales*, selon la terminologie proposée par Merchant (2009) et discutée dans la section 2.5.1. Leur but est de trouver une solution qui aligne la séquence trouée sur un constituant ordinaire. Les approches syntaxiques peuvent être ainsi synthétisées en suivant deux critères : (i) la taille postulée pour la séquence trouée, en fonction du niveau auquel opère la coordination, et (ii) la nature du matériel manquant.

Cette section a quatre parties. Les deux premières parties développent les deux critères mentionnés ci-dessus (c.-à-d. la taille de la séquence trouée et la nature du matériel manquant), afin d'avoir une synthèse des propositions faites au sein des approches structurales. La troisième partie montre les problèmes qu'on rencontre avec les deux analyses dominantes, l'effacement et le mouvement du verbe. Enfin, dans la quatrième partie, je présente brièvement les analyses alternatives proposées dans une perspective non structurale, qui me permettent de développer ensuite une analyse constructionnelle en HPSG.

3.4.1 Taille de la séquence trouée

Le premier critère qu'on peut utiliser pour résumer les analyses proposées est le niveau auquel opère la coordination. On arrive ainsi à deux types majeurs : les approches à grand conjoint (*large conjunct approach*) et les approches à petit conjoint (*small conjunct approach*). Dans les deux cas, on part du principe que la coordination opère uniquement entre des constituants de même niveau. Les approches à grand conjoint considèrent que la coordination se passe au niveau supérieur de la phrase (dans les cadres qui postulent des catégories fonctionnelles, cela correspond au CP cf. angl. *Complementizer Phrase*, TP cf. angl. *Tense Phrase*, ou encore IP cf. angl. *Inflection Phrase*, en fonction des notations choisies). En revanche, le deuxième type d'approche voit la coordination comme ayant lieu à un niveau inférieur, c.-à-d. en-dessous de TP, au niveau VP (*Verb Phrase*) ou vP (*Voice Phrase*).

3.4 Les analyses proposées et leurs limites

3.4.1.1 Coordination au niveau de la phrase

Les travaux inscrits dans cette perspective débutent avec Ross (1967; 1970) et continuent avec Jackendoff (1971), Hankamer (1973; 1979), Stillings (1975), Sag (1976), Neijt (1979), van Oirsouw (1987), Wilder (1994; 1997), Abe & Hoshi (1997; 1999), Kim (1997), Hartmann (2000), etc. Selon eux, dans les constructions à gapping, on coordonne deux phrases. Le conjoint troué a une structure complexe similaire à celle de la phrase source.

Pour dériver le trou, on fait appel à un certain mécanisme syntaxique de réduction, par lequel le verbe et éventuellement d'autres éléments sont effacés au niveau PF (*Phonological Form*) ou copiés au niveau LF (*Logical Form*), toujours en correspondance avec la phrase source.

Dans les cadres postulant un homomorphisme entre les relations de constituance syntaxique et les relations de portée sémantique, cette approche rend compte tout de suite des exemples où la négation présente dans la phrase source se distribue sur chaque conjoint, cf. les données de Repp (2009) en (188).

(188)   a. Max didn't read the book and Martha the magazine.
           b. = [It is not the case that Max read the book] and [it is not the case that Martha read the magazine].

Elle est justifiée aussi par les coordinations de CPs (dans la terminologie de Repp 2009), dans lesquelles les éléments résiduels sont des syntagmes *qu-* (189a) ou d'autres syntagmes antéposés (189b), généralement considérés comme étant plus haut que le syntagme verbal dans la structure syntaxique.

(189)   a. When did John arrive and when Mary? (Repp 2009 : 34)
           b. On this table, they put a lamp, and on that table, a radio. (Sag et al. 1985 : 158)

Un argument de plus pour considérer une coordination à un niveau supérieur est fourni par l'impossibilité d'avoir une asymétrie de voix dans le gapping. Merchant (2008a,b) corrèle la « taille » de l'ellipse avec la possibilité ou non d'avoir des asymétries de voix entre le syntagme elliptique et la phrase source. On distingue ainsi les ellipses « hautes » (élidant plus que le simple syntagme verbal, comme le sluicing – l'ellipse du TP) des ellipses « basses » (p.ex. VPE). Seul le dernier type d'ellipse permet les asymétries de voix. Comme les asymétries ne sont pas permises dans les constructions à gapping, on pourrait considérer, selon le raisonnement de Merchant, que le gapping est une opération qui a lieu à un niveau supérieur, c.-à-d. celui de la phrase.

3 Les conjoints fragmentaires : le gapping

Les problèmes de ce type d'approche ont été discutés à plusieurs reprises par Johnson (1996/2004 ; 2000 ; 2009) et seront mentionnés dans la section suivante.

3.4.1.2 Coordination sous-phrastique

Le deuxième type d'approche apparaît dans les travaux de Siegel (1984 ; 1987), Johnson (1996/2004 ; 2000 ; 2008 ; 2009), Coppock (2001), Lin (2002), López & Winkler (2003), Winkler (2005), Hulsey (2008), Agafonova (2014), etc. Dans cette perspective, le conjoint troué est plus petit qu'une phrase, c.-à-d. il est un VP/vP (le syntagme verbal dans lequel le sujet est généré).

Je mentionne par la suite les arguments inventoriés par les adeptes de cette approche contre l'analyse à grand conjoint, tels qu'ils apparaissent dans les discussions de Johnson (1996/2004 ; 2000 ; 2009)[57].

Si l'on admet l'homomorphisme syntaxe-sémantique (comme c'est le cas dans les grammaires dérivationnelles), l'approche à grand conjoint prédit le fait qu'aucun élément de la phrase source ne peut lier ou avoir portée sur un élément dans la phrase trouée. Or, cette prédiction s'avère être fausse. Dans les constructions à gapping, il y a des cas de coréférence croisée, ainsi que des situations où un élément prend portée large sur toute la coordination, comme le notent Oehrle (1987) et McCawley (1993) pour le premier cas, et Siegel (1984 ; 1987) et Oehrle (1987) pour le deuxième.

D'abord, certaines constructions à gapping permettent la coréférence entre le sujet de la phrase source et une expression anaphorique dans le deuxième sujet, à condition que le verbe ne soit pas répété dans le deuxième conjoint (c.-à-d. à condition qu'il y ait du gapping), cf. les jugements différents d'acceptabilité dans les exemples repris de Johnson (2000 ; 2009) en (190a) et (190b). Johnson explique cette possibilité par le fait que le quantifieur présent dans la phrase source est en dehors du domaine de la coordination et c-commande le pronom en question, ce qui prédit correctement la coréférence.

(190)   a. No woman$_i$ <u>can join</u> the army and her$_i$ girlfriend the navy.
            b. *No woman$_i$ can join the army and her$_i$ girlfriend can join the navy.

Ensuite, il y a des exemples comme (191) avec un modal nié qui a portée large sur la coordination (191a), n'ayant pas une lecture distributive dans chaque conjoint (191b). Même observation pour un quantifieur présent dans le syntagme sujet de la phrase source (192a), ou encore un adverbe quantificationnel (192b).

---

[57]Les exemples qui n'ont aucune indication concernant l'auteur viennent de Johnson (2000 ; 2009).

3.4 Les analyses proposées et leurs limites

L'approche à petit conjoint prédit correctement ces données, car tous ces éléments se situent en dehors du domaine de la coordination.

(191) Mrs. Smith **can't** dance or Mr. Smith sing.
    a. = Mrs. Smith can't dance and Mr. Smith can't sing.
    b. ≠ Mrs. Smith can't dance or Mr. Smith can't sing.

(192)   a. **Not every** girl ate a GREEN banana and her mother a RIPE one.
    b. A German stepherd is **rarely** named Kelly or an Irish setter Fritz.

Un argument de plus, invoqué par Siegel (1987), est constitué par la discordance casuelle qu'on observe en anglais avec les pronoms sujets de la phrase source et respectivement de la séquence trouée. Tandis que le premier sujet est toujours au nominatif, on constate une préférence des locuteurs pour un pronom sujet à l'accusatif dans la séquence trouée (193a), et apparemment c'est ce qui se passe en dehors de l'ellipse aussi (193b). L'analyse à petit conjoint prédit ces cas, si on considère (dans les grammaires dérivationnelles) que le sujet de la séquence trouée ne monte pas vers IP pour vérifier ou recevoir le cas nominatif[58].

(193)   a. I cooked fish, and {him | ?he} rice. (Zoerner & Agbayani 2000)
    b. We can't eat caviar and {him | ??he} can't eat beans. (Winkler 2005 : 184)

Un autre type de données difficile à concilier avec une analyse postulant une coordination phrastique dans les constructions à gapping est lié aux items à polarité négative qui peuvent apparaître dans la séquence trouée (194). Ce type d'approche considère que l'item à polarité négative dans le deuxième conjoint se trouve dans une position où la négation ne peut le c-commander, donc son légitimeur devrait être en dehors du conjoint qui le contient.

---

[58] Le fait d'avoir le sujet à l'accusatif dans la séquence trouée n'est en rien un argument pour motiver le mouvement du verbe. On pourrait considérer l'accusatif dans ce cas comme la forme par défaut (comme dans les réponses courtes en (i)) ou, sinon, comme une idiosyncrasie morphosyntaxique. D'ailleurs Kim (2006) donne plusieurs exemples (ii) avec des coordinations de pronoms marqués différemment :

(i)   A : - Who's entering ? B : - {Me | *I}.
(ii)   a. Them and us are going to the game together.
    b. She and him will drive to the movies.
    c. All debts are cleared between you and I. (Kim 2006 : 603)

(194) During dinner he didn't address his colleagues from Stuttgart or at any time his boss, for that matter. (Winkler 2005 : 186)

Cependant, cette analyse rencontre des difficultés. Un premier problème est lié à la portée de la négation (Repp 2009 ; Toosarvandani 2011). Cette approche prédit toujours la portée large de tous les éléments, mais elle ne prédit jamais la portée étroite de la négation, où on a une polarité différente dans les deux conjoints, cf. l'exemple de Repp (2009 : 2) en (195).

(195) a. Pete wasn't called by Vanessa, but John by Jessie.
b. = [It is not the case that Pete was called by Vanessa] but [it is the case that John was called by Vanessa].

Un autre problème, relevé par Ince (2009), est la coréférence qui peut s'établir entre un objet pronominal dans le deuxième conjoint et le sujet de la phrase source. Si on applique l'approche de Johnson à l'exemple (196), *John* c-commande *him* et en même temps il appartient au domaine de liage de *him*. Ce qui a comme résultat une violation du principe B, selon lequel un pronom doit être libre dans son domaine de liage.

(196) John$_i$ will hug Mary and Mary him$_i$. (Ince 2009 : 205)

Ince (2009) observe une autre difficulté de cette analyse en turc, où l'ordre des éléments résiduels et corrélats n'est pas le même (197). Si on a l'ordre SOV-OS comme en (197b), l'objet résiduel est analysé ici comme un syntagme antéposé (TopP), et par conséquent il est nécessairement plus haut que le *v*P. Donc, on ne voit pas comment obtenir une coordination de *v*P, si au moins le deuxième conjoint n'est pas un *v*P.

(197) Turc (Ince 2009 : 199)

a. Adam kitab-ı okudu, çocuk da dergi-yi.
homme livre-ACC lire.PST.3SG enfant CONJ revue-ACC
'L'homme a lu le livre et l'enfant la revue.'

b. Adam kitab-ı okudu, dergi-yi de çocuk.
homme livre-ACC lire.PST.3SG revue-ACC CONJ enfant
'L'homme a lu le livre et l'enfant la revue.'

3.4 Les analyses proposées et leurs limites

Enfin, une coordination de *v*P dans les constructions à gapping ne rend pas compte de l'occurence des adverbes de phrase (198) dans la séquence trouée ou dans les deux conjoints (cf. Gardent 1991; Ince 2009)[59].

(198) John <u>will</u> **probably** <u>go to see</u> Mary and **necessarily** Paul, Sarah. (Gardent 1991 : 49)

3.4.2 Nature du matériel manquant

Les approches syntaxiques structurales peuvent encore être classées en fonction d'un autre critère, celui de la nature du matériel manquant. Les différentes solutions proposées pour la reconstruction syntaxique tombent dans une des trois classes majeures : (i) le trou est le résultat d'une ellipse par effacement au niveau PF (*Phonological Form*); (ii) le trou est une ellipse générée dès le départ sous la forme d'un élément vide qui est reconstruit au niveau LF (*Logical Form*); (iii) le trou n'est pas obtenu par l'ellipse, mais il est la trace d'un mouvement. Dans ce dernier cas, le mouvement se prête à deux analyses : soit il opère simultanément dans les deux conjoints (*Across-the-Board movement*), soit il opère latéralement (*sideward movement*). Je présente brièvement les trois grandes analyses, mais j'insisterai plus sur les deux analyses dominantes : effacement du verbe (donc, une ellipse à base de reconstruction syntaxique) vs. mouvement du verbe (donc, pas d'ellipse).

3.4.2.1 Effacement au niveau PF

Dans cette approche, la phrase trouée a une structure syntaxique ordinaire, similaire à la phrase source, avec un verbe (et éventuellement d'autres éléments) identique à son antécédent. A un moment donné de la dérivation, lorsque la structure syntaxique est traitée par le module phonologique, le contenu phonologique du verbe / VP / TP est effacé (ou il n'y a pas d'insertion lexicale tardive), ce qui a comme résultat une structure « silencieuse », non prononcée, en surface. Le matériel manquant est par conséquent présent et articulé au niveau syntaxique,

---

[59] Ce dernier aspect ne constitue pas un problème insurmontable, si l'on considère que les adverbes de phrase peuvent s'attacher à un verbe ou un syntagme verbal et prendre portée sur toute la phrase dans un exemple comme (i).

(i) Paul **necessarily** will go to see Mary.

3 Les conjoints fragmentaires : le gapping

mais non réalisé au niveau phonologique. L'interprétation de la phrase trouée est obtenue avant l'effacement.

En fonction du type d'effacement qui entre en jeu, on peut avoir deux types d'analyses :

(i) Les analyses qui postulent simplement l'effacement du verbe (avec éventuellement d'autres éléments 'non-contrastifs'), sans invoquer une opération supplémentaire (Ross 1967 ; 1970 ; Jackendoff 1971 ; Hankamer 1973 ; 1979 ; Stillings 1975 ; Kuno 1976 ; Neijt 1979 ; van Oirsouw 1987 ; Wilder 1994 ; 1997 ; Hartmann 2000 ; Féry & Hartmann 2005, etc.). Si le verbe est accompagné d'autres éléments, la règle du gapping opère un effacement de non-constituants.

(199) John likes caviar and [$_{IP}$ Mary ~~likes~~ beans].

(ii) Les analyses qui postulent l'effacement d'un constituant syntagmatique incluant le trou, c.-à-d. un VP en (200a) (dans les approches à petit conjoint) ou bien un TP/IP en (200b) (dans les approches à grand conjoint)[60]. L'effacement dans ces cas a lieu après avoir déplacé les éléments résiduels contrastifs[61] (Sag 1976 ; Jayaseelan 1990 ; Kim 1997 ; 1998 ; 2006 ; Coppock 2001 ; Lin 2002 ; Konietzko & Winkler 2010 ; Molnár & Winkler 2010, etc.).

(200)   a. John likes caviar and [$_{VP}$ Mary$_1$ [$_{VP}$ beans$_2$ [$_{VP}$ ~~t$_1$~~ ~~likes~~ ~~t$_2$~~]]]. (Coppock 2001)

   b. John likes caviar and [$_{TopP}$ Mary$_1$ [$_{FocP}$ beans$_2$ [$_{TP}$ ~~t$_1$~~ ~~likes~~ ~~t$_2$~~]]].

Contrairement à l'approche en termes de proforme nulle (cf. section 3.4.2.2), le trou effacé est syntaxiquement structuré, donc des opérations syntaxiques intervenant avant l'effacement phonologique (le mouvement, le liage, etc.) peuvent l'affecter au même titre que dans une phrase ordinaire. Par conséquent, le test utilisé par ces approches est la possibilité ou non d'extraire des éléments enchâssés dans le syntagme contenant le verbe effacé.

Une des analyses les plus discutées dans cette perspective est le travail de Coppock (2001), qui essaie de justifier l'effacement en observant les similarités qui

---

[60] Généralement, les adeptes de cette approche considèrent que la coordination dans les constructions à gapping a lieu au niveau de la phrase, mais pas tous (voir, par exemple, Coppock 2001, Lin 2002).

[61] On assume généralement que les éléments résiduels se déplacent à gauche. Mais il y a des auteurs qui considèrent que le matériel lourd qui est interne au VP se déplace à droite, via l'opération de *Heavy NP Shift* (Jayaseelan 1990 ; Kim 1997 ; 2006). Un argument contre ce type d'opération vient du fait que les éléments résiduels peuvent ne pas être des NP lourds, p.ex. les pronoms ou certains adverbes.

3.4 Les analyses proposées et leurs limites

existent entre le gapping et les types d'ellipse pour lesquels on assume habituellement une analyse par effacement (en particulier, VPE). Bien que son analyse soit une approche à petit conjoint (la coordination dans le gapping opérant à un niveau sous-phrastique) comme les analyses à base de mouvement du verbe (cf. section 3.4.2.3), Coppock mentionne trois aspects qui soutiennent l'effacement et qui ne sont pas pris en charge, selon elle, par les analyses en termes de mouvement du verbe. En résumé, ce sont : (i) la désambiguïsation de la portée et de l'anaphore, (ii) les avantages empiriques de la condition e-GIVENness, et (iii) la sélectivité dans l'application des contraintes d'îles.

En ce qui concerne le premier aspect, Coppock (2001) observe que le gapping, tout comme VPE, désambiguïse la portée des quantifieurs et les interprétations de l'anaphore[62]. En conformité avec la condition de parallélisme de portée, formulée par Fox (2000), le gapping réduit l'ambiguïté liée à la portée des quantifieurs : tandis qu'une phrase simple ordinaire contenant un quantifieur existentiel et un quantifieur universel présente une ambiguïté de portée en (201a) (($\forall > \exists$), ($\exists > \forall$)), une phrase plus complexe avec une séquence elliptique en (201b) ne présente plus d'ambiguïté, le syntagme nominal résiduel du deuxième conjoint forçant une seule interprétation dans la phrase source aussi, c.-à-d. $\exists > \forall$.

(201)   a. A student accompanied every visitor. ($\forall > \exists$), ($\exists > \forall$)

          b. A student <u>accompanied every visitor</u> yesterday, and Mr. Johnson, today. ($\exists > \forall$), (*$\forall > \exists$)

Comme VPE, le gapping élimine aussi l'ambiguïté liée à l'interprétation d'une anaphore dans un contexte avec plusieurs pronoms (angl. *the Many-Pronouns Puzzle*, cf. Fiengo & May 1994) : l'exemple non elliptique en (202a) a plus de possibilités de lecture que l'exemple avec ellipse en (202b), qui interdit l'interprétation stricte (angl. *strict reading*) du premier des pronoms si le deuxième pronom a une interprétation relâchée (angl. *sloppy reading*).

(202)   a. Max said he gave his mother a bracelet, and Oscar said he gave his mother a watch. (stricte-stricte, relâché-relâché, stricte-relâché, relâché-stricte)

          b. Max said he gave his mother a bracelet, and Oscar a watch. (stricte-stricte, relâché-relâché, *stricte-relâché, relâché-stricte)

---

[62] Johnson (2009) considère qu'en réalité ces deux aspects sémantiques ne posent aucun problème pour une analyse en termes de mouvement ATB. Les deux approches concurrentes en rendent compte.

3 Les conjoints fragmentaires : le gapping

Coppock (2001) applique aux constructions à gapping la condition de légitimation de l'ellipse, formulée par Merchant (2001) pour les cas de sluicing, c.-à-d. la condition de e-GIVENness. La phrase source α a deux constituants marqués F (focus) qui peuvent être remplacés par des variables liées comme en (203a). La phrase trouée contient elle aussi deux constituants marqués F qui peuvent être remplacés par des variables liées comme en (203b). La clotûre existentielle étant la même dans les deux phrases, elles s'impliquent mutuellement, ce qui fait que la séquence elliptique est discursivement donnée (e-GIVEN) et, par conséquent, l'effacement est légitimé.

(203)   a. [α John$_F$ likes caviar$_F$] and [γ Mary$_F$ beans$_F$].
       b. F-clo (α) = $\exists x.\exists y(x$ likes $y)$
       c. F-clo (γ) = $\exists x.\exists y(x$ likes $y)$

Un premier avantage relevé par Coppock (2001) réside dans le fait que cette condition rendrait immédiatement compte des effets prosodiques, comme le montrent les exemples suivants[63] de Sag (1980) en (204), et respectivement Hankamer (1973) en (205).

(204)   a. John$_F$ said he wants caviar$_F$ for dinner, and Mary$_F$ beans$_F$.
       b. John said he$_F$ wants caviar$_F$ for dinner, and Mary$_F$ beans$_F$. (Sag 1980)

(205)   a. Massachussets$_F$ elected McCormack$_F$ Congressman, and Pennsylvania$_F$ Schweicker$_F$.
       b. ≠ Massachussets elected [Pennsylvania Schweicker]$_F$. (Hankamer 1973)

Un deuxième avantage en lien avec la condition de Merchant (2001) concerne les antécédents éparpillés (*split antecedents*). Cette contrainte permet le manque d'isomorphisme structural entre la phrase source et la phrase trouée, ce qui rend possibles les cas de gapping (206) où le trou a un antécédent éparpillé (*contra* Hankamer & Sag 1976)[64]. Une analyse à base de mouvement du verbe (à la Johnson, cf. section 3.4.2.3) échoue, car il n'y a pas de destination unique pour les verbes déplacés ATB, et de plus le trou n'est isomorphe à aucun des antécédents.

---

[63] L'analyse de Johnson (en termes de mouvement du verbe, cf. section 3.4.2.3) n'inclut pas l'exemple avec « trou à distance » (204a), considéré agrammatical, ni l'exemple (205a), considéré ambigu.

[64] Johnson (2009 : 304) considère que les exemples en (206) sont agrammaticaux.

3.4 Les analyses proposées et leurs limites

(206) a. Wendy wants to sail around the world because she loves travel, and Bruce wants to climb Kilimanjaro in order to prove to himself that he can, but neither in order to show off for anyone.
b. Fred bought Suzy flowers in order to thank her, and Bob took her out to eat because they both like sushi, but neither because they want to date her.
c. John calls home on Sundays, and Jill balances her checkbook every other week, but neither very consistently. (Coppock 2001)

Enfin, Coppock (2001) considère que l'effacement est préférable au mouvement du verbe, car il nous permet de rendre compte des différences observées dans les constructions à gapping par rapport aux contraintes d'îles. Contrairement aux premiers travaux (Neijt 1979, etc.), Coppock (2001) considère que le gapping est sensible aux contraintes d'îles de manière sélective, ce qui justifierait la dichotomie proposée par Merchant (2001) qui distingue les îles PF et les îles propositionnelles. Les îles ne se comportent pas de la même façon par rapport aux ellipses, elles ne sont donc pas homogènes. Si certaines ellipses violent les contraintes d'îles, il s'agirait toujours des îles PF. Elle observe ainsi que le gapping permettrait l'extraction hors de certaines îles PF (p.ex. Contrainte sur la Branche Gauche en (207)), mais il obéirait à toutes les contraintes d'îles propositionnelles (contraintes sur les relatives (208a), les sujets phrastiques (208b), les ajouts (208c), les interrogatives *qu-* (208d))[65]. Si le gapping est un effacement, on prédirait ces effets, qui sont d'ailleurs observés avec d'autres types d'ellipse aussi. Cependant, cet argument ne peut être tenu, comme on le verra dans la section 3.4.3.1.

(207) a. I make too strong an espresso, and Fred (*makes) too weak.
b. Mary wrote too long a paper, and Suzy (*wrote) too short. (Coppock 2001)

(208) a. *Suzy doesn't like men who play instruments, and Mary, sports.
b. *That John hangs out with Mary is bothersome to Suzy, and Suzy, to Laura.
c. *John must be a fool to have married Jane, and Bill, Martha.
d. *John wondered what to cook today, and Peter tomorrow. (Coppock 2001)

---

[65] Dans l'approche de Coppock (2001), cela est un argument pour le mouvement A' des éléments résiduels.

3 Les conjoints fragmentaires : le gapping

3.4.2.2 Reconstruction au niveau LF

Dans ce deuxième type d'approche structurale, le matériel manquant est un élément vide (généré dès le départ). Comme il n'y a pas de matériel lexical, la structure syntaxique n'est pas prononcée. Deux sous-types d'approches peuvent être distingués :

(i) Le trou est une expression anaphorique qui est nulle phonologiquement. Cette proforme nulle est interprétée comme un pronom ordinaire par des moyens purement sémantiques, au niveau LF (Wasow 1972 ; Williams 1977 ; 1997 ; Zribi-Hertz 1986, etc.). Le gapping est conçu ainsi comme un mécanisme interprétatif établissant une relation anaphorique entre un élément vide et un antécédent identifié en forme logique (209). Le trou n'est pas structuré syntaxiquement, c.-à-d. il n'a pas une structure interne, par conséquent, aucune opération syntaxique n'est susceptible de l'affecter.

(209)   Marlon boit$_i$ du rhum et Raquel Ø$_i$ du whisky. (Zribi-Hertz 1986 : 398)

(ii) Le trou est une copie de son antécédent au niveau LF (210). Une fois que l'épel du premier conjoint a eu lieu, l'antécédent dans la phrase source est copié dans le site de l'ellipse de la phrase trouée au niveau LF, ce qui apporte aux éléments vides la bonne interprétation (Abe & Hoshi 1997 ; 1999 ; Repp 2009). Les travaux de ce type assument généralement le déplacement des éléments résiduels[66]. Selon Repp (2009), on copie uniquement le matériel nécessaire pour construire une dérivation convergente à partir de la numération appauvrie de la phrase trouée. Cela veut dire qu'on ne copie pas les ajouts.

(210)   [$_{IP}$ John [$_{I'}$ [$_{I'}$ talked t_1] about Bill$_1$]] and [$_{IP}$ Mary [$_{I'}$ [$_{I'}$ e] about Susan]]. (Abe & Hoshi 1999)

La principale motivation pour postuler une approche en termes d'élément vide est fondée sur l'observation que le site de l'ellipse se comporte sous certains aspects comme un pronom ordinaire. Ainsi, dans les constructions à gapping le matériel manquant dans la phrase trouée pourrait avoir un antécédent éparpillé (*split antecedent*), comme un pronom ordinaire. Dans ce sens, voir les données de Coppock (2001) en (208) ci-dessus. Une deuxième ressemblance avec les pronoms ordinaires consisterait dans le fait que le matériel manquant pourrait correspondre à un antécédent non linguistique, ayant donc un emploi exophorique,

---

[66]Comme pour les approches à effacement, le déplacement des éléments résiduels (en anglais) a lieu soit dans une seule direction, à gauche (Repp 2009), soit dans les deux sens, c.-à-d. un élément résiduel à gauche et l'autre à droite (Abe & Hoshi 1999).

comme c'est le cas des pronoms déictiques. Si cela semble évident pour VPE, cf. Lobeck (1995), pour le gapping c'est discutable (Hankamer & Sag 1976).

Néanmoins, cette approche est problématique pour au moins deux raisons. Il faut préciser que le matériel manquant dans le gapping a des propriétés qui le distinguent clairement d'une expression pronominale (Kehler 2002). Il ne peut pas avoir un emploi cataphorique sous enchâssement (211). En plus, il ne peut pas avoir accès à l'antécédent d'une phrase source qui ne précède pas immédiatement la phrase trouée (212).

(211) *If George the newspaper reporters, Al <u>will make a statement blasting</u> the press. (Kehler 2002 : 91)

(212) A : George <u>made a statement blasting</u> the press. He's going to pay a big price for that.
B : #And Al the newspaper reporters. In his case the fallout will be minimal, however. (Kehler 2002 : 91)

3.4.2.3 Mouvement (parallèle ou latéral) du verbe

A côté de l'effacement au niveau PF et de la reconstruction au niveau LF, on trouve une troisième approche syntaxique, fondée sur deux points essentiels : d'abord, on considère que la coordination se place non au niveau de la phrase, mais au niveau du *v*P (voir les arguments donnés dans la section 3.4.1.2) ; ensuite, le trou est analysé comme une trace du mouvement.

Ces approches se divisent en deux sous-types, en fonction du type de mouvement envisagé pour le verbe dans le gapping :

(i) Mouvement parallèle (*Across-The-Board Movement*) : le matériel « partagé » par les deux conjoints est extrait simultanément des deux conjoints (213). Ainsi, le verbe du chaque conjoint se déplace dans le Spec,PredP/TP/IP (après avoir déplacé les éléments résiduels contrastifs), cf. Johnson (1996/2004 ; 2000 ; 2009) and Zoerner & Agbayani (2000). Les étapes envisagées sont : d'abord, l'extraction des éléments résiduels et corrélats vers une position A', à la périphérie gauche du *v*P en question ; ensuite, l'extraction parallèle des deux *v*Ps coordonnés vers la position Spec,PredP, et enfin, le déplacement du sujet du premier conjoint vers Spec,TP. On observe ainsi que ce type d'analyse ne voit pas un phénomène d'ellipse dans les constructions à gapping (voir, dans ce sens, les différences que Johnson établit entre le gapping, d'une part, et VPE et le pseudogapping, d'autre part).

3 Les conjoints fragmentaires : le gapping

(213) [$_{TP}$ Randy$_j$ [$_{T'}$ <u>drank$_i$</u> [$_{vP}$ t_j t_i scotch] and [$_{vP}$ Amy t_i rum]]]. (Johnson 2009)

(ii) Mouvement latéral (*sideward movement*) du *v*P libéré de ses éléments résiduels, qui ont été extraits en préalable à la périphérie gauche du *v*P (López & Winkler 2003 ; Agbayani & Zoerner 2004 ; Winkler 2005)[67]. Les étapes envisagées sont les suivantes. Les éléments résiduels se déplacent vers une position A', à la périphérie gauche du *v*P ; le *v*P qui contient les traces des éléments résiduels est copié, déplacé latéralement vers l'autre *v*P avec lequel il est coordonné, et il fusionne avec les éléments corrélats dans le premier conjoint ; le sujet du premier conjoint se déplace vers la position Spec,TP (pour ainsi satisfaire le Principe de la Projection Etendue) ; le *v*P du premier conjoint est antéposé pour des raisons liées à l'ordre des mots ; les deux conjoints fusionnent, et enfin les copies *v*Ps qui sont restées en bas sont effacées.

Quand je discute l'analyse du mouvement du verbe pour le gapping, je prends en compte essentiellement l'analyse de Johnson. Pour plus d'informations sur les différences entre les deux types de mouvement, voir Winkler (2005).

En dehors des aspects qu'on a vus dans la section 3.4.1.2, militant pour une coordination de *v*P, on peut ajouter d'autres éléments qui justifient le mouvement cette fois-ci. Un des avantages majeurs de l'analyse de Johnson, selon Vicente (2010), réside dans l'explication élégante qu'elle donne pour deux restrictions qu'on observe avec le gapping (mais pas avec VPE) : le fait que le gapping apparaît uniquement avec la coordination et qu'il ne peut être enchâssé.

Selon Zoerner & Agbayani (2000), l'analyse par mouvement du verbe rend mieux compte des discordances qu'on pourrait trouver entre un trou et son antécédent, en ce qui concerne l'accord, comme illustré en (214). Le verbe « monté » s'accorde avec le sujet de la phrase source.

(214) The president <u>approves</u> the education bill, and the senators approve the health bill.

Repp (2009), dans la synthèse qu'elle fait sur les approches du gapping, présente quelques aspects qui semblent être prédits par le mouvement du verbe. D'abord, ce type d'analyse fait une prédiction sur les langues qui ont ou qui n'ont pas de gapping : les langues qui ne présentent pas le mouvement du verbe, ne

---

[67]López & Winkler (2003) et Winkler (2005) font plutôt appel à une analyse mixte : mouvement latéral du verbe, ensuite effacement du VP libéré, dans une approche dérivationnelle par phases. Il s'agit d'un phénomène de type minimaliste copier-et-fusionner (angl. *Copy-and-Merge*), qui copie des constituants et les fusionne avec des objets syntaxiques qui ne sont pas reliés et qui sont indépendamment fusionnés.

3.4 Les analyses proposées et leurs limites

peuvent pas avoir de gapping (p.ex. le chinois)[68]. Une autre prédiction concerne le fait que le gapping semble être plus contraint dans les langues qui permettent le scrambling que dans les langues qui ne l'ont pas (comparer l'allemand et l'anglais). Selon López & Winkler (2003), le mouvement du complexe verbal vers une position flexionnelle rend compte aussi de la directionnalité du gapping dans les langues à tête finale (catalepse en japonais et en coréen).

3.4.3 Limites des analyses structurales

Le but de cette section est de montrer qu'aucune des analyses structurales majeures, p.ex. effacement au niveau PF (à la Coppock 2001), ou bien mouvement du matériel manquant (à la Johnson 1996/2004 ; 2009), n'offre une solution adéquate pour les constructions à gapping.

3.4.3.1 Problèmes de l'extraction des éléments résiduels

Toutes les propositions récentes dans les deux types d'approches majeures (effacement au niveau PF / reconstruction au niveau LF ou bien mouvement du matériel manquant) font appel à une opération de déplacement des éléments résiduels (et éventuellement des éléments corrélats dans la phrase source) vers des projections fonctionnelles périphériques. Les motivations d'une telle opération sont plutôt internes aux cadres théoriques respectifs. D'abord, on doit dire que les premiers travaux proposant la reconstruction syntaxique rencontrent des difficultés majeures quant à la notion de constituant : dans les constructions à gapping, on efface un élément ou une série d'éléments qui ne forme pas un syntagme. Pour éviter ce problème de la non-constituance, les grammaires dérivationnelles proposent l'opération de mouvement : on déplace des éléments, afin d'obtenir dans le site de l'ellipse un syntagme. Deuxièmement, dans un cadre théorique basé sur l'idée d'un homomorphisme entre la syntaxe et les autres niveaux linguistiques, postuler une opération de déplacement faciliterait la modélisation de la structure informationnelle : si les éléments résiduels sont des topiques ou des focus contrastifs, ils doivent avoir accès à une position syntaxique spécifique, qui permet ensuite l'effacement (ou la légitimation d'une structure vide) de tout matériel qui est donné (*given*) dans le discours. Enfin, cette opération permet aux cadres théoriques en question d'obtenir un mécanisme uniforme pour d'autres types d'ellipse aussi (p.ex. VPE, sluicing, etc.).

---

[68]Néanmoins, il faut faire attention à ce type de généralisations, car il semble que le gapping ne soit pas complètement impossible en chinois (cf. Paul 1999 ; Ruixi Ressy 2008).

3 Les conjoints fragmentaires : le gapping

Si l'on suppose un déplacement des éléments résiduels hors du site de l'ellipse, on s'attend à ce que cette opération obéisse aux contraintes qui pèsent sur toute extraction, en particulier aux contraintes de localité, connues aussi sous le nom d'effets d'îles[69]. A première vue, la prédiction semble être valable : on affirme souvent que le gapping est une opération locale, qui est contrainte par les « barrières syntaxiques » (Hankamer 1973 ; Neijt 1979 ; Chao 1988 ; Johnson 1996/2004 ; Coppock 2001 ; Winkler 2005). Ceux qui ont une perspective holistique des îles considèrent que le gapping obéit à toutes les contraintes d'îles observées (cf. Ross 1967 ; Neijt 1979), tandis que d'autres (plus récemment) observent que le gapping obéit au moins à certaines contraintes d'îles, et en particulier aux îles propositionnelles, c.-à-d. îles qui contiennent un domaine propositionnel enchâssé (cf. Hartmann 2000 ; Coppock 2001). D'après la typologie de Merchant (2001), les îles propositionnelles qui nous intéressent ici sont : l'îlot sujet, l'îlot relatif et l'îlot circonstanciel. Si l'on envisage le déplacement des éléments résiduels à l'extérieur du site elliptique, on s'attend donc à ce que le gapping obéisse au moins à ces îles propositionnelles, ce qui implique qu'on ne peut avoir comme élément résiduel un constituant enchâssé dans une de ces îles. Selon Hartmann (2000), Coppock (2001) et en partie Repp (2009)[70], cette prédiction est valable dans les constructions à gapping : on ne peut pas extraire un élément résiduel hors d'une phrase sujet (215a), hors d'une phrase relative (215b) ou hors d'un ajout circonstanciel (215c).

(215) a. *<u>That John hangs out with</u> Mary <u>annoys</u> Suzy, and Suzy Laura. (Coppock 2001)

b. *Some <u>wanted to hire the woman who worked on</u> Greek, and others Albanian. (Merchant 2009)

c. *John <u>must be a fool to have married</u> Jane, and Bill, Martha. (Coppock 2001)

Cependant, on observe qu'un élément résiduel peut apparaître dans ce qui devrait être un îlot d'extraction en anglais, cf. Culicover & Jackendoff (2005). Ainsi, en (216), on a une violation de la contrainte de l'îlot ajout, alors qu'en (217), on viole la contrainte de l'îlot relatif.

---

[69] Pour une discussion de ces îlots en lien avec l'ellipse, voir, entre autres, Ross (1967) and Merchant (2001 ; 2004).

[70] Selon Repp (2009), le gapping ne respecte pas les contraintes de l'îlot relatif et de la Branche Gauche, en revanche il respecte les contraintes de l'îlot sujet phrastique et de l'îlot ajout. Elle finit par dire qu'il faudrait une analyse détaillée du comportement du gapping par rapport aux différents types d'îles.

3.4 Les analyses proposées et leurs limites

(216) a. Robin knows a lot of reasons why dogs are good pets, and Leslie, cats. (Culicover & Jackendoff 2005 : 273)

b. Robin believes that everyone pays attention to you when you speak French, and Leslie, German. (Culicover & Jackendoff 2005 : 273)

(217) a. In the past, it has been the husband who has been dominant and the wife passive. (brwn-21990, Bîlbîie 2013b)

b. Bo decided who is working tomorrow, and Mia, the next day. (Chaves 2005)

c. That's not how I remember it at all. And yet he cannot be the one who's correct, and everyone else – millennia of people – wrong. (Hanya Yanagihara, *A Little Life*, p. 321-322)[71]

L'élément résiduel peut violer les contraintes d'îles en roumain et en français aussi. Je mentionne quelques exemples roumains dans lesquels un des éléments résiduels peut être le dépendant d'un verbe enchâssé dans un îlot sujet (au subjonctif ou à l'infinitif) en (218), dans un îlot relatif en (219) ou dans un îlot circonstanciel en (220).

(218) a. Să înveți la pian e greu, iar la vioară și mai greu.
SBJV apprendre.SBJV.2SG à piano est lourd et à violon aussi plus lourd.
'Apprendre le piano est difficile, et le violon encore plus difficile.'

b. Mariei îi place să meargă la mare, iar lui Ion la munte.
Maria.DAT DAT.3SG plaît SBJV aller.SBJV.3 à mer et DAT Ion à montagne.
'Marie aime aller à la mer, et Ion à la montagne.'

c. %A merge la teatru e pasiunea Mariei, iar la film pasiunea lui Ion.
INF aller à théâtre est passion.DEF Maria.DAT et à film pasion.DEF DAT Ion
'Aller au théâtre est la passion de Maria, et au cinéma la passion de Ion.'

---

[71]Je dois à Philip Miller cet exemple. La première phrase est le monologue intérieur du personnage, alors que la deuxième phrase est la voix du narrateur.

3 Les conjoints fragmentaires : le gapping

(219) a. Sunt oameni <u>care preferă</u> singurătatea, iar alții, contrariul.
sont gens qui préfèrent solitude.DEF et d'autres contraire.DEF
'Il y a des gens qui préfèrent la solitude, et d'autres, le contraire.'

b. In viața de zi cu zi, sunt unii <u>care văd</u> partea
dans vie.DEF de jour avec jour sont certains qui voient partie.DEF
plină a paharului, iar alții doar jumătatea goală.
pleine GEN verre.GEN et d'autres seulement moitié.DEF vide
'Dans la vie de tous les jours, il y a certains qui voient le verre à moitié plein, et d'autres le verre à moitié vide.'

c. <u>Chestia care îi enervează cel mai tare</u> pe bărbați <u>este</u>
question.DEF qui ACC.3PL énerve le plus fort DOM hommes est
critica, iar pe femei lipsa de atenție.
critique.DEF et DOM femmes manque.DEF de attention
'L'aspect qui énerve le plus les hommes est la critique, et les femmes le manque d'attention.'

d. <u>Ceea ce o motivează cel mai bine</u> pe o femeie <u>este</u>
ce qui ACC.3SG.F motive le plus bien DOM une femme est
dragostea, iar pe un bărbat respectul.
amour.DEF et DOM un homme respect.DEF
'Ce qui motive le plus une femme est l'amour, et un homme le respect.'

(220) a. <u>Dacă veniți</u> cu rulota, <u>plătiți</u> 25 de lei <u>pe</u>
si venir.PRS.2PL avec caravane.DEF payer.PRS.2PL 25 de lei par
<u>noapte</u>, iar cu cortul, 15 lei.
nuit et avec tente.DEF 15 lei
'Si vous venez en caravane, vous payez 25 lei par nuit, et avec la tente, 15 lei.'

b. Ion <u>mănâncă uitându-se</u> la documentare, iar Ana la
Ion mange regarder.PTCP.PRS-REFL.3 à documentaires et Ana à
telenovele.
feuilletons
'Ion mange en regardant des documentaires, et Ana des feuilletons.'

c. Ion <u>se chinuie încercând să învețe</u> chineza, iar
Ion se tracasse essayant SBJV apprendre.SBJV.3 chinois.DEF et

182

3.4 Les analyses proposées et leurs limites

   Ana coreeana.
   Ana coréen.DEF

   'Ion se donne du mal en essayant d'apprendre le chinois, et Ana le coréen.'

d. Iți   trebuie 50 000 de lei ca   să-ți   iei
   DAT.2SG faut   50 000 de lei COMP SBJV-DAT.2SG prendre.SBJV.2SG
   o   garsonieră, iar o   Dacie 1300, cam   tot   atât.
   un studio   et une Dacia 1300 presque même tant

   'Il te faut 50 000 lei pour t'acheter un studio, et (pour) une Dacia 1300 presque pareil.'

Les mêmes observations s'appliquent au français, comme on peut voir dans les exemples en (221) pour l'îlot sujet, (222) pour l'îlot relatif et (223) pour l'îlot circonstanciel.

(221) a. <u>Comprendre</u> le texte traduit <u>c'est</u> laborieux et le texte original encore plus laborieux.

   b. <u>Qu'on n'aime pas</u> le latin, <u>je comprends</u> dans une certaine mesure, mais l'italien, pas du tout.

(222) a. <u>C'est</u> Paul <u>qui fait</u> la vaisselle et Marie la lessive.

   b. Nous avons deux maîtresses, Roxane et Mathilde. Il y a aussi Katia <u>qui nous fait</u> l'anglais et Philippe la musique. (planche, Musée de Vaujany)

(223) a. <u>Quand tu parles</u> chinois, tout le monde <u>t'admire</u>, mais anglais personne.

   b. <u>Si vous venez</u> en train, <u>vous mettrez</u> 4 heures et en voiture, seulement 2 heures.

Toutes ces données montrent qu'il y a des îles qui sont violées dans le gapping, et cela indépendamment de la classification proposée par Merchant (2001). Ainsi, l'extraction des éléments résiduels à la périphérie gauche du conjoint ne se justifie pas empiriquement. De plus, Culicover (2009 : 463) ajoute le fait que cette extraction « multiple » n'est pas motivée en dehors des constructions elliptiques, car l'anglais ne permet pas la topicalisation multiple. Par conséquent, l'effacement ou toute autre opération supposée affecte un élément ou une suite d'éléments qui ne forment pas un constituant.

Cette discussion sur les effets d'îles dans les structures elliptiques nécessiterait une étude approfondie concernant la nature exacte de ces contraintes, ce qui dépasse largement mon objet d'étude. La motivation pour une telle étude vient des différences qu'on observe quant à l'acceptabilité des violations de ces contraintes : l'extraction hors d'une même île est considérée possible dans certains exemples, mais inacceptable dans d'autres occurrences. Les grammaires dérivationnelles (dans lesquelles s'inscrivent les analyses dominantes proposées pour le gapping) proposent une approche syntaxique des îles, les effets observés étant dus à des contraintes de compétence (cf. Ross 1967). Mais ce type d'approche ne peut pas expliquer les différences d'acceptabilité qu'on observe avec une même île.

La conclusion de plusieurs travaux (Hankamer 1973 ; Kuno 1976 ; Sag 1976 ; Sag et al. 1985 ; Gardent 1991, etc.) est que bien des contraintes qui jouent sur l'interprétation des exemples à gapping sont de nature non syntaxique. Ainsi, le fait que certaines îles soient respectées pourrait ne pas être une question de grammaticalité dans ce type spécifique de constructions, mais plutôt une question d'accessibilité (c.-à-d. l'extraction hors de ces îles n'est pas agrammaticale, mais simplement elle n'est pas préférée pour d'autres raisons) ; la sensibilité aux îles devrait donc être expliquée en termes de facteurs psycholinguistiques. Notons que, indépendamment de l'étude de l'ellipse, des travaux récents ont montré que, parmi les facteurs non syntaxiques qui gèrent l'acceptabilité des exemples avec îles, un rôle très important revient aux facteurs psycholinguistiques (voir, par exemple, Fanselow & Frisch 2006 : « Processing difficulty can make grammatical sentences unacceptable. »), mais aussi à d'autres types de facteurs (discursifs, prosodiques, etc.). Pour une approche non syntaxique des contraintes d'îles, voir Kluender (1998), Fanselow & Frisch (2006), Ambridge & Goldberg (2008), Hofmeister & Sag (2010), etc.

3.4.3.2 Problèmes de l'extraction du matériel manquant

On a vu dans les sections 3.4.1.2 et 3.4.2.3 que la principale motivation pour une approche à la Johnson (1996/2004 ; 2000 ; 2009) est d'ordre sémantique. Une analyse qui place la coordination à un niveau sous-phrastique d'où on a extrait le matériel manquant permettrait de rendre compte du fait que certains opérateurs (c.-à-d. la négation, les modaux, certains quantifieurs) dans la phrase source peuvent avoir portée large sur toute la coordination.

Cependant, ce type d'analyse présente plusieurs difficultés, que j'ai regroupées en deux parties : des problèmes plutôt internes à ce type d'approche, et ensuite des problèmes empiriques, qui sont indépendants de tout cadre théorique.

3.4 Les analyses proposées et leurs limites

Selon Vicente (2010), le mouvement du verbe est problématique dans le cas des trous complexes, où on devrait déplacer non seulement la tête verbale, mais aussi d'autres constituants. Johnson propose une solution à ce problème (c.-à-d. *remnant predicate movement*), mais elle n'est pas empiriquement adéquate, car on ne peut pas l'appliquer à d'autres types de déplacement enregistrés en anglais en (224) et (225). Ainsi, les trous complexes, qui subissent un déplacement à la Johnson, ne peuvent pas être antéposés (224b–225b) :

(224)   a. Phil <u>read things</u> quickly, and Mike thoroughly.

            b. *Read things, Mike (did) quickly. (Vicente 2010 : 510)

(225)   a. Randy <u>wants to write</u> a novel, and Amy a play.

            b. *Want to write, Randy (did) a novel. (Vicente 2010 : 510)

Comme Johnson (2009) le précise lui-même, le mouvement des trous complexes nécessite plusieurs déplacements. Ainsi, pour obtenir l'exemple (226a) avec gapping, on extrait la séquence *give me* de la phrase trouée à travers son sujet, ce qui veut dire qu'on doit permettre au sujet d'intervenir entre les deux compléments d'objet du verbe *give*. Si ce type de déplacement est permis dans les constructions à gapping en anglais, pourquoi ne trouve-t-on pas de matériel intervenant entre les deux compléments du verbe *give* en anglais (226b) ? On observe donc que l'extraction du matériel manquant interagit avec la linéarisation des éléments d'une manière inattendue : ce type d'opération permet des ordres de mots qui ne sont pas attestés par ailleurs dans la langue[72].

(226)   a. Ice cream <u>gives me</u> brain-freeze if I eat it too fast and beans ~~give me~~ indigestion if I eat them too slow.

            b. *Ice cream gives me in the morning brain-freeze. (Johnson 2009 : 314)

De plus, l'extraction verbale exige que les deux *v*P (de la phrase source et de la phrase trouée) soient identiques. Cela pose un problème pour l'une des trois possibilités d'interprétation de la négation dans les constructions à gapping (voir Repp 2009). Si cette approche structurale peut rendre compte de la portée large de la négation (c.-à-d. la négation est interprétée à un niveau supérieur par rapport à la coordination) et aussi des cas où la négation est interprétée à l'intérieur de chaque conjoint (étant distribuée sur les deux conjoints), on n'arrive toujours pas

---

[72]Johnson (2009) considère que c'est un problème aussi pour les approches à la Coppock (2001), utilisant l'effacement.

3 Les conjoints fragmentaires : le gapping

à obtenir la portée étroite de la négation (c.-à-d. les cas où la négation s'interprète uniquement dans la phrase source, cf. les exemples (89–90) ci-dessus).

On y ajoute deux faits empiriques montrant que ce type d'approche n'est pas adéquate en roumain et en français. Un premier point faible de cette analyse est le fait qu'elle prédit de manière incorrecte la distribution des items corrélatifs. En roumain et en français, si une coordination de phrases présente des items corrélatifs (conjonctions corrélatives, p.ex. *fie...fie...* 'soit...soit...' en roumain, *ou bien...ou bien...* ou *ni...ni...* en français ; adverbes corrélatifs, p.ex. *nici...nici...* 'ni... ni...' en roumain), chaque conjoint doit être introduit par un corrélatif (Bîlbîie 2008 ; Mouret 2007), cf. (227a) et (228a) en roumain et (229a) et (230a) en français. Dans l'approche de Johnson, le premier élément corrélat dans la phrase source (habituellement, le sujet) est extrait de manière asymétrique hors du premier conjoint. Cela devrait permettre l'occurrence d'un item corrélatif après la tête verbale dans la phrase source, ce qui s'avère être agrammatical en (227b) et (228b) en roumain et (229) et (230b) en français.

(227) a. **Fie** Dan <u>va cânta</u> la vioară, **fie** Maria la pian.
'Soit Dan va jouer du violon, soit Maria du piano.'

b. *Dan <u>va cânta</u> **fie** la vioară, **fie** Maria la pian.
Dan va chanter soit à violon soit Maria à piano
'Soit Dan va jouer du violon, soit Maria du piano.'

(228) a. **Nici** directorul <u>nu are obligații</u> față de mine, și **nici** eu față de el.
ni directeur.DEF NEG a obligations face de moi et ni moi face de lui
'Ni le directeur n'a d'obligations envers moi, ni moi envers lui.'

b. *Directorul <u>nu are obligații</u> **nici** față de mine, și **nici** eu față de el.
directeur.DEF NEG a obligations ni face de moi et ni moi face de lui
'Ni le directeur n'a d'obligations envers moi, ni moi envers lui.'

(229) a. **Ou bien** Paul <u>dormira</u> chez Marie **ou bien** Marie chez Paul.

b. *Paul <u>dormira</u> **ou bien** chez Marie **ou bien** Marie chez Paul.

(230) a. **Ni** le compromis <u>ne me paraît</u> justifié, **ni** l'acceptation pure et simple nécessaire. (exemple cité par Grevisse & Goosse 1991)

b. *Le compromis ne me paraît ni justifié, ni l'acceptation pure et simple nécessaire.

De plus, cette analyse prédit incorrectement que la conjonction *iar* (utilisée massivement dans les constructions à gapping en roumain) relie des éléments sous-phrastiques, alors qu'il est communément admis que cette conjonction coordonne uniquement des contenus propositionnels (c.-à-d. des phrases, cf. Bîlbîie & Winterstein 2011).

Par conséquent, ce type d'approche ne peut pas s'appliquer au roumain et au français. Quant à la motivation d'une coordination « basse » (notamment la portée large des opérateurs sémantiques), je précise que les problèmes relevés par Johnson sont de nature sémantique et non syntaxique et peuvent trouver une solution convenable dans un cadre théorique qui ne pose pas d'homomorphisme syntaxe-sémantique[73].

3.4.3.3 Problèmes de l'effacement

Dans les analyses qui postulent une reconstruction syntaxique du verbe à l'endroit même du trou, l'effacement ou autre opération envisagée a lieu sous une condition d'identité entre le matériel manquant et le matériel antécédent. Par conséquent, toute discordance qui apparaît entre les deux entraîne des difficultés supplémentaires qui obligent la théorie en question à faire appel à des stipulations parfois coûteuses.

Dans les constructions à gapping, on observe que le matériel manquant qui doit être reconstruit dans la phrase trouée ne correspond pas toujours à une copie du matériel antécédent dans la phrase source. La condition d'identité doit donc être remaniée afin de prendre en compte les différentes asymétries qu'on observe.

Un fait bien connu et discuté pour l'anglais aussi est l'absence d'identité stricte entre les deux verbes par rapport aux marques d'accord (différence en nombre ou/et en personne, cf. (231) en roumain et (232) en français). Ces données peuvent

---

[73] La solution se baserait sur l'asymétrie qu'on observe entre la coordination ordinaire (sans ellipse) et la coordination à gapping. La coordination ordinaire ne permet pas à un élément issu d'un des conjoints d'avoir portée large sur toute la coordination, les contraintes de portée étant donc très strictes. En revanche, dans les coordinations à gapping, on peut relâcher ces contraintes et autoriser donc un élément du premier conjoint à prendre portée large, à condition que cela fasse sens sémantiquement : p.ex. un quantifieur qui lie une variable dans le deuxième conjoint ou bien un ajout adverbial comme la négation ou d'autres adverbes. Cela est possible dans un cadre comme HPSG, qui peut utiliser le langage *Minimal Recursion Semantics* pour la sous-spécification syntaxique de la portée des quantifieurs.

3 Les conjoints fragmentaires : le gapping

trouver néanmoins une solution dans les versions récentes de l'effacement (voir Beavers & Sag 2004 and Chaves & Sag 2008).

(231) a. Noi <u>citim</u> o carte, iar tu ({citeşti | *citim}) un ziar.
 nous lisons un livre et tu ({lis | lisons}) un journal
 'Nous lisons un livre, et toi un journal.'

 b. Eu <u>iubesc</u> animalele, iar Ana ({iubeşte | *iubesc})
 NOM.1SG aime.1SG animaux.DEF et Ana ({aime.3SG | aime.1SG})
 florile.
 fleurs.DEF
 'J'aime les animaux et Ana les fleurs.'

(232) a. Paul <u>va</u> à Paris et ses enfants ({vont | *va}) à Rome.
 b. Nos enfants <u>partent</u> demain et nous ({partons | *part}) la semaine prochaine.

Pour le roumain et le français, le manque d'identité est encore plus aigu quand on prend en compte le comportement des clitiques. Les clitiques pronominaux affixés au verbe antécédent ne sont pas nécessairement les mêmes que ceux qui seraient affixés au verbe reconstruit dans la phrase trouée, cf. (233) en roumain et (234) en français.

(233) a. Ion <u>l-a împins</u> pe Dan, iar Dan ({a împins-o | *l-a
 Ion 3SG.M-a poussé DOM Dan et Dan ({a poussé-3SG.F | 3SG.M-a
 împins}) pe Maria.
 poussé}) DOM Maria
 'Ion a poussé Dan, et Dan (a poussé) Maria.'

 b. Eu <u>i-am văzut</u> pe [Ion şi Maria], iar Ana ({l-a văzut |
 je 3PL.M-ai vu DOM Ion et Maria et Ana ({3SG.M-a vu |
 *i-a văzut}) pe Paul.
 3PL.M-a vu}) DOM Paul
 'J'ai vu Ion et Maria, et Ana (a vu) Paul.'

(234) a. Paul **en** <u>a lu</u> seulement certains, mais Marie ({**les** | *en} a lu) presque tous.
 b. Paul **les** <u>a lus</u>, vos livres, et Marie ({en | *les} a lu) seulement certains.

De plus, certains clitiques (pronominaux ou adverbiaux) sont interdits dans l'un des conjoints, mais obligatoires dans l'autre. Ainsi, en (235a) le clitique pronominal *le* en roumain est obligatoire dans la source, mais interdit dans la phrase

3.4 Les analyses proposées et leurs limites

trouée reconstruite ; de même, dans l'exemple français (236a), le clitique pronominal *en* n'apparaît pas dans la source, mais il apparaît dans la phrase trouée reconstruite. Dans les deux langues, la présence d'un mot négatif comme élément résiduel dans la phrase trouée (*niciuna* 'aucune' en (235b) et *aucun* en (236b)) entraîne l'emploi du clitique adverbial de négation sur le verbe reconstruit, alors qu'il est absent dans la phrase source. Enfin, dans l'exemple (236c) en français, on observe que l'élément résiduel *moi* ne peut fonctionner comme sujet d'un verbe reconstruit ; si l'on reconstruit un verbe, le pronom fort *moi* doit être redoublé par le clitique pronominal *je*.

(235) a. Ion **le**-a citit pe toate, dar Ana ((***le**-)a citit) doar câteva.
Ion 3PL.F-a lu DOM toutes mais Ana (3PL.F-a lu) seulement quelques-unes
'Ion les a tous lus, mais Ana seulement quelques-uns.'

b. Ion a citit câteva dintre ele, dar Maria (*(**nu**) a citit) absolut niciuna.
Ion a lu quelques-unes parmi elles mais Maria (NEG a lu) absolument aucune
'Ion en a lu quelques-uns, mais Maria absolument aucun.'

(236) a. Paul a lu tous vos livres et Marie (**en** a lu) quelques-uns.
b. Paul en a lu peu, et Marie (*(**n'**)en a lu) absolument aucun.
c. Marie aime les pommes et moi (*(**j'**)aime) les oranges.

On observe le même problème avec les adverbes restrictifs *decât* 'que' et *doar* 'seulement' en (237). Pour marquer la restriction, le roumain utilise l'adverbe *decât* 'que' dans les contextes négatifs et *doar* 'seulement' dans les contextes positifs. L'adverbe *decât* est licite uniquement s'il suit un verbe nié. Si l'on assume une théorie à base d'effacement, on devrait pouvoir utiliser *decât* dans la phrase trouée aussi (237a), car son légitimeur (c.-à-d. le verbe nié) serait présent dans la structure syntaxique. Or, les locuteurs ont une préférence nette pour l'emploi de *doar* (qui ne demande pas de négation et pas de verbe non plus) dans la phrase avec gapping (237b).

(237) a. ??Ion nu ştie **decât** engleza, iar Maria **decât** germana.
'Ion ne parle que l'anglais, et Maria que l'allemand.'
b. Ion nu ştie **decât** engleza, iar Maria **doar** germana.
'Ion ne parle que l'anglais, et Maria seulement l'allemand.'

3 Les conjoints fragmentaires : le gapping

Si ces problèmes de discordance peuvent trouver une solution adéquate (bien que très coûteuse), il y a un autre fait qui, à ma connaissance, ne peut être pris en compte par une approche syntaxique à base d'effacement. Selon le principe de récupérabilité de l'ellipse (Chomsky 1964), une forme linguistique non réalisée phonologiquement doit pouvoir être insérée in situ. Or, dans les constructions à gapping, la reconstruction du matériel supposé effacé ne donne pas toujours lieu à une phrase grammaticale. Comme l'ont observé Culicover & Jackendoff (2005) en (238), il y a des éléments (comme les connecteurs *as well as* and *and/but not* en anglais) qui apparaissent dans une phrase trouée, mais qui ne se combinent pas avec une phrase finie, ce qui est attendu si le verbe manquant est effectivement absent de la structure. Ce type de connecteurs a le même comportement en roumain (239) et en français (240) : on ne peut pas avoir un verbe fini dans la phrase trouée si celle-ci est introduite par la conjonction lexicalisée *precum și* 'ainsi que' (239a) en roumain ou *ainsi que* (240a) en français, ou si la conjonction habituelle est immédiatement suivie par la négation de constituant *nu*[74] (239b) en roumain ou *non pas* (240b) en français. De même, pour les connecteurs comparatifs *ca și*, *la fel ca* 'comme' (239c) en roumain, qui n'introduisent jamais une phrase finie.

(238)   a.   Robin <u>speaks</u> French **as well as** Leslie (*speaks) German.

            b.   Robin <u>speaks</u> French **and not** Leslie (*speaks) German.

(239)   a.   Istoria veche a egiptenilor <u>mă pasionează</u> dintotdeauna, **precum și** cea aztecă (*mă pasionează) de ceva vreme.

               'L'histoire ancienne des Egyptiens me passionne depuis toujours, ainsi que celle des Aztèques depuis un bon moment.'

            b.   DAN <u>va dormi</u> la Maria **și nu** ea (*va dormi) la el.

               'Dan va dormir chez Maria, et non pas elle chez lui.'

---

[74]On doit distinguer entre trois *nu* différents en roumain : (i) l'adverbe négation de constituant, (ii) le clitique adverbial négation de phrase, qui est affixé au verbe, et (iii) l'adverbe pro-phrase. Pour une discussion sur leurs propriétés différentes, voir Barbu (2004), Ionescu (2003), etc.

     (i)   Lupul își schimbă părul, dar **nu** năravul.
          'Le loup change son pelage, mais pas son instinct.'

     (ii)   Lupul își schimbă părul, dar **nu**-și schimbă năravul.
           'Le loup change son pelage, mais ne change pas son instinct.'

     (iii)   Lupul își schimbă părul, dar năravul, **nu**.
            'Le loup change son pelage, mais son instinct, non.'

3.4 Les analyses proposées et leurs limites

    c. Ion <u>se comportă</u> cu Maria {**ca și** | **la fel ca**} fratele lui (*se comportă) cu Ana.

    'Ion se comporte avec Maria comme son frère avec Ana.'

(240) a. Paul <u>a cueilli</u> des framboises **ainsi que** Marie (*a cueilli) des fraises.

    b. Paul <u>dormira</u> chez Marie et **non pas** Marie (*dormira) chez Paul.

Un problème interne aux théories présupposant l'homomorphisme syntaxe-sémantique concerne la portée de certains opérateurs sémantiques. Comme le note Johnson, la négation, les modaux ou encore certains quantifieurs peuvent avoir une portée large sur toute la coordination (voir les données ci-dessus en (190–192)). Or, dans une théorie à base d'effacement, ces opérateurs apparaissent dans chaque conjoint, donc la portée large ne peut pas avoir lieu. Coppock (2001) propose une solution à ce problème : la coordination a lieu non au niveau de la phrase, mais au niveau du *v*P. Cependant, les arguments empiriques mentionnés dans la section précédente invalident cette possibilité. Par conséquent, la portée large de ces opérateurs reste un problème.

Un problème plus général, qui concerne et l'effacement et le mouvement du verbe, est lié à la portée de la négation dans le gapping. Les données sur la négation ont tourné d'une analyse à l'autre, chacune choisissant celles qui étaient en sa faveur : ainsi, l'effacement est adapté pour rendre compte de la portée distribuée de la négation, alors que le mouvement ATB est adapté pour la portée large. Cependant, et l'effacement et le mouvement ATB sont loin d'avoir un traitement complet des trois interprétations de la négation à l'intérieur d'une même théorie, en particulier elles ne captent pas la portée étroite de la négation, quand la polarité est différente dans les deux conjoints : négative vs. positive ou bien positive vs. négative (Repp 2009).

Vu les problèmes empiriques mentionnés dans cette section, il s'avère très difficile de maintenir une approche en termes d'effacement ou de mouvement du verbe, combiné éventuellement avec une extraction des éléments résiduels. Je propose donc d'abandonner ce type d'approches pour les constructions à gapping et d'adopter une solution qui ne postule pas de structure syntaxique pour le matériel manquant.

3.4.4 Analyses alternatives : une approche non structurale

Les problèmes discutés dans la section précédente peuvent trouver une solution dans une approche à base de constructions, qui postule la récupération du matériel antécédent, sans qu'il soit présent (sous une forme ou autre) dans la structure

3 Les conjoints fragmentaires : le gapping

syntaxique de la phrase trouée. Dans cette perspective, le trou n'a pas de représentation syntaxique (pas d'effacement, pas d'élément vide, pas de mouvement). Par conséquent, la séquence trouée sera une suite de deux ou plusieurs syntagmes sans tête verbale, avec un contenu propositionnel similaire à celui de la phrase source. On appelera cette séquence une *phrase fragmentaire*.

Parmi les analyses proposées dans cette perspective, on peut citer les travaux de Sag et al. (1985) en GPSG (*Generalized Phrase Structure Grammar*), Steedman (1990 ; 2000), Gardent (1991) et Hoyt (2008) en CCG (*Combinatory Categorial Grammar*), Culicover & Jackendoff (2005) et Culicover (2009) dans leur projet d'une syntaxe plus simple (*Simpler Syntax*)[75].

Par la suite, je présente brièvement les analyses de Steedman (1990 ; 2000), Sag et al. (1985), Gardent (1991) et Culicover & Jackendoff (2005), vu le fait que l'analyse qu'on retiendra pour les constructions à gapping en roumain et en français (dans la section 3.5) a beaucoup de points en commun avec ces approches.

Les travaux sur l'ellipse faits en grammaire catégorielle (Dowty 1988 ; Steedman 1990 ; 2000) ont l'avantage d'offrir une analyse assez aisée des coordinations de non-constituants, car ce type de grammaire permet une extension de la notion de constituance grâce à des règles combinatoires flexibles (p.ex. on peut combiner le verbe soit avec l'objet, soit avec le sujet). Le résultat est que, contrairement aux grammaires syntagmatiques, dans une grammaire catégorielle les règles combinatoires permettent à toute séquence de non-constituants de fonctionner comme un constituant ordinaire, dans la portée syntaxique d'un prédicat extérieur à la structure. Si cela s'applique directement à des constructions comme ACC ou RNR, pour le gapping cela nécessite des modifications de la grammaire.

Les deux processus majeurs envisagés en grammaire catégorielle sont la montée de type et la composition fonctionnelle. Pour toute séquence de trois constituants, ces règles permettent de déterminer le troisième, à partir des deux premiers. Ce qui est particulier au gapping, par rapport à d'autres coordinations de non-constituants, est l'introduction d'une règle spéciale pour l'ellipse, qui per-

---

[75] A la liste des analyses proposées pour le gapping, je devrais ajouter aussi les analyses à base de « partage » (*sharing approach*), cf. Goodall (1987), Moltmann (1992), etc. L'idée générale est que la phrase source et la phrase trouée sont projetées dans le même arbre (un seul nœud S/IP). Dans cet arbre, le matériel qui apparaît uniquement dans la phrase source est partagé littéralement par les deux conjoints. En revanche, les paires contrastives ne sont pas partagées. On distingue trois versions : (i) Les paires contrastives apparaissent sous le même nœud comme une liste ordonnée (c.-à-d. théorie de la factorisation). (ii) Les éléments résiduels apparaissent dans l'arbre comme s'ils créaient une structure bidimensionnelle. (iii) Le matériel partagé est présent simultanément dans les deux conjoints, grâce à la possibilité d'avoir un nœud dominé par plusieurs nœuds-mère (c.-à-d. théorie de la dominance multiple).

3.4 Les analyses proposées et leurs limites

met la décomposition de la phrase source, afin de pouvoir isoler le prédicat et obtenir une catégorie fonctionnelle similaire à celle obtenue pour la phrase trouée. J'illustre la représentation syntaxique du gapping en (241) et (242). On commence par la composition fonctionnelle de la séquence trouée (241). On obtient une catégorie complexe qu'on ne peut pas combiner telle quelle avec la catégorie phrastique (S) de la phrase source. Ce qui oblige à postuler une règle de décomposition dans la phrase source (242) ; c'est une règle « révélatrice » qui s'applique au verbe antécédent (ayant le statut discursif de « donné »), afin de récupérer un constituant « révélateur » qui va contribuer à déterminer l'interprétation de la séquence trouée. Après avoir mis de côté le verbe « topique », on obtient ainsi un constituant ayant la même catégorie fonctionnelle que celle obtenue par la composition de la séquence trouée. Ayant deux constituants de même catégorie, on peut maintenant les coordonner. Le résultat obtenu est finalement appliqué au verbe « topique », qu'on avait séparé lorsqu'on avait appliqué la première règle.

(241) Composition de la phrase trouée

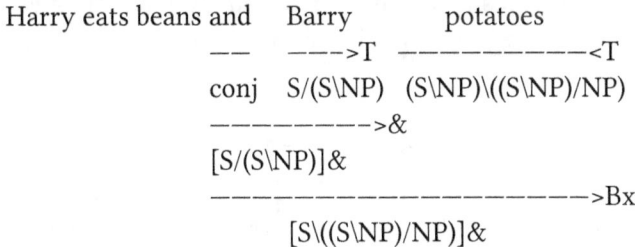

(242) Décomposition de la phrase source

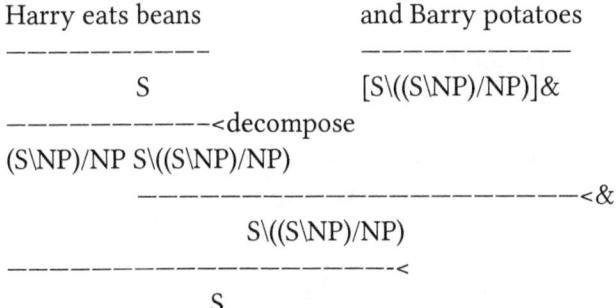

Gardent (1991) considère que la proposition de Steedman (1990) pose quelques problèmes : (i) linguistiquement, elle ne permet pas de prédire quelles combinaisons sont acceptées ou refusées par la grammaire ; (ii) computationnellement,

3 Les conjoints fragmentaires : le gapping

elle permet des structures qui sont distinctes du point de vue de leur dérivation, mais qui sont équivalentes au niveau sémantique ; (iii) empiriquement, la catégorie fonctionnelle obtenue est inadéquate, car elle ne rend pas compte des cas où ce qui manque est, à part le verbe, aussi un syntagme nominal ou un syntagme prépositionnel.

Par conséquent, Gardent (1991) propose une solution, en se basant sur le travail de Sag et al. (1985). Ces derniers analysent la catégorie de la séquence trouée comme une variable sur une ou plusieurs catégories de type X^{2*}. Cette proposition est adoptée par Gardent (1991), qui y ajoute la notion de *product category*, c.-à-d. une séquence de catégories qui fonctionne comme une catégorie complexe. La légitimation du fragment se fait à l'interface syntaxe-sémantique. Fondamentalement, la récupération de l'information met en jeu, dans les deux approches, un mécanisme de *substitution*, définie sur les arbres syntaxiques, cf. Figure 3.1 et Figure 3.2. Grossièrement, une phrase trouée est légitimée dans la grammaire si et seulement si la séquence de catégories formant une catégorie complexe peut être *substituée* dans l'arbre de dérivation de la phrase source. La reconstruction de l'arbre est donc un mécanisme essentiel pour l'analyse du gapping, car elle assure l'interprétabilité d'une phrase et elle vérifie aussi la grammaticalité de la phrase trouée.

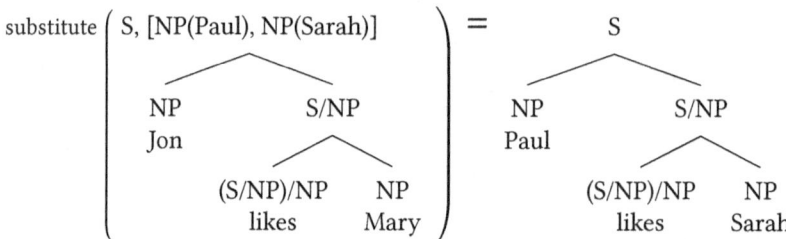

FIGURE 3.1 : Représentation d'une construction à gapping dans Gardent (1991)

Ce mécanisme de substitution permet de prendre en compte les informations syntaxiques fournies par la phrase source, qui s'appliquent aussi à la phrase trouée (p.ex. les contraintes de sous-catégorisation en (243)).

(243) a. Pat has become crazy, and Chris depressed.
   b. Pat has become crazy, and Chris an incredible bore.
   c. *Pat has become crazy, and Chris in good spirits. (Sag et al. 1985 : 160)

3.4 Les analyses proposées et leurs limites

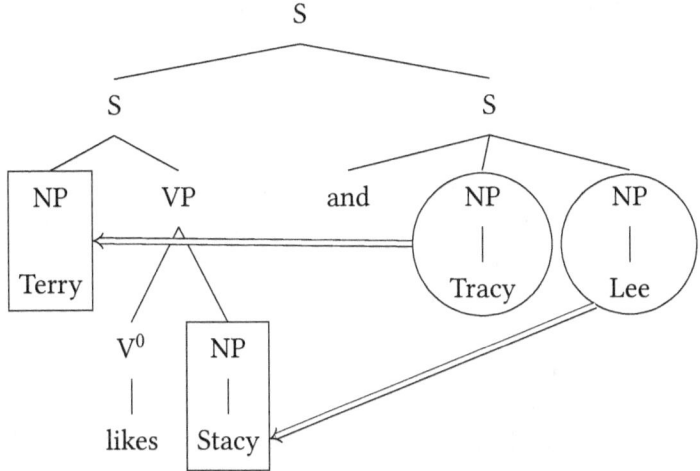

FIGURE 3.2 : Représentation d'une construction à gapping dans Sag et al. (1985)

De ce point de vue, Sag et al. (1985) considèrent qu'une approche purement sémantique qui substitue simplement les interprétations (e.g. Stump 1978) n'est pas adéquate. Un argument supplémentaire montrant la supériorité des approches à l'interface syntaxe-sémantique vient du fait que ce type de substitution permet des discordances interprétatives entre les éléments formant une paire contrastive, p.ex. l'interprétation *de re* vs. *de dicto*. Ainsi, en (244), l'élément résiduel *a pencil* peut avoir une interprétation *de re*, alors que son corrélat *a piece of paper* a une interprétation *de dicto*, et vice-versa. En revanche, dans une approche purement sémantique, l'élément résiduel et son corrélat doivent partager l'interprétation.

(244) Pat is looking for a piece of paper, and Chris, a pencil. (Sag et al. 1985 : 162)

Sag et al. (1985) n'ajoutent pas d'autres contraintes syntaxiques, leur hypothèse étant que la plupart des contraintes jouant sur l'acceptabilité des constructions à gapping sont de nature extra-syntaxique, cf. Hankamer (1973), Kuno (1976) et Sag (1976).

En revanche, Gardent (1991) incorpore la contrainte de constituance majeure (c.-à-d. l'élément résiduel doit être l'argument ou l'ajout du verbe antécédent ou bien l'argument d'un verbe contenu dans l'argument phrastique du verbe antécédent), afin d'éviter les problèmes de surgénération qui dérivent de l'analyse de Sag et al. (1985), c.-à-d. des phrases qui devraient être agrammaticales sont acceptées par la grammaire, et des phrases qui ne devraient avoir qu'une seule lecture en reçoivent plusieurs.

Une règle de légitimation de fragments à l'interface syntaxe-sémantique est proposée aussi par Culicover & Jackendoff (2005). Le même mécanisme est en place : La phrase trouée est analysée comme une phrase fragmentaire sans tête verbale, dont la bonne formation est déterminée par un principe de substitution (comme pour la coordination en général, cf. la généralisation de Wasow). On doit pouvoir remplacer les éléments corrélats dans la phrase source par les éléments résiduels de la phrase trouée et obtenir une structure qui soit syntaxiquement et sémantiquement bien formée.

Selon Culicover & Jackendoff (2005), les constructions à gapping relèvent d'un mécanisme de « légitimation indirecte » (angl. *Indirect Licensing*) d'au moins deux constituants « orphelins ». La légitimation indirecte inclut : (i) l'intégration sémantique des constituants orphelins dans une structure propositionnelle P (faisant ainsi intervenir une reconstruction sémantique), P étant pragmatiquement liée à la phrase source, et (ii) l'intégration syntaxique par substitution en parallèle (*matching*) des paires contrastives. Pour que cela se fasse, les traits morphosyntaxiques des éléments résiduels doivent être compatibles avec ceux imposés aux corrélats par le prédicat antécédent. Les règles du gapping sont données en (245). Une représentation simplifiée de la syntaxe et de la sémantique d'une construction à gapping est donnée en Figure 3.3 et respectivement (246).

(245) Règles du gapping dans Culicover & Jackendoff (2005)
Syntaxe : $[XP_i^{ORPHAN1} \ YP_j^{ORPHAN2}]^{IL}$
Structure conceptuelle (CS) : $\left[\mathcal{F}\left(\left[\begin{array}{c} X_i \\ \text{C-FOCUS} \end{array} \right], \left[\begin{array}{c} Y_j \\ \text{C-FOCUS} \end{array} \right] \right) \right]$

(246) La sémantique d'une construction à gapping dans Culicover & Jackendoff (2005)
$\left[\left[\text{SPEAK}\left(\left[\begin{array}{c} \text{ROBIN} \\ \text{C-FOCUS} \end{array} \right], \left[\begin{array}{c} \text{FRENCH} \\ \text{C-FOCUS} \end{array} \right] \right) \right] \text{ and } \left[\mathcal{F}\left(\left[\begin{array}{c} \text{LESLIE} \\ \text{C-FOCUS} \end{array} \right], \left[\begin{array}{c} \text{GERMAN} \\ \text{C-FOCUS} \end{array} \right] \right) \right] \right]$

La différence majeure entre la substitution postulée par Culicover & Jackendoff (2005) et la substitution proposée par Sag et al. (1985) ou Gardent (1991) est que la première est définie sur la structure argumentale du prédicat, alors que dans le deuxième cas, elle se définit sur les arbres syntaxiques.

Mis à part les arguments convaincants qu'ils donnent contre une reconstruction syntaxique du verbe dans la phrase trouée, le reproche qu'on peut faire à l'approche de Culicover & Jackendoff (2005) est que les contraintes de parallélisme

3.5 Une analyse constructionnelle en HPSG

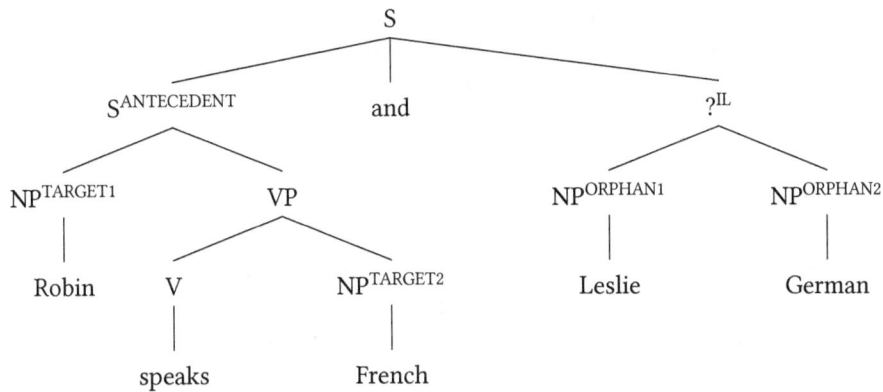

FIGURE 3.3 : La syntaxe d'une construction à gapping dans Culicover & Jackendoff (2005)

syntaxique sont très strictes ; on a montré dans la section 3.3.4.1 que le roumain (comme le français) permettait une certaine souplesse quant à la catégorie syntaxique, le nombre d'éléments contrastés et l'ordre des mots. Un autre reproche concerne le statut syntaxique qu'ils donnent à la phrase trouée : dans leur vision, la phrase trouée est un ajout à la phrase source. Néanmoins, les propriétés des coordinations canoniques en général et celles à gapping en particulier semblent être différentes des conjoints incidents (cf. Abeillé 2005) : premièrement, une construction à gapping peut présenter une conjonction « corrélative » (et on obtient ainsi une coordination omnisyndétique), alors qu'un conjoint incident ne peut jamais être introduit par une conjonction corrélative ; deuxièmement, si la contrainte sur l'extraction parallèle des deux conjoints peut s'appliquer aux constructions à gapping, elle ne s'applique pas aux conjoints incidents ; troisièmement, le dernier conjoint dans une coordination à gapping manque de mobilité, alors que le conjoint incident est mobile dans la phrase. Pour l'illustration de ces différences en roumain, voir Bîlbîie (2008).

A l'instar des analyses discutées ici, je présente dans la section suivante une possibilité d'analyse dans le cadre HPSG, tout en restant dans l'esprit de ces approches non structurales.

3.5 Une analyse constructionnelle en HPSG

Cette section repose sur l'analyse présentée dans Abeillé et al. (2014). Le modèle qu'on retient ici est une version constructionnelle de HPSG (cf. Sag 1997 ; Ginzburg & Sag 2000; Sag et al. 2003; Sag 2012), qui opère avec des hiérarchies de constructions à héritage, permettant de représenter non seulement leurs propriétés communes, mais aussi leurs propriétés spécifiques.

Je présente brièvement l'architecture générale en HPSG (section 3.5.1) et l'analyse formelle des constructions coordonnées (section 3.5.2), pour ensuite proposer une analyse formelle des constructions à gapping à l'interface syntaxe-sémantique-discours (section 3.5.3). J'insiste sur l'analyse des coordinations à gapping en termes de *fragments*, comme cela a été proposé par Ginzburg & Sag (2000) pour les questions et les réponses courtes en anglais, et par Culicover & Jackendoff (2005) pour plusieurs phénomènes elliptiques.

3.5.1 Architecture générale en HPSG

En HPSG, l'unité fondamentale de la langue est le *signe* tel que défini par Saussure (c.-à-d. une relation entre une forme et un contenu). Les signes peuvent être des mots (angl. *words*) ou des syntagmes (angl. *phrases*). Chaque signe linguistique peut être représenté sous la forme d'une structure de traits, utilisée comme cadre unique pour représenter des informations linguistiques hétérogènes (phonologiques, syntaxiques, sémantiques, discursives). La liste de types de signes est organisée selon une hiérarchie. Une hiérarchie simplifiée des signes est donnée en Figure 3.4. Et les mots et les syntagmes ont un contenu phonologique (représenté sous l'attribut PHON) et une variété de propriétés syntaxiques et sémantiques (regroupées sous l'attribut SYNSEM)[76].

En plus de ces traits qui s'appliquent simultanément aux mots et aux syntagmes, il y a des traits qui sont spécifiques à certains sous-types. Ainsi, les mots, contrairement aux syntagmes, comportent une structure argumentale (cf. le trait ARG-ST) qui regroupe dans une seule liste d'objets *synsem* tous les éléments qu'ils sous-catégorisent. Les syntagmes, et non les mots, ont un trait DAUGHTERS (abrégé DTRS), dont la valeur est une liste de *signes*, qui enregistre les constituants immédiats.

Les synsems qui apparaissent sur la structure argumentale d'un mot peuvent être canoniques (*canonical*) ou non canoniques (*non-canonical*). Les synsems canoniques figurent non seulement dans la structure argumentale d'un mot, mais aussi dans ses traits de valence, contrairement aux synsems non canoniques, qui n'apparaissent que dans la structure argumentale, comme l'indique le Principe de conservation des arguments en (247). Selon ce principe, les arguments sous-

---

[76]Les traits PHON et SYNSEM décrivant le signe en HPSG rappellent la dichotomie saussurienne *signifiant* vs. *signifié*.

3.5 Une analyse constructionnelle en HPSG

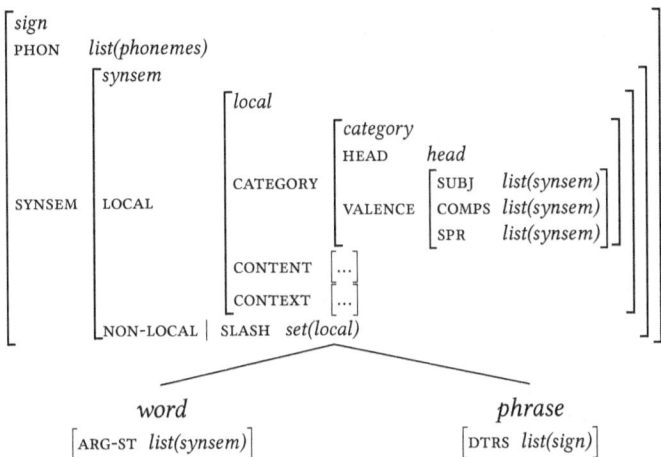

FIGURE 3.4 : Hiérarchie simplifiée des signes

catégorisés apparaissent à l'identique sur les traits de valence du prédicat (cf. la coïndiciation des variables), à l'exception des arguments typés comme non canoniques.

(247) Principe de conservation des arguments

$$word \Rightarrow \begin{bmatrix} \text{VALENCE} & \begin{bmatrix} \text{SUBJ} & \boxed{1} \\ \text{SPR} & \boxed{2} \\ \text{COMPS} & \boxed{3} \end{bmatrix} \\ \text{ARG-ST} & \boxed{1} \oplus \boxed{2} \oplus \boxed{3} \bigcirc \textit{list(non-canonical)} \end{bmatrix}$$

La hiérarchie d'objets *synsem* est donnée en Figure 3.5. En dehors des arguments canoniques (réalisés localement), on identifie quatre sous-types d'arguments non canoniques dans les langues romanes (voir aussi Miller & Sag 1997, Monachesi 1999 et Ginzburg & Sag 2000) : (i) le sous-type *gap* concerne les éléments extraits dans les dépendances à distance ; (ii) le sous-type *pro* (ou pronoms 'nuls') peut être utilisé pour le phénomène de pro-drop du sujet en roumain ou pro-drop de l'objet, ainsi que pour le sujet des impératifs et de certains infinitifs (donc, pour des éléments n'ayant pas de réalisation phonologique) ; (iii) le sous-type *pron-affix* concerne la réalisation des clitiques pronominaux au datif et à l'accusatif, qui, bien qu'ils aient une réalisation phonologique, doivent être analysés comme des affixes verbaux (cf. Miller & Sag 1997 et Monachesi 1999), et (iv) *adv-affix* concerne la réalisation des adverbiaux apparaissant à l'intérieur du complexe verbal (p.ex. les adverbes roumains *cam* 'un peu', *mai* 'encore / plus',

3 Les conjoints fragmentaires : le gapping

și 'aussi', tot 'encore', prea 'très' ou encore la négation de phrase *nu*), qui sont analysés eux aussi comme des affixes verbaux (Barbu 1999; 2003; Monachesi 2000). Les éléments ainsi typés n'apparaissent pas dans les traits de valence, ils apparaissent uniquement sur la structure argumentale de la tête qui les sous-catégorise. Ils n'ont donc pas de réalisation en syntaxe.

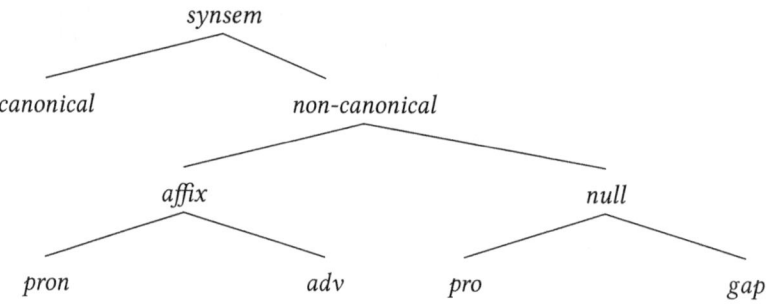

FIGURE 3.5 : Hiérarchie des valeurs *synsem*

Revenons aux syntagmes, qui, comme on l'a déjà précisé, ont un trait DAUGH-TERS qui enregistre les constituants immédiats. A la suite de Sag (1997) et Ginzburg & Sag (2000), on représente les différents types de syntagmes dans une hiérarchie à deux dimensions, avec un type phrastique (CLAUSALITY) et un type combinatoire (HEADEDNESS), comme en Figure 3.6. Un syntagme hérite ainsi non seulement d'une construction phrastique (c.-à-d. un sous-type de *clause*, comme le type déclaratif, interrogatif, désidératif ou exclamatif) ou non phrastique (c.-à-d. un sous-type de *non-clause*), mais aussi d'une construction endocentrique (c.-à-d. un sous-type de *headed-ph*) ou exocentrique (c.-à-d. un sous-type de *non-headed-ph*).

Les syntagmes sans tête comportent un attribut NON-HEAD-DTRS où sont enregistrés les constituants immédiats non-têtes (248a). En revanche, les syntagmes avec tête présentent un attribut HEAD-DTRS où figure leur constituant immédiat tête (248b). Tout syntagme endocentrique obéit au Principe des traits de tête généralisé (*Generalized Head Feature Principle*, cf. Ginzburg & Sag 2000), qui dit que tous les traits syntaxiques et sémantiques (c.-à-d. la valeur de l'attribut SYNSEM) sont partagés par défaut (cf. le symbole /) entre un syntagme et sa tête, ce que note la coïndiciation de la variable [1] en Figure 3.6.

(248)   a.   *phrase* ⇒ [NON-HEAD-DTRS *list(sign)*]
          b.   *headed-phrase* ⇒ [HEAD-DTR *sign*]

3.5 Une analyse constructionnelle en HPSG

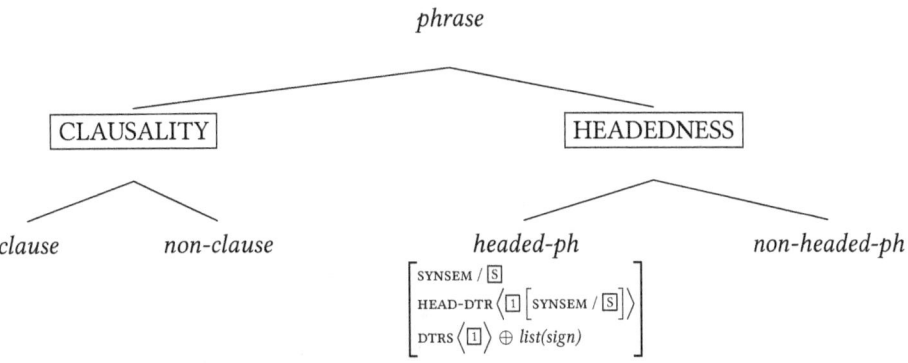

FIGURE 3.6 : Classification des syntagmes

Maintenant qu'on a défini les syntagmes avec tête, on peut définir la notion de phrase. La phrase est un signe syntagmatique à tête saturée (ses traits de valence ont pour valeur la liste vide notée < >). De plus, selon Ginzburg & Sag (2000), le contenu d'une phrase doit être un sous-type de *message*. On arrive ainsi à la représentation donnée en (249) :

(249) Représentation simplifiée de la phrase

$$clause \Rightarrow \begin{bmatrix} \text{CAT} & \begin{bmatrix} \text{VAL} & \begin{bmatrix} \text{SUBJ} & \langle\rangle \\ \text{COMPS} & \langle\rangle \\ \text{SPR} & \langle\rangle \end{bmatrix} \end{bmatrix} \\ \text{CONT} & message \end{bmatrix}$$

3.5.2 Formalisation des constructions coordonnées

Je m'intéresse dans cette section à l'analyse formelle des constructions coordonnées, suivant en particulier les travaux de Sag (2003 ; 2005), Abeillé (2003 ; 2005), Mouret (2006 ; 2007) et Bîlbîie (2008 ; 2011).

Une coordination est une structure hiérarchique à deux étages, comme illustrée en Figure 3.7 : le premier niveau est celui du syntagme conjoint (c.-à-d. le constituant dont fait partie la conjonction et la séquence qui la suit), tandis que le deuxième niveau correspond à la structure coordonnée dans son ensemble.

Je m'intéresse d'abord à la structure du syntagme conjoint. Celui-ci est généralement analysé comme un syntagme de type tête-complément, donc il a une structure endocentrique. Sur la base de certains faits observés à travers les langues (corrélation entre la position de la conjonction et la position de la tête à travers les langues, des contraintes de sous-catégorisation ou des restrictions

201

3 Les conjoints fragmentaires : le gapping

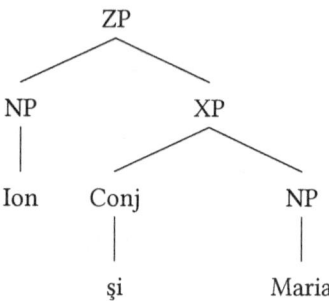

FIGURE 3.7 : Structure hiérarchique de la coordination *Ion și Maria* 'Ion et Maria'

sur le type sémantique imposées souvent par la conjonction, blocage de l'assignation du cas), on a conclu que la conjonction régit le constituant avec lequel elle se combine, donc la fonction tête est associée à la conjonction (Paritong 1992 ; Munn 1993 ; Kayne 1994 ; Johannessen 1998, etc.). En même temps, on a observé que la conjonction ne détermine que partiellement la syntaxe externe du constituant qu'elle introduit (Paritong 1992 ; Johannessen 1998 ; Abeillé 2003 ; 2005 ; 2006), ayant ainsi un comportement différent par rapport aux têtes ordinaires (p.ex. un verbe ou un adjectif). De ce point de vue, le syntagme conjoint, tout comme d'autres syntagmes contenant une catégorie « mineure » (p.ex. déterminants, complémenteurs ou prépositions « incolores »), présente un mixte des propriétés de leurs constituants immédiats (voir discussion et illustrations dans Mouret 2007 : 71–73).

Je considère que l'analyse des conjonctions en termes de têtes « faibles », telle qu'elle a été proposée par Abeillé (2003 ; 2005), rend compte parfaitement de ce comportement spécial des conjonctions (Sag 1997 et Tseng 2002 proposent une analyse similaire pour d'autres catégories « mineures »). Dans cette perspective, une catégorie « mineure » hérite du constituant qu'elle sélectionne la plupart des propriétés morpho-syntaxiques qu'elle transmet au syntagme.

La conjonction sous-catégorise donc le constituant avec lequel elle se combine (ce qui justifie le terme de *tête*), mais hérite une partie des propriétés morpho-syntaxiques de celui-ci (cf. le partage de variables en (250)), sauf le trait CONJ. Par conséquent, syntaxiquement, ce sont les conjoints qui déterminent, entre autres, la catégorie de la structure coordonnée dans son ensemble, alors que, sémantiquement, c'est la conjonction qui gère l'interprétation de l'ensemble à partir de la contribution sémantique de chaque conjoint.

3.5 Une analyse constructionnelle en HPSG

(250) Entrée lexicale d'une conjonction

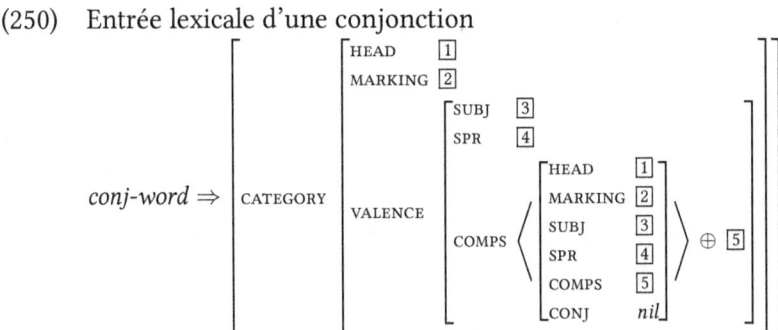

Les traits de tête (HEAD) et de marque (MARKING) de la conjonction sont les mêmes que ceux de son complément. La conjonction hérite des traits SUBJ, SPR et COMPS de son complément, permettant ainsi au syntagme conjoint de rendre accessible les contraintes de sélection de ce complément. La conjonction a un trait CONJ à valeur non nulle, tandis que son complément possède un trait CONJ à valeur nulle. On obtient ainsi une structure endocentrique des séquences [Conj X], comme illustrée en Figure 3.8 pour le conjoint *sau pe masă* 'ou sur (la) table'.

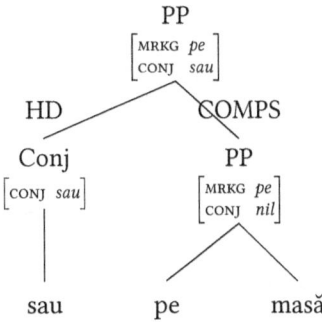

FIGURE 3.8 : Syntaxe simplifiée du syntagme conjoint

Revenant maintenant à la structure coordonnée dans son ensemble, la plupart des travaux alignent la structure coordonnée sur la structure endocentrique du syntagme conjoint. Ainsi, Munn (1993), Kayne (1994), Johannessen (1998), Camacho (2003), Rebuschi (2005), etc. considèrent les structures coordonnées comme des constructions avec tête. En particulier, les coordinations sont, selon eux,

3 Les conjoints fragmentaires : le gapping

soit des structures de type spécifieur-tête-compléments[77] (Kayne 1994 ; Johannessen 1998), soit des structures de type tête-ajout[78] (Munn 1993). Cependant, par rapport aux syntagmes ordinaires avec tête, les propriétés de la structure coordonnée dans son ensemble ne sont pas projetées par une seule tête syntaxique, mais elles sont déterminées par tous les conjoints (voir discussion et arguments convaincants dans Borsley 1994 et Borsley 2005)[79]. Puisqu'il n'y a pas de dépendance syntaxique entre les conjoints, on ne peut donc attribuer la fonction tête à aucun conjoint. Par conséquent, les propriétés d'une coordination dépendent des propriétés de *chacun* des termes qui la composent et non pas des propriétés de la conjonction.

Pour rendre compte du comportement syntaxique des structures coordonnées, je fais appel à la distinction mentionnée ci-dessus dans la section 3.5.1 entre les syntagmes avec tête (*headed-ph*) et les syntagmes sans tête (*non-headed-ph*). Dans un syntagme avec tête, on a une relation de sélection entre les constituants : une branche dominante gère la catégorie et la distribution syntaxique de l'ensemble. Dans un syntagme sans tête, il n'y a aucune relation de sélection au niveau syntaxique. La structure coordonnée se prête mieux à une analyse en termes de construction sans tête, c.-à-d. un syntagme de type *non-headed-ph* (cf. Abeillé 2003 ; 2005 ; Mouret 2006 ; 2007, etc.). La syntaxe simplifiée d'une coordination de phrases est illustrée en Figure 3.9 pour l'exemple roumain *Ion doarme și Maria citește* ('Ion dort et Marie lit.').

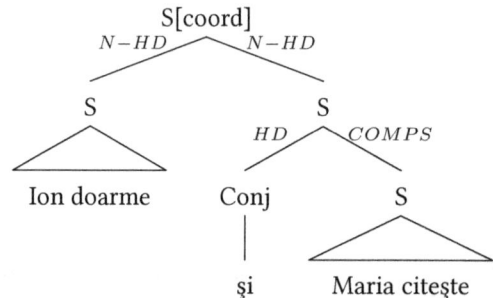

FIGURE 3.9 : Syntaxe simplifiée d'une coordination de phrases

---

[77]Dans ce cas, la structure coordonnée est un syntagme ConjP, dans laquelle la conjonction est la tête, le premier conjoint est le spécifieur et le deuxième conjoint est le complément.

[78]Selon cette analyse, le syntagme introduit par la conjonction est adjoint au premier terme coordonné qui est la tête de la coordination dans son ensemble. Cette analyse est reprise par Abeillé (2005) pour rendre compte des conjoints incidents en français.

[79]Pour une critique détaillée du syntagme ConjP, voir Chaves (2007) et Mouret (2007).

3.5 Une analyse constructionnelle en HPSG

Une coordination comporte au moins deux termes, qui peuvent ou non être introduits par une conjonction. La règle générale de la coordination est donnée en (251).

(251) Règle générale de la coordination
coord-phrase ⇒ *non-headed-ph* & $\left[\text{DTRS } \langle sign, sign \rangle \oplus list(sign)\right]$ &
$\begin{bmatrix} \text{SYNSEM} & [\text{CONJ } nil] \\ \text{DTRS} & list([\text{CONJ } nil]) \oplus \langle [\text{CONJ } \boxed{1} \neg nil],..., [\text{CONJ } \boxed{1}] \rangle \end{bmatrix}$

En fonction de la distribution des conjonctions, on peut distinguer entre trois types de constructions coordonnées (cf. Mouret 2006, Mouret 2007 pour le français, Bîlbîie 2008, Bîlbîie 2011 pour le roumain, et de manière plus générale dans les langues romanes) : (i) des coordinations simples, avec au moins une conjonction sur le dernier conjoint (252) ; (ii) des coordinations omnisyndétiques ou corrélatives, avec un élément corrélatif répété sur chaque conjoint (y compris le conjoint initial), cf. (253), et (iii) des coordinations asyndétiques ou juxtaposées (sans aucune conjonction réalisée), cf. (254).

(252) a. Syntagme de type *simplex-cord-ph*
simplex-coord-phrase ⇒ *coord-ph* &
$\left[\text{DTRS } \langle [\text{CONJ } nil] \rangle \oplus list(sign) \oplus \langle [\text{CONJ } \neg nil] \rangle \right]$

b. Ion, (**și**) Maria **și** Gheorghe

'Ion, (et) Maria et Gheorghe'

(253) a. Syntagme de type *omnisyndetic-coord-ph*
omnisyndetic-coord-phrase ⇒ *coord-ph* &
$\left[\text{DTRS } \langle [\text{CONJ } \neg nil] \oplus list(sign) \rangle \right]$

b. **fie** Ion, **fie** Maria, **fie** Gheorghe

'soit Ion, soit Maria, soit Gheorghe'

(254) a. Syntagme de type *asyndetic-coord-ph*
asyndetic-coord-phrase ⇒ *coord-ph* &
$\left[\text{DTRS } list(sign) \oplus \langle [\text{CONJ } nil] \rangle \right]$

b. Ion, Maria, Gheorghe

'Ion, Maria, Gheorghe'

Une hiérarchie de syntagmes qui contient les trois types de coordinations est donnée en Figure 3.10.

3 Les conjoints fragmentaires : le gapping

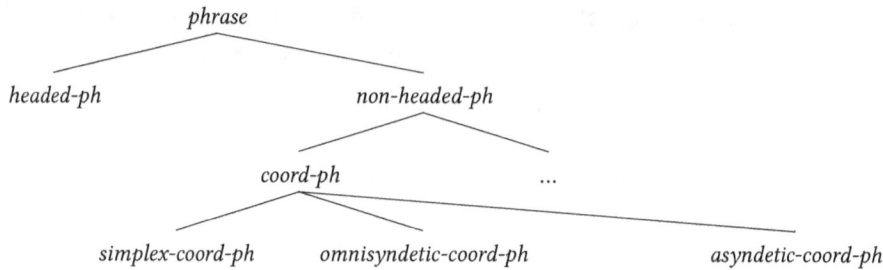

FIGURE 3.10 : La structure coordonnée dans une hiérarchie de syntagmes

Les termes d'une coordination ont souvent les mêmes propriétés syntaxiques, mais ils peuvent aussi différer sur certains aspects (catégorie syntaxique, cas, personne, mode verbal, temps, forme de la préposition, etc.). Le problème des coordinations de termes dissemblables, comme en (255a), peut être résolu si on assume, cf. Sag (2003 ; 2005), que les valeurs de certains traits peuvent rester sous-spécifiées, même lorsque la structure de traits est complète du point de vue de la grammaire. Ainsi, on peut supposer que les entrées lexicales ne fixent pas une valeur précise pour la valeur de HEAD, mais imposent une borne supérieure, comme illustré en (256), où ≤ signifie 'égal ou supérieur à'. Ainsi, (256a) dit que la catégorie syntaxique de *naiv* 'naïf' est moins spécifiée que, ou égale à la catégorie *adjectif* (*adj*), alors que (256b) dit que la catégorie de *imbecil* 'imbécile' est une valeur moins spécifiée que, ou égale à la catégorie *nom* (*noun*).

(255)   a. Ion este [fie naiv]_{AdjP}, [fie un imbecil]_{NP}.

          'Ion est soit naïf, soit un imbécile.'

     b. Ion este {naiv | un imbecil}.

          'Ion est {naïf | un imbécile}.'

(256)   a. naiv ('naïf') : [HEAD $\boxed{1}$ | $\boxed{1}$ ≤ *adj*]

     b. imbecil ('imbécile') : [HEAD $\boxed{2}$ | $\boxed{2}$ ≤ *noun*]

Par la suite, les traits de tête de la construction coordonnée sont obtenus par unification des traits de tête des branches (DTRS), qui peuvent, quant à elles, rester sous-spécifiées. On peut donc coordonner le syntagme adjectival et le syntagme nominal, car la coordination reçoit par unification une catégorie sous-spécifiée *nominal*, qui est un super-type des noms et des adjectifs. Cette catégorie sous-spécifiée peut donc s'unifier sans problème avec les deux complé-

3.5 Une analyse constructionnelle en HPSG

ments prédicatifs sélectionnés par le verbe copule *a fi* 'être' (car le verbe *a fi* accepte comme complément et un syntagme adjectival et un syntagme nominal, cf. (256b)), comme on voit en Figure 3.11. En revanche, cette catégorie sous-spécifiée ne peut pas s'unifier avec le complément sélectionné par un verbe comme *a întâlni* 'rencontrer' (257a), car ce verbe ne peut pas avoir comme complément un syntagme adjectival (257b).

(257)   a. *Ion a întâlnit   fie   naiv, fie   un imbecil.
            Ion a rencontré soit naïf soit un imbécile

            'Ion a rencontré soit un naïf, soit un imbécile.'

        b. Ion a întâlnit {*naiv | un imbecil}.

            'Ion a rencontré {un naïf | un imbécile}.'

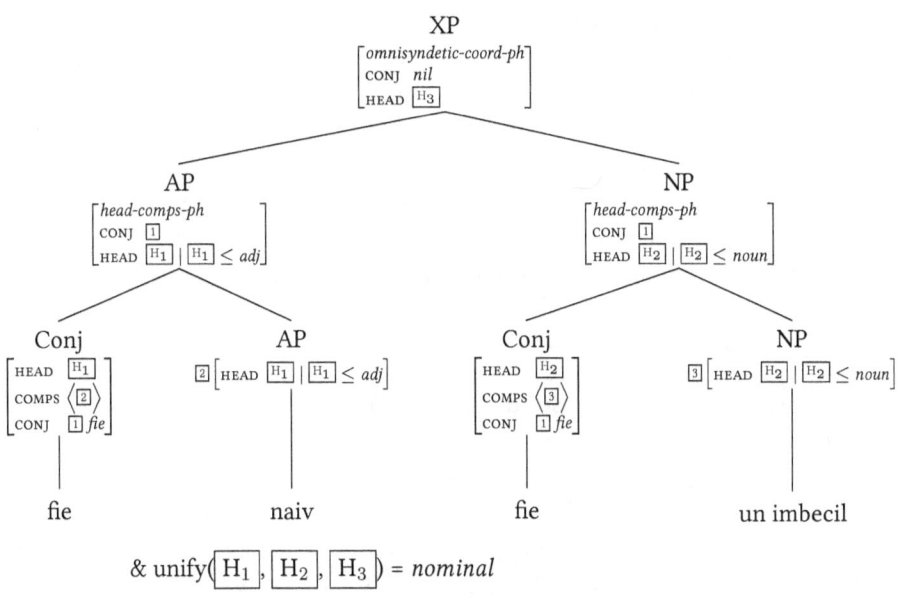

FIGURE 3.11 : Coordination de termes dissemblables, cf. (255a)

Les contraintes de parallélisme à l'œuvre dans les constructions coordonnées sont données en (258). Ces contraintes imposent qu'il y ait non seulement un partage des traits SLASH et VALENCE entre le syntagme coordonné dans son ensemble et les membres conjoints, mais aussi un partage, par défaut, du trait

3 Les conjoints fragmentaires : le gapping

HEAD. L'identité de valeur pour le trait SLASH (trait qui enregistre les constituants manquants en cas d'extraction) autorise uniquement l'extraction parallèle hors de chaque conjoint (cf. la Contrainte sur les Structures Coordonnées de Ross 1967). L'identité de valeur pour le trait VALENCE n'autorise que la coordination de prédicats avec les mêmes contraintes de sous-catégorisation.

(258) Contraintes de parallélisme dans les constructions coordonnées

$$\textit{coord-phrase} \Rightarrow \begin{bmatrix} \text{SYNSEM} & \begin{bmatrix} \text{HEAD} / \boxed{H} \\ \text{VALENCE} \boxed{V} \\ \text{SLASH} \boxed{S} \end{bmatrix} \\ \text{DTRS} & \left\langle \begin{bmatrix} \text{HEAD} / \boxed{H} \\ \text{VALENCE} \boxed{V} \\ \text{SLASH} \boxed{S} \end{bmatrix}, ..., \begin{bmatrix} \text{HEAD} / \boxed{H} \\ \text{VALENCE} \boxed{V} \\ \text{SLASH} \boxed{S} \end{bmatrix} \right\rangle \end{bmatrix}$$

3.5.3 Formalisation des constructions à gapping

D'abord, je présente la formalisation des séquences de constituants appelées *clusters*, qui nous permet de générer toute séquence qu'on peut avoir dans une phrase trouée (section 3.5.3.1). Ensuite, je montre comment la notion de *fragment* nous permet d'attribuer un contenu propositionnel à la séquence trouée et, en particulier, comment on récupère le contenu de l'antécédent afin d'obtenir la bonne interprétation dans la phrase trouée (section 3.5.3.2). Enfin, je montre le fonctionnement spécifique des constructions à gapping, en postulant un sous-type de syntagme coordonné, appelé *gapping-ph* (section 3.5.3.3).

3.5.3.1 Une théorie des clusters

La séquence trouée est composée d'au moins deux éléments résiduels. On a montré dans la section 3.4.3 qu'elle n'a pas toujours la même distribution que la phrase source. En particulier, on observe qu'en français, par exemple, la conjonction *ainsi que* peut être suivie d'une séquence de syntagmes ayant un contenu propositionnel, mais elle ne peut pas être suivie d'une phrase (259a). Mouret (2006 ; 2007), à la suite de Abeillé & Godard (1996), observe la même contrainte pour la coordination de séquences (ou *Argument Cluster Coordination*, abrégé ACC) en (259b), ce qui l'amène à analyser ces séquences comme *clusters*.

(259)   a. Paul a cueilli des framboises, ainsi que Marie (*a cueilli) des fraises.
          b. Paul a offert un livre à Marie, ainsi qu'(*il a offert) un CD à Anne.

Mouret (2006 ; 2007) propose que la notion de *cluster* soit définie indépendamment de la coordination dans la grammaire, car elle est pertinente aussi pour

3.5 Une analyse constructionnelle en HPSG

les séquences elliptiques dans le domaine de la subordination (260) ou dans le dialogue (261), dans lesquelles les constituants immédiats n'entretiennent pas de relations fonctionnelles.

(260) a. Tout comme <Marie son thé>, Paul a apprécié son café.
       b. Plusieurs personnes sont parties à l'étranger, dont <deux à Rome>.

(261) A : Je me demande ce que Paul peut bien vendre comme livres et à qui, dans sa librairie miteuse.
       B : <Des livres d'occasion à quelques collectionneurs aventureux>, j'imagine.

Par conséquent, on reprend ici la notion de *cluster* afin de rendre compte de la constituance des séquences trouées dans les constructions à gapping. On propose que la séquence de constituants non standard, sans tête verbale, dans le gapping soit modélisée comme un sous-type de syntagme sans tête (c.-à-d. *cluster-ph*). Une hiérarchie de syntagmes, incluant le syntagme de type cluster, apparaît en Figure 3.12.

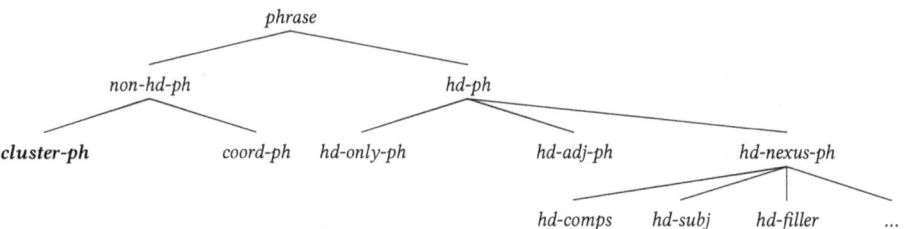

FIGURE 3.12 : Le cluster dans une hiérarchie de syntagmes

Comme règle syntaxique, on a juste besoin d'une règle générant les séquences de syntagmes, similaire à la composition de catégories en grammaire catégorielle (Steedman 1990). La description formelle d'un syntagme cluster est donnée en (262). Les constituants immédiats du cluster (p.ex. les éléments résiduels dans une séquence trouée) sont enregistrés dans un trait de tête CLUSTER, qui prend comme valeur la liste (non-vide) des descriptions *synsem* de ses branches. Les propriétés syntaxiques et sémantiques des éléments résiduels sont ainsi accessibles au niveau de la construction. En plus, le cluster est un syntagme saturé pour ses traits de valence (cf. la valeur vide des attributs SUBJ, SPR et COMPS). Il amalgame les valeurs SLASH de ses constituants (ce qui nous permet de rendre compte de la contrainte d'extraction parallèle hors d'une coordination de séquences). Les autres propriétés (y compris la catégorie) sont sous-spécifiées, ce

3 Les conjoints fragmentaires : le gapping

qui lui permet la combinaison avec des formes comme *ainsi que* en français, qui n'est jamais compatible avec une phrase finie.

(262) Syntagme de type cluster (cf. Mouret 2006 ; 2007)
cluster-ph ⇒ *non-headed-ph* &
$$\begin{bmatrix} \text{HEAD} & \begin{bmatrix} head \\ \text{CLUSTER } \textit{nelist(synsem)}\langle \boxed{1}, ..., \boxed{n} \rangle \end{bmatrix} \\ \text{SUBJ} & \langle \rangle \\ \text{SPR} & \langle \rangle \\ \text{COMPS} & \langle \rangle \\ \text{SLASH} & \Sigma_1 \cup ... \cup \Sigma_n \\ \text{N-HD-DTRS} & \langle [\text{SYNSEM}\boxed{1}[\text{SLASH } \Sigma_1]], ..., [\text{SYNSEM}\boxed{n}[\text{SLASH } \Sigma_n]]\rangle \end{bmatrix}$$

Postuler un trait spécifique CLUSTER peut générer a priori toute séquence de syntagmes. Cette sous-spécification massive peut être évitée si on restreint le potentiel combinatoire des clusters. Pour cela, Mouret (2007) propose la contrainte en (263), qui assure que les clusters n'apparaissent jamais dans la structure argumentale d'un prédicat.

(263) *word* ⇒ [ARG-ST *list*([CLUSTER < >])]

La contrainte qui décrit les clusters en (262) nous permet maintenant de dériver une séquence de deux éléments résiduels dans le gapping (264), comme le montre la représentation simplifiée en Figure 3.13.

(264) Anei   i-am   dat   un măr,   iar [[Mariei] [o banană]].
      Ana.DAT DAT.3SG-ai donné une pomme et   Maria.DAT une banane

'A Ana j'ai donné une pomme et à Maria une banane.'

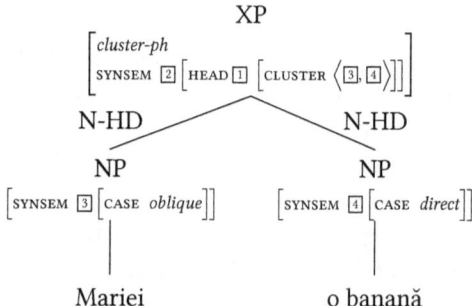

FIGURE 3.13 : Représentation simplifiée de (264)

3.5 Une analyse constructionnelle en HPSG

3.5.3.2 Une théorie des fragments

Grâce à la règle syntaxique associée au syntagme cluster (262), la grammaire peut maintenant générer toute séquence de deux éléments résiduels qu'on rencontre dans les constructions à gapping. Il faut montrer toutefois comment on arrive à attribuer un contenu propositionnel à la séquence trouée et, en particulier, comment on récupère le contenu de l'antécédent afin d'obtenir la bonne interprétation dans la phrase trouée.

Dans la section 3.4.3, on a observé qu'une séquence trouée n'a pas nécessairement le même comportement syntaxique qu'une phrase ordinaire, bien qu'elle ait le même type de contenu sémantique (c.-à-d. un sous-type de *message*). Cela nous amène à considérer que la reconstruction de l'ellipse se passe plutôt en sémantique qu'en syntaxe. La même idée apparaît dans Ginzburg & Sag (2000) où on propose la notion de *fragment* pour rendre compte de la structure des questions et des réponses courtes dans le dialogue. Ainsi, dans la réponse/question du locuteur B en (265) et respectivement (266), on a un syntagme nominal exhaustivement dominé par une phrase, ayant l'interprétation d'une phrase déclarative (c.-à-d. *John left*) et respectivement interrogative (c.-à-d. *Who called*). On se donne en syntaxe la notion de *fragment* conçue comme une construction à laquelle sont associées des conditions de bonne formation syntaxiques et interprétatives.

(265)   A : Who left ?
         B : [[John]$_{NP}$]$_S$.

(266)   A : Someone called.
         B : [[Who]$_{NP}$]$_S$?

La structure syntaxique des fragments dans les constructions à gapping contient uniquement les éléments résiduels (qui, quant à leur constituance, forment un cluster). Par conséquent, les fragments sont des expressions dont la contribution sémantique n'est donnée que partiellement par leur forme ; ce sont des unités syntaxiques dont l'interprétation nécessite une connaissance de la relation sémantique principale de l'énoncé. Leur contribution sémantique est une fonction de trois éléments : (i) le type de fragment, (ii) l'information contextuelle, et (iii) le contenu littéral du fragment. Par exemple, la contribution sémantique du fragment *who* en (266) est une fonction de son type (ici, une question courte, ayant le même contenu qu'une phrase interrogative, c.-à-d. une abstraction propositionnelle), l'information contextuelle (la phrase source *Someone called* fournit l'antécédent nécessaire à la résolution du fragment), et le contenu littéral *who*

3 Les conjoints fragmentaires : le gapping

(qui fournit le paramètre pour l'abstraction propositionnelle). Ainsi, le fragment *who* a un contenu similaire avec la phrase interrogative complète *Who came*.

Ce sont des fragments phrastiques, car (i) leur interprétation est univoque dans le contexte, et (ii) ils ont le même type sémantique que les phrases complètes, c.-à-d. proposition, question, visée (cf. Ginzburg & Sag 2000).

Les fragments phrastiques ressemblent aux expressions anaphoriques, dans le sens où leur contenu est relié à un antécédent qui est déterminé contextuellement. En particulier, les fragments se rapprochent des anaphores descriptives, qui, contrairement aux anaphores d'instance, ne désignent pas la même instance que l'antécédent ; ce type d'expressions anaphoriques introduit une nouvelle entité sémantique qui partage une partie de sa description avec l'antécédent, mais l'entité elle-même n'est pas partagée, ce qui explique la différence d'indices en (267b)[80].

(267) a. [Paul has lost his keys again]$_i$. It$_i$ happened yesterday.
       b. [Paul has lost his keys again]$_i$. It$_j$ has never happened to me.

Le fragment, tel qu'il est défini par Ginzburg & Sag (2000), est la branche unaire d'un syntagme tête. Il a l'ensemble des propriétés d'une phrase, y compris la catégorie syntaxique VERBAL. La contrainte générale qu'ils donnent pour un fragment phrastique figure en (268).

(268) Syntagme de type fragment dans Ginzburg & Sag (2000)

Elle assure que la catégorie de la branche tête – restreinte à un sous-type de *nominal* (c.-à-d. un nom ou une préposition) – est identique à la catégorie de l'élément parallèle (ou corrélat) dans la phrase source, figurant dans le trait contextuel SAL-UTT (abrégé de SALIENT-UTTERANCE). En revanche, la catégorie du syntagme supérieur (c.-à-d. du fragment) a la même catégorie qu'un verbe fini : le fragment peut ainsi fonctionner comme une phrase indépendante ou bien comme le complément d'un verbe qui sélectionne une phrase finie (et non un syntagme

---

[80] Ce n'est pas le cas des anaphores d'instance, qui partagent le même indice avec leur antécédent.

3.5 Une analyse constructionnelle en HPSG

nominal). Enfin, cette contrainte assure que la branche tête partage la même valeur avec l'élément corrélat contenu dans SAL-UTT. Cela permet d'intégrer le contenu de la branche tête dans un contenu obtenu contextuellement.

Je donne en Figure 3.14 l'analyse que Ginzburg & Sag (2000) proposent pour une réponse courte, p.ex. *John*, à une question, p.ex. *Who left* ?

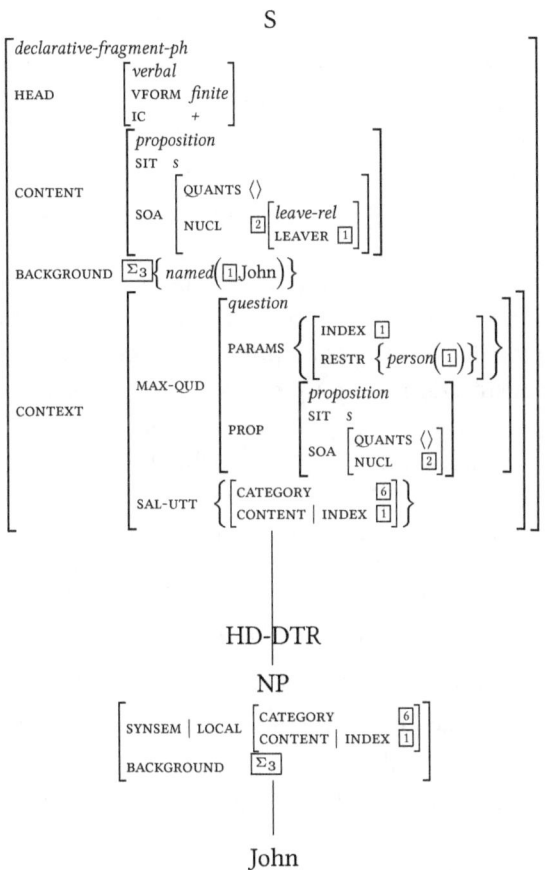

FIGURE 3.14 : Analyse de la réponse courte *John.* à la question *Who left* ?

La catégorie de la branche tête est un syntagme nominal, comme le requiert la contrainte donnée en (268), alors que la catégorie du syntagme supérieur est de type *verbal* (= phrase finie, de type déclaratif). Le fragment est une phrase indépendante (cf. [IC +]). Le contenu de la phrase est une proposition. Si dans la plupart des syntagmes avec tête le contenu est fourni en grande partie par la branche tête, dans un syntagme de type fragment avec tête, le contenu est

3 Les conjoints fragmentaires : le gapping

construit essentiellement à partir de la question saillante dans le contexte (c.-à-d. MAX-QUD, abrégé de MAXIMAL-QUESTION-UNDER-DISCUSSION). Le trait MAX-QUD nous donne l'accès au contenu de la phrase source (ici, une question). L'élément parallèle (ou corrélat) se trouvant dans la phrase source est identifié grâce au trait SAL-UTT. La branche tête du fragment et son corrélat dans la phrase source partagent le même indice[81].

On observe donc que, dans l'approche de Ginzburg & Sag (2000), le fragment est un syntagme qui a le contenu d'une phrase et qui domine exhaustivement une tête de même catégorie et de même indice qu'un élément parallèle saillant dans le contexte. En tant que telle, l'analyse est inadéquate pour les constructions à gapping, qui ont au moins deux éléments résiduels et parfois sans identité catégorielle avec leurs corrélats dans la phrase source (voir les exemples (143) et (145) de la section 3.3.4.1).

Par conséquent, on étend l'analyse de Ginzburg & Sag (2000), afin d'inclure d'autres constructions elliptiques. Cette notion de *fragment* peut a priori s'appliquer non seulement aux phrases elliptiques indépendantes (dans le dialogue), mais aussi aux constructions elliptiques coordonnées ou subordonnées, contenant (parfois) des séquences avec plus d'un élément résiduel : le gapping (269a) et (270a), l'ellipse dans les comparatives (269b) et (270b), le stripping (269c) et (270c), les ajouts exceptifs (269d) et (270d), les ajouts relatifs partitifs (269e) et (270e) ou encore les ajouts concessifs (269f) et (270f).

(269) a. Tudor a cumpărat o carte, [iar Maria *(o păpușă)].
'Tudor a acheté un livre, et Maria une poupée.'

b. Ioana a mâncat mai multe mere [decât Ion (pere)].
'Ioana a mangé plus de pommes que Ion (des poires).'

c. Toată lumea   îl   apreciază pe Ion, [chiar și
tout monde.DEF ACC.3SG.M apprécie   DOM Ion même aussi
dușmanii   lui].
ennemis.DEF POSS.3SG.M
'Tout le monde apprécie Ion, même ses ennemis.'

d. Niciun elev nu-și făcuse temele, [mai puțin Ion (tema la engleză)].
'Aucun élève n'avait fait ses devoirs, sauf Ion (le devoir d'anglais).'

e. In România, trăiesc aproximativ 8 000 de evrei, [dintre care jumătate în București].
'En Roumanie vivent environ 8 000 juifs, dont la moitié à Bucarest.'

---

[81]Pour les autres détails concernant cette description, voir Ginzburg & Sag (2000 : chapitre 8, section 8.1.4).

3.5 Une analyse constructionnelle en HPSG

f. Acoperişurile care sunt ude, [chiar dacă foarte puţin], pot fi foarte alunecoase.

'Les toitures qui sont mouillées, quoique très peu, peuvent être très glissantes.'

(270) a. Paul aime les pommes [et Marie les oranges].
b. Paul aime autant les pommes [que Marie (les oranges)].
c. Paul viendra, [ou (peut-être) Anne].
d. Tout le monde réussit sa vie, [sauf Marie].
e. Plusieurs personnes sont venues me voir, [dont Marie hier].
f. Ses enfants l'appellent régulièrement, [quoique (Marie) assez peu].

On reprend de Ginzburg & Sag (2000) la hiérarchie de syntagmes, en particulier le sous-type *head-fragment-ph* comme sous-type de *head-only-ph*. Une hiérarchie des syntagmes contenant le syntagme qui nous intéresse ici est donnée en Figure 3.15.

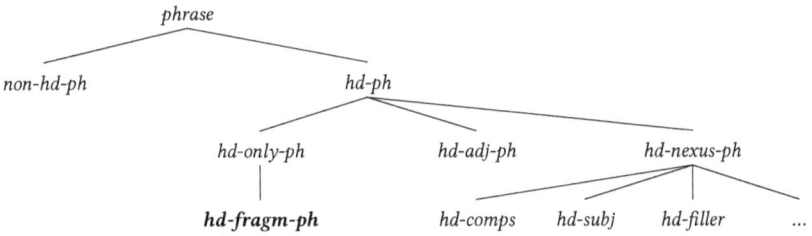

FIGURE 3.15 : Le fragment dans une hiérarchie de syntagmes

Le syntagme *head-fragment-ph* a une seule branche tête, qui correspond à un cluster tel que défini dans la section 3.5.3.1. La représentation arborescente du fragment et de sa branche cluster est donnée en Figure 3.16.

Le fragment hérite de sa branche tête (*cluster-ph*) sa catégorie sous-spécifiée (comme le montre le partage de variables correspondant au trait CAT), ce qui lui permet de se combiner avec des foncteurs sélectionnant des catégories non finies, comme c'est le cas de la conjonction *ainsi que* en français, discutée dans la section 3.5.3.1 (voir exemple (259)). Une représentation simplifiée de la séquence *ainsi que Marie des fraises* en français est donnée en Figure 3.17.

Le fragment dans le gapping obéit à la contrainte syntaxique décrite en (271) : les éléments résiduels (figurant sur la liste du trait CLUSTER) doivent unifier leurs traits de tête avec les traits de tête de leurs corrélats dans la phrase source.

3 Les conjoints fragmentaires : le gapping

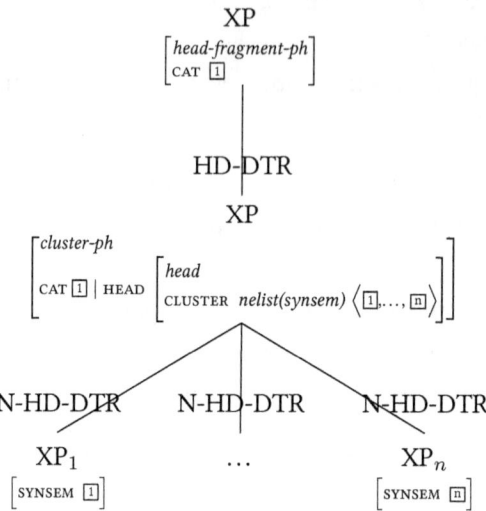

FIGURE 3.16 : Représentation arborescente du fragment et de sa branche cluster

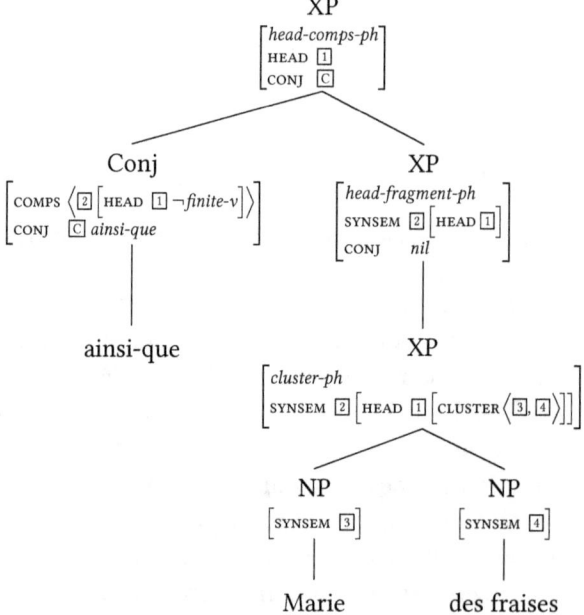

FIGURE 3.17 : Arbre simplifié pour la séquence *ainsi que Marie des fraises* en français

3.5 Une analyse constructionnelle en HPSG

Pour cela, on utilise le trait contextuel SAL-UTT de Ginzburg & Sag (2000)[82], qui enregistre les éléments corrélats dans la phrase source. De plus, on introduit un trait MAJOR dans la description syntaxique des éléments corrélats dans la phrase source, afin de rendre compte de la contrainte sur les constituants majeurs de Hankamer (1971), discutée dans la section 3.3.3 : chaque corrélat doit dépendre d'un prédicat verbal dans la phrase source (donc, chaque corrélat doit être [MAJOR +]). On postule ici que les corrélats apparaissent sur la structure argumentale d'un prédicat verbal dans la phrase source, sans qu'ils soient nécessairement réalisés syntaxiquement. S'ils ne sont pas réalisés, ils correspondent à des synsems non canoniques. Comme je l'ai précisé dans la section 3.5.1, les synsems non canoniques apparaissent sur la structure argumentale d'un prédicat, mais ils ne figurent pas dans sa valence (voir en particulier (247) et Figure 3.5). Avec ces contraintes, on peut maintenant rendre compte des exemples de gapping (discutés dans la section 3.3.4.1) dans lesquels un des corrélats correspond à un pronom nul (cf. le phénomène de pro-drop en roumain (272a)) ou bien est un affixe verbal (pronominal (272b) ou adverbial (272c)).

(271) Contrainte syntaxique du *head-fragment-ph*

$$\textit{head-fragment-ph} \Rightarrow \begin{bmatrix} \text{CONTEXT} \mid \text{SAL-UTT} \left\{ \begin{bmatrix} \text{HEAD } \boxed{H_1} \\ \text{MAJOR } + \end{bmatrix}, ..., \begin{bmatrix} \text{HEAD } \boxed{H_n} \\ \text{MAJOR } + \end{bmatrix} \right\} \\ \text{CATEGORY} \mid \text{HEAD} \mid \text{CLUSTER} \left\langle \begin{bmatrix} \text{HEAD } \boxed{H_1} \end{bmatrix}, ..., \begin{bmatrix} \text{HEAD } \boxed{H_n} \end{bmatrix} \right\rangle \end{bmatrix}$$

(272) a. Lunea <u>**merg**</u> la film, iar **sora mea** la muzeu.
    lundi.DEF aller.PRS.1SG à film et sœur.DEF POSS.1SG à musée
    'Le lundi, je vais au cinéma, et ma sœur au musée.'

   b. Ion **mi**-<u>**e**</u> prieten, iar **ție** dușman.
    Ion DAT.1SG-est ami et toi.DAT ennemi
    'Ion est mon ami, et pour toi, un ennemi.'

   c. Dan **tot** **mai** <u>citește</u>, dar prietena lui **absolut**
    Dan ADV ADV lit mais copine.DEF POSS.3SG.M absolument
    nimic.
    rien
    'Dan lit un peu, mais sa copine absolument rien.'

---

[82] Ginzburg (2012) présente une approche similaire, en utilisant le trait FEC (*Focus Establishing Constituents*).

3 Les conjoints fragmentaires : le gapping

Dans la section 3.5.2, on a vu que les entrées lexicales et les syntagmes qu'elles projettent peuvent rester sous-spécifiées quant à leurs traits de tête. Il s'ensuit que les éléments résiduels et leurs corrélats dans les constructions à gapping n'ont pas nécessairement la même catégorie syntaxique, pourvu que le résultat de l'unification de leurs traits de tête soit en accord avec les contraintes de sous-catégorisation du verbe antécédent. Pour illustrer cela, je reprends les deux exemples de coordination de termes dissemblables donnés dans la section mentionnée ci-dessus, en les mettant cette fois-ci dans une construction à gapping (273). Une représentation simplifiée des deux phrases est donnée en Figure 3.18 et respectivement Figure 3.19.

(273)   a.   Ion <u>este</u> naiv, iar Gheorghe un imbecil.
           'Ion est naïf, et Gheorghe un imbécile.'
      b.   *Ion <u>a   întâlnit</u>   un imbecil, iar Gheorghe naiv.
           Ion   a   rencontré un imbécile et   Gheorghe naïf
           'Ion a rencontré un imbécile, et Gheorghe un naïf.'

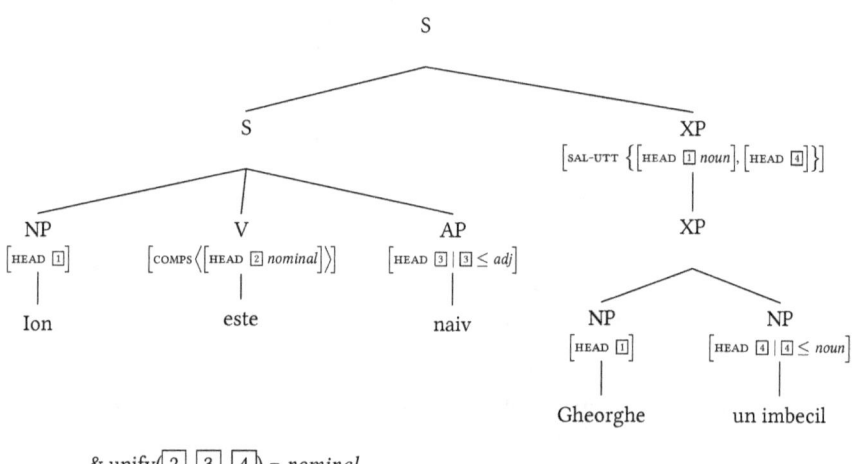

FIGURE 3.18 : Représentation simplifiée de la phrase (273a)

Ainsi, en Figure 3.18 le verbe *a fi* 'être' sous-catégorise un complément dont la catégorie est sous-spécifiée (c.-à-d. le super-type *nominal*, qui regroupe les sous-types *adj* et *noun*). Parallèlement, l'unification des traits de tête de la deuxième paire contrastive (c.-à-d. HEAD 3 correspondant au syntagme adjectival *naiv* et HEAD 4 correspondant au syntagme nominal *un imbecil*) réussit, car il existe

3.5 Une analyse constructionnelle en HPSG

un super-type *nominal* commun aux deux éléments (4 est donc résolu comme *nominal*). Par conséquent, la coordination des termes dissemblables est possible, car il n'y a aucun désaccord entre les contraintes de sous-catégorisation du verbe attributif et la réalisation effective de ses compléments.

En revanche, l'unification de 2 et 4 échoue en Figure 3.19, car le verbe *a întâlni* 'rencontrer' n'accepte pas un complément sous-spécifié (en particulier, il ne peut pas sélectionner comme complément un syntagme adjectival).

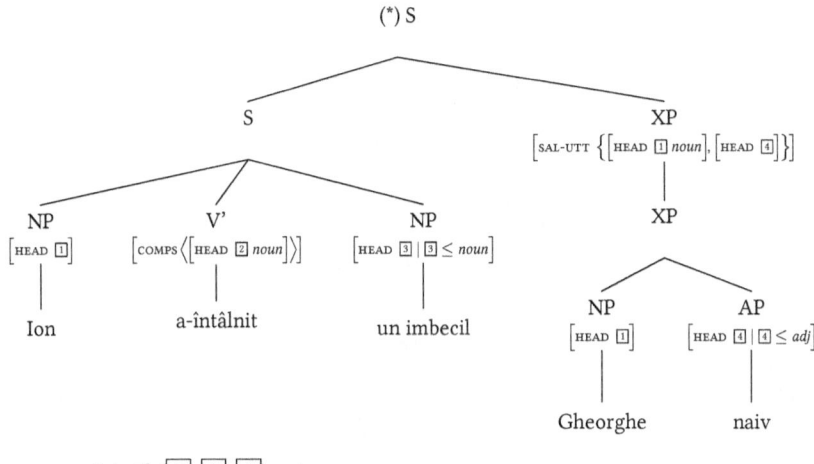

FIGURE 3.19 : Représentation simplifiée de la phrase (273b)

En ce qui concerne la reconstruction sémantique, il y a plusieurs possibilités. Une possibilité, entre autres, est celle proposée par Dalrymple et al. (1991) et Dalrymple (2005), en termes purement sémantiques, pour l'ellipse du verbe dans VPE. Ils proposent de définir le contenu du fragment par l'application au contenu des éléments résiduels d'une fonction F qui résulte de l'unification d'ordre supérieur (U) de deux lambda termes : (i) la représentation sémantique de la phrase source ; (ii) la représentation sémantique résultant de l'application d'une propriété P au contenu des éléments corrélats dans la phrase source. L'illustration de cette approche est donnée en (274)[83].

(274) a. John <u>invited</u> Sue and Bill Jane.
b. John invited Sue = invited'(john', sue')
c. [F] = U(invited'(john', sue'), P(john', sue')) = λx. λy. invited'(x,y)

---

[83]Voir les critiques de Ginzburg (2012) par rapport à la couverture empirique de cette approche.

3 Les conjoints fragmentaires : le gapping

d. Bill Jane = [F][(bill', jane')] = λx. λy. [invited'(x,y)](bill', jane')
= invited'(bill', jane')

Une autre possibilité serait d'utiliser le langage *Minimal Recursion Semantics* (abrégé MRS), qu'on utilisera pour les phrases relatives sans verbe dans le chapitre 4. Je ne me prononce pas sur l'une ou l'autre des pistes. On ajoute tout de même une contrainte sémantique (275) à la définition du fragment : le contenu du fragment doit être construit à partir du contenu de la phrase source, des éléments résiduels et des corrélats via une relation R_{sem}.

(275) Contrainte sémantique du *head-fragment-ph*

$$\text{head-fragment-ph} \Rightarrow \begin{bmatrix} \text{CONTEXT} \begin{bmatrix} \text{SOURCE} & \text{message}\,\boxed{M} \\ \text{SAL-UTT} & \{[\text{CONTENT}\,\boxed{C_1}],...,[\text{CONTENT}\,\boxed{C_n}]\} \end{bmatrix} \\ \text{CATEGORY}\,|\,\text{HEAD} \begin{bmatrix} \text{head} \\ \text{CLUSTER} \langle [\text{CONTENT}\,\boxed{C_1'}],...,[\text{CONTENT}\,\boxed{C_n'}] \rangle \end{bmatrix} \\ \text{CONTENT}\,R_{sem}(\boxed{M},\langle \boxed{C_1},\boxed{C_1'}\rangle,...,\langle \boxed{C_n},\boxed{C_n'}\rangle) \end{bmatrix}$$

3.5.3.3 La construction à gapping

Les deux contraintes, syntaxique (271) et sémantique (275), qu'on a postulées dans la section précédente peuvent être utilisées pour diverses constructions elliptiques (p.ex. pour les types d'ellipse exemplifiés plus haut en (269) pour le roumain et (270) pour le français). Pour rendre compte des propriétés spécifiques des constructions à gapping par rapport à d'autres types d'ellipse, on a besoin d'ajouter une contrainte particulière. Parmi les propriétés spécifiques du gapping dans la coordination, on note les aspects suivants : contrairement aux séquences qu'on peut rencontrer, par exemple, dans les ellipses comparatives, la séquence trouée doit suivre la phrase source en roumain et en français ; au niveau discursif, la relation qui s'établit entre les conjoints est toujours une relation symétrique. On postule d'abord un sous-type de syntagme coordonné, appelé *gapping-ph* (cf. la hiérarchie donnée en Figure 3.20).

Le *gapping-ph* combine une liste non vide de phrases verbales (dont la dernière est analysée comme la source) avec une liste non vide de fragments, chaque fragment contenant au moins deux éléments résiduels. La description de ce nouveau type de syntagme figure en (276). On s'assure ainsi qu'il y a toujours une phrase source complète, qui détermine l'interprétation de la séquence trouée. Cette contrainte a l'avantage de permettre des constructions à gapping avec plusieurs phrases sources et/ou plusieurs fragments.

3.5 Une analyse constructionnelle en HPSG

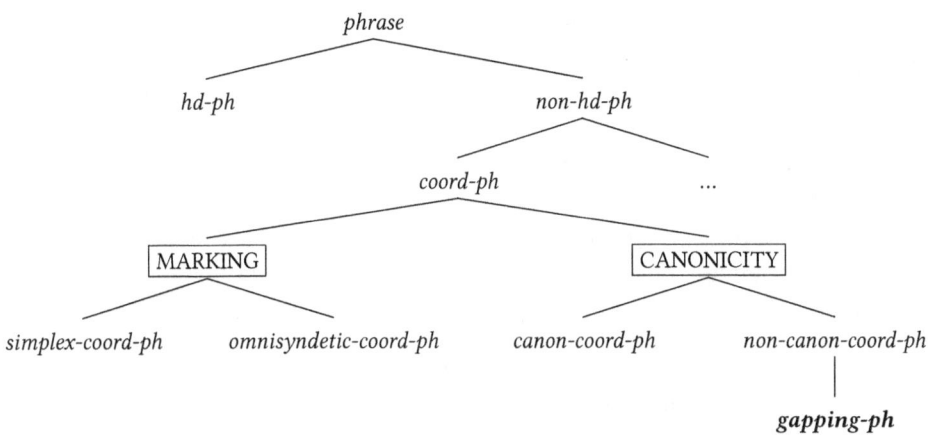

FIGURE 3.20 : La construction à gapping dans une hiérarchie de syntagmes

(276) La construction à gapping
gapping-ph ⇒ *coord-ph* &

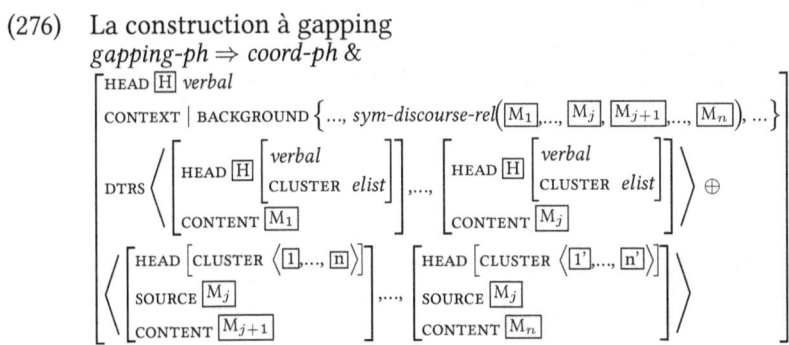

Un deuxième aspect important qui découle de cette contrainte concerne la relation discursive qui s'établit entre les conjoints d'une construction à gapping. Dans le trait contextuel BACKGROUND, on spécifie qu'il doit exister entre le contenu du fragment et le contenu de la phrase source une relation discursive symétrique. Cette relation discursive, à laquelle on ajoute le contenu de chaque élément résiduel, nous aide à déterminer le contenu de chaque fragment.

Troisièmement, cette contrainte assure que la catégorie de la coordination dans son ensemble est donnée par ses branches non elliptiques (c.-à-d. les phrases complètes) et non par ses branches fragmentaires. Ainsi, en (276) on observe que le syntagme coordonné et la première liste de branches (qui enregistre les phrases complètes) partagent la même valeur de tête (c.-à-d. [HEAD $\boxed{H}$]). On transgresse ainsi la règle générale donnée ci-dessus en (258) s'appliquant par défaut aux coor-

3 Les conjoints fragmentaires : le gapping

dinations ordinaires, afin d'éviter la sous-spécification de la construction à gapping dans son ensemble, vu le fait que, contrairement aux fragments, le syntagme coordonné en entier a clairement la distribution d'une phrase verbale. A cette analyse, il reste à ajouter une contrainte qui spécifie de manière précise comment on a accès aux éléments corrélats dans la phrase source.

Les règles postulées jusqu'ici nous permettent de générer les phrases en (277), dans lesquelles on a trois types d'asymétries syntaxiques : les éléments résiduels n'ont pas la même catégorie, pas le même ordre et pas le même nombre. Les arbres associés sont illustrés en Figure 3.21, Figure 3.22 et Figure 3.23.

(277) a. Lunea <u>merg</u> la film, iar **sora mea** la muzeu.
    lundi.DEF aller.PRS.1SG à film et sœur.DEF POSS.1SG à musée
    'Le lundi, je vais au cinéma, et ma sœur au musée.'

  b. Ion **mi**-<u>e</u> prieten, iar ţie duşman.
    Ion DAT.1SG-est ami et toi.DAT ennemi
    'Ion est mon ami, et pour toi, un ennemi.'

  c. **Mai** <u>merg</u> acasă, (dar) la socri **niciodată**.
    ADV aller.PRS.1SG maison.ADV (mais) chez beaux-parents jamais
    'Je vais de temps en temps à la maison, mais chez mes beaux-parents jamais.'

3.6 L'ellipse périphérique gauche : gapping ou coordination de séquences ?

Le but de ce chapitre était de décrire les propriétés du gapping en roumain et en français, de démontrer qu'une analyse à base de reconstruction syntaxique n'était pas adéquate et de proposer une solution à l'interface syntaxe-sémantique en termes constructionnels, sans postuler d'effacement, d'élément vide ou de mouvement (c.-à-d. une structure syntaxique surfaciste, cf. angl. « what you see is what you get »).

Dans tous les exemples de gapping observés jusqu'ici en roumain, le verbe antécédent dans la phrase source se trouvait en position médiane (278a) et parfois en position finale (278b). C'est un choix que j'ai fait, car, comme je l'ai déjà précisé tout au début de ce chapitre dans la section 3.2.2, ce sont des distributions non ambiguës quant au type de structure envisagée, c.-à-d. les deux distributions mettent en jeu une coordination de phrases, dont une est complète et l'autre fragmentaire. Par la suite, je ferai référence à ces contextes comme étant du gapping

3.6 L'ellipse périphérique gauche : gapping ou coordination de séquences ?

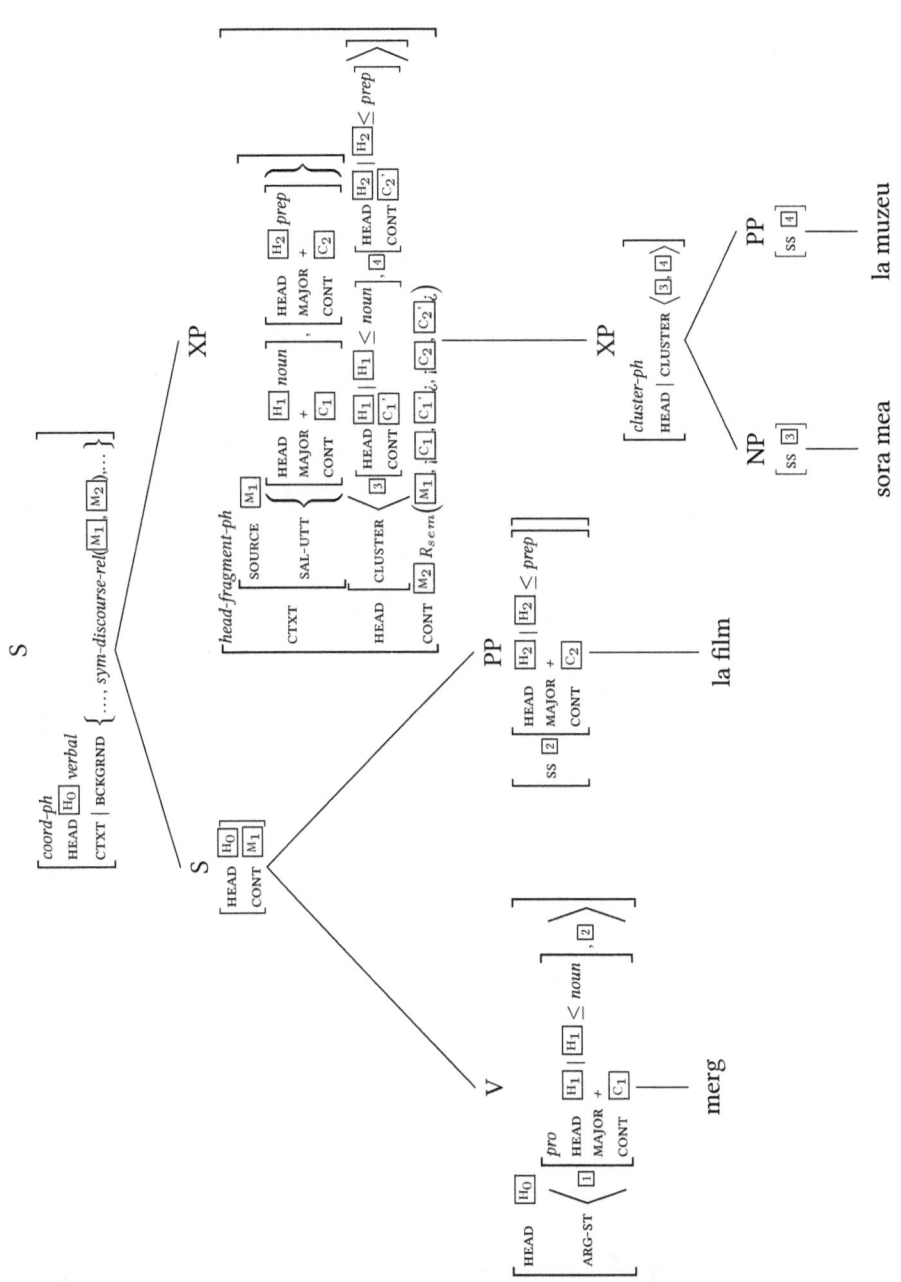

FIGURE 3.21 : Arbre simplifié de la phrase (277a)

3 Les conjoints fragmentaires : le gapping

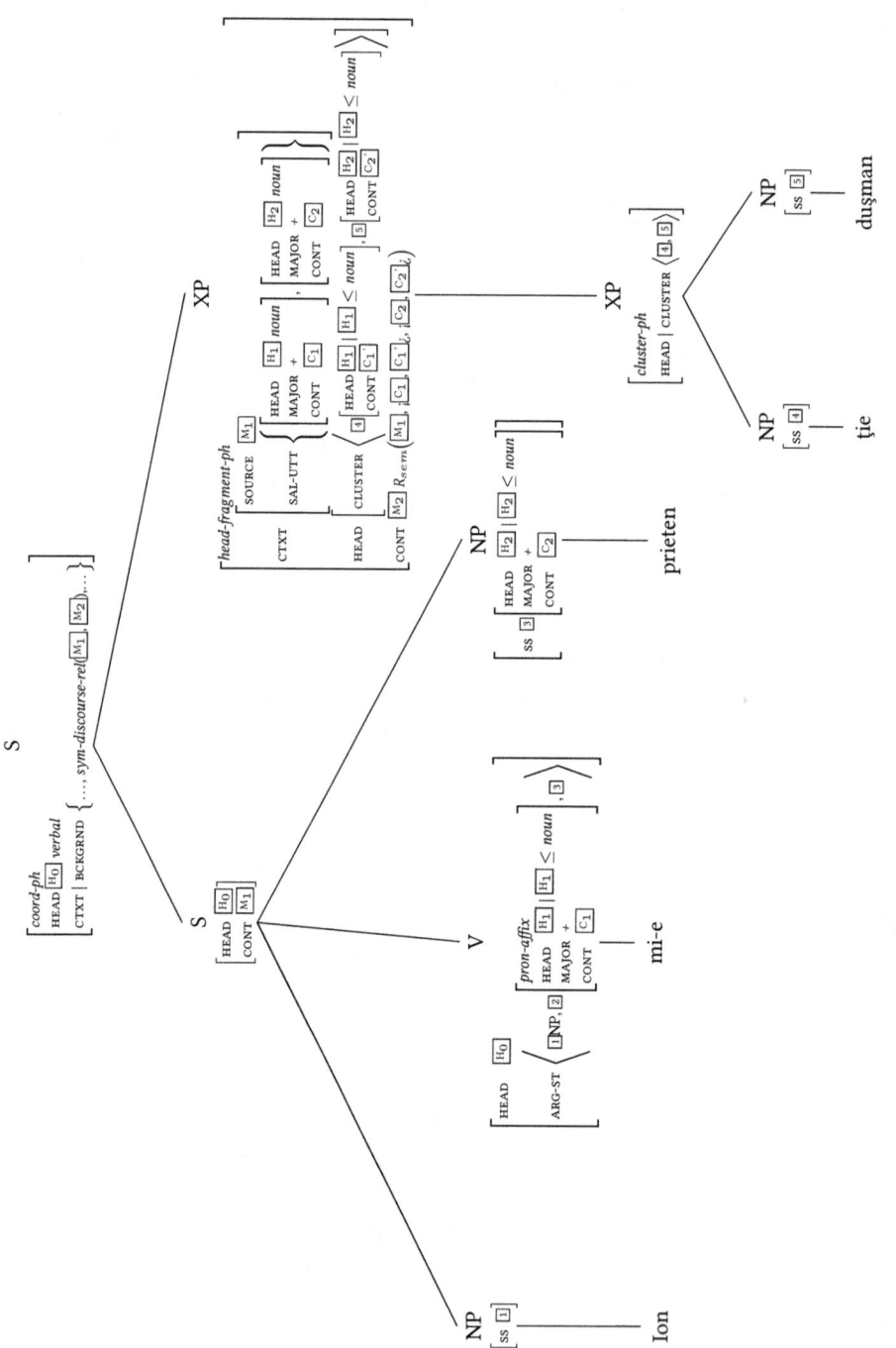

FIGURE 3.22 : Arbre simplifié de la phrase (277b)

3.6 L'ellipse périphérique gauche : gapping ou coordination de séquences ?

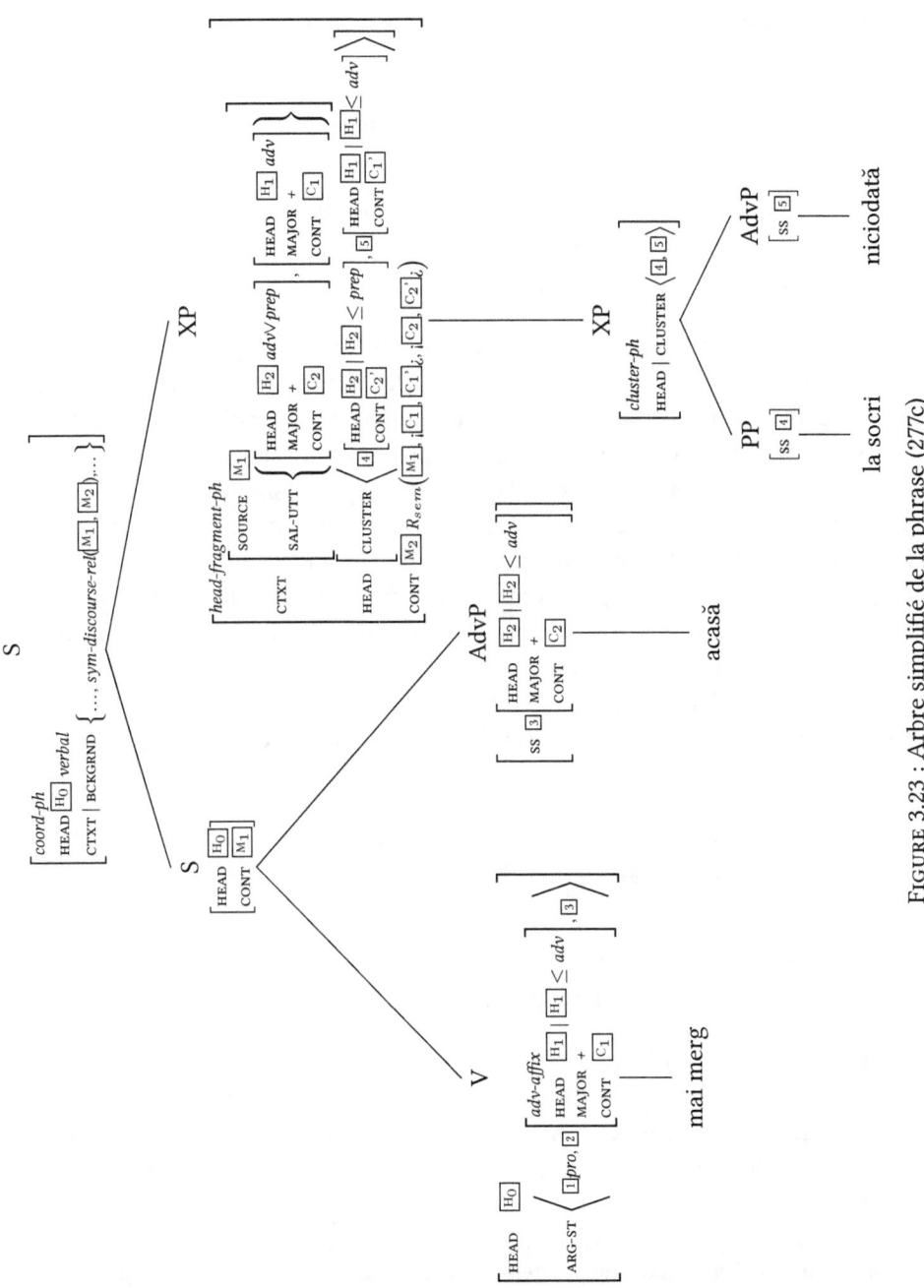

FIGURE 3.23 : Arbre simplifié de la phrase (277c)

3 Les conjoints fragmentaires : le gapping

classique, pour le différencier d'une autre occurrence du gapping dans les configurations ayant le verbe antécédent en position initiale.

(278) a. [Ion <u>vine</u> azi], [iar Maria mâine].
Ion vient aujourd'hui et   Maria demain
'Ion vient aujourd'hui, et Maria demain.'

b. [Ion AZI <u>vine</u>], [iar Maria MÂIne].
Ion aujourd'hui vient et   Maria demain
'Ion c'est aujourd'hui qu'il vient, et Maria demain.'

Je m'intéresse dans cette section à la distribution restante, c.-à-d. les structures dans lesquelles le verbe antécédent est en position initiale. Toujours dans la section 3.2.2, j'avais mentionné que, en dehors d'une étude empirique des données, les contextes elliptiques avec un verbe en position initiale, comme en (279), se prêtaient *a priori* à deux analyses. Selon la première possibilité d'analyse (279a), on coordonne deux phrases : une phrase source qui contient le verbe en position initiale, et une phrase trouée (c.-à-d. une coordination phrastique). Selon la deuxième analyse (279b), on coordonne deux séquences de syntagmes dans la portée syntaxique du prédicat verbal, donc il n'y a aucune ellipse dans la structure (c.-à-d. une coordination sous-phrastique). Ainsi, on peut étiqueter les deux structures possibles comme du gapping dans le premier cas (279a), ou bien comme une coordination de séquences[84] dans le deuxième cas (279b).

(279) a. [<u>Vine</u> Ion azi]   [şi Maria mâine].
vient Ion aujourd'hui et Maria demain
'Ion vient aujourd'hui, et Maria demain.'

b. <u>Vine</u> [Ion azi]   [şi Maria mâine].
vient Ion aujourd'hui et Maria demain
'Ion vient aujourd'hui et Maria demain.'

Par ailleurs, la distinction gapping vs. coordination de séquences se fait habituellement en termes de position dans l'arbre syntaxique ; ainsi, en anglais ou en français, on peut dire que les éléments contrastifs dans une séquence à gapping ne sont pas nécessairement au même niveau (280a) et (281a), tandis que dans

---

[84]Pour la description des coordinations de « non-constituants » se trouvant à droite du verbe tête, on trouve dans la littérature les termes suivants : *Conjunction Reduction, Left Peripheral Ellipsis* ou *Argument Cluster Coordination*. Je reprends ici le terme utilisé par Mouret (2007 ; 2008) : coordination de séquences.

3.6 L'ellipse périphérique gauche : gapping ou coordination de séquences ?

une coordination de séquences, les éléments contrastifs sont nécessairement des constituants sœurs (280b) et (281b). Quant au roumain, on n'a pas d'arguments empiriques pour postuler une structure hiérarchique, et en particulier il n'y a pas de syntagme verbal fini[85], ce qui implique que tous les dépendants du verbe se trouvent au même niveau (y compris le sujet). Je considère donc que la distinction gapping classique vs. coordination de séquences est plutôt une question d'adjacence, c.-à-d. la linéarisation des éléments contrastifs dans la phrase source, par rapport au verbe tête.

(280) a. We play poker at our house, and bridge at Betsy's house.
 b. At our house we play poker, and at Betsy's house, bridge.

(281) a. Paul apportera un disque à Marie et un livre à Jean.
 b. A Marie Paul apportera un disque et à Jean un livre.

Les mêmes configurations avec le placement médian ou initial du verbe antécédent se retrouvent dans les subordonnées : en (282a), on a un exemple typique de gapping, alors qu'en (282b–282c), le verbe est suivi de deux séquences de syntagmes pour lesquelles on peut supposer deux possibilités d'analyse.

(282) a. Vreau ca [Ion să vină azi] [și Maria mâine].
 vouloir.PRS.1SG que Ion SBJV venir.SBJV.3 aujourd'hui et Maria demain
 'Je veux que Ion vienne aujourd'hui, et Maria demain.'
 b. Vreau [să vină Ion azi] [și Maria mâine].
 vouloir.PRS.1SG SBJV venir.SBJV.3 Ion aujourd'hui et Maria demain
 'Je veux que Ion vienne aujourd'hui, et Maria demain.'
 c. Vreau să vină [Ion azi] [și Maria mâine].
 vouloir.PRS.1SG SBJV venir.SBJV.3 Ion aujourd'hui et Maria demain
 'Je veux que Ion vienne aujourd'hui, et Maria demain.'

L'hypothèse selon laquelle il y a deux possibilités d'analyse pour les coordinations de séquences se trouvant à droite du verbe est justifiée, entre autres, par

---

[85] Voir Bîlbîie (2011) pour plus de détails. Parmi les arguments empiriques pour une structure plate en roumain (avec le verbe et les dépendants au même niveau), on note ici l'ordre libre des constituants (les fonctions peuvent être définies indépendamment de la position dans l'arbre syntaxique, grâce à un système assez riche de marques morphosyntaxiques).

3 Les conjoints fragmentaires : le gapping

le placement des conjonctions corrélatives dans les coordinations omnisyndétiques. Ainsi, dans un contexte typique de gapping, où le verbe se trouve en position médiane, la conjonction initiale doit obligatoirement précéder la phrase source, comme en (283), alors que, dans le cas où le verbe précède les séquences, la conjonction initiale peut apparaître soit à l'initiale du verbe tête (284a), soit à l'initiale de la coordination de séquences (284b).

(283)   a.   **Fie** Ion <u>vine</u> azi, **fie** Maria mâine.
            'Soit Ion vient aujourd'hui, soit Maria demain.'

       b.   *Ion <u>vine</u> **fie** azi,   **fie**   Maria mâine.
           Ion   vient soit aujourd'hui soit Maria demain
           'Soit Ion vient aujourd'hui, soit Maria demain.'

(284)   a.   **Fie** <u>vine</u> Ion azi,   **fie**   Maria mâine.
           soit vient Ion aujourd'hui soit Maria demain
           'Soit Ion vient aujourd'hui, soit Maria demain.'

       b.   <u>Vine</u> **fie** Ion azi,   **fie**   Maria mâine.
           vient soit Ion aujourd'hui soit Maria demain
           'Soit Ion vient aujourd'hui, soit Maria demain.'

Les coordinations de séquences (à tête initiale) m'intéressant ici concernent non seulement les séquences avec sujet postverbal, mais aussi les séquences typiques de compléments/ajouts. Comme on vient de le voir pour l'anglais en (280) et le français en (281), le roumain permet deux linéarisations : soit les deux séquences sont à droite du verbe tête (p.ex. (285a) et (286a)), soit un des compléments/ajouts est préverbal (p.ex. (285b) et (286b)).

(285)   a.   <u>I-am   dat</u>   Ioanei   o   carte, iar Mariei   un stilou.
           DAT.3SG-ai donné Ioana.DAT un livre   et Maria.DAT un stylo
           'J'ai donné à Ioana un livre, et à Maria un stylo.'

       b.   Ioanei   <u>i-am   dat</u>   o   carte, iar Mariei   un stilou.
           Ioana.DAT DAT.3SG-ai donné un livre   et Maria.DAT un stylo
           'A Ioana j'ai donné un livre, et à Maria un stylo.'

(286)   a.   <u>Am   fost</u> în 2004 la Roma, iar în 2005 la Londra.
           ai   été en 2004 à Rome et   en 2005 à Londres
           'J'ai été en 2004 à Rome, et en 2005 à Londres.'

3.6 L'ellipse périphérique gauche : gapping ou coordination de séquences ?

b. In 2004, <u>am fost</u> la Roma, iar în 2005 la Londra.
en 2004, ai été à Rome et en 2005 à Londres
'En 2004, j'ai été à Rome, et en 2005 à Londres.'

Dans ce qui suit, je m'intéresse donc aux coordinations de séquences (sujet, complément et ajout tout confondu) se trouvant à droite du verbe tête. Le but est de vérifier si ce type de structures se comporte comme une coordination de phrases (dont une fragmentaire) comme en Figure 3.24 ou bien comme une coordination (sous-phrastique) de séquences dans la portée syntaxique du verbe tête, comme en Figure 3.25.

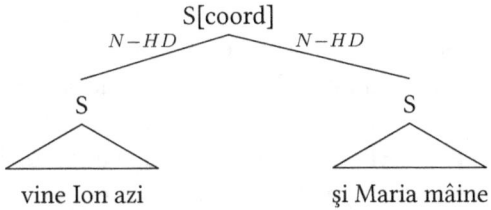

FIGURE 3.24 : Coordination de phrases

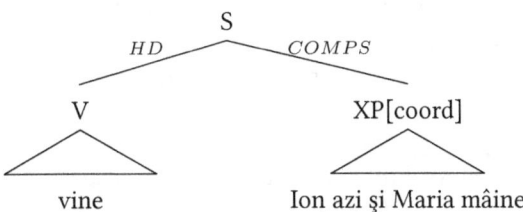

FIGURE 3.25 : Coordination sous-phrastique de clusters

Je commence par mentionner brièvement les arguments empiriques à l'encontre d'une reconstruction syntaxique dans ce type de structures (section 3.6.1). Par conséquent, les deux autres possibilités restantes sont exactement celles que je viens de postuler ci-dessus : (i) une analyse similaire à celle proposée pour les constructions à gapping, c.-à-d. une structure fragmentaire sans tête verbale, dont la bonne formation réside dans un principe de substitution, ou bien (ii) une analyse sans ellipse, c.-à-d. une coordination de séquences (ou clusters), qui satisfait les exigences de sous-catégorisation d'un prédicat comme une suite de constituants ordinaires. La première solution envisageable a été déjà discutée pour le gapping en roumain et en français dans la section 3.5. C'est pour cela que, dans la

3 Les conjoints fragmentaires : le gapping

deuxième partie de cette section, je discuterai plutôt l'analyse sans ellipse, proposée par Mouret (2006 ; 2007 ; 2008) pour la coordination de séquences en français (section 3.6.2). Ensuite, dans une troisième partie (section 3.6.3), je motiverai sur une base strictement empirique le besoin de postuler les deux analyses (c.-à-d. gapping vs. coordination de séquences) pour rendre compte des différences qui existent entre les coordinations avec *iar* 'et' et les coordinations avec la conjonction *și* 'et'. Dans la dernière section, je présente la formalisation de ces données dans le cadre HPSG (section 3.6.4).

3.6.1 Pas de reconstruction syntaxique

Une approche syntaxique de l'ellipse (cf. van Oirsouw 1987 ; Wilder 1997 ; Crysmann 2003 ; Beavers & Sag 2004 ; Chaves & Sag 2008, etc.), qui postule la présence (sous une forme ou autre) d'un verbe dans le second conjoint, est inadéquate, tout comme pour les constructions à gapping observées dans les sections précédentes. Contrairement à ce qui est prédit par le principe de récupérabilité de l'ellipse (cf. Chomsky 1964), on n'arrive pas toujours à restituer une tête verbale dans la coordination de séquences à droite d'un verbe. Les mêmes arguments qu'on a discutés pour le gapping avec le verbe en position non initiale valent ici.

La reconstruction du matériel supposé présent dans le second conjoint ne donne pas toujours lieu à une phrase grammaticale. Ainsi, certains connecteurs lexicalisés comme *ca (și)* 'comme' en (287a), *precum și* 'ainsi que' en (287b) ne peuvent jamais se combiner avec un verbe fini.

(287) a. S-a băgat și Ion în discuție **ca**
REFL.3SG-AUX introduit aussi Ion en discussion comme
(*s-a băgat) musca (*s-a băgat) în
(REFL.3SG-AUX introduit) mouche.DEF (REFL.3SG-AUX introduit) en
lapte.
lait
'Ion s'est mêlé à la conversation sans être concerné (comme une mouche dans le lait).'

b. I-am dat lui Ion un măr, **precum și** (*i-am dat)
DAT.3SG-ai donné DAT Ion une pomme ainsi que (DAT.3SG-ai donné)
Mariei (*i-am dat) o pară.
Maria.DAT (DAT.3SG-ai donné) une poire
'J'ai donné à Ion une pomme, ainsi qu'à Maria une poire.'

3.6 L'ellipse périphérique gauche : gapping ou coordination de séquences ?

Le même contraste est observé avec la négation de constituant *nu* en (288a) qui se comporte différemment de la négation de phrase *nu* (cf. Barbu 2004), bien qu'elles soient homonymes en roumain. Contrairement à la négation de phrase dans le contexte verbal, la négation de constituant reçoit toujours une saillance prosodique, ce qui explique les différences observées en (288). En français et anglais, ce contraste est plus évident : des adverbes comme fr. *non pas* en (289) ou angl. *not* en (290) peuvent introduire une séquence, alors qu'ils sont exclus avec une forme verbale finie (cf. Mouret 2006, Mouret 2007, Mouret 2008 pour le français, et Culicover & Jackendoff 2005 pour l'anglais).

(288) a. I-am dat MaRIei o pară și {**NU** | **nicideCUM**}
DAT.3SG-ai donné Maria.DAT une poire et {non-pas | pas-du-tout}
(*i-am dat) lui Ion un măr.
(DAT.3SG-ai donné) DAT Ion une pomme
'J'ai donné à Maria une poire, mais pas à Ion une pomme.'

b. ??I-am dat Mariei o pară și **nu** i-am dat lui
DAT.3SG-ai donné Maria.DAT une poire et NEG DAT.3SG-ai donné DAT
Ion un măr.
Ion une pomme
'J'ai donné à Maria une poire, mais je n'ai pas donné à Ion une pomme.'

(289) Paul <u>offrira</u> un disque à Marie et **non pas** (*offrira) un livre à Jean.

(290) Paul <u>gave</u> a record to Mary and **not** (*gave) a book to Bill.

La reconstruction syntaxique d'un verbe est problématique aussi dans le listage de paires avec « accord cumulatif » (291), lorsque le verbe initial reçoit un accord au pluriel, et ce quelle que soit la valeur de nombre de chacun des sujets postverbaux (ici, le premier sujet postverbal est au singulier).

(291) In prima zi <u>se iau</u> : o picătură dimineața,
en premier.DEF jour REFL.ACC.3 prendre.PRS.3PL une goutte matin.DEF
două picături la prânz, trei picături seara.
deux gouttes à midi trois gouttes soir.DEF
'Le premier jour, on doit prendre une goutte le matin, deux gouttes à midi, trois gouttes le soir.

Si on assume une reconstruction syntaxique « parallèle », c.-à-d. on reconstruit un verbe dans le second conjoint au même endroit que dans le premier conjoint,

3 Les conjoints fragmentaires : le gapping

on n'arrive pas facilement à rendre compte de la distribution idiosyncrasique imposée par la conjonction *iar* 'et' en (292), qui ne permet pas une forme verbale finie prédicative dans la position initiale du deuxième conjoint.

(292) a. Vreau să vină Ion azi, **iar** (*să vină) Maria (să vină) mâine.
vouloir.PRS.1SG SBJV venir.SBJV.3 Ion aujourd'hui et (SBJV venir.SBJV.3) Maria (SBJV venir.SBJV.3) demain
'Je veux que Ion vienne aujourd'hui, et Maria demain.'

b. I-am dat Mariei o carte, **iar** (*i-am dat) lui Ion (i-am dat) un CD.
DAT.3SG-ai donné Maria.DAT un livre et (DAT.3SG-ai donné) DAT Ion (DAT.3SG-ai donné) un CD
'J'ai donné à Maria un livre, et à Ion un CD.'

Un exemple plus délicat est (293) où, en dehors du fait que le matériel manquant ne peut être reconstruit qu'en position médiane (à cause des contraintes imposées par la conjonction *iar* 'et' sur le placement du verbe prédicatif dans une phrase), on observe une asymétrie liée à la catégorie syntaxique, au cas et à la fonction syntaxique de la paire <*pisicii, la pui*> <'au chat', 'aux chatons'> : syntagme nominal vs. syntagme prépositionnel, génitif vs. accusatif avec préposition, complément du nom déverbal vs. ajout phrastique.

(293) Se recomandă deparazitarea **pisicii** de patru ori pe an, iar **la pui** (se recomandă deparazitarea) o dată pe lună.
REFL.ACC.3 recommander.PRS.3 vermifugation.DEF chat.GEN de quatre fois sur an et chez chatons (REFL.ACC.3 recommander.PRS.3 vermifugation.DEF) une fois sur mois.
'Il est recommandé de vermifuger le chat quatre fois par an, et les chatons une fois par mois.'

Généralement, les approches syntaxiques de l'ellipse postulent un homomorphisme syntaxe-sémantique, c.-à-d. les relations de portée sémantiques dérivent directement de la structure syntaxique. Ce genre d'analyse rencontre des difficultés quant à l'interprétation de certains éléments ou la portée de certains opérateurs sémantiques sur la coordination de séquences. Ainsi, si on postule la reconstruction du matériel manquant dans le deuxième conjoint, on n'arrive

3.6 L'ellipse périphérique gauche : gapping ou coordination de séquences ?

pas à dériver la lecture interne (« référentiellement dépendante », cf. Laca & Tasmowski 2001) des adjectifs relationnels *același* 'même' et *diferit* 'différent'[86], dans laquelle les arguments de la relation d'identité ou de la non-identité se trouvent dans la phrase même (294–295). Cette lecture interne va de pair avec une interprétation à la fois distributive et réciproque (cf. Van Peteghem 2002), les entités en question fonctionnant comme les arguments d'un même prédicat (dyadique) à sens réciproque. Afin d'obtenir cette lecture interne, les syntagmes nominaux modifiés par ces adjectifs relationnels (p.ex. *același articol* 'le même article' en (294) ou *un cadou diferit* 'un cadeau différent' en (295)) doivent pouvoir s'appliquer à une éventualité plurielle (cf. G. Carlson 1987). S'ils se combinent avec une éventualité singulière, cette lecture interne devient impossible, ce qui explique l'inacceptabilité des exemples (294b) et (295b), où on reconstruit le verbe avec son complément manquant dans le deuxième conjoint.

(294) a. Am prezentat **același** articol ieri la curs și azi la seminar.

'J'ai présenté le même article hier en cours et aujourd'hui en séminaire.'

b. #Am prezentat **același** articol ieri la curs și am prezentat **același**
ai présenté même article hier à cours et ai présenté même
articol azi la seminar.
article aujourd'hui à séminaire

'J'ai présenté le même article hier en cours et aujourd'hui en séminaire.'

(295) a. Voi cumpăra un cadou **diferit** pentru Ion de Crăciun și pentru
vais acheter un cadeau différent pour Ion de Noël et pour
Ana de Paște.
Ana de Pâques

'Je vais acheter un cadeau différent à Ion pour Noël et à Maria pour Pâques.'

b. #Voi cumpăra un cadou **diferit** pentru Ion de Crăciun și voi
vais acheter un cadeau différent pour Ion de Noël et vais
cumpăra un cadou **diferit** pentru Ana de Paște.
acheter un cadeau différent pour Ana de Pâques

'Je vais acheter un cadeau différent à Ion pour Noël et à Ana pour Pâques.'

---

[86] Ces adjectifs présentent aussi une lecture anaphorique ou externe, dans laquelle le second terme de la relation d'identité ou de la non-identité est à récupérer dans le contexte gauche, c.-à-d. il a été déjà mentionné dans le discours. Cette lecture ne nous intéresse pas ici.

3 Les conjoints fragmentaires : le gapping

Toujours au niveau sémantique, on remarque des non-équivalences entre les exemples « elliptiques » et les exemples avec reconstruction syntaxique concernant la portée de la conjonction și 'and' en (296) ou de la disjonction *sau* 'ou' en (297) par rapport à la négation accompagnant le verbe initial (voir Huddleston & Pullum 2002 pour des données similaires en anglais). Ainsi dans les contextes « elliptiques » en (296a) et (297a), la conjonction și 'et' et la disjonction *sau* 'ou' ont une portée étroite par rapport à la négation verbale, qui a portée large, alors que dans les versions reconstruites en (296b) et (297b), la conjonction et la disjonction ont une portée large.

(296)   a.   <u>Nu pot să-i dau</u> lui Ion o bicicletă **și** Mariei doar un stilou.

'Je ne peux pas donner à Ion une bicyclette et à Maria seulement un stylo.'

          b.   ≠ Nu pot să-i dau lui Ion o bicicletă **și** nu pot să-i dau Mariei doar un stilou.

'Je ne peux pas donner à Ion une bicyclette et je ne peux pas donner à Maria seulement un stylo.'

(297)   a.   <u>Nu i-am dezvăluit nimic</u> lui Paul despre Maria **sau** Mariei despre Paul.

'Je n'ai rien dévoilé à Paul concernant Maria ou à Maria concernant Paul.'

          b.   ≠ Nu i-am dezvăluit nimic lui Paul despre Maria **sau** nu i-am dezvăluit nimic Mariei despre Paul.

'Je n'ai rien dévoilé à Paul concernant Maria ou je n'ai rien dévoilé à Maria concernant Paul.'

Sur la base de ces arguments, on doit conclure que la reconstruction syntaxique n'opère pas non plus dans la coordination de séquences à droite d'un verbe tête, indépendamment de la conjonction utilisée dans ces coordinations.

Il reste maintenant à vérifier si l'on a des arguments empiriques pour désambiguïser ces coordinations avec le verbe en position initiale. En particulier, je veux voir si, dans ce type de configurations, il s'agit d'une coordination d'unités avec contenu propositionnel (donc, une coordination de phrases, dont une fragmentaire, comme dans les constructions à gapping) ou bien s'il s'agit d'une coordination sous-phrastique de séquences dans la portée syntaxique d'un prédicat. Avant d'étudier les données du roumain, je présente d'abord l'analyse proposée par Mouret (2006 ; 2007 ; 2008) pour la coordination de séquences en français.

3.6 L'ellipse périphérique gauche : gapping ou coordination de séquences ?

3.6.2 La coordination de séquences en français

Dans cette section, je présente brièvement les arguments mentionnés par Mouret (2006 ; 2007 ; 2008) pour une analyse sans ellipse de la coordination de séquences en français, qui pour lui est une coordination sous-phrastique.

L'argument majeur contre une coordination phrastique (et donc contre une structure fragmentaire du deuxième conjoint) en français est la distribution des conjonctions corrélatives (ou doubles) dans les coordinations omnisyndétiques. Si la coordination de séquences présente des conjonctions doubles comme *et... et...* ou *ou bien... ou bien...*, la conjonction initiale se place obligatoirement après le prédicat partagé (p.ex. (298a) et (299a)) et non devant celui-ci (p.ex. (298b) et (299b)), ce qui s'explique si on admet que le prédicat verbal est extérieur à la structure coordonnée.

(298)   a. Paul compte <u>apporter</u> **et** un disque à Marie **et** un livre à Jean.

           b. *Paul compte **et** <u>apporter</u> un disque à Marie **et** un livre à Jean.

(299)   a. <u>Paul apportera</u> **ou bien** un disque à Marie **ou bien** un livre à Jean.

           b. ***Ou bien** <u>Paul apportera</u> un disque à Marie **ou bien** un livre à Jean.

Un argument supplémentaire qui confirme cette hypothèse est la distribution et l'interprétation des adverbes restrictifs et additifs. Ces adverbes peuvent introduire une coordination de séquences et s'y associer sémantiquement. On observe ainsi que les adverbes *seulement* en (300a) et *aussi* en (300b) s'associent à toute la coordination de séquences et non seulement au premier conjoint. Ces phénomènes d'association sont problématiques pour les approches postulant une structure fragmentaire pour le deuxième conjoint, car on n'arrive pas à expliquer comment un adverbe peut prendre la coordination dans son ensemble comme associé sémantique s'il est enchâssé dans le premier conjoint.

(300)   a. Paul <u>offrira</u> **seulement** <un disque à Pierre et un livre à Marie>, alors qu'il aurait pu offrir aussi une bouteille de vin à Jean.

           b. Paul <u>offrira</u> **aussi** <un disque à Pierre et un livre à Marie>, alors qu'il aurait pu offrir seulement une bouteille de vin à Jean.

Un dernier argument pour une analyse sans ellipse concerne certains phénomènes d'accord observés avec les sujets postverbaux en français. Ainsi, dans les tours narratifs, deux stratégies d'accord sont possibles lorsqu'on coordonne des séquences comportant chacune un sujet postverbal. Si la coordination est interprétée comme la conjonction de deux événements successifs (cf. la présence de

3 Les conjoints fragmentaires : le gapping

l'adverbial *quelques secondes plus tard* en (301a)), le verbe apparaît au singulier, s'accordant indépendamment avec chacun des sujets postverbaux. En revanche, si la coordination met en jeu une relation symétrique (cf. la présence de l'adverbe *simultanément* en (301b)), le verbe apparaît obligatoirement au pluriel, peu importe la valeur de nombre de chacun des sujets postverbaux. Cette deuxième stratégie est problématique pour toute structure à ellipse, car on n'arrive pas à expliquer comment un verbe peut apparaître au pluriel si celui-ci appartient uniquement au premier conjoint. En revanche, cela s'explique facilement si on postule une analyse sans ellipse, avec un prédicat verbal à l'extérieur de la séquence coordonnée.

(301)   a.   Alors {surgit | *surgirent} d'un champ un renard et **quelques secondes plus tard** d'un buisson une biche.

         b.   Alors {*surgit | surgirent} **simultanément** d'un champ un renard et d'un buisson une biche.

Sur la base de ces propriétés, Mouret (2006 ; 2007 ; 2008) conclut que la coordination de séquences en français ne met en jeu aucune ellipse, son analyse se rapprochant de celles proposées en grammaires catégorielles (Dowty 1988 ; Steedman 1990 ; 2000) ou dans d'autres cadres surfacistes (Hudson 1988 ; Maxwell & Manning 1996). On aura ainsi une coordination sous-phrastique de séquences sans tête qui seront autorisées dans la portée syntaxique d'un verbe tête (plus de détails dans la section 3.6.4).

3.6.3 Une double analyse en roumain

On a vu que la reconstruction syntaxique posait des problèmes pour les coordinations de séquences en roumain. En revanche, une analyse sans ellipse se justifie facilement pour les coordinations de séquences en français, où l'on considère que la coordination opère à un niveau sous-phrastique dans ces cas. Qu'en est-il pour le roumain ?

Fondamentalement, on observe que le roumain permet l'emploi de la conjonction *iar* 'et' dans ces contextes, qu'il s'agisse d'une séquence contenant un sujet postverbal (302a) ou non (302b). Or, la conjonction *iar* 'et' ne lie que des syntagmes avec contenu propositionnel, c.-à-d. des phrases. Cela semble suggérer que l'analyse proposée pour le français ne peut pas s'appliquer a priori aux coordinations avec *iar*, pour lesquelles une approche similaire à celle proposée pour les constructions typiques de gapping serait plus adéquate.

3.6 L'ellipse périphérique gauche : gapping ou coordination de séquences ?

(302) a. Vreau să vină Ion azi, **iar** Maria mâine.
vouloir.PRS.1SG SBJV venir.SBJV.3 Ion aujourd'hui et Maria demain
'Je veux que Ion vienne aujourd'hui, et Maria demain.'

b. I-am dat Mariei o carte, **iar** Anei un CD.
DAT.3SG-ai donné Maria.DAT un livre et Ana.DAT un CD
'J'ai donné à Maria un livre, et à Ana un CD.'

En même temps, les coordinations de séquences en roumain peuvent être liées par la conjonction *și* 'et', qui n'est pas contrainte quant au type de catégorie coordonnée. On s'attend donc à ce que les propriétés mentionnées par Mouret (2006 ; 2007 ; 2008) pour le français s'appliquent aux coordinations de séquences liées par la conjonction *și*, mais pas à celles coordonnées par *iar*.

Cette hypothèse est confirmée par les différences de comportement qu'on observe dans les coordinations de séquences liées par *iar*, par rapport à celles liées par *și*. Par la suite, j'applique une série de tests (y compris ceux proposés par Mouret pour le français) pour montrer qu'une double analyse doit être envisagée pour les coordinations de séquences en roumain.

Bien que ce ne soit pas un test décisif comme en français, je commence par discuter le placement des items corrélatifs[87]. On observe une différence nette entre les coordinations de séquences avec des adverbes corrélatifs (p.ex. *și... și...* 'et... et...') et les coordinations avec des conjonctions doubles (p.ex. *fie... fie...* 'soit... soit...') : l'adverbe corrélatif *și*[88] se place obligatoirement après le prédicat (303), alors que la conjonction double *fie* peut apparaître aussi devant le prédicat (304). On ne peut pas tester le placement des items corrélatifs avec la conjonction *iar*, car il n'y a pas de structure corrélative disponible. Mais on peut déjà constater qu'il y a un double comportement des coordinations omnisyndétiques, ce qui va dans le sens de mon hypothèse.

(303) a. I-am dat **și** Mariei o pară (și) **și** lui Ion un măr.
DAT.3SG-ai donné ADV Maria.DAT une poire, (et) ADV DAT Ion une pomme
'J'ai donné et à Maria une poire, et à Ion une pomme.'

---

[87] Je les appelle *items corrélatifs* et non *conjonctions doubles*, car en roumain on a, à côté des conjonctions doubles (*fie... fie...* 'soit... soit...', *sau... sau...* 'ou... ou...', *ori... ori...* 'ou... ou...'), des adverbes corrélatifs (*și... și...* 'et... et...' et *nici... nici...* 'ni... ni...'). Pour une analyse détaillée de ces constructions, voir Bîlbîie (2008 ; 2011).

[88] A ne pas confondre la conjonction *și* et l'adverbe corrélatif *și*, qui, malgré l'homonymie de forme, ne partagent pas les mêmes propriétés distributionnelles (Bîlbîie 2008).

b. *Şi i-am dat Mariei o pară, (şi) şi lui Ion un
ADV DAT.3SG-ai donné Maria.DAT une poire (et) ADV DAT Ion une
măr.
pomme

'J'ai donné et à Maria une poire, et à Ion une pomme.'

(304) a. <u>Vine</u> **fie** Ion azi, **fie** Maria mâine.
vient soit Ion aujourd'hui soit Maria demain

'Soit Ion vient aujourd'hui, soit Maria demain.'

b. **Fie** <u>vine</u> Ion azi, **fie** Maria mâine.
soit vient Ion aujourd'hui soit Maria demain

'Soit Ion vient aujourd'hui, soit Maria demain.'

En revanche, le deuxième argument invoqué par Mouret (2006 ; 2007 ; 2008) est un test qui montre bien la différence entre les structures avec la conjonction *şi* 'et' et les structures avec la conjonction *iar* 'et'. Ainsi, un adverbe associatif comme le restrictif *doar* 'seulement' (305a), *numai* 'seulement' (305b) ou *decât* 'seulement' (305c) peut avoir portée large sur la coordination (donc, il prend facilement la coordination dans son ensemble comme associé sémantique) si on a la conjonction *şi*, alors que cela est inacceptable avec la conjonction *iar*. Cette portée large des adverbes restrictifs avec la conjonction *şi* permet dans ces cas un pronom clitique pluriel sur le verbe partagé, comme le clitique pluriel *le* 'leur' en (305a).

(305) a. Ion {îi | <u>le</u>} dă **doar** [Anei un stilou {**şi** | #**iar**}
Ion {DAT.3SG | DAT.3PL} donne seulement Ana.DAT un stylo {et | et}
Inei o carte], deşi ar putea să-i
Ina.DAT un livre bien_que AUX.COND.3 pouvoir SBJV-DAT.3SG
dea şi Danei un CD.
donner.SBJV.3 aussi Dana.DAT un CD

'Ion offrira seulement à Ana un stylo et à Ina un livre, bien qu'il puisse offrir à Dana aussi un CD.'

b. <u>Merg</u> nu **numai** [azi la film {**şi** | #**iar**} mâine la
aller.PRS.1SG non seulement aujourd'hui à film {et | et} demain à
teatru], ci şi vineri la operă.
théâtre mais aussi vendredi à opéra

'Je vais non seulement aujourd'hui au cinéma et demain au théâtre, mais aussi vendredi à l'opéra.'

3.6 L'ellipse périphérique gauche : gapping ou coordination de séquences ?

  c. Nu i-am dat **decât** [Anei o carte {şi | #**iar**} lui
   NEG DAT.3SG-ai donné seulement Ana.DAT un livre {et | et} DAT
   Ion un CD], deşi aş   fi putut să-i
   Ion un CD bien_que AUX.COND.1SG PST pu SBJV-DAT.3SG
   dau   şi Inei un caiet.
   donner.SBJV.1SG aussi Ina.DAT un cahier
   'Je n'ai offert qu'à Ana un livre et à Ion un stylo, bien que j'aie pu offrir à Ina aussi un cahier.'

On note encore une différence entre les deux constructions avec la conjonction *şi* et respectivement *iar* en ce qui concerne l'accord. On discute d'abord l'accord lié au redoublement clitique et ensuite l'accord avec les sujets postverbaux. Ainsi, on observe que la coordination de séquences avec la conjonction *şi* permet le redoublement clitique soit sous sa forme au singulier, soit sous une forme au pluriel (306a) ; ainsi, l'emploi du pronom clitique au datif pluriel *le* 'leur' redoublant deux compléments nominaux au singulier (*Anei* 'à Ana' et *Elenei* 'à Elena') indique que les compléments redoublés dans les séquences sont sous la portée syntaxique du prédicat verbal qui contient le clitique pluriel. En revanche, la coordination de séquences avec *iar* en (306b) ne permet que l'emploi d'un clitique singulier (*le* 'lui') dans ces contextes.

(306) a. Ion {îi | **le**} va da Anei un stilou **şi** Elenei
    Ion {DAT.3SG | DAT.3PL} va donner Ana.DAT un stylo et Elena.DAT
    o carte.
    un livre
    'Ion va donner à Ana un stylo et à Elena un livre.'
  b. Ion {îi | *****le**} va da Anei un stilou, **iar** Elenei
    Ion {DAT.3SG | DAT.3PL} va donner Anei.DAT un stylo et Elena.DAT
    o carte.
    un livre
    'Ion va donner à Ana un stylo et à Elena un livre.'

Une autre différence liée à l'accord concerne le placement postverbal des sujets. On observe deux stratégies d'accord : (i) soit le verbe s'accorde de manière indépendante avec le sujet de chaque séquence (307), l'interprétation étant celle d'une conjonction de deux événements indépendants (explicitée par l'emploi d'une expression adverbiale comme *câteva secunde mai târziu* 'quelques secondes plus tard' en (307a) ou bien *mai întâi* 'd'abord'... *apoi* 'ensuite' en (307b)), et dans

3 Les conjoints fragmentaires : le gapping

ce cas, l'emploi des deux conjonctions *și* et *iar* est possible ; (ii) soit le verbe reçoit l'accord au pluriel (308), l'interprétation étant plutôt celle d'un événement complexe (explicitée par l'emploi d'une expression adverbiale comme *simultan* 'simultanément'), et dans ce cas, les locuteurs préfèrent la conjonction *și* à la place de *iar*.

(307) a. La auzul împușcăturii, **a** țâșnit dintr-un tufiș un
   à bruit.DEF coup-de-feu.GEN AUX.3SG surgi d'un buisson un
   iepure, {și | **iar**} (**câteva secunde mai târziu,**) dintr-o scorbură o
   lapin {et | et} (quelques secondes plus tard) d'un terrier un
   veveriță.
   écureuil
   'Au bruit du coup de feu, surgit d'un buisson un lapin et (quelques secondes plus tard) d'un terrier un écureuil.'

  b. **Ai** intrat (**mai întâi**) tu pe banda întâi, {și | **iar**}
   AUX.2SG entré (tout d'abord) toi sur voie.DEF premier {et | et}
   (**apoi**) el pe banda a doua.
   (ensuite) lui sur voie.DEF ART.F deuxième
   '(D'abord) toi, tu t'es engagé sur la voie de droite, (ensuite) lui sur la voie de gauche.'

(308) a. La auzul împușcăturii, **au** țâșnit (**simultan**)
   à bruit.DEF coup-de-feu.GEN AUX.3PL surgi (simultanément)
   dintr-un tufiș un iepure {**și** | #**iar**} dintr-o scorbură o veveriță.
   d'un buisson un lapin {et | et} d'un terrier un écureuil
   'Au bruit du coup de feu, surgirent (simultanément) d'un buisson un lapin et d'un terrier un écureuil.'

  b. **Ați** intrat (**simultan**) tu pe banda întâi {**și** | #**iar**}
   AUX.2PL entré (simultanément) toi sur voie.DEF premier {et | et}
   el pe banda a doua.
   lui sur voie.DEF ART.F deuxième
   'Vous vous y êtes engagés en même temps, toi sur la voie de droite, lui sur la voie de gauche.'

L'hypothèse selon laquelle les coordinations de séquences avec la conjonction *și* sont différentes syntaxiquement des coordinations de séquences avec *iar* est justifiée par un autre fait empirique, mentionné par ailleurs plus haut dans la section 3.6.1, à savoir la portée des adjectifs relationnels. Les adjectifs *același* 'même'

3.6 L'ellipse périphérique gauche : gapping ou coordination de séquences ?

et *diferit* 'différent' admettent une lecture interne avec effet de distributivité et de réciprocité, lorsqu'ils s'appliquent à une éventualité plurielle (Van Peteghem 2002 ; G. Carlson 1987), ces adjectifs ayant donc portée sur les séquences coordonnées. Cela explique pourquoi on ne peut pas substituer la conjonction *iar* à la conjonction *și* en (309), cette lecture interne étant déclenchée si et seulement si l'adjectif en question s'applique à une pluralité à interprétation distributive.

(309)   a.   <u>Am prezentat **același** articol</u> ieri la curs {**și** | **#iar**} azi la seminar.
            'J'ai présenté le même article hier en cours et aujourd'hui en séminaire.'
     b.   <u>Voi cumpăra un cadou **diferit**</u> pentru Ion de Crăciun {**și** | **#iar**} pentru Maria de Paște.
            'Je vais acheter un cadeau différent à Ion pour Noël et à Maria pour Pâques.'

Un fait qui rapproche beaucoup les coordinations de séquences des coordinations à gapping est la contrainte de constituance majeure (discutée dans la section 3.3.3), c.-à-d. seuls des dépendants d'une tête verbale (racine ou enchâssée) sont légitimés dans la séquence à droite de la conjonction. Ainsi, les exemples en (310) sont inacceptables, car un des constituants dans chaque séquence dépend d'une tête non-verbale (en (310), le premier élément de chaque séquence est le dépendant d'une tête nominale non prédicative). En revanche, la coordination de deux séquences composées chacune d'un complément du verbe enchâssé et d'un complément du verbe matrice est acceptable en roumain, au moins avec la conjonction *iar*, comme on l'observe en (311a) (contrairement à ce que Mouret 2007 ou Mouret 2008 constate pour le français) ; de même, pour les coordinations de séquences dépendant d'une tête non verbale, mais prédicative dans les structures à prédicat complexe (311b). En même temps, pour toutes les occurrences de coordinations de séquences en dehors du domaine verbal, on a une préférence pour la conjonction *și* plutôt que pour la conjonction *iar* (312a). Cela se vérifie dans l'exemple attesté (312b), où on a deux coordinations de séquences sous la portée syntaxique du verbe *având* 'ayant' et respectivement sous la portée syntaxique de la préposition *cu* 'avec' : on observe que dans le premier cas, le locuteur a utilisé la conjonction *iar*, tandis que dans le deuxième cas, le locuteur a utilisé la conjonction *și*.

(310)   a.   *<u>Am cumpărat mere</u> roșii azi {și | iar} verzi ieri.
            ai acheté pommes rouges aujourd'hui {et | et} vertes hier
            'J'ai acheté des pommes rouges aujourd'hui et des pommes vertes hier.'

3 Les conjoints fragmentaires : le gapping

b. *Ina i-a dat lucrurile de fetiță Danei {și | iar} de
Ina DAT.3SG-a donné affaires.DEF de fillette Dana.DAT {et | et} de
băiețel lui Dan.
petit-garçon DAT Dan
'Ina a offert les vêtements de fille à Dana et les vêtements de garçon à Dan.'

c. *Paul <u>dezaprobă propunerea</u> Mariei de a ieși în parc
Paul désapprouve proposition.DEF Maria.GEN de INF sortir en parc
și Ioanei de a merge la film.
et Ioana.GEN de INF aller à film
'Paul désapprouve la proposition de Maria de sortir dans le parc et la proposition de Ioana d'aller au cinéma.'

(311) a. Paul <u>i-a recomandat</u> Mariei <u>să meargă</u> la mare, iar
Paul DAT.3SG-a recommandé Maria.DAT SBJV aller.SBJV.3 à mer et
Danei la munte.
Dana.DAT à montagne
'Paul a recommandé à Maria d'aller à la mer, et à Dana à la montagne.'

b. <u>Este un tipar</u> sintactic frecvent realizat, iar semantic,
est un modèle syntaxique fréquemment réalisé et sémantique
destul de eterogen.
assez de hétérogène
'C'est un patron syntaxique fréquemment réalisé, et sémantiquement, il est assez hétérogène.'

(312) a. <u>Cu</u> Ion director {și | ??iar} Maria secretară, firma nu va
avec Ion directeur {et | et} Maria secrétaire société.DEF NEG va
merge niciodată bine.
aller jamais bien
'Avec Ion comme directeur et Maria comme secrétaire, la boîte n'ira jamais mieux.'

b. Există limbi « head first », <u>având</u> deci capul de grup pe prima poziție, **iar** determinanții postpuși, și limbi « head last », <u>cu</u> regentul pe ultima poziție **și** determinanții antepuși.
'Il y a des langues « head first », ayant donc la tête de groupe en première position, et les déterminants postposés, et des langues

3.6 L'ellipse périphérique gauche : gapping ou coordination de séquences ?

« head last », avec le régent en position finale et les déterminants antéposés.'

Les coordinations de séquences avec *și* et avec *iar* se distinguent aussi prosodiquement. Les conjoints coordonnés par la conjonction *și*, en dehors d'une intonation particulière, présentent habituellement plutôt une prosodie intégrée des conjoints, c.-à-d. les conjoints forment une seule unité prosodique (313a). En revanche, les conjoints coordonnés par *iar* présentent une prosodie incidente (marquée par une pause à l'oral et obligatoirement par une virgule à l'écrit), c.-à-d. chaque conjoint constitue une unité prosodique autonome (313b).

(313) a. Am fost luni la film (|) **și** marți la teatru.
'J'ai été lundi au cinéma et mardi au théâtre.'

b. Am fost luni la film, | **iar** marți la teatru.
'J'ai été lundi au cinéma, et mardi au théâtre.'

Une autre différence entre les deux conjonctions concerne le nombre d'éléments présents dans le deuxième conjoint. Pour les coordinations à gapping, on avait postulé le double contraste comme une contrainte sémantique majeure (section 3.3.4.2) : le conjoint fragmentaire doit ainsi contenir au moins deux constituants qui seront mis en contraste avec des éléments dans le premier conjoint (avec l'observation qu'un élément dans le premier conjoint peut être implicite). On observe la même contrainte avec les coordinations de séquences liées par *iar*, mais pas nécessairement dans les contextes avec la conjonction *și*. Ainsi, la séquence introduite par la conjonction *și* peut contenir un seul constituant immédiat (314a), alors que la séquence introduite par *iar* doit contenir au moins deux constituants immédiats (p.ex. (314b) et (315)).

(314) a. Am cumpărat o jucărie pentru fata mea {și | *__iar__}__ un ziar.
'J'ai acheté un jouet pour ma fille et un journal.'

b. Am cumpărat un ziar (pentru băiatul meu), {și | **iar**} pentru fata mea o jucărie.
'J'ai acheté un journal (pour mon garçon), et pour ma fille un jouet.'

(315) a. Nu am nicio legătură cu biserica, sunt [un simplu credincios],
NEG ai aucun lien avec église.DEF suis un simple croyant
iar *(**de meserie**) [șofer].
et de métier chauffeur
'Je n'ai aucun lien avec l'église, je suis un simple croyant, et quant à mon métier, je suis chauffeur.'

243

3 Les conjoints fragmentaires : le gapping

    b. Ioana <u>mănâncă</u> [un măr], iar *(apoi) [o pară].

       'Ioana mange une pomme, et ensuite une poire.'

Cela s'explique par la contrainte discursive imposée par la conjonction *iar*, qui ne peut être immédiatement suivie que par un topique contrastif et non par un focus informationnel (voir la section 3.3.4.4). Ce topique contrastif est distingué prosodiquement si *iar* est présent, c.-à-d. il forme un syntagme intonatif à lui tout seul, alors que ce n'est pas le cas avec la conjonction *şi*. Cela explique pourquoi la conjonction *iar* est préférée quand l'ordre des éléments dans les séquences n'est pas le même (314b) : la distinction discursive et prosodique du premier élément suivant *iar* permet la mise en parallèle nécessaire pour établir le contraste.

Enfin, on peut ajouter ici le fait que, dans certains contextes ambigus, l'emploi de la conjonction permet de réduire l'ambiguïté : ainsi, si l'emploi de la conjonction *şi* en (316a) peut être compatible avec une interprétation du groupe nominal *câinele* 'le chat' comme complément du verbe (c.-à-d. le lapin a vu et l'ours et le chien), l'emploi de la conjonction *iar* en (316b) amène plutôt à une interprétation de ce groupe nominal comme sujet (c.-à-d. le lapin et le chien ont vu chacun l'ours). Si dans le premier cas une coordination sous-phrastique est envisageable, dans le deuxième cas c'est plutôt une coordination phrastique qui ressort.

(316)   a. Iepurele a văzut [ursul ieri **şi** câinele azi].

          'Le lapin a vu l'ours hier et le chien aujourd'hui.'

       b. [Iepurele <u>a văzut</u> ursul ieri], **iar** [câinele azi].

          'Le lapin a vu l'ours hier, et le chien aujourd'hui.'

Sur la base de toutes ces différences empiriques, on doit distinguer entre les coordinations de séquences liées par la conjonction *iar* et les coordinations de séquences liées par la conjonction *şi*[89]. Les coordinations avec *iar* mettent en jeu plutôt une coordination de deux phrases, dont une fragmentaire, alors que celles liées par *şi* restent ambiguës, étant a priori compatibles avec les deux analyses : soit une coordination de phrases dont une fragmentaire, soit une coordination sous-phrastique de séquences sous la portée syntaxique d'un prédicat. Par conséquent, l'analyse proposée par Mouret (2006 ; 2007 ; 2008) pour le français ne peut pas être étendue aux coordinations avec *iar*, mais peut être une des solutions possibles pour les coordinations avec *şi*. Les coordinations de séquences avec *iar*

---

[89] A priori, les séquences juxtaposées ont un comportement similaire à celles coordonnées par la conjonction *şi*. Il reste à voir le comportement de la conjonction adversative *dar* 'mais'. A priori, cette conjonction se rapproche plutôt de la conjonction *iar*.

3.6 L'ellipse périphérique gauche : gapping ou coordination de séquences ?

reçoivent ainsi une analyse commune avec les constructions à gapping discutées dans la section 3.5.

Pour conclure, les coordinations « elliptiques » avec *iar* reçoivent une seule analyse, indépendamment de la position du verbe. En particulier, la séquence introduite par *iar*, qui contient toujours au moins deux constituants immédiats, est un fragment ayant un contenu propositionnel. En revanche, les coordinations « elliptiques » avec la conjonction *și* restent ambiguës entre une structure à ellipse fragmentaire (coordination phrastique) et une structure sans ellipse (coordination sous-phrastique) dans les configurations à verbe initial en roumain.

D'ailleurs, le français aussi présente des cas ambigüs, qui se prêtent à deux analyses[90]. Ainsi, on observe en (317) une différence entre les séquences *un livre à Jean* vs. *à Jean un livre*. Si la séquence *un livre à Jean* semble privilégier une coordination de séquences en (317b), la séquence *à Jean un livre* est ambiguë en (317c).

(317)   a. Paul apportera un disque ou bien Jean un livre. (gapping)
        b. Paul apportera un disque à Marie ou un livre à Jean. (coordination de séquences)
        c. Paul apportera à Marie un disque ou bien à Jean un livre. (analyse ambiguë)

Cette différence entre les deux séquences est justifiée par le comportement différent qu'elles ont par rapport au placement des conjonctions doubles. Ainsi, la séquence *un livre à Jean* n'est pas compatible avec le placement initial, en début de phrase, de la conjonction corrélative *ou bien* (318a–318b), contrairement à ce qu'on observe avec la séquence *à Jean un livre* (319a–319b). Cette différence peut être mise en relation avec la possibilité d'antéposer ou non le premier constituant de la séquence à droite de la conjonction : le syntagme nominal *un livre* ne peut jamais être antéposé en début de phrase (318c), alors que le syntagme prépositionnel *à Jean* le permet (319c).

(318)   a. Paul apportera **ou bien** un disque à Marie **ou bien** un livre à Jean.
        b. *__Ou bien__ Paul apportera un disque à Marie **ou bien** un livre à Jean.
        c. *Un livre, Paul apportera à Jean.

(319)   a. Paul apportera **ou bien** à Marie un disque **ou bien** à Jean un livre.
        b. **Ou bien** Paul apportera à Marie un disque **ou bien** à Jean un livre.
        c. A Jean, Paul apportera un livre.

---

[90] Je remercie François Mouret pour ce commentaire.

3 Les conjoints fragmentaires : le gapping

Il y a donc des propriétés syntaxiques qui séparent nettement la coordination phrastique de la coordination sous-phrastique dans les contextes « elliptiques » ambigus, p.ex. contraintes sur les constituants de la séquence, contraintes sur la forme du verbe, distribution des conjonctions doubles, distribution des adverbes associatifs, etc. Une étude empirique s'avère nécessaire avant de postuler l'existence d'un certain type d'ellipse dans une langue.

3.6.4 Théorie des coordinations de clusters en HPSG

Dans la section 3.5, on a proposé une analyse constructionnelle pour les coordinations à gapping dans lesquelles le verbe antécédent se trouvait en position médiane. Dans la section 3.6.3, j'ai montré qu'en roumain les coordinations de séquences avec la conjonction *iar* sont incontestablement des coordinations de phrases, indépendamment de la position du verbe et indépendamment de la fonction syntaxique des éléments coordonnés. Par conséquent, le problème de l'ambiguïté (discuté au début de ce chapitre, dans la section 3.2.2), qui a priori se pose pour les coordinations de séquences ayant le verbe en position initiale, ne se pose pas pour les coordinations avec *iar* en roumain. Ainsi, toutes les configurations décrites en (320) se prêtent à une seule analyse. La première configuration (320a), qui constitue d'ailleurs le prototype syntaxique du gapping, a été analysée en détails dans la section 3.5. J'étends donc la même analyse aux autres configurations en (320b–320c–320d). Une syntaxe simplifiée de la configuration (320d), exemplifiée en (321), est donnée en Figure 3.26.

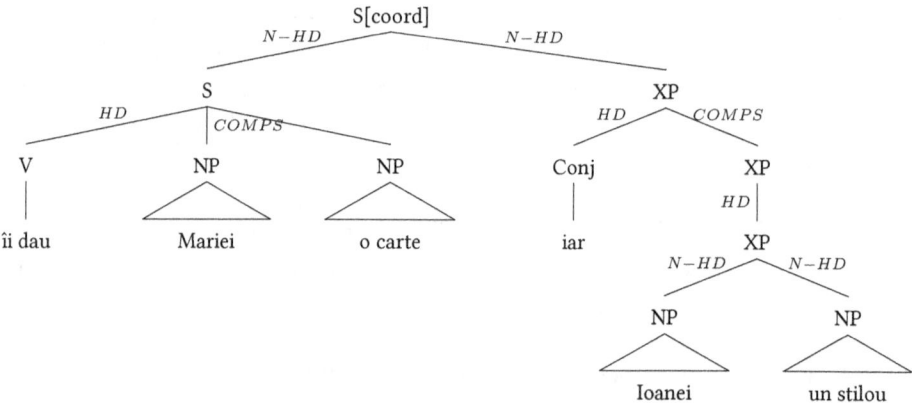

FIGURE 3.26 : Syntaxe simplifiée des coordinations de séquences avec la conjonction *iar*

3.6 L'ellipse périphérique gauche : gapping ou coordination de séquences ?

(320) a. sujet VERBE complément *iar* sujet complément
b. VERBE sujet complément *iar* sujet complément
c. VERBE complément sujet *iar* complément sujet
d. VERBE complément complément *iar* complément complément

(321) Ii dau Mariei o carte, **iar** Ioanei un stilou.
DAT.3SG donner.PRS.1SG Maria.DAT un livre et Ioana.DAT un stylo
'Je donne à Maria un livre, et à Ioana un stylo.'

En revanche, dans les configurations à verbe initial, le problème de l'ambiguïté se pose pour les coordinations « elliptiques » avec la conjonction *și* : bien qu'on puisse les analyser comme des coordinations de phrases, elles présentent (au moins dans certains contextes) des propriétés qui nous laissent aussi la possibilité de les analyser comme des coordinations sous-phrastiques dans la portée syntaxique d'un prédicat verbal (c.-à-d. coordinations de clusters, sans ellipse). Une représentation simplifiée de la syntaxe de ces coordinations de clusters avec la conjonction *și* est donnée en Figure 3.27.

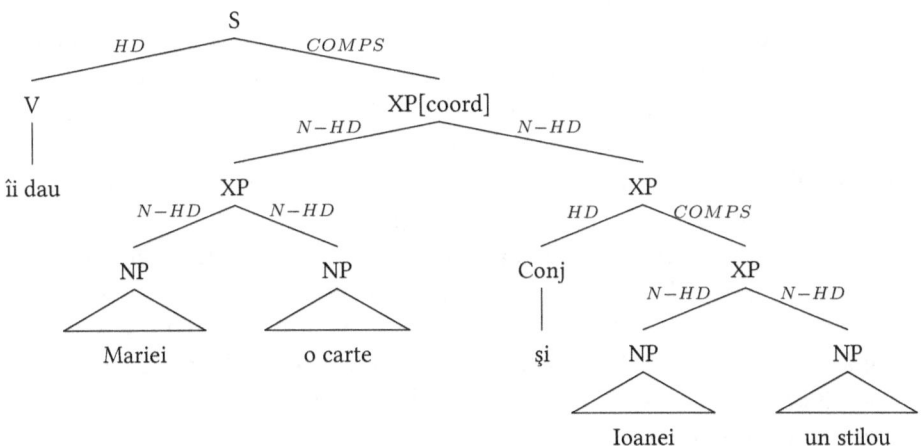

FIGURE 3.27 : Syntaxe simplifiée des coordinations de clusters avec la conjonction *și*

La première possibilité d'analyse a été largement discutée dans la section 3.5. Je me concentre maintenant plutôt sur la deuxième analyse, proposée par Mouret (2006 ; 2007) pour les coordinations de séquences en français.

Le point commun entre l'analyse postulée pour les constructions à gapping et l'analyse que je présente ici pour les coordinations de clusters est l'emploi d'un syntagme sans tête, qu'on a appelé *cluster-ph* dans la section 3.5. Par conséquent,

3 Les conjoints fragmentaires : le gapping

tout ce qu'on avait discuté dans la section dédiée à la théorie des clusters (c.-à-d. section 3.5.3.1) s'applique aussi à l'analyse des coordinations de clusters. Je ne reprends donc ici que la description du syntagme cluster définie en (262) et reprise en (322) ; pour les autres détails, revoir la section 3.5.3.1.

(322) Syntagme de type cluster (cf. Mouret 2006 ; 2007)
$cluster\text{-}ph \Rightarrow non\text{-}headed\text{-}ph$ &
$$\begin{bmatrix} \text{HEAD} & \begin{bmatrix} head \\ \text{CLUSTER } nelist(synsem)\langle \boxed{1}, ..., \boxed{n} \rangle \end{bmatrix} \\ \text{SUBJ} & \langle \rangle \\ \text{SPR} & \langle \rangle \\ \text{COMPS} & \langle \rangle \\ \text{SLASH} & \Sigma_1 \cup ... \cup \Sigma_n \\ \text{N-HD-DTRS} & \left\langle \left[\text{SYNSEM } \boxed{1} \left[\text{SLASH } \Sigma_1\right]\right], ..., \left[\text{SYNSEM } \boxed{n} \left[\text{SLASH } \Sigma_n\right]\right] \right\rangle \end{bmatrix}$$

Pour pouvoir utiliser le cluster en dehors des structures coordonnées, on se donne dans la grammaire la possibilité qu'un cluster ait un seul constituant immédiat (c.-à-d. un cluster unaire), ce qui est mis en évidence par le fait que la valeur de liste correspondant aux branches non-têtes est *nelist* (*non-empty-list*), c.-à-d. une liste composée d'au moins un élément.

Il nous reste à montrer comment on légitime la coordination de clusters dans la portée syntaxique d'un prédicat (en l'occurrence, un verbe). Pour cela, je reprends la proposition faite par Mouret (2006 ; 2007) pour le français. Il propose une règle lexicale post-flexionnelle (c.-à-d. qui relie une entrée de type *word* à une nouvelle entrée de type *word*), qui permet à un prédicat donné d'être partiellement saturé par une coordination de clusters, plutôt que par une suite ordinaire de constituants, c'est ce que Mouret appelle une complémentation alternative des prédicats. Les règles lexicales, qui sont utilisées en HPSG pour les changements de valence, sont représentées sous forme de structures de traits (avec deux attributs INPUT et OUTPUT, cf. Briscoe & Copestake 1999). La règle que Mouret (2006 ; 2007) propose pour la légitimation des coordinations de clusters dans la dépendance d'un prédicat en français figure en (323).

(323) Règle lexicale pour la complémentation alternative des prédicats
$$\begin{bmatrix} cluster\text{-}coord\text{-}lexical\text{-}rule \\ \text{INPUT} & \begin{bmatrix} word \\ \text{COMPS } \boxed{L_1} + \boxed{L_2} \, nelist\langle[\text{CAT } \boxed{1}], ..., [\text{CAT } \boxed{n}]\rangle \end{bmatrix} \\ \text{OUTPUT} & \begin{bmatrix} word \\ \text{COMPS } \boxed{L_1} + \left\langle \begin{bmatrix} \text{COORD } + \\ \text{CLUSTER}\langle[\text{CAT } \boxed{1}], ..., [\text{CAT } \boxed{n}]\rangle \end{bmatrix} \right\rangle \end{bmatrix} \end{bmatrix}$$
& $\boxed{L_2} \neq \left\langle \begin{bmatrix} \text{COORD } + \\ \text{CLUSTER } nelist(synsem) \end{bmatrix} \right\rangle$

3.6 L'ellipse périphérique gauche : gapping ou coordination de séquences ?

La règle remplace une sous-liste non vide de compléments $\boxed{L_2}$ dans la liste des compléments attendus par l'entrée lexicale INPUT par une coordination de clusters (décrite comme COORD + et ayant une valeur de liste non vide pour le trait CLUSTER) dans la liste des compléments attendus par l'entrée lexicale OUTPUT. On exclut la récursion à l'infini par la contrainte conjointe à la règle suivant laquelle la liste $\boxed{L_2}$ remplacée par la coordination de clusters ne peut pas elle-même correspondre à une coordination de clusters.

L'introduction de la description des coordinations de clusters dans la liste COMPS et non dans la liste ARG-ST du prédicat rend compte, d'une part, de l'absence de cliticisation ou d'extraction des coordinations de clusters et, d'autre part, de l'absence de coordinations de clusters de niveaux différents (cf. les données en (310)). En HPSG, la liste COMPS ne contient que des synsems canoniques. Donc, elle ne contient pas de gaps (correspondant aux éléments extraits), de pronoms « nuls » ou affixes (pronominaux ou adverbiaux). De plus, cette liste enregistre les compléments intrinsèques d'un prédicat ou ceux qu'il hérite de ses arguments, mais non les compléments plus enchâssés.

La règle proposée en (323), par son trait COMPS, prend en compte toute coordination de clusters en français : clusters contenant un sujet postverbal (324a), les clusters contenant des compléments (324b) ou encore les clusters contenant un mélange de modifieurs et d'arguments (324c). Car en français, le sujet postverbal des constructions inaccusatives (Marandin 1999), ainsi que les modifieurs postverbaux (Mouret 2007) sont analysés comme des compléments syntaxiques.

(324)   a. Alors surgit d'un champ un renard et quelques secondes plus tard d'un buisson une biche.
        b. Paul offrira un disque à Marie et un livre à Jean.
        c. Paul joue au tennis le lundi et au football le mardi.

Les contraintes syntaxiques imposées par le prédicat de départ à ses compléments sont préservées dans la liste CLUSTER (cf. le partage de valeur des traits CAT), ce qui prédit correctement la possibilité de coordinations de clusters dissemblables en ce qui concerne leur catégorie (325a) ou bien leur nombre (325b).

(325)   a. Les enseignants attendent des élèves [qu'ils respectent les règles de l'établissement]$_S$ et de leur proviseur [un soutien sans faille]$_{NP}$.
        b. Paul écrira [un petit poème] et [[une lettre] [à sa mère]]. (Mouret 2007 : 337)

L'analyse proposée pour le français s'applique aussi aux coordinations de clusters avec la conjonction și en roumain. J'illustre les conséquences de cette règle

3 Les conjoints fragmentaires : le gapping

lexicale sur un exemple de coordinations de clusters contenant des compléments (326). Le verbe *a da*$_1$ 'donner' contient dans sa liste de compléments un syntagme nominal à l'accusatif et un syntagme nominal au datif. La règle lexicale donnée en (323) autorise une entrée alternative *a da*$_2$, qui permet la combinaison de ce prédicat et d'une coordination de clusters. Les deux entrées lexicales correspondant à ce verbe sont données en (327). Le résultat de l'interaction des propriétés de ce prédicat et des contraintes qui définissent les structures coordonnées est représenté de manière simplifiée en Figure 3.28.

(326) Ii   dau   o carte Mariei   şi un stilou Ioanei.
      DAT.3SG donner.PRS.1SG un livre Maria.DAT et un stylo Ioana.DAT
      'Je donne un livre à Maria et un stylo à Ioana.'

(327) Entrées lexicales du verbe *a da* 'donner'
$$a\ da_1: \left[\text{COMPS}\langle \text{NP}_{acc}\rangle \oplus \langle \text{NP}_{dat}\rangle\right]$$
$$a\ da_2: \left[\text{COMPS}\left\langle\begin{bmatrix}\text{COORD +}\\ \text{CLUSTER}\langle \text{NP}_{acc}\rangle \oplus \langle \text{NP}_{dat}\rangle\end{bmatrix}\right\rangle\right]$$

Comme montré par Mouret (2006 ; 2007), cette approche nous permet d'analyser aussi les coordinations de clusters de longueurs différentes. Ainsi, un verbe comme *a scrie*$_1$ 'écrire' en (328) contient dans sa liste de compléments un syntagme nominal à l'accusatif et optionnellement un syntagme nominal au datif (le fait d'être optionnel est indiqué par l'emploi des parenthèses dans la règle donnée en (329)). La même règle lexicale utilisée plus haut pour le verbe *a da* 'donner' autorise l'entrée alternative *a scrie*$_2$, qui légitime la coordination de clusters dans la dominance du prédicat. Les deux entrées lexicales correspondant à ce verbe sont données en (329). Une représentation simplifiée de la phrase en (328) est illustrée en Figure 3.29.

(328) Voi   scrie tema   şi o scrisoare mamei.
      AUX.FUT.1SG écrire devoir.DEF et une lettre   mère.DAT
      'Je vais écrire le devoir et une lettre à ma mère.'

(329) Entrées lexicales du verbe *a scrie* 'écrire'
$$a\ scrie_1: \left[\text{COMPS}\langle \text{NP}_{acc}\rangle \oplus \langle(\text{NP}_{dat})\rangle\right]$$
$$a\ scrie_2: \left[\text{COMPS}\left\langle\begin{bmatrix}\text{COORD +}\\ \text{CLUSTER}\langle \text{NP}_{acc}\rangle \oplus \langle(\text{NP}_{dat})\rangle\end{bmatrix}\right\rangle\right]$$

Je ne me prononce pas sur le contenu de ses clusters. Le contenu de l'ensemble peut être calculé au moyen d'une fonction qui compose le contenu des parties (cf. Steedman 2000).

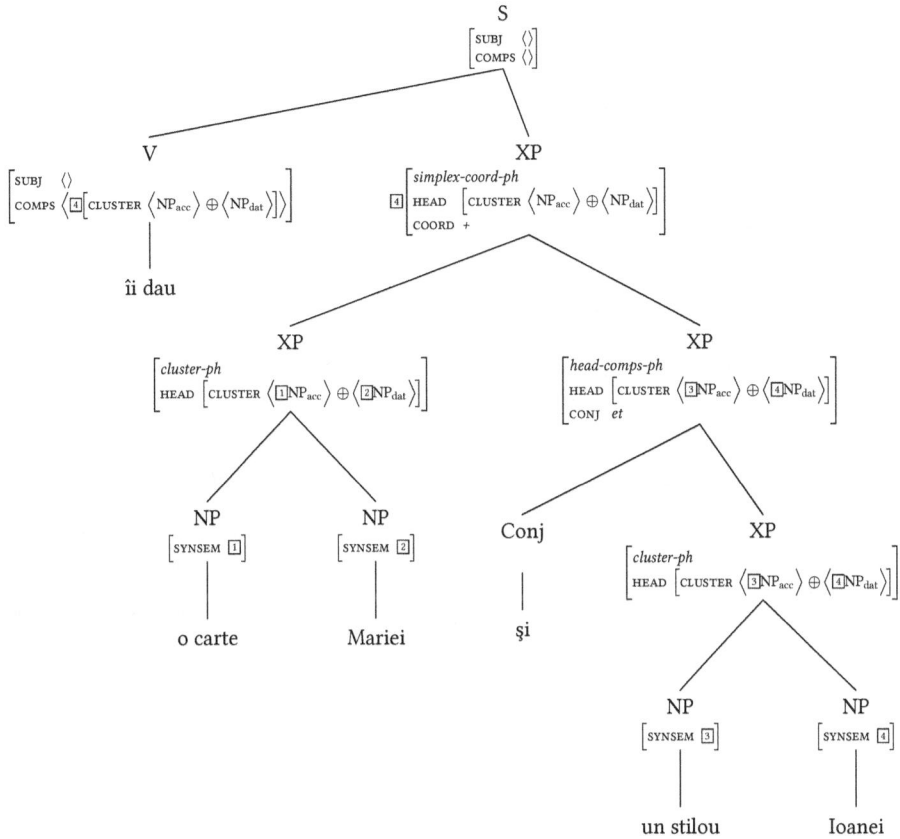

FIGURE 3.28 : Représentation simplifiée de la phrase (326)

3.7 Conclusion

Dans ce chapitre, j'ai étudié les constructions à gapping en roumain et en français, dans lesquelles une séquence de syntagmes sans tête verbale, ayant néanmoins le contenu d'une phrase, se combine avec une phrase complète qui détermine sa forme et son interprétation. Comme critères minimaux de définition, je retiens l'absence de la tête verbale (plus éventuellement le sujet ou d'autres dépendants verbaux), ainsi que la présence d'au moins deux éléments résiduels dans la séquence trouée. Contrairement à ce qui est souvent postulé dans la littérature, la position médiane du trou, ainsi que la présence obligatoire d'un élément résiduel sujet ne constituent pas dans ce livre de vrais critères de définition. Bien que le gapping soit possible en dehors des structures coordonnées, il semble que les pro-

3 Les conjoints fragmentaires : le gapping

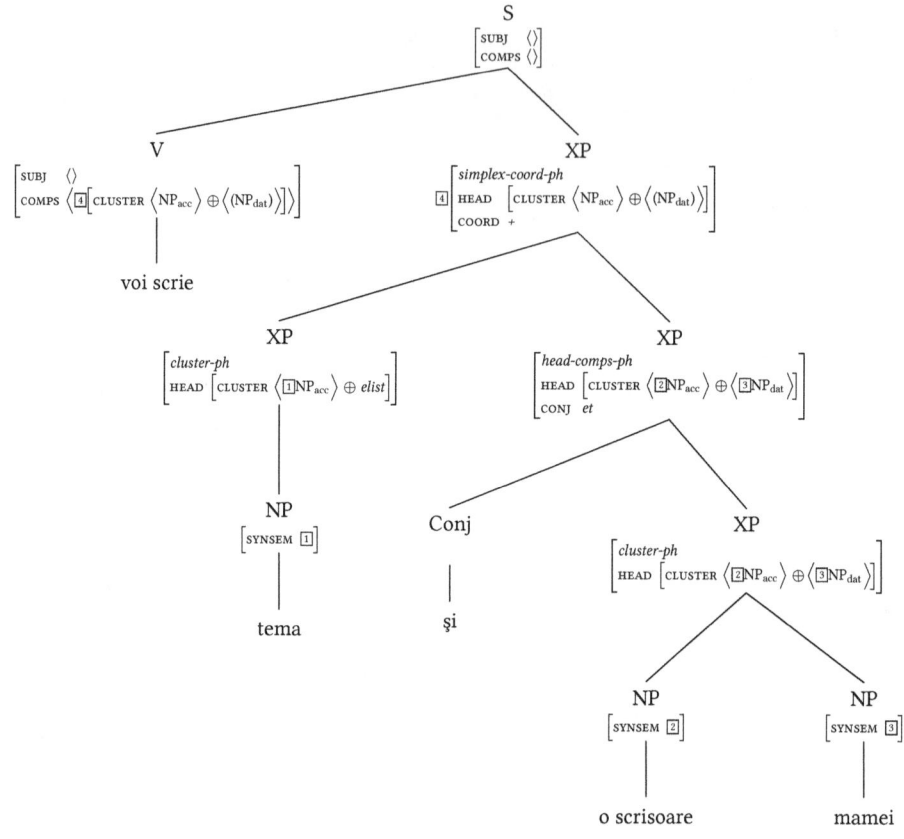

FIGURE 3.29 : Représentation simplifiée de la phrase (328)

priétés sont différentes d'une construction à l'autre, c'est pour cela que dans cet ouvrage je me limite au gapping dans la coordination, en laissant de côté d'autres constructions, comme les structures comparatives.

Les deux vrais critères de définition mentionnés ci-dessus permettent de distinguer le gapping du pseudogapping ou du stripping, mais ils ne permettent pas toujours de distinguer le gapping d'une coordination de séquences (angl. *Argument Cluster Coordination*, abrégé ACC). En roumain, comme dans plusieurs langues, on a des configurations dans lesquelles on peut avoir descriptivement un flou de constructions. Les configurations qui ne sont pas ambiguës en roumain sont celles dans lesquelles le verbe antécédent se trouve en position médiane (330a–330b) ou en position finale (330c–330d) dans la phrase source. En revanche, les coordinations qui sont ambiguës entre une construction à gapping et une coordination de séquences sont celles dans lesquelles le verbe se trouve en position initiale (331)[91].

(330) Configurations non ambiguës de gapping en roumain
   a. sujet VERBE complément CONJ sujet complément
   b. complément VERBE sujet CONJ complément sujet
   c. sujet complément VERBE CONJ sujet complément
   d. complément sujet VERBE CONJ complément sujet

(331) Configurations ambiguës en roumain
   a. VERBE sujet complément CONJ sujet complément
   b. VERBE complément sujet CONJ complément sujet

Afin d'observer les propriétés spécifiques des coordinations à gapping, je me suis concentrée d'abord sur la description des configurations non ambiguës, en étudiant les contraintes générales pesant sur le matériel manquant et sur les éléments résiduels, ainsi que les contraintes de parallélisme.

Parmi les contraintes générales s'appliquant au matériel manquant, on observe que le trou contient nécessairement le verbe tête de la phrase (y compris l'auxiliaire) et optionnellement d'autres éléments (sujets, compléments, ajouts) ; il peut correspondre à une expression idiomatique (mais pas à une portion d'expression idiomatique) ; il ne correspond pas nécessairement à un constituant ; il peut comporter une négation (qui se prête à plusieurs interprétations). En ce qui concerne le degré d'identité qui s'établit entre le matériel antécédent et le matériel manquant, on note qu'ils doivent appartenir au même paradigme de flexion et avoir le même sens (même lexème), partager les mêmes propriétés de temps, mode, voix et aspect, et, de manière générale, partager les marques de flexion inhérente. En revanche, ils peuvent différer par les marques de flexion contextuelle, les affixes qu'une forme verbale peut prendre ou encore la polarité. Parmi les contraintes générales s'appliquant aux éléments résiduels, on observe que la séquence trouée doit comporter au moins deux éléments résiduels, mis en correspondance avec des éléments parallèles dans la phrase source. Les éléments résiduels doivent être des constituants majeurs (c.-à-d. des arguments ou ajouts d'une tête verbale – racine ou enchâssée – dans la phrase source).

---

[91] Je donne ici uniquement les distributions comportant un sujet et un complément. Mais une liste exhaustive des configurations possibles devrait inclure aussi les combinaisons complément-complément, complément-ajout, ajout-complément, sujet-ajout et ajout-sujet.

3 Les conjoints fragmentaires : *le gapping*

J'ai étudié les contraintes de parallélisme au niveau syntaxique, sémantique et discursif. On a observé que le parallélisme le plus strict opère au niveau sémantico-discursif, mais en ne négligeant pas complètement la syntaxe. Au niveau syntaxique, bien que les éléments résiduels puissent différer de leurs corrélats en ce qui concerne la catégorie syntaxique, la position ou encore leur réalisation « de surface », ils doivent chacun correspondre à des arguments ou ajouts possibles du prédicat manquant. Cette généralisation est identique à celle qui caractérise les coordinations de termes dissemblables (cf. la généralisation de Wasow). Au niveau sémantique, il doit y avoir au moins deux paires contrastives, avec un élément provenant de chacun des conjoints dans chacune des paires. Au niveau discursif, entre les phrases reliées on doit avoir une relation symétrique (les relations privilégiées étant le parallélisme et le contraste). Le prototype discursif dans le gapping est une réponse en liste de paires à une question multiple implicite. Du point de vue de la structure informationnelle, il semble qu'au moins les coordinations à gapping avec la conjonction *iar* en roumain doivent contenir minimalement une paire contrastive avec des topiques et une paire contrastive avec des focus.

Ensuite, j'ai présenté les analyses qui sont proposées dans la littérature pour rendre compte des constructions à gapping. Elles se regroupent en trois approches majeures : (i) ellipse syntaxique, avec reconstruction *in situ* du matériel manquant, cf. Figure 3.30 ; (ii) ellipse sémantique, avec légitimation indirecte, cf. Figure 3.31, et (iii) analyse sans ellipse, avec mouvement du matériel « manquant », cf. Figure 3.32.

J'ai donné des arguments empiriques en faveur d'une approche constructionnelle des coordinations à gapping (avec une reconstruction sémantique de l'ellipse, cf. Figure 3.31) et contre les approches alternatives en termes d'ellipse syntaxique ou mouvement. Ainsi, on a vu que les deux processus syntaxiques majeurs envisagés par les approches postulant la reconstruction syntaxique et/ou le mouvement, à savoir l'extraction des éléments résiduels et l'extraction du matériel manquant, ne sont pas justifiés empiriquement (cf. la violation des contraintes de localité, la portée de certains opérateurs sémantiques, la distribution des items corrélatifs dans les coordinations omnisyndétiques, l'absence d'identité stricte entre le matériel antécédent et le matériel manquant, la présence de certains items incompatibles avec une phrase finie, etc.). Par conséquent, une ellipse sémantique (et non syntaxique) doit être envisagée pour les constructions à gapping. Dans cette perspective, la construction à gapping dans son ensemble est une coordination entre une (ou plusieurs) phrase verbale non elliptique, complète, et une (ou plusieurs) phrase fragmentaire sans verbe. On a vu comment cette ana-

3.7 Conclusion

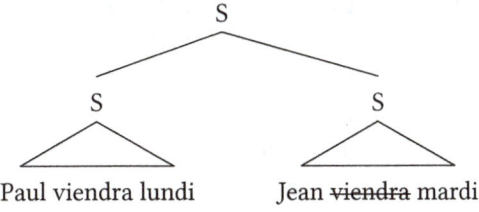

FIGURE 3.30 : Ellipse syntaxique

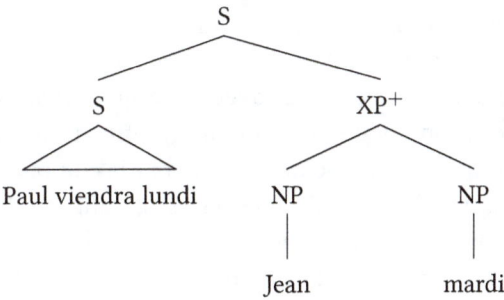

FIGURE 3.31 : Ellipse sémantique

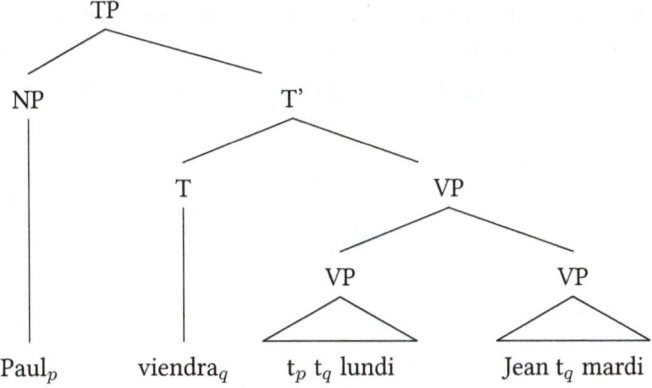

FIGURE 3.32 : Analyse sans ellipse

3 Les conjoints fragmentaires : le gapping

lyse peut être formalisée dans un cadre constructionnel, comme HPSG dans ses versions plus récentes. La phrase fragmentaire hérite à la fois d'un type de *fragment* (utilisé aussi pour les questions et les réponses courtes) pour ce qui est de son interprétation sémantique et de ses contraintes contextuelles, et d'un type de *cluster* (utilisé aussi pour la coordination de séquences dans les constructions ACC) pour ce qui est de sa constituance (c.-à-d. sa structure interne de syntagmes non reliés en termes de fonctions syntaxiques).

Après avoir décrit et analysé les configurations non ambiguës de gapping, j'ai consacré une section à l'étude des configurations ambiguës données en (331), dans lesquelles le verbe se trouve en position initiale, configurations se prêtant a priori à deux analyses en fonction du niveau auquel opère la coordination : coordination phrastique ou bien coordination sous-phrastique dans la portée syntaxique d'un prédicat verbal. Après avoir invalidé l'hypothèse d'une reconstruction syntaxique, j'ai donné des arguments empiriques pour distinguer en roumain les coordinations de séquences avec la conjonction *iar* des coordinations de séquences avec la conjonction *și*. Les configurations a priori ambiguës se désambiguïsent si les séquences sont coordonnées par la conjonction *iar*. Dans ce cas, il s'agit toujours d'une coordination de phrases, dont une fragmentaire, ce qui nous permet d'aligner ces coordinations avec *iar* sur les cas standard de gapping discutés dans les sections précédentes. En revanche, les configurations avec la conjonction *și* restent ambiguës entre les deux structures, à savoir une coordination phrastique (comme pour les constructions à gapping) ou bien une coordination sous-phrastique (comme pour les coordinations de clusters en français). L'étude des configurations ambiguës en roumain nous montre qu'on peut avoir deux structures différentes en fonction de la conjonction (*iar* vs. *și*) et que, de plus, les deux structures sont parfois nécessaires pour analyser un même exemple (en particulier, pour les coordinations avec la conjonction *și*). Une étude empirique s'avère donc nécessaire avant de postuler l'existence d'un certain type d'ellipse dans une langue.

4 Les subordonnées fragmentaires : les relatives sans verbe

La plupart des travaux sur l'ellipse prennent comme contexte privilégié le domaine de la coordination, certaines constructions elliptiques étant considérées comme spécifiques à la coordination (voir, par exemple, des étiquettes comme *Conjunction Reduction*, cf. Jackendoff 1971, ou encore *Argument Cluster Coordination*, cf. Steedman 2000). Le défi de ce chapitre est de faire sortir l'ellipse du domaine de la coordination, en prenant en compte des subordonnées elliptiques, et en particulier les phrases relatives sans verbe. Je m'appuie ici sur les travaux de Bîlbîie & Laurens (2009 ; 2010), avec un regard particulier sur les données du roumain et du français.

4.1 Qu'est-ce qu'une relative sans verbe ?

Il existe en roumain et en français des relatives sans verbe (dorénavant RSV), illustrées en (1) et (2), qui partagent des propriétés formelles avec les phrases relatives verbales. Sur la base de cette ressemblance formelle, ces relatives ont été décrites comme des phrases relatives elliptiques (voir Grevisse 1993 pour le français, et Gheorghe 2004, Gheorghe 2005 pour le roumain).

(1) a. La întâlnire   au   venit trei persoane, [{**printre** | **între**}
       à rendez-vous AUX.3PL venu trois personnes {parmi | parmi}
       care   (şi)   Maria].
       lesquelles (aussi) Maria
       'Au rendez-vous, trois personnes sont venues, parmi lesquelles Maria.'
   b. Au   venit trei persoane, [**dintre care**   una ieri].
      AUX.3PL venu trois personnes parmi lesquelles une hier
      'Plusieurs personnes sont venues, dont une hier.'

(2) a. Trois personnes, [**parmi lesquelles** Jean], sont venues.
    b. Trois personnes sont venues [**dont** une hier].

4 Les subordonnées fragmentaires : les relatives sans verbe

On trouve aussi ces relatives sans verbe dans d'autres langues romanes, comme l'italien (3) ou l'espagnol (4) :

(3) a. Quattro persone sono state arrestate, [{tra | fra | *di} cui Maria]¹.
'Quatre personnes ont été arrêtées, parmi lesquelles Maria.'

b. Quattro persone sono state arrestate, [{tra | fra | di} cui due ieri].
'Quatre personnes ont été arrêtées, parmi lesquelles deux hier.'

c. Queste spiagge offrono rifugio a molte specie d'animali, [fra queste, in particolare, (a) degli orsetti].
'Ces plages offrent un refuge à plusieurs espèces d'animaux, parmi lesquelles, en particulier, (à) des oursons.'

(4) a. En esta foto, puedes ver varias casas, [entre las
dans cette photo pouvoir.PRS.2SG voir variées maisons parmi les
cuales la nuestra].
quelles la nôtre
'Sur cette photo, tu peux voir différentes maisons, parmi lesquelles la nôtre.'

b. Los doce están presentes, [dos de los cuales representados por sus
les douze sont présents deux de les quels représentés par POSS
presidentes].
président
'Les douze sont présents, dont deux représentés par leur président.'

Le domaine empirique de la construction qui nous intéresse ici est le suivant : une relative sans verbe (RSV) est un syntagme caractérisé par un constituant initial qui est soit un syntagme prépositionnel contenant une forme *qu-* (roum. *printre* **care**, *între* **care**, *dintre* **care**; fr. *parmi* **lesquel(le)s**), soit la forme *dont* en français. Le syntagme initial est suivi d'un ou de plusieurs constituants sans qu'il y ait de verbe fini. Cette définition du domaine empirique exclut toute phrase relative complète (verbale et finie), comme en (5) et (6).

(5) a. Autobuzul cu refugiați, [**printre care** se aflau și patru români]ᴿᴱᴸ, a fost întors în Gaza, din motive de securitate.
'Le bus avec des réfugiés, parmi lesquels il y avait aussi quatre Roumains, a été renvoyé à Gaza, pour des raisons de sécurité.'

---

¹L'agrammaticalité de la préposition *di* dans cet exemple est due à la sémantique de cette préposition, qui est incompatible avec une interprétation exemplifiante, comme on verra dans la section 4.3.2.2.

b. Datele statistice arată că în acest oraş lucrează aproximativ 160 000 de persoane, [**dintre care** aproape 130 000 activează în domeniul privat]_REL_.

'Les données statistiques montrent que dans cette ville travaillent environ 160 000 personnes, parmi lesquelles presque 130 000 ont une activité dans le secteur privé.'

(6) a. Le recrutement a repris : 3 500 personnes [**dont** près de 800 cadres ont été embauchés à l'extérieur de FranceTélécom]_REL_.

b. Il a écrit plusieurs romans, [**dont** deux ont été publiés le mois dernier]_REL_.

Ce chapitre consacré à l'analyse des RSV développe en particulier les aspects suivants. Premièrement, je montre que les propriétés syntaxiques et sémantiques des RSV sont très différentes de celles des phrases relatives. Une analyse qui tente de réduire les RSV à des phrases elliptiques dérivées des phrases relatives ordinaires ne permet pas de rendre compte de ces différences. Deuxièmement, les RSV sont des fragments qui peuvent contenir des clusters de constituants. Troisièmement, les RSV peuvent avoir deux types de sémantique : une interprétation exemplifiante ou bien une interprétation partitionnante.

Afin de faciliter la lecture, j'utilise la terminologie suivante : j'appelle *hôte* (ou *source*[2]) la phrase ou l'énoncé contenant directement ou non la RSV (7a) ; la RSV est composée d'un *introducteur* et d'un *corps* (7b). Les RSV introduisent toujours une relation partitive entre une expression de leur hôte (appelée *antécédent* ou *légitimeur*) et une expression de leur corps (appelé *élément distingué*), cf. (7c).

(7) a. [Au   venit trei persoane]_Hôte_, [**dintre care**   una ieri]_RSV_.
    AUX.3PL venu trois personnes   parmi lesquelles une hier
    'Plusieurs personnes sont venues, dont une hier.'

b. Au venit trei persoane, [[dintre care]_Introducteur_ [una ieri]_Corps_].

c. Au venit [trei persoane]_Antécédent_, dintre care [una]_Elément distingué_ ieri.

Les résultats de cette étude se basent essentiellement sur des exemples attestés. Pour le français, une partie des données utilisées dans cet ouvrage provient du

---

[2]Cependant, les termes de *hôte* et *source* ne sont pas utilisés ici en variation libre, mais en fonction de la perspective qu'on a sur le RSV : si on parle d'une RSV en termes purement syntaxiques comme étant un ajout incident (voir la section 4.2.3 ci-dessous), la phrase le contenant est l'hôte ; en revanche, si on parle d'une RSV en termes plutôt sémantiques comme étant un fragment (dont l'interprétation n'est pas autonome), la phrase qui offre le matériel nécessaire à l'interprétation est étiquetée comme source.

4 Les subordonnées fragmentaires : les relatives sans verbe

Corpus Arboré de Paris 7 (Abeillé, Clément et al. 2003). Le corpus est composé d'extraits du journal *Le Monde* (de 1989 à 1993). Il contient 138 instances de RSV sur 21 560 segments tagués comme « phrases relatives ». Quant aux données du roumain, elles proviennent en grande partie de textes de presse, étant donné l'inexistence d'un corpus similaire en roumain. J'ai recueilli 202 occurrences, dont 81 avec l'introducteur *dintre care*, 63 avec l'introducteur *între care* et 58 avec *printre care*. En français, on observe une forte asymétrie entre le nombre d'instances faisant intervenir l'introducteur *dont* (127 occurrences) et celles faisant intervenir un introducteur prépositionnel avec une forme *qu-* (11 occurrences). Cette asymétrie est peut-être liée au fait que la syntaxe et la sémantique des RSV avec *dont* en français sont moins contraintes que celles faisant intervenir des syntagmes prépositionnels avec une forme *qu-*. En revanche, les données du roumain ne disent a priori rien sur la fréquence des trois syntagmes prépositionnels dans l'usage contemporain[3].

4.2 Propriétés syntaxiques

Dans cette section, je m'intéresse à la constituance des RSV, en regardant les propriétés distributionnelles de l'introducteur et du corps d'une RSV. En particulier, il s'agit de voir si l'introducteur *dont* dans les RSV est le même que le complémenteur *dont* dans les phrases relatives ordinaires. Je présente ensuite les modalités de constitution pour le corps d'une RSV (le corps contient-il uniquement l'élément distingué ou d'autres constituants immédiats ?). Parallèlement à cela, je regarde si l'élément distingué dans le corps d'une RSV permet le même marquage (prépositionnel ou casuel) que l'antécédent dans la phrase hôte. Enfin, j'étudie les propriétés de linéarisation des RSV par rapport à l'antécédent, pour voir s'il s'agit d'une adjacence stricte ou non.

4.2.1 L'introducteur d'une RSV

En roumain, l'introducteur d'une RSV est toujours un syntagme prépositionnel contenant une préposition et une forme *qu-*; en français, on trouve le plus souvent la forme *dont*, mais aussi des syntagmes prépositionnels.

L'introducteur d'une RSV, comme l'indique son nom, précède toujours le corps de la RSV (8–9), tout comme les syntagmes extraits ou les complémenteurs dans les phrases relatives ordinaires.

---

[3] Comme le note Olivier Bonami (c.p.), la différence pourrait aussi être due au mode de constitution très différent du corpus, voire aux conventions d'annotation du Corpus Arboré de Paris 7.

4.2 Propriétés syntaxiques

(8) a. Mai multe țări sud-americane, [**printre care** și
  plus beaucoup.ADJ pays sud-américains parmi lesquels aussi
  Brazilia], exportă cafea în Europa.
  Brésil.DEF exportent café en Europe.DEF
  'Plusieurs pays sud-américains, parmi lesquels le Brésil, exportent du café en Europe.'

 b. *Mai multe țări sud-americane, [și Brazilia **printre**
  plus beaucoup.ADJ pays sud-américains aussi Brésil.DEF parmi
  care], exportă cafea în Europa.
  lesquels exportent café en Europe.DEF

(9) a. Plusieurs personnes sont venues, [{**parmi lesquelles** | **dont**} Jean].
 b. *Plusieurs personnes sont venues, [Jean {**parmi lesquelles** | **dont**}].

Le début de l'introducteur d'une RSV coïncide avec le début de la RSV, ce qui explique l'impossibilité d'avoir un introducteur précédé par un adverbial comme le roumain *în mod special* 'en particulier' en (10b) ou le français *notamment* en (11b).

(10) a. Mai multe țări, [**printre care** în mod special Brazilia],
  plus beaucoup.ADJ pays parmi lesquels en mode spécial Brésil.DEF
  exportă cafea în Europa.
  exportent café en Europe.DEF
  'Plusieurs pays, parmi lesquels en particulier le Brésil, exportent du café en Europe.'

 b. *Mai multe țări, [în mod special **printre care**
  plus beaucoup.ADJ pays en mode spécial parmi lesquels
  Brazilia], exportă cafea în Europa.
  Brésil.DEF exportent café en Europe.DEF

(11) a. Plusieurs personnes sont venues, [{**parmi lesquelles** | **dont**} notamment Jean].
 b. *Plusieurs personnes sont venues, [notamment {**parmi lesquelles** | **dont**} Jean].

Par la suite, je m'intéresse à la distribution des introducteurs des RSV, en discutant séparément les syntagmes prépositionnels contenant une forme *qu-* dans les deux langues et la forme *dont* en français. Il est bien admis que les relatives mettent en jeu une diversité syntaxique impressionnante (Godard 1988 ; Abeillé

4 Les subordonnées fragmentaires : les relatives sans verbe

& Godard 2006) et qu'elles peuvent être introduites par un syntagme contenant un pronom relatif ou bien par un complémenteur.

Les critères définitoires pour la distinction entre pronom relatif et complémenteur retenus par Abeillé & Godard (2006) sont les suivants : (i) au niveau morphologique, seuls les pronoms peuvent varier en genre et en nombre ; (ii) au niveau sémantique, seuls les pronoms ont un indice référentiel, leur permettant de contraindre leur antécédent (p.ex. à dénoter un être animé) ; (iii) seuls les complémenteurs contraignent le mode de la phrase qu'ils introduisent ; (iv) seuls les pronoms peuvent être complément d'une préposition. Sur la base de ces propriétés, on doit décider si les introducteurs des RSV, les formes *qu-* d'un côté et la forme *dont* de l'autre, ont tous la même catégorie.

4.2.1.1 Syntagmes prépositionnels

En dehors des trois syntagmes prépositionnels du roumain *printre care, între care* et *dintre*[4] *care* et le syntagme prépositionnel *parmi lesquel(le)s* en français, on trouve d'autres expressions exprimant l'appartenance à un ensemble, avec éventuellement un ordre d'importance au sein de cet ensemble : on a ainsi en roumain des formes telles que *în rândul cărora* 'au rang desquels' (illustrée en (12)), *în mijlocul cărora* 'au milieu desquels', *în fruntea cărora* 'au sommet desquels' et en français des formes comme *au nombre desquels* (illustrée en (13a)), *au {sein / centre} desquels, au sommet desquels, au {premier / second} rang desquels*. En français, on enregistre aussi le syntagme nominal complexe *parmi les plus important(e)s desquel(le)s*, qui est assez rare, mais possible dans la mesure où la relation partitive entre l'antécédent et l'élément distingué subsiste (13b). Ces expressions, qui habituellement dénotent des relations spatiales en dehors de leur emploi dans les RSV, sont toujours utilisées avec un sens partitif abstrait dans les RSV, ce qui explique l'agrammaticalité des exemples en (14) et (15).

(12) Un număr de zece state, [**în rândul cărora** și România], au
 un nombre de dix états en rang.DEF desquels aussi Roumanie.DEF ont
 semnat un acord cu ONU privind ajutorarea refugiaților.
 signé un accord avec ONU concernant secours.DEF réfugiés.GEN
 'Un nombre de dix états, au nombre desquels la Roumanie, ont signé un accord avec l'ONU concernant le secours des réfugiés.'

---

[4]En roumain non standard, on utilise la préposition *din* à la place de la préposition *dintre*. Dans cet ouvrage, je laisse de côté ces exemples. Voir aussi la note 11 ci-dessous.

(13) a. Les paysages urbains et la vie en ville dépendent de multiples facteurs, [**au nombre desquels** la culture et l'histoire, le cadre naturel, les activités, la situation démographique et le niveau de développement].

b. Par contre, le recul perçu, ce que ressent le tireur, est une chose éminemment subjective qui est influencée par différents facteurs, [**parmi les plus importants desquels** la forme et l'ajustement de la crosse].

(14) *Am amenajat mai multe camere, [în mijlocul cărora
avons aménagé plus beaucoup.ADJ chambres en milieu.DEF desquelles
câte o masă].
DISTR une table
'On a aménagé plusieurs chambres et on a mis une table au milieu de chacune d'entre elles.'

(15) *La montagne, [**au sommet de laquelle** Jean], s'appelle le Cervin.

Les syntagmes prépositionnels que je retiens dans ce chapitre contiennent une préposition (roum. *printre*, *într* ou *dintre* et fr. *parmi*) et une forme *qu-* qui est un élément anaphorique dont l'antécédent se trouve dans la phrase hôte. La forme *qu-* est donc coréférente avec l'antécédent dans la phrase hôte, ce qui est signalé par l'accord morphologique de la forme *qu-* avec l'antécédent en nombre (toujours pluriel : fr. *lesquels* / *desquels*) et en genre (cf. en français, la distinction masculin *lesquels* / *desquels* vs. féminin *lesquelles* / *desquelles*). En roumain, l'accord en nombre n'est pas « visible » avec la forme nominative-accusative *care* (qui présente la même forme au singulier et au pluriel), mais il est observé avec la forme dative-génitive au pluriel *cărora* en (12). En revanche, aucune de ces deux formes ne permet de distinction en fonction du genre.

On observe donc que les formes *qu- lesquel(le)s* en français et *care* en roumain satisfont le premier critère (mentionné plus haut) attribué aux pronoms relatifs, à savoir elles sont des formes fléchies. De plus, les formes *qu-* que l'on retrouve dans les RSV sont toujours des compléments de préposition : en français, *lesquel(le)s* est le complément de la préposition *parmi*; en roumain *care* est le complément de la préposition *printre*, *într* ou *dintre*. Sur la base de ces deux propriétés, on peut analyser les formes *qu-* comme des pronoms relatifs.

4.2.1.2 La forme *dont* en français

En dehors de son usage dans les RSV, la forme *dont* en français n'apparaît qu'à l'initiale de phrases relatives (y compris coda de clivée et de pseudoclivée). Dans

4 Les subordonnées fragmentaires : les relatives sans verbe

les relatives ordinaires, cette forme est analysée comme un complémenteur et non comme une forme *qu-* prépositionnelle (Godard 1988 ; 1989 ; Abeillé, Godard & Sag 2003 ; Abeillé & Godard 2006 ; 2007), sur la base des propriétés suivantes. Premièrement, *dont* dans les phrases relatives ordinaires contraint le mode de la relative ; il se combine uniquement avec des phrases finies (16a–16b), alors que les relatives introduites par une forme *qu-* ne sont pas toujours finies (16c). Deuxièmement, la forme *dont* ne peut être employée comme complément de nom (17a) ou de préposition (17c) dans un syntagme extrait complexe, contrairement à ce qui se passe avec une forme *qu-* en (17b) et (17d). Troisièmement, le complémenteur *dont* introduit : (i) soit des phrases relatives contenant un constituant manquant (*gap*) marqué par la forme *de* (voir dans ce sens le contraste entre l'exemple (18a) et (18c)), (ii) soit des relatives contenant un pronom coréférent avec l'antécédent (pronom résomptif), à condition qu'il soit enchâssé sous un prédicat d'attitude propositionnelle, comme en (19a) ; on explique ainsi l'agrammaticalité de l'exemple (19b) par le fait qu'il manque un pronom résomptif approprié, alors que l'inacceptabilité de l'exemple (19c) est due à la présence du prédicat *n'ont pas empêché* à la place d'une expression d'attitude propositionnelle. Quatrièmement, on peut ajouter l'absence de variation en genre et en nombre pour la forme *dont*, contrairement à des formes *qu-* fléchies (p.ex. *duquel* | *de laquelle* | *desquels* | *desquelles*)[5].

(16) a. C'est bien de faire sourire la personne [{**dont** | **de laquelle**} on est amoureux].

 b. *Voici un livre [**dont** parler à nos enfants].

 c. Voici un nouveau produit [**duquel** parler sur nos blogs].

(17) a. *Paul, 19 ans, [**contre le frère dont** le procureur avait requis 8 à 10 ans de prison], a tenté de forcer le dispositif de sécurité.

---

[5] J'ajoute ici le fait que, contrairement à des formes *qu-* comme *duquel*, le complémenteur *dont* peut être immédiatement suivi des syntagmes disloqués (i) ou des ajouts initiaux (ii). Selon Olivier Bonami (c.p.), cet effet pourrait être dû à un conflit de registre sociolinguistique entre l'emploi de *duquel* (qui apparaît plutôt dans le registre formel) et la présence d'un disloqué ou d'un ajout en début d'enchâssée (qui relève plutôt du registre informel).

 (i) Je connais quelqu'un [**dont** le numéro, il commence par 04].

 (ii) Je cherche le titre d'une chanson [**dont** à un endroit des paroles, ça dit : « T'as pas été invité sur le plateau de la méthode Cauet » ou un truc comme ça], c'est du rock.

b. Paul, 19 ans, [**contre le frère duquel** le procureur avait requis 8 à 10 ans de prison], a tenté de forcer le dispositif de sécurité.

c. *Mon directeur est une personne [**près dont** on se sent bien].

d. Mon directeur est une personne [**près de laquelle** on se sent bien].

(18) a. Voici un poème [**dont** je me souviens].

b. Je me souviens **de** ce poème.

c. *Voici un roman [**dont** je relis régulièrement].

d. Je relis ce roman régulièrement.

(19) a. Voici un livre$_i$ [**dont** <u>il est évident</u> qu'il$_i$ coûte cher].

b. *C'est une question [**dont** <u>il est évident</u> que nous aurons quelques problèmes].

c. ??... un tremblement$_i$ de terre [**dont** les nouvelles normes de construction <u>n'ont pas empêché</u> qu'il$_i$ fasse des ravages].

La forme *dont* dans les RSV semble partager une partie des propriétés observées ci-dessus pour le complémenteur *dont* dans les relatives ordinaires. En particulier, elle ne peut pas être enchâssée dans un introducteur complexe (20a), contrairement au comportement d'une forme *qu-* (20b) dans les RSV.

(20) a. *On a auditionné plusieurs candidats, [**parmi les plus importants dont** Jean Pataut].

b. On a auditionné plusieurs candidats, [**parmi les plus importants desquels** Jean Pataut].

Cependant, il n'est pas clair que toutes les propriétés de sélection du complémenteur *dont* dans les relatives ordinaires s'appliquent aussi à la forme *dont* dans les RSV. En particulier, si l'on suppose que le complémenteur *dont* dans les relatives ordinaires n'a pas de contribution sémantique, on ne peut pas maintenir cette affirmation dans les RSV, car *dont* dans ces contextes force une interprétation partitive (cf. section 4.3.2), c.-à-d. l'élément distingué dans une RSV doit être une sous-partie de l'ensemble dénoté par l'antécédent dans la phrase hôte (voir le contraste en (21a–21b)).

(21) a. Au total, dix livres ont été commandés, [(***dont**) tous pour toi].

b. Au total, dix livres ont été commandés, [(**dont**) deux pour toi].

4 Les subordonnées fragmentaires : les relatives sans verbe

De plus, la forme *dont* n'a pas le même comportement distributionnel par rapport à la coordination dans les deux contextes. Si les relatives ordinaires autorisent la répétition de *dont* devant chaque phrase coordonnée (22a), cela n'est pas autorisé dans la coordination de RSV (22b). De ce point de vue, la forme *dont* dans les RSV se rapproche des conjonctions (de coordination), dont une des propriétés prototypiques est de ne pas pouvoir se combiner entre elles. En dépit de cette ressemblance, une étude détaillée reste à faire pour voir si la forme *dont* dans les RSV peut être analysée comme conjonction[6].

(22)   a. Tous mes amis [**dont** je t'ai parlé et **dont** on a discuté toute la journée] sont morts.

        b. *Tous mes amis, [**dont** Marie et **dont** Pierre], sont venus à la fête.

Un argument supplémentaire contre l'analyse de *dont* comme complémenteur dans les RSV vient de la possibilité de se combiner avec une phrase subordonnée introduite par le complémenteur *que*, comme on voit en (23) :

(23)   Sur le site de Porsche, on apprend plusieurs choses, [**dont** notamment [que la compagnie offre ses propres formations spécialisées pour les diplômés et professionnels de l'ingénierie]$_S$].

Enfin, comme je le montre dans la section 4.4, une analyse qui dérive les RSV des relatives verbales ordinaires n'est pas empiriquement adéquate, donc rien ne nous empêche de poser deux *dont* différents en français : un complémenteur *dont* qui introduit les relatives verbales ordinaires et un *dont* qui introduit les RSV.

---

[6]La forme *dont* dans les RSV peut encore être rapprochée des items comme *y compris*, *sauf* ou *excepté* (pouvant être considérés comme des prépositions « a-sélectives », cf. Melis 2001, qui ne sélectionnent pas la catégorie de leur complément). On doit cependant préciser qu'il y a des différences notables entre *dont* des RSV et *y compris* par exemple : (i) *y compris* est plus mobile que *dont* ; (ii) l'élément distingué dénotant la sous-partie peut être absent dans le modifieur partitif introduit par *y compris*, et (iii) la méronymie est possible avec *y compris* (cf. Laurens 2007).

    (i)   a. Plusieurs personnes sont venues, {**y compris** Marie | Marie **y compris**}.
           b. Plusieurs personnes sont venues, {**dont** Marie | *Marie **dont**}.

    (ii)   Il a vendu beaucoup de livres, {**y compris** | *****dont**} sur la plage.

    (iii) Il aime les suédoises, {**y compris** | *****dont**} leurs cheveux.

4.2.2 Le corps d'une RSV

La constitution du corps d'une RSV se présente sous deux formes : (i) soit un seul constituant, (ii) soit plusieurs constituants formant un cluster, c.-à-d. un type de syntagme sans tête explicite, contenant une suite de constituants qui ne sont pas liés entre eux par des relations fonctionnelles.

4.2.2.1 Un seul constituant

Dans le premier cas de figure, l'élément distingué est le seul constituant du corps. Il peut être un syntagme nominal non marqué (c.-à-d. un syntagme sans marquage prépositionnel en français et en roumain, ou bien un syntagme sans marquage casuel spécifique en roumain) ou bien un syntagme de toute catégorie, parallèle à son légitimeur dans la phrase hôte, donc un syntagme qui reçoit un marquage casuel (en roumain) ou marquage prépositionnel.

Toutes les RSV ne permettent pas les deux options. On observe des asymétries entre le roumain et le français, mais aussi à l'intérieur d'une même langue.

En français : de manière générale, si on a un seul élément distingué, il ne peut pas recevoir le marquage prépositionnel ; par conséquent, on ne peut pas avoir la préposition *à* dans la RSV introduite par *parmi lesquelles* en (24a) ou bien la préposition *avec* dans la RSV introduite par *dont* en (24b). Cependant, on doit noter qu'en dehors du Corpus Arboré de Paris 7 on trouve des exemples attestés dans lesquels les RSV introduites par *dont* permettent un élément distingué marqué par une préposition, mais avec une acceptabilité variable selon les locuteurs. L'acceptabilité du marquage quand on utilise la forme *dont* peut être améliorée si on ajoute un adverbe comme *notamment* (24c).

(24)   a. J'ai parlé à plusieurs personnes, [**parmi lesquelles** (*à) Marie].
       b. J'ai parlé avec certaines personnes, [**dont** (*avec) Marie].
       c. Un jeune homme annonce à divers protagonistes sa mort prochaine, [{***parmi lesquels** | %**dont**} notamment à un psychiatre qui se sent dans l'obligation de l'aider].

En roumain : les introducteurs *printre care* et *între care*[7] ne posent aucun problème pour le marquage casuel (25a) ou prépositionnel (25b) de l'élément distingué, pourvu que celui-ci soit précédé de l'adverbe associatif *şi* 'aussi'. En revanche, *dintre care* est généralement incompatible avec une marque casuelle (26a)

---

[7] Il n'y a a priori aucune différence majeure entre *printre care* et *între care*. C'est pour cela que je garde dans mes exemples une des deux formes, à savoir *printre care*.

4 Les subordonnées fragmentaires : les relatives sans verbe

ou prépositionnelle (26b), à moins que l'élément distingué soit précédé, comme dans le cas du français *dont*, des modificateurs d'éventualité[8], comme l'adverbial *mai ales* 'notamment' (26c).

(25) a. Ion a oferit flori   mai multor   fete, [**printre care**
       Ion a offert fleurs plus beaucoup.ADJ.DAT filles parmi   lesquelles
       și   {Maria | Mari<u>ei</u>}].
       aussi {Maria | Maria.DAT}

   'Ion a offert des fleurs à plusieurs filles, parmi lesquelles Maria.'

   b. Ion a vorbit <u>cu</u>   mai multe   fete, [**printre care**   și
       Ion a parlé avec plus beaucoup.ADJ filles parmi   lesquelles aussi
       (<u>cu</u>)   Maria].
       (avec) Maria

   'Ion a parlé avec plusieurs filles, parmi lesquelles Maria.'

(26) a. Impactul   a dus   la spitalizarea   mai multor
       impact.DEF a mené à hospitalisation.DEF plus beaucoup.ADJ.GEN
       persoane, [**dintre care**   (*<u>a</u>)   șapte români].
       personnes parmi   lesquelles (GEN.SG.F) sept Roumains

   'L'impact a mené à l'hospitalisation de plusieurs personnes, dont sept Roumains.'

   b. Dragoș lucrează <u>cu</u>   șapte medici, [**dintre care**   (*<u>cu</u>)   doi
       Dragoș travaille avec sept médecins parmi   lesquels (avec) deux
       israelieni].
       Israéliens

   'Dragoș travaille avec sept médecins, dont deux Israéliens.'

   c. Dragoș lucrează <u>cu</u>   șapte medici, [**dintre care**   mai
       Dragoș travaille avec sept médecins parmi   lesquels plus
       ales   <u>cu</u> doi   israelieni].
       particulièrement avec deux Israéliens

   'Dragoș travaille avec sept médecins, dont notamment avec deux Israéliens.'

Tous les éléments distingués observés jusqu'ici étaient soit des syntagmes nominaux, soit des syntagmes prépositionnels. On doit noter qu'on trouve des exemples dans lesquels l'élément distingué correspond à une catégorie qui n'est

---

[8]D'autres auteurs utilisent la notion de *situation*. Je préfère l'emploi de la notion d'*éventualité*.

pas nominale, p.ex. une phrase subordonnée introduite par le complémenteur *că* 'que' en roumain (27) ou *que* en français (28), et cela dans les RSV ayant comme introducteur *printre care* en roumain ou *dont* en français, c.-à-d. les introducteurs les moins contraignants (tant au niveau syntaxique qu'au niveau sémantique, cf. section 4.3.2.2).

(27) a. William Steele riscă închisoarea pe viață pentru o serie de
William Steele risque prison.DEF à vie pour une série de
acuzații, [**printre care** că a ajutat inamicul].
accusations parmi lesquelles que AUX.3SG aidé ennemi.DEF
'William Steele risque la prison à vie pour une série d'accusations, dont celle d'avoir aidé l'ennemi.'

b. Cunoscută și drept acid ascorbic, vitamina C are
connue aussi comme acide ascorbique vitamine.DEF C a
diverse funcții, [**printre care** că ne apără de
différentes fonctions parmi lesquelles que ACC.1PL protéger.PRS.3 de
agenții oxidanți].
agents oxydants
'Connue aussi comme acide ascorbique, la vitamine C a différentes fonctions, dont celle de protection contre les agents oxydants.'

(28) a. Sur le site de Porsche, on apprend plusieurs choses, [**dont** notamment que la compagnie offre ses propres formations spécialisées pour les diplômés et professionnels de l'ingénierie].

b. Cette exonération est sujette à certaines conditions, [**dont** notamment que la transmission soit initiée et destinée à un utilisateur de l'Internet, et que le contenu transmis à travers le réseau de communication ne soit pas modifié].

Jusqu'à maintenant, on a analysé uniquement les cas dans lesquels le corps de la RSV avait comme constituant immédiat un seul syntagme. Cependant, le corps d'une RSV peut comporter plus d'un constituant immédiat, comme le montre l'emploi du pronom *una* 'l'une' en (29a) (à la place du déterminant *un* 'un' comme en (29b)) ou bien la présence des adjectifs prédicatifs (30a). Dans ces deux situations, les constituants du corps ne peuvent jamais former un seul syntagme nominal, cf. (29c) et (30b).

4 Les subordonnées fragmentaires : les relatives sans verbe

(29) a. ... patru persoane, [**dintre care** [[una]ₙₚ [cetăţean
 ... quatre personnes parmi lesquelles une.DEF.F citoyen
 american]ₙₚ]CLUSTER].
 américain
 '... quatre personnes, dont un citoyen américain.'

b. ... patru persoane, [**printre care** [un cetăţean american]ₙₚ].
 '... quatre personnes, parmi lesquelles un citoyen américain.'

c. {Un | *una} cetăţean american a fost găsit mort într-un hotel din Cluj.
 'Un citoyen américain a été retrouvé mort dans un hôtel à Cluj.'

(30) a. Mi-a dat diverse motive, [**dintre care** [cele mai
 DAT.1SG-a donné divers motifs parmi lesquels les plus
 multe]ₙₚ [stupide]AdjP].
 beaucoup.ADJ stupides
 'Il m'a donné plusieurs arguments, dont la plupart stupides.'

b. [Cele mai multe *(propuneri) stupide]ₙₚ aparţin
 les plus beaucoup.ADJ propositions stupides appartiennent
 partidelor extremiste.
 partis.DAT extrémistes
 'Les propositions stupides les plus nombreuses proviennent des partis extrémistes.'

4.2.2.2 Un cluster de constituants

Dans le deuxième cas de figure, l'élément distingué n'est pas le seul constituant du corps de la RSV, mais il est accompagné par un syntagme prédicatif. En fonction du statut syntaxique de ce syntagme prédicatif, on distingue trois types majeurs de clusters.

Le type I met en jeu des clusters composés d'un élément distingué généralement non marqué (dénotant une sous-partie de l'antécédent) et d'un modifieur de l'élément distingué, qui restreint la dénotation de celui-ci, cf. les exemples en (31) pour le roumain et les exemples en (32) pour le français.

(31) a. Ion a oferit flori mai multor persoane, [**dintre**
 Ion a offert fleurs plus beaucoup.ADJ.DAT personnes parmi
 care majoritatea fete].
 lesquelles majorité.DEF filles
 'Ion a offert des fleurs à plusieurs personnes, dont la plupart des filles.'

b. Maria a îngrijit de şapte bolnavi, [{**dintre** | **printre**} **care** doi
Maria a soigné de sept malades {parmi | parmi} lesquels deux
copii în stare foarte gravă].
enfants en état très grave

'Maria a soigné sept malades, dont deux enfants en état très grave.'

c. Mi-a dat diverse motive, [**dintre care** cele mai
DAT.1SG-a donné divers motifs parmi lesquels les plus
multe stupide].
beaucoup.ADJ stupides

'Il m'a donné plusieurs arguments, dont la plupart stupides.'

(32) a. Je vends seize jeux, [**dont** la plupart encore dans leur boîte].

b. Au total, près de cent vingt films seront projetés en dix jours, [**dont** une soixantaine, inédits, en compétition].

c. J'ai vu beaucoup d'enfants, [**dont** la plupart plus âgés que toi].

Les clusters de type II présentent un élément distingué et un modifieur d'éventualité, c.-à-d. que le syntagme prédicatif dénote une propriété de l'éventualité, cf. (33) en roumain et (35) en français. A ce type de clusters s'ajoutent les cas spéciaux avec catégories « mixtes » pour certains participes passés (p.ex. roum. *răniţi* 'blessés', fr. *blessés* ou *tués*) ou adjectifs (p.ex. roum. *morţi* 'morts') employés comme noms dans les exemples (34) et (36). Ces clusters sont construits comme si la catégorie « mixte » en question intervenait dans la relation d'éventualité du cluster et non dans l'attribution d'une propriété à un participant, ce qui explique pourquoi on utilise un adverbe (p.ex. roum. *grav* 'grièvement' et fr. *grièvement*), et non un adjectif, pour modifier la relation.

(33) a. Media precipitaţiilor anuale este de circa 1 000 mm,
moyenne.DEF précipitations.GEN annuelles est de environ 1 000 mm
[**dintre care** între 50 şi 60% vara].
parmi lesquels entre 50 et 60% été.DEF

'La moyenne des précipitations annuelles est d'environ 1 000 mm, dont entre 50% et 60% l'été.'

b. M-am întâlnit cu mai multe persoane, [**printre**
REFL.1SG-AUX rencontré avec plus beaucoup.ADJ personnes parmi
care şi cu Maria ieri].
lesquelles aussi avec Maria hier

'J'ai rencontré plusieurs personnes, dont Maria hier.'

4 Les subordonnées fragmentaires : les relatives sans verbe

      c. Anul   trecut au   murit 25 000 de persoane, [**dintre care**
        an.DEF passé AUX.3PL mort 25 000 de personnes parmi lesquelles
        70% de cancer].
        70% de cancer

        'L'an passé sont mortes 25 000 personnes, dont 70% de cancer.'

      d. In noaptea aceasta, s-au   născut trei copii, [**dintre**
        en nuit.DEF cette.DEF REFL.3-AUX.3PL né   trois enfants, parmi
        care   unul   mort].
        lesquels un.DEF mort

        'Cette nuit sont nés trois enfants, dont un mort.'

(34) a. Bilanțul accidentului se ridică la opt răniți, [**dintre care** doi foarte grav].

       'Le bilan de l'accident s'élève à huit blessés, dont deux très grièvement.'

    b. Am consemnat 84 de morți în avalanșe în munții noștri, [**dintre care** 23 în avalanșa catastrofală de la Bâlea din 17 aprilie 1977].

       'Nous avons consigné 84 morts dans les avalanches dans nos montagnes, dont 23 dans l'avalanche catastrophique de Bâlea, le 17 avril 1977.'

(35) a. Les entreprises ont créé beaucoup d'emplois de cadres, [**dont** 170 000 au cours des deux dernières années].

    b. J'ai parlé à plusieurs personnes, [{**dont** | ***parmi lesquelles**} Marie hier].

    c. Plusieurs personnes sont mortes dans mon entourage, [**dont** deux de cancer du côlon].

    d. Sept hommes ont été mis en examen et incarcérés, [**dont** l'un pour meurtre avec préméditation].

(36) a. On dénombre 200 blessés, [**dont** la plupart trop grièvement pour être soignés sur place].

    b. L'Europe arrive en tête du triste palmarès des vingt pays concernés, avec 25 tués, [**dont** 12 en Turquie et 11 en ex-Yougoslavie].

Dans les clusters de type III, l'élément distingué est suivi d'un syntagme parallèle à un dépendant (souvent, un valent) du verbe de la phrase hôte. Chaque syntagme du cluster doit avoir le même marquage que son correspondant dans la phrase hôte, c.-à-d. l'antécédent. Le type III comme le type II peuvent donner des clusters qui imitent la syntaxe de l'hôte (c.-à-d. qu'ils se comportent comme s'il s'agissait d'une phrase contenant une forme verbale du même lexème que le verbe de la phrase hôte) et qui se rapprochent des constructions elliptiques comme le gapping ou la coordination de séquences (ACC). Dans les clusters similaires aux constructions à gapping (37) et (38), les syntagmes du cluster correspondent à des syntagmes légitimeurs encadrant le verbe dans la phrase hôte. Dans les clusters similaires aux coordinations de séquences (39) et (40), les syntagmes du cluster correspondent à des syntagmes légitimeurs se trouvant à droite du verbe dans l'hôte.

(37) a. La petrecere, mai toți au vorbit cu câte cineva, [**printre**
à fête, presque tous ont parlé avec DISTR quelqu'un parmi
care și Dan cu Ioana].
lesquels aussi Dan avec Ioana

'A la fête, presque tous ont parlé avec quelqu'un, parmi lesquels Dan avec Ioana.'

b. Mai mulți prieteni s-au stabilit în străinătate,
plus beaucoup.ADJ amis REFL.3-AUX.3PL établi en étranger
[**dintre care** doi la Roma].
parmi lesquels deux à Rome

'Plusieurs amis se sont établis à l'étranger, dont deux à Rome.'

c. In România, trăiesc aproximativ 8 000 de evrei, [**dintre care**
en Roumanie, vivent environ 8 000 de juifs parmi lesquels
jumătate în București].
moitié en Bucarest

'En Roumanie vivent environ 8 000 juifs, dont la moitié à Bucarest.'

(38) a. Certains ont parlé à mes amis, [**dont** Marie à Marc].

b. Plusieurs de mes amis ont acheté des boîtes de pâté, [**dont** Marie deux de porc].

c. Tous les ministres mentent à leurs électeurs, [**dont** notamment Dupont aux Français].

(39) a. Dan a oferit flori mai multor colege, [**printre**
Dan a offert fleurs plus beaucoup.ADJ.DAT collègues parmi

        care şi Mariei un buchet de lalele].
        lesquelles aussi Maria.DAT un bouquet de tulipes

        'Dan a offert des fleurs à plusieurs collègues, dont à Marie un bouquet de tulipes.'

  b. Am primit cadouri de la mai multe persoane,
     AUX.1SG reçu cadeaux de chez plus beaucoup.ADJ personnes
     [**printre care** şi o rochie de la Maria].
     parmi lesquelles aussi une robe de chez Maria

     'J'ai reçu des cadeaux de la part de plusieurs personnes, dont une robe de la part de Maria.'

  c. Cât a fost în armată, Ion a trimis 60 de scrisori familiei,
     combien a été en armée Ion a envoyé 60 de lettres famille.DAT
     [**dintre care** mai mult de jumătate iubitei
     parmi lesquelles plus beaucoup de moitié bien-aimée.DAT
     sale].
     POSS.3SG

     'Pendant son service militaire, Ion a envoyé 60 lettres à sa famille, dont plus de la moitié à sa bien-aimée.'

(40) a. Paul a vendu des gâteaux à plusieurs personnes, [**dont** un à Marie hier sur la plage].

  b. Jean a donné plein d'excuses à sa famille, [**dont** la plupart à sa sœur].

  c. Il a envoyé trois lettres à ses amis, [**parmi lesquelles** deux à Marie].

4.2.3 Propriétés de linéarisation

De manière générale, une RSV est adjacente à l'antécédent dans la phrase hôte. Cependant, comme les phrases relatives extraposées, les RSV peuvent ne pas être strictement adjacentes à leur antécédent dans la phrase hôte. Dans cette section, je m'intéresse aux contraintes qui pèsent sur la linéarisation des RSV par rapport à l'hôte.

Les propriétés de linéarisation des RSV dépendent essentiellement de trois facteurs : la linéarisation relative de l'antécédent, la forme syntaxique du corps de la RSV et la fonction de l'antécédent au sein de la phrase hôte. On obtient ainsi les généralisations suivantes : Dans tous les cas, l'antécédent précède toujours

4.2 Propriétés syntaxiques

la RSV (41c–41d) et (42c–42d), ce qui explique l'agrammaticalité des exemples (41a–41b) et (42a–42b) dans lesquels l'antécédent suit la RSV.

(41) a. *[**Printre care** şi cea din Bucureşti], 18 grădini zoologice
parmi lesquels aussi celui de Bucarest 18 jardins zoologiques
vor fi închise pe perioada iernii.
vont être fermés sur période.DEF hiver.GEN

'18 jardins zoologiques, parmi lesquels celui de Bucarest, seront fermés pendant l'hiver.'

b. *Am văzut, [**printre care** şi cea din Bucureşti], 18 grădini
AUX.1SG vu parmi lesquels aussi celui de Bucarest 18 jardins
zoologice închise.
zoologiques fermés

'J'ai vu 18 jardins zoologiques fermés, parmi lesquels celui de Bucarest.'

c. 18 grădini zoologice, [**printre care** şi cea din Bucureşti],
18 jardins zoologiques parmi lesquels aussi celui de Bucarest
vor fi închise pe perioada iernii.
vont être fermés sur période.DEF hiver.GEN

'18 jardins zoologiques, parmi lesquels celui de Bucarest, seront fermés pendant l'hiver.'

d. 18 grădini zoologice vor fi închise, [**printre care** şi cea
18 jardins zoologiques vont être fermés parmi lesquels aussi celui
din Bucureşti].
de Bucarest

'18 jardins zoologiques seront fermés, parmi lesquels celui de Bucarest.'

(42) a. *[**Dont** Marie], plusieurs personnes sont venues.

b. *J'ai vu, [**dont** Marie], plusieurs personnes.

c. Plusieurs personnes, [**dont** Marie], sont venues.

d. Plusieurs personnes sont venues, [**dont** Marie].

De même, dans les RSV avec clusters, si la RSV contient un constituant parallèle à l'un des constituants de l'hôte, la RSV doit apparaître après le constituant de l'hôte en question. Ainsi, dans les exemples (43) en roumain et (44) en français,

4 Les subordonnées fragmentaires : les relatives sans verbe

la RSV dont le corps est un cluster doit suivre à la fois le légitimeur de l'élément distingué et le syntagme parallèle au deuxième constituant du corps de la RSV[9].

(43) a. *Am primit cadouri, [**printre care** și o rochie de la Maria], de la mai multe persoane.
AUX.1SG reçu cadeaux parmi lesquels aussi une robe de chez Maria de chez plus beaucoup.ADJ personnes
'J'ai reçu des cadeaux de la part de plusieurs personnes, parmi lesquels une robe de la part de Maria.'

b. Am primit cadouri de la mai multe persoane, [**printre care** și o rochie de la Maria].
AUX.1SG reçu cadeaux de chez plus beaucoup.ADJ personnes parmi lesquelles aussi une robe de chez Maria
'J'ai reçu des cadeaux de la part de plusieurs personnes, dont une robe de la part de Maria.'

(44) a. *Plusieurs personnes, [**dont** Marie un livre], m'ont offert un cadeau.

b. Plusieurs personnes m'ont offert un cadeau, [**dont** Marie un livre].

Un des critères les plus importants dans la linéarisation des RSV concerne le statut syntaxique de l'antécédent, c.-à-d. dépendant direct ou non de la tête de la phrase hôte. Si l'antécédent n'est pas un dépendant direct de la tête de l'hôte, la RSV doit suivre immédiatement l'antécédent (voir (45a–45b–45c) en roumain et (46a–46b–46c) en français). De même, un antécédent se trouvant dans une phrase enchâssée, comme en (45d) et (46d), n'est pas accessible ; de ce point de vue, la relation entre une RSV et son antécédent ressemble à d'autres relations non locales à droite, comme l'extraposition ou la dislocation droite, qui obéissent à la contrainte de bord droit (angl. *Right Roof Constraint*, cf. Ross 1967, Soames & Perlmutter 1979) : un constituant ne doit pas être réalisé au-delà de la frontière droite de son domaine syntaxique.

---

[9]Une étude plus détaillée reste à faire sur un échantillon plus important d'exemples, afin de vérifier s'il y a une contrainte plus forte sur la linéarisation de clusters, à savoir s'ils doivent être en fin de phrase, et pas seulement suivre les syntagmes parallèles, cf. le contraste (i–ii) observé par Olivier Bonami (c.p.) :

(i) Plusieurs personnes ont offert un cadeau au fils de Paul, [**dont** Marie un livre].

(ii) *Plusieurs personnes ont offert un cadeau, [**dont** Marie un livre], au fils de Paul.

(45) a. Reprezentanții   mai multor   țări, ([**printre care**
représentants.DEF plus beaucoup.ADJ.GEN pays (parmi   lesquels
și   Brazilia]), s-au   reunit ieri, (*[**printre care**   și
aussi Brésil.DEF) REFL.3-AUX.3PL réuni hier (parmi   lesquels aussi
Brazilia]).
Brésil.DEF)

'Les représentants de plusieurs pays, dont le Brésil, se sont réunis hier.'

b. După primirea   invitaților, ([**printre care**   și   Maria și
après réception.DEF invités.GEN (parmi   lesquels aussi Maria et
Ion]), m-am   întors   la bucătărie, (*[**printre care**   și
Ion) REFL.1SG-AUX retourné à cuisine   (parmi   lesquels aussi
Maria și Ion]).
Maria et Ion)

'Après la réception des invités, parmi lesquels Maria et Ion, je suis retourné à la cuisine.'

c. Sugestiile   făcute de mai mulți   dintre prietenii
suggestions.DEF faites de plus beaucoup.ADJ de   amis.DEF
tăi,   ([**printre care**   și   Ion]), m-au   ajutat
POSS.2SG (parmi   lesquels aussi Ion) ACC.1SG-ont aidé
enorm,   (*[**printre care**   și   Ion]).
énormément (parmi   lesquels aussi Ion)

'Les suggestions faites par plusieurs de tes amis, dont Ion, m'ont énormément aidé.'

d. Că lipsesc   mai multe   persoane, ([**printre care**
que manquent plus beaucoup.ADJ personnes (parmi   lesquelles
și   Maria]), nu mă   șochează,   (*[**printre care**   și
aussi Maria) NEG ACC.1SG choquer.PRS.3 (parmi   lesquelles aussi
Maria]).
Maria)

'Qu'il manque plusieurs personnes, parmi lesquelles Maria, ne me choque pas.'

(46) a. Des représentants de plusieurs pays, ([**dont** le Brésil]), se sont réunis hier, (*[**dont** le Brésil]).

b. Après avoir reçu les invités, ([**parmi lesquels** Marie et Jean]), je suis retourné à la cuisine, (*[**parmi lesquels** Marie et Jean]).

4 Les subordonnées fragmentaires : les relatives sans verbe

    c. Les idées proposées par plusieurs de tes amis, ([**dont** Jean]), m'ont beaucoup aidé, (*[**dont** Jean]).

    d. Que seulement deux personnes soient venues, ([**dont** Marie]), ne devrait pas t'étonner, (*[**dont** Marie]).

Sinon, la RSV peut être linéarisée n'importe où dans l'hôte après l'antécédent, modifiant tout dépendant direct (non-incident) de la tête de l'hôte, qu'il s'agisse d'un sujet comme en (47a) et (48a), d'un complément comme en (47b) et (48b) ou d'un ajout comme en (47c) et (48c), ce qui nous amène à conclure que la linéarisation des RSV implique une adjacence non stricte par rapport à l'antécédent dans la phrase hôte.

(47) a. <u>Mai multe conturi de Twitter</u> au fost hack-uite, [**printre**
       plus beaucoup.ADJ comptes de Twitter ont été piratés parmi
      care Obama, Fox și Britney Spears].
      lesquels Obama Fox et Britney Spears

      'Plusieurs comptes Twitter ont été piratés, parmi lesquels Obama, Fox et Britney Spears.'

   b. I-am rugat <u>pe câțiva prieteni</u> să m-ajute,
      ACC.3PL-ai prié DOM quelques amis SBJV ACC.1SG-aider.SBJV.3
      [**printre care** și pe Ion].
      parmi lesquels aussi DOM Ion

      'J'ai demandé à quelques amis de m'aider, dont Ion.'

   c. Am lucrat <u>douăsprezece ore</u> ieri, [**dintre care** opt la
      ai travaillé douze heures hier parmi lesquelles huit à
      birou.
      bureau

      'J'ai travaillé douze heures hier, dont huit au bureau.'

(48) a. <u>Plusieurs personnes</u> sont venues, [**dont** Marie].

   b. On estime <u>à 2 milliards</u> l'aide nécessaire, [**dont** 8 millions pour la Russie].

   c. J'ai attendu <u>trois heures</u> lundi, [**dont** deux sous la pluie].

Sur la base des propriétés d'occurrence dans la phrase, on analyse les RSV comme des ajouts incidents. L'incidence est une propriété syntaxique, qui a des conséquences prosodiques (Bonami & Godard 2007 ; 2008). En ce qui concerne leur linéarisation, les incidents s'insèrent (de manière relativement libre) parmi les constituants majeurs d'un hôte phrastique ou non phrastique. Au niveau prosodique, les incidents sont des constituants qui sont isolés prosodiquement du reste de la phrase dans laquelle ils apparaissent, contrairement aux constituants ordinaires qui reçoivent une prosodie intégrée. On peut ainsi considérer les RSV comme des ajouts incidents en vertu des propriétés suivantes : l'adjacence non stricte de la RSV par rapport à son antécédent (à condition que la contrainte de bord droit soit respectée), le caractère optionnel de la RSV, ainsi que son « détachement » prosodique. En ce qui concerne ce dernier critère, on observe que la RSV est séparée de la phrase hôte par des pauses à l'oral et par des virgules à l'écrit, ce qui est appelé « comma intonation » dans la littérature. Ces propriétés justifient aussi le terme utilisé par les grammaires descriptives du roumain (voir Gheorghe 2005) pour décrire les RSV, à savoir les relatives partitives « périphériques ou isolées ».

4.2.4 Synthèse

Dans cette section, on a observé le comportement syntaxique des RSV. L'introducteur, qu'il s'agisse d'un syntagme prépositionnel (contenant une préposition et une forme *qu-* coréférente avec un antécédent dans l'hôte) ou de la forme *dont* en français, est toujours en première position dans la RSV. Après avoir inventorié les propriétés générales de la forme *dont*, on a montré qu'on avait besoin de deux *dont* différents en français : un *dont* complémenteur (cf. Godard 1988 ; 1989 ; Abeillé & Godard 2006 ; 2007) et un *dont* marquant la construction RSV. Le corps de la RSV peut être composé d'un seul constituant (qui coïncide avec l'élément distingué) ou bien d'un cluster de constituants (contenant au moins l'élément distingué et un syntagme prédicatif). L'élément distingué sous ces deux formes est généralement non marqué, avec des différences en français et en roumain : si en français le marquage prépositionnel est impossible avec l'introducteur *parmi lesquel(le)s* et, pour la plupart des locuteurs, avec *dont* aussi, en roumain le marquage prépositionnel ou casuel est possible avec les introducteurs *printre care* et *între care*. En ce qui concerne les propriétés de linéarisation, la RSV doit, dans tous les cas, suivre l'antécédent et, dans le cas des clusters, elle doit suivre aussi tout syntagme parallèle à un des constituants du cluster. La RSV est strictement adjacente à l'antécédent si celui-ci n'est pas un dépendent direct de la tête de la phrase hôte ou s'il se trouve dans une phrase enchâssée. A part ces contraintes, l'adjacence de la RSV par rapport à la phrase hôte est non stricte, ce qui valide l'hypothèse selon laquelle la RSV est un ajout incident.

4 Les subordonnées fragmentaires : les relatives sans verbe

4.3 Propriétés sémantiques

Dans cette section, je regarde les propriétés sémantiques des RSV. Dans un premier temps, il s'agit de savoir si les RSV présentent des propriétés communes avec les relatives restrictives ou non restrictives (en particulier, si elles ont une interprétation intersective et/ou si elles font partie du contenu asserté de l'hôte). Dans un deuxième temps, l'accent sera mis sur la sémantique partitive mise en jeu dans les RSV, pour voir quelles sont les contraintes sémantiques qui pourraient expliquer les préférences des locuteurs pour certains introducteurs dans certaines configurations des RSV en roumain et en français.

4.3.1 Sémantique non restrictive

A la distinction syntaxico-prosodique entre les constituants intégrés et les constituants incidents se superpose une opposition sémantique, classique dans les travaux sur les phrases relatives, entre les relatives restrictives et les relatives non restrictives ou appositives (Arnold 2004 ; 2007 ; Arnold & Borsley 2008)[10].

Les relatives restrictives sont interprétées comme des modifieurs intersectifs : elles restreignent l'ensemble dénoté par l'antécédent à un sous-ensemble particulier, ce qui explique pourquoi les relatives restrictives ne sont pas compatibles avec les noms propres. L'effet de cette interprétation intersective est d'introduire un ensemble complémentaire implicite, qui est rendu accessible par des anaphores comme *les autres* (Arnold 2004). En revanche, les relatives non restrictives ont une interprétation non intersective : elles ne restreignent pas la dénotation de leur antécédent, mais ajoutent tout simplement une information sur celui-ci (ce qui explique le terme de relative « supplémentaire » utilisé par Huddleston & Pullum 2002), information non nécessaire pour délimiter l'ensemble dénoté par l'antécédent.

Cette interprétation non intersective a conduit les chercheurs à considérer que les relatives non restrictives sont syntaxiquement subordonnées, mais que, sémantiquement, elles se comportent comme des phrases indépendantes, ayant leur propre valeur de vérité et leur propre force illocutoire (voir Peterson 2004 et Arnold 2004). Ainsi, on considère que le contenu d'une relative non restrictive est parenthétique, c.-à-d. qu'il ne contribue pas aux valeurs de vérité de la phrase hôte (Huddleston & Pullum 2002). Les parenthétiques sont forcément véridicaux (la phrase contenant une relative non restrictive implique la phrase sans cette

---

[10]En lien avec le fonctionnement syntaxique d'ajout, Arnold & Borsley (2008) précisent que les relatives non restrictives peuvent modifier soit directement leur antécédent soit toute la phrase hôte, alors que les relatives restrictives modifient uniquement leur antécédent.

relative), parce qu'ils ne contribuent pas à l'acte illocutoire principal. Par conséquent, les relatives non restrictives expriment des implicatures conventionnelles (Potts 2005), alors que les relatives restrictives font partie du contenu principal.

En ce qui concerne l'intersectivité de l'interprétation, les RSV se comportent comme les relatives non restrictives, c.-à-d. que la RSV n'est pas un modifieur restrictif de l'antécédent. Ainsi, la RSV dans les phrases (49b–49c) ne restreint pas l'ensemble des amis de Marie à celui incluant Dan (49b) ou les cinq policiers (49c). La présence d'une RSV ne rend pas accessible un ensemble complémentaire auquel on puisse référer avec l'expression anaphorique *les autres*. En revanche, dans l'exemple (49a), la relative restreint l'ensemble des amis de Maria à un sous-ensemble spécifique (*les amis de Maria dont je t'ai parlé*). Cette relative restrictive permet l'introduction d'un ensemble contrastif mis en évidence par l'expression *les autres amis de Maria*. Les mêmes jugements s'appliquent aux exemples français en (50).

(49) a. Prietenii Mariei [despre care ți-am vorbit] au murit într-o explozie. Ceilalți prieteni ai Mariei n-au pățit nimic.

'Les amis de Maria dont je t'ai parlé sont morts dans une explosion. Les autres amis de Maria n'ont rien subi.'

b. Prietenii Mariei, [**printre care** și Dan], au murit într-o explozie. #Ceilalți prieteni ai Mariei n-au pățit nimic.

'Les amis de Maria, parmi lesquels Dan, sont morts dans une explosion. Les autres amis de Maria n'ont rien subi.'

c. Prietenii Mariei, [**dintre care** cinci polițiști], au murit într-o explozie. #Ceilalți prieteni ai Mariei n-au pățit nimic.

'Les amis de Maria, dont cinq policiers, sont morts dans une explosion. Les autres amis de Maria n'ont rien subi.'

(50) a. Les amis [dont je t'ai parlé] sont venus. Les autres viendront demain.

b. Les amis de Marie, [{**dont** | **parmi lesquels**} Jean], sont venus. #Les autres amis de Marie viendront demain.

Cependant, contrairement aux subordonnées relatives non restrictives (voir Arnold 2004; 2007; Arnold & Borsley 2008), le contenu de la RSV fait partie du contenu asserté de l'énoncé qui l'inclut. Ainsi, on observe que les RSV se comportent différemment des autres modifieurs non restrictifs en termes de portée des verbes d'attitude propositionnelle. Dans l'exemple (51a), le contenu de la relative non restrictive ne fait pas partie des croyances de Paul, mais c'est plutôt

4 Les subordonnées fragmentaires : les relatives sans verbe

une assertion du locuteur. Par conséquent, la phrase (51a) n'entraîne pas la vérité de (51b). En revanche, dans l'exemple (52a), la RSV est interprétée sous la portée du verbe d'attitude propositionnelle. Ainsi, la phrase (52a) entraîne la vérité de (52b), mais pas celle de (52c). Les mêmes observations tiennent pour la RSV introduite par *dintre care* en (53). On peut ainsi conclure que les RSV n'ont pas une portée large sur les verbes d'attitude propositionnelle, donc ils n'expriment pas d'implicatures conventionnelles.

(51) a. Paul crede că regele Mihai, [care de altfel nici nu candidează], va câștiga alegerile.
'Paul croit que le roi Mihai, qui d'ailleurs ne candidate même pas, va gagner les élections.'
b. ⇏ Paul crede că regele Mihai nu candidează la alegeri.
'Paul croit que le roi Mihai ne candidate pas aux élections.'
c. ⇒ Regele Mihai nu candidează la alegeri.
'Le roi Mihai ne candidate pas aux élections.'

(52) a. Paul crede că anumite plante, [**printre care** și sunătoarea], vindecă ulcerul.
'Paul croit que certaines plantes, dont la verveine, soignent les ulcères.'
b. ⇒ Paul crede că sunătoarea vindecă ulcerul.
'Paul croit que la verveine soigne les ulcères.'
c. ⇏ Sunătoarea vindecă ulcerul.
'La verveine soigne les ulcères.'

(53) a. Paul crede că accidentul s-a soldat cu opt răniți, [**dintre care** doi în stare gravă].
'Paul croit que l'accident s'est soldé par huit blessés, dont deux en état très grave.'
b. ⇒ Paul crede că doi dintre cei opt răniți sunt în stare foarte gravă.
'Paul croit que deux parmi les huit blessés sont en état très grave.'
c. ⇏ Doi dintre cei opt răniți sunt în stare foarte gravă.
'Deux parmi les huit blessés sont en état très grave.'

Par conséquent, bien que les RSV partagent certaines propriétés avec les autres modifieurs non restrictifs (p.ex. interprétation non intersective), le contenu des

RSV n'est pas parenthétique, contrairement au contenu des autres modifieurs non restrictifs, comme le montre la possibilité de remettre en cause le contenu de la RSV en utilisant *c'est faux* (54b) ou *ce n'est pas vrai* (55b), cf. Jayez & Rossari (2004).

(54) a. A : - Anumite plante, [**printre care** şi sunătoarea], vindecă afecţiuni ale ficatului.
      'Certaines plantes, dont la verveine, soignent les affections hépatiques.'
   b. B : - E fals, eu ştiu că sunătoarea vindecă ULcerul, nu afecţiuni ale ficatului!
      'C'est faux, je sais que la verveine soigne les ulcères, et non les affections hépatiques.'

(55) a. A : - Bilanţul accidentului se ridică la opt răniţi, [**dintre care** doi foarte grav].
      'Le bilan de l'accident s'élève à huit blessés, dont deux très grièvement.'
   b. B : - Nu e adevărat, dintre cei opt răniţi PAtru sunt în stare foarte gravă, şi nu doi!
      'Ce n'est pas vrai, parmi les huit blessés quatre sont en état très grave, et pas deux.'

4.3.2 Sémantique partitive

4.3.2.1 Elément distingué et antécédent

Les RSV dans les deux langues ont une sémantique partitive. D'une part, l'antécédent d'une RSV doit être une entité plurielle fractionnable, exprimant une somme dont les sous-parties soient accessibles (angl. *sum individual*, cf. Lasersohn 1995). D'autre part, l'élément distingué dans une RSV doit être interprété comme une sous-partie de l'entité fractionnable dénotée par l'antécédent. Une entité A est une fraction d'une entité B si : (i) A entre dans la composition de B, et (ii) si la description de B (excepté la cardinalité) s'applique à A. Ainsi, en (56a) et (57a), l'entité dénotée par l'élément distingué (*Marie*) est une fraction de l'entité dénotée par l'antécédent (*plusieurs personnes*), car les deux conditions mentionnées plus haut sont respectées. L'entité fractionnable n'est pas toujours composée de parties atomiques, ce qui explique pourquoi un syntagme nominal contenant un

4 Les subordonnées fragmentaires : les relatives sans verbe

nom massique peut fonctionner comme antécédent d'une RSV en (56b)[11] et (57b). Cependant, dans la plupart des exemples attestés, l'antécédent est un syntagme nominal quantifié au pluriel.

(56) a. Au venit mai multe persoane, [**printre care** și Maria].
'Plusieurs personnes sont venues, parmi lesquelles Maria.'
b. Vulcanul din Islanda emană o mare cantitate de gaz, [**din care** 25% dioxid de carbon].
'Le volcan d'Islande rejette une grande quantité de gaz, dont 25% de dioxyde de carbone.'

(57) a. Plusieurs personnes sont venues, [**dont** Marie].
b. Une grande quantité de gaz s'est échappée du cratère, [**dont** 25% de CO_2].

En revanche, les syntagmes nominaux quantifiés qui ne dénotent pas des entités fractionnables ne sont pas des antécédents adéquats pour les RSV. Ainsi, on peut expliquer le contraste qui s'établit entre un syntagme nominal contenant un quantifieur (au singulier) avec une force quantificationnelle universelle (p.ex. *aucun des X* en (58a) et (59a) ou encore *tout X* en (58b) et (59b)), et un syntagme nominal contenant le quantifieur universel *chaque* comme en (58c) et (59c). Le syntagme quantifié par *aucun* ou *tout* n'est pas un bon antécédent pour une RSV, car on ne peut pas inférer une somme, alors que le syntagme quantifié par *chaque* semble être acceptable[12].

---

[11] Avec un nom massique, la préposition *din* est plus appropriée que la préposition *dintre*, cf. leur emploi en dehors des RSV :

(i) unul {**dintre** | ??**din**} elevi
'l'un des élèves'

(ii) unul {**din** | ***dintre**} grup
'l'un du groupe'

[12] Olivier Bonami me fait observer qu'on a le même comportement pour l'anaphore ordinaire. *Chaque X* permet facilement une reprise anaphorique par un pronom pluriel (i), alors que cela est marginal avec *tout X* (ii).

(i) Chaque étudiant est venu. Ils étaient bien contents.

(ii) ??Tout étudiant viendra. Ils seront bien contents.

(58) a. *Niciunul dintre studenți, [**printre care** și Ion], n-a venit la cursul practic ieri.

'Aucun des étudiants, parmi lesquels Ion, n'est venu au cours pratique hier.'

b. *Orice student, [**printre care** și Maria], trebuie să vină la cursurile practice.

'Tout étudiant, dont Maria, doit venir aux cours pratiques.'

c. ?Fiecare student a primit câte ceva, [**printre care** și Maria o carte].

'Chaque étudiant a reçu quelque chose, dont Maria un livre.'

(59) a. *Aucun des étudiants n'est venu, [**dont** Marie].

b. *Tout étudiant doit venir, [**dont** Marie].

c. Chaque étudiant est venu, [**dont** Marie].

En dehors de cette relation partitive entre une entité fractionnable et une sous-partie, les RSV n'autorisent pas d'autres relations sémantiques entre l'antécédent et l'élément distingué de la RSV. Cela exclut des relations telles que la possession (qui viole la première contrainte (i) mentionnée ci-dessus) et la méronymie (qui n'obéit pas à la deuxième condition (ii)) : dans une relation de possession (60a) et (61a), l'élément distingué (*leurs amis*) n'entre pas dans la composition de l'antécédent (*plusieurs personnes*) ; dans une relation de méronymie (60b) et (61b), la description de l'entité fractionnable ne s'applique pas à la partie.

(60) a. #Mai multe persoane$_i$, [**printre care** și prietenii lor$_i$], au venit la petrecere.

'Plusieurs personnes, parmi lesquelles leurs amis, sont venues à la fête.'

b. *Mi-au plăcut mai multe scaune, [**dintre care** mai ales piciorul unuia dintre ele].

'J'ai aimé plusieurs chaises, dont surtout le pied d'une d'entre elles.'

(61) a. #Plusieurs personnes$_i$ sont venues, [**dont** leurs$_i$ amis].

b. *J'aime beaucoup les Suédoises, [**dont** leurs cheveux].

Si le corps de la RSV est composé d'un cluster ayant plus d'un constituant immédiat, les syntagmes qu'on trouve dans ces clusters réalisent deux fonctions au niveau sémantique : soit ils dénotent une sous-partie de l'antécédent de la RSV, soit ils fonctionnent simplement comme des restricteurs sur la sous-partie introduite.

4 Les subordonnées fragmentaires : les relatives sans verbe

4.3.2.2 Interprétation exemplifiante et partitionnante

Les travaux antérieurs traitent ensemble les différentes constructions avec RSV, sans faire de distinction, bien qu'on note l'existence de « certains aspects qui différencient les structures avec *dintre care* des structures avec *printre care* et *între care* » en roumain (Gheorghe 2004 : 271). Le but de cette sous-section est d'une part de montrer qu'il y a effectivement deux sémantiques différentes dans les constructions avec RSV et d'autre part de préciser les critères qui nous permettent d'opérer cette distinction.

La relation qui s'établit entre la sous-partie et l'entité fractionnable se définit de manière plus précise selon deux critères s'appliquant à la sous-partie : la spécificité et l'exhaustivité. Selon le premier critère, l'élément distingué est identifiable ou non indépendamment de la référence de l'antécédent. Selon le deuxième, la somme des éléments distingués est coextensive ou non à l'entité fractionnable dénotée par l'antécédent.

En fonction de ces deux critères, on arrive ainsi à deux interprétations différentes des RSV :

(i) Interprétation exemplifiante : Dans certaines RSV, les éléments distingués sont spécifiques, c.-à-d. qu'ils sont identifiables indépendamment de la référence de l'antécédent (noms propres, syntagmes nominaux définis, démonstratifs ou possessifs, ou encore certains syntagmes nominaux indéfinis avec emploi spécifique[13]). Ce type de RSV NOMME un ou plusieurs éléments appartenant à l'ensemble dénoté par l'antécédent. Par conséquent, la relation sémantique qui s'établit entre l'antécédent et l'élément distingué est plutôt une relation entre un ensemble et UN ÉLÉMENT OU UNE LISTE D'ÉLÉMENTS extrait(s) de cet ensemble.

Ainsi, on observe qu'avec ce type d'interprétation le roumain autorise les introducteurs *printre care* et *între care*, mais pas *dintre care* (62a–62b–62c). De plus, on remarque ici la présence (généralement optionnelle[14]) de l'adverbe associatif *și* 'aussi', qui signale une présupposition sur l'existence d'au moins une alternative vraie dans l'ensemble des alternatives de l'associé (Roussarie à paraître). En revanche, en français les deux items *dont* et *parmi lesquel(le)s* sont compatibles avec une interprétation exemplifiante (63a–63b–63c). Par ailleurs, dans les deux langues ce type d'interprétation n'accepte pas une sous-partie exhaustive, cf. (62d) en roumain et (63d) en français.

---

[13]Pour une analyse détaillée des syntagmes nominaux indéfinis, voir Dobrovie-Sorin & Beyssade (2004).

[14]Dans les exemples attestés, on remarque la présence de l'adverbe associatif *și* 'aussi' surtout dans les RSV dont l'élément distingué n'est pas coordonné. S'il s'agit d'une coordination, cet adverbe est généralement omis.

4.3 Propriétés sémantiques

(62) a. Paul a citit mai multe cărți, [{**printre** | între | *dintre}
 Paul a lu plus beaucoup.ADJ livres {parmi | parmi | parmi}
 care (și) Biblia].
 lesquels (aussi) Bible.DEF

 'Paul a lu plusieurs livres, dont la Bible.'

 b. La reuniune, au fost prezenți mai mulți oficiali europeni,
 à réunion ont été présents plus beaucoup.ADJ officiels européens
 [{**printre** | între | *dintre} **care** (și) președintele
 {parmi | parmi | parmi} lesquels (aussi) président.DEF
 României].
 Roumanie.GEN

 'A la réunion ont été présents plusieurs officiels européens, parmi lesquels (aussi) le président de la Roumanie.'

 c. 20 de țări, [{**printre** | între | *dintre} **care** Rusia, Franța
 20 de pays {parmi | parmi | parmi} lesquels Russie.DEF France.DEF
 și Germania], spionează intens Marea Britanie.
 et Allemagne.DEF espionnent intensivement Grande.DEF Bretagne

 '20 pays, parmi lesquels la Russie, la France et l'Allemagne, espionnent intensivement la Grande Bretagne.'

 d. In total, au venit {*două | trei} persoane, [{**printre** | între}
 en total AUX.3PL venu {deux | trois} personnes {parmi | parmi}
 care (și) Maria și Ion].
 lesquels (aussi) Maria et Ion

 'Au total, sont venues {deux | trois} personnes, dont Maria et Ion.'

(63) a. Certains de mes amis, [{**dont** | **parmi lesquels**} Marie], sont venus à la fête.

 b. Paul a parcouru cinq livres sur le sujet, [{**dont** | **parmi lesquels**} le gros sur l'étagère].

 c. De nombreux pays, [{**dont** | **parmi lesquels**} la France, le Royaume-Uni et l'Espagne], ont été frappés par des attentats terroristes.

 d. {*Deux | Trois} personnes sont venues, [{**dont** | **parmi lesquels**} Marie et Jean].

(ii) Interprétation partitionnante : Dans d'autres cas, le corps de la RSV contient des syntagmes nominaux quantifiés par des pronoms ou déterminants car-

4 Les subordonnées fragmentaires : les relatives sans verbe

dinaux ou proportionnels, quantifiant sur l'ensemble dénoté par l'antécédent. La relation sémantique qui s'établit entre l'antécédent et l'élément distingué est cette fois-ci plutôt une relation entre un ensemble et UN SOUS-ENSEMBLE. Ce type de RSV PARTITIONNE l'ensemble dénoté par l'antécédent en sous-ensembles (disjoints) sur la base de restrictions supplémentaires sur la restriction ou la portée du quantifieur présent dans la RSV. Uniquement avec ce type d'interprétation, la RSV peut introduire une liste de sous-parties qui est coextensive à l'entité fractionnable dénotée par l'antécédent. Ainsi, en roumain, l'introducteur compatible avec l'exhaustivité est par défaut *dintre care*, la préposition *dintre* englobant en elle-même une sémantique partitionnante (64c), alors que *printre care* et *între care* ne permettent pas l'exhaustivité (64a–64b). En revanche, le français permet a priori à la fois *dont* et *parmi lequel(le)s*, bien que les locuteurs manifestent une préférence nette pour l'emploi de *dont* (65).

(64) a. In total, au venit trei persoane, [{*printre | *între | dintre}
en total AUX.3PL venu trois personnes {parmi | parmi | parmi}
care doi bărbați și o femeie].
lesquelles deux hommes et une femme

'Au total, sont venues trois personnes, dont deux hommes et une femme.'

b. In total, au venit trei persoane, [{*printre | *între | dintre}
en total AUX.3PL venu trois personnes {parmi | parmi | parmi}
care una ieri și două azi-dimineață].
lesquelles une.DEF hier et deux aujourd'hui-matin

'Au total, sont venues trois personnes, dont une hier et deux ce matin.'

c. In anul 2009, am cucerit 72 de medalii, [**dintre care** 25 de aur, 22 de argint și 25 de bronz].

'En 2009, j'ai conquis 72 médailles, dont 25 d'or, 22 d'argent et 25 de bronze.'

(65) a. Trois personnes sont venues, [{**dont | parmi lesquelles**} une femme et deux hommes].

b. Trois personnes sont venues, [{**dont** | %**parmi lesquelles**} une lundi et deux mardi].

c. Sur les 78 projets candidats cette année, 12 ont été retenus, [{**dont | parmi lesquels**} 10 en sciences dures et 2 seulement en sciences humaines et sociales.]

4.3 Propriétés sémantiques

Cependant, les données ne se laissent pas facilement décrire avec ce type d'interprétation. D'une part, en roumain, bien que *dintre care* soit effectivement le plus fréquent dans ce type de contextes, il y a quelques occurrences de *printre care* et *între care* avec une interprétation partitionnante. D'autre part, en français, bien que *dont* et *parmi lesquel(le)s* puissent être utilisés en variation libre, il y a des contextes où *parmi lesquel(le)s* n'est pas approprié. Pour expliquer ces distributions étonnantes, on doit distinguer entre deux types de partition. Dans les RSV avec une interprétation partitionnante, l'élément distingué dénote une sous-partie qui n'est pas spécifique (c.-à-d. l'élément distingué n'est pas identifiable indépendamment de la référence de l'antécédent), mais qui peut être définie comme ayant certaines propriétés qui ne sont pas partagées par les autres sous-parties appartenant à la même entité fractionnable. Il pourrait s'agir d'une propriété de la sous-partie elle-même (donc, une propriété de l'élément distingué et, dans ce cas, la partition s'établit entre des entités qui ne désignent pas des éventualités) ou bien d'une propriété de la sous-éventualité à laquelle participe la sous-partie dénotée par l'élément distingué (et, dans ce cas, la partition s'établit entre des éventualités). Si on prend en compte ces deux sous-types de partition, on observe qu'en roumain, si la sous-partie n'est pas exhaustive, l'interprétation partitionnante est possible avec *printre care* et *între care* plutôt avec le premier sous-type (comparer (66) et (68)). Une condition similaire est observée en français : *parmi lesquel(le)s*, bien qu'il soit compatible avec une interprétation partitionnante et avec une sous-partie exhaustive, ne permet jamais que le corps de la RSV décrive explicitement une situation, c.-à-d. une sous-éventualité de l'éventualité principale dénotée par la phrase hôte (comparer (67) et (69)).

(66) a. Șapte persoane, [{**printre** | **între** | **dintre**} **care** cinci polițiști],
sept personnes {parmi | parmi | parmi} lesquelles cinq policiers
au murit într-o explozie.
AUX.3PL mort dans-une explosion

'Sept personnes, dont cinq policiers, sont mortes dans une explosion.'

b. Cele 20 de cadre medicale, [{**printre** | **între** | **dintre**} **care** șase chirurgi și patru anesteziști], au încheiat intervenția chirurgicală după șase ore.

'Les 20 cadres médicaux, dont six chirurgiens et quatre anesthésistes, ont fini l'intervention chirurgicale au bout de six heures.'

c. Paul a scris mai multe romane, [{**printre** | **între** | **dintre**} **care** două în limba franceză].

'Paul a écrit plusieurs romans, dont deux en français.'

4 Les subordonnées fragmentaires : les relatives sans verbe

(67) a. Plusieurs personnes, [{**dont** | **parmi lesquelles**} deux enfants], seront reconduites à la frontière.

b. Chaque année, l'université accueille des milliers d'étudiants, [{**dont** | **parmi lesquels**} un tiers d'étudiants étrangers].

c. Chaque année, des milliers d'étudiants s'inscrivent à l'université, [{**dont** | **parmi lesquels**} plus de 75% en informatique].

(68) a. In România, trăiesc aproximativ 8 000 de evrei, [{***printre** | *****între** | **dintre**} care jumătate în București].
'En Roumanie vivent environ 8 000 juifs, dont la moitié à Bucarest.'

b. Anul acesta, Abi a citit cinci romane, [{*****printre** | *****între** | **dintre**} care două în vacanța de iarnă].
'Cette année, Abi a lu cinq romans, dont deux pendant les vacances d'hiver.'

c. Săptămâna aceasta, Maria a cheltuit 1 000 de euro, [{*****printre** | *****între** | **dintre**} care 800 numai ieri].
'Cette semaine, Marie a dépensé 1 000 euros, dont 800 seulement hier.'

(69) a. Paul a parcouru cinq livres sur le sujet, [{**dont** | ***parmi lesquels**} la moitié hier].

b. A l'arrivée à La Toussuire dimanche 12 juin, les coureurs auront parcouru plus de 1 000 km, [{**dont** | ***parmi lesquels**} la plupart en montagne.

c. Pendant les vacances estivales, Marie a lu cinq romans, [{**dont** | ***parmi lesquels**} deux sur la plage].

Cette contrainte sémantique sur l'impossibilité d'avoir une description d'éventualité explicite avec *printre care* ou *între care* en roumain et *parmi lesquel(le)s* en français se traduit au niveau syntaxique par la présence ou non d'un cluster dans le corps de la RSV. Ainsi, on observe qu'avec *printre care* et *între care* en roumain et *parmi lesquel(le)s* en français, le corps de la RSV se comporte comme une seule unité, le quantifieur ayant forcément le statut de déterminant indéfini dans un syntagme nominal complexe (70b–71b), tandis que, avec *dintre care* en roumain et respectivement *dont* en français, le corps de la RSV peut être un cluster composé d'au moins deux syntagmes, comme le montre la possibilité d'avoir un quantifieur avec un statut pronominal (70a–71a).

(70) a. Patru jurnaliști, [**dintre care** {unul | un} cetățean israelian],
quatre journalistes parmi lesquels {un.DEF | un} citoyen israélien
au pătruns în Gaza ieri.
AUX.3PL entré en Gaza hier

'Quatre journalistes, dont {l'un | un} citoyen israélien, sont entrés à Gaza hier.'

b. Patru jurnaliști, [{**printre** | **între**} **care** {*unul | un} cetățean
quatre journalistes {parmi | parmi} lesquels {un.DEF | un} citoyen
israelian], au pătruns în Gaza ieri.
israélien AUX.3PL entré en Gaza hier

'Quatre journalistes, dont {l'un | un} citoyen israélien, sont entrés à Gaza hier.'

(71) a. Quatre journalistes, **dont** {l'un | un} citoyen israélien, sont entrés à Gaza hier.

b. Quatre journalistes, **parmi lesquels** {*l'un | un} citoyen israélien, sont entrés à Gaza hier.

De manière générale, si la RSV contient une coordination nominale comme en (72) et (73), il suffit qu'un des syntagmes nominaux soit non spécifique[15], pour que l'interprétation partitionnante soit disponible.

(72) Papa a aflat vestea despre eliberarea a 15 ostatici în Columbia, [**între care** franco-columbiana Ingrid Betancourt și trei locotenenți columbieni].

'Le pape a appris la nouvelle concernant la libération de 15 otages en Colombie, dont la franco-colombienne Ingrid Betancourt et trois lieutenants colombiens.'

(73) Prends deux objets, [**dont** cette bouteille et {un | *ce} couteau].

Dans une RSV, la sémantique de la tête de l'introducteur joue un rôle dans le choix d'interprétation disponible pour la RSV en question. Ainsi, en roumain, les propriétés lexicales que montrent les prépositions *printre* et *dintre* dans les RSV s'observent de façon similaire dans les autres emplois de ces prépositions : *printre* peut être partitionnant ou exemplifiant (74a), alors que *dintre* est toujours partitionnant (74b).

---

[15] Je mets dans cette catégorie les indéfinis au sens large (cf. Corblin 1997), c.-à-d. les proportionnels et les cardinaux (y compris les indéfinis au sens strict).

4 Les subordonnées fragmentaires : les relatives sans verbe

(74)   a.   Avem {majoritatea | spionii} **printre** noi.

           'Nous avons {la majorité | les espions} parmi nous.'

       b.   {Majoritatea | *spionii} **dintre** noi folosesc manipularea.

           '{La majorité | les espions} parmi nous utilisent la manipulation.'

On observe que tous les introducteurs en roumain et en français imposent des contraintes particulières au corps de la RSV, sauf *dont* en français. Pourquoi ? Les contraintes dérivent généralement du sémantisme de la préposition *dintre, printre, între* en roumain et respectivement *parmi* en français : ainsi, en dehors de leurs emplois dans les RSV, la préposition *dintre* marque la partition, les prépositions *printre* et *între* marquent l'inclusion en roumain, tout comme la préposition *parmi* en français, alors que l'item *dont* en français ne possède pas de propriété lexicale particulière.

4.3.3 Interprétation d'éventualité

La RSV introduit de manière implicite ou explicite une sous-éventualité de l'éventualité décrite par la phrase hôte. Dans l'exemple (75a), *Maria est venue me voir* est une sous-éventualité de *Plusieurs amis sont venus me voir*. Il n'est pas suffisant de dire que la RSV exprime une relation entre *Maria* et *plusieurs amis à moi*. On doit spécifier dans la sémantique que (75a) signifie *Maria est venue me voir*. Ainsi, on rend compte de l'agrammaticalité de l'exemple (75b), où la RSV est enchâssée dans une non-éventualité, pour lequel on ne peut pas définir de sous-éventualité.

(75)   a.   Mai mulți prieteni, [**printre care** și Maria], au venit să mă vadă.

           'Plusieurs amis, parmi lesquels Maria, sont venus me voir.'

       b.   *Niciunul dintre prietenii mei, [**printre care** în mod particular Maria], nu a venit să mă vadă.

           'Aucun de mes amis, parmi lesquels en particulier Maria, n'est venu me voir.'

L'hypothèse selon laquelle une RSV décrirait une sous-éventualité est justifiée surtout par le deuxième sous-type de RSV avec une interprétation partitionnante, à savoir les cas dans lesquels la sous-partie n'est pas définie par une propriété de la sous-partie elle-même, mais par une propriété de la sous-éventualité ; elle peut être identifiée uniquement sur la base des propriétés de la nouvelle éventualité. La description explicite de la sous-éventualité est faite dans ces cas par des expressions spatiales ou temporelles, qui peuvent facilement prédiquer sur une

4.3 Propriétés sémantiques

sous-éventualité (en la délimitant dans l'espace ou dans le temps), d'où leur analyse en termes de prédicats ou modifieurs d'éventualité (Rothstein 2004). Ainsi, la sous-éventualité introduite par la RSV peut comporter un modifieur spatial comme les syntagmes prépositionnels *în zona Bruxelles* 'dans la région de Bruxelles' (76a) et *en Colombie / au Pérou* (77a), ou bien un modifieur temporel comme les syntagmes nominaux *vara* 'l'été' (76b) et *ce matin* (77b).

(76) a. Comunitatea românească din Regatul Belgiei numără oficial aproximativ 20 000 de persoane, [**dintre care** mai mult de jumătate în zona Bruxelles].

'La communauté roumaine du Royaume de Belgique compte officiellement environ 20 000 personnes, dont plus de la moitié dans la région de Bruxelles.

b. Media precipitațiilor anuale este de circa 1 000 mm, [**dintre care** între 50 și 60% vara].

'La moyenne des précipitations annuelles est d'environ 1 000 mm, dont entre 50% et 60% l'été.'

(77) a. En Amérique latine, 23 journalistes ont trouvé la mort, [**dont** 9 en Colombie et 7 au Pérou].

b. Plusieurs personnes sont venues, [**dont** une ce matin].

Le modifieur temporel peut induire une interprétation télique (c.-à-d. ayant un terme défini par la nature même de l'événement) pour la sous-éventualité dans la RSV, cf. (78a), ou bien atélique (c.-à-d. sans terme inhérent), cf. (78b).

(78) a. Ieri au escaladat vârful Cervin cel puțin 30 de atleți, [**dintre care** doi în mai puțin de patru ore].

'Hier, ont escaladé le sommet Cervin au moins 30 athlètes, dont deux en moins de quatre heures.'

b. La terminarea conferinței, mai mulți participanți au discutat cu mine, [**dintre care** unul timp de două ore].

'A la fin de la conférence, plusieurs participants ont discuté avec moi, dont un pendant deux heures.'

Si on accepte le fait que les RSV décrivent des sous-éventualités, on peut facilement rendre compte des cas difficiles comme (79) en roumain et (80) en français, dans lesquels la RSV semble avoir plusieurs antécédents, le premier violant le principe énoncé dans la section 4.3.2.1, car *un cadeau* dans la phrase hôte n'est

4 Les subordonnées fragmentaires : les relatives sans verbe

pas une entité plurielle telle que définie dans la sous-section mentionnée. On peut donc réanalyser la RSV dans cet exemple comme ayant un seul antécédent *plusieurs personnes* (qui respecte bien les contraintes établies dans la section 4.3.2.1 ; voir aussi la présence nécessaire de la sous-partie *à Marie*) ; la relation *un cadeau – un livre* est une relation supplémentaire (de type somme – sous-partie) qui se justifie par le fait que l'éventualité dans la RSV est une sous-éventualité de la situation décrite dans la phrase hôte, et par conséquent, le faux antécédent ne doit pas nécessairement obéir aux contraintes discutées ci-dessus.

(79) Ion a oferit câte   un cadou mai multor   persoane, [**printre**
      Ion a offert DISTR un cadeau plus beaucoup.ADJ.DAT personnes parmi
      care   și   o   carte *(Mariei)].
      lesquelles aussi un livre Maria.DAT
      'Ion a offert un cadeau à plusieurs personnes, dont un livre à Maria.'

(80) Paul a offert un cadeau à plusieurs personnes, [**dont** un livre *(à Marie)].

Ce type d'approche est en accord avec ce qu'on observe sur le comportement de la RSV par rapport aux prédicats collectifs. Un prédicat collectif comme *se rencontrer* (81b), *écrire ensemble* (81c), *s'embrasser amoureusement* (82b) ou encore *sortir ensemble* (82c) dénote une éventualité à laquelle participe une somme d'au moins deux individus. Or, on observe que la RSV doit contenir la somme minimale requise par une telle relation (voir aussi le contraste en (83)). Ainsi, le corps de la RSV ne peut pas contenir une entité plus petite que l'entité minimale participant à une sous-instance de l'éventualité dénotée par l'hôte, ce qui explique les différences d'acceptabilité observées dans les exemples suivants :

(81) a. Foarte mulți foști colegi au venit la petrecere, [**printre care** și Maria].
         'Beaucoup d'anciens collègues sont venus à la fête, parmi lesquels Maria.'
      b. Foarte mulți   foști   colegi   s-au   întâlnit la
         très   beaucoup.ADJ anciens collègues REFL.3-AUX.3PL   rencontré à
         petrecere, [**printre care**   și   {#Maria | Maria cu   Ion}].
         fête   parmi   lesquels aussi {Maria | Maria avec Ion}
         'Beaucoup d'anciens collègues se sont rencontrés à la fête, dont Maria avec Ion.'
      c. Mai multe   persoane au scris împreună articole, [**printre**
         plus beaucoup.ADJ personnes ont écrit ensemble articles parmi

care și {#Maria | Maria cu Ion}].
lesquelles aussi {Maria | Maria avec Ion}

'Plusieurs personnes ont écrit ensemble des papiers, dont Maria avec Ion.'

(82) a. Plusieurs personnes se sont embrassées (pour se dire au revoir), [**dont** Marie].
b. #Plusieurs personnes se sont embrassées (amoureusement), [**dont** Marie].
c. #Plusieurs personnes sortent ensemble, [**dont** Marie].

(83) a. Marie fait partie des personnes qui se sont embrassées (pour se dire au revoir).
b. #Marie fait partie des personnes qui se sont embrassées (amoureusement).
c. #Marie fait partie des personnes qui sortent ensemble.

D'ailleurs, attribuer à la RSV une interprétation d'éventualité et, en particulier, une interprétation de sous-éventualité, explique un des aspects mentionnés dans la section 4.3.1, à savoir le fait que la RSV est interprétée sous la portée des verbes d'attitude propositionnelle dans la phrase hôte (voir, dans ce sens, l'exemple roumain (52) ci-dessus, adapté pour le français en (84)).

(84) a. Pierre croit que certaines plantes, [**dont** la verveine], soignent les ulcères.
b. ⇒ Pierre croit que la verveine soigne les ulcères.
c. ⇏ La verveine soigne les ulcères.

Un dernier argument qu'on peut apporter pour une interprétation d'éventualité de la RSV est le fait qu'en roumain le corps de la RSV peut comporter une structure coordonnée par la conjonction *iar* 'et' (85), qui est spécialisée pour la coordination d'éventualités « contrastives »[16].

(85) a. Prins între două sticle, [**dintre care** una de vin, iar alta de borviz], se uita la dânsele lung. (cité par Gheorghe 2004 : 268)

'Pris entre deux bouteilles, dont l'une de vin et l'autre d'eau minérale, il les regardait longuement.'

---

[16] La conjonction *iar* en roumain ne coordonne que des unités ayant un contenu propositionnel et comportant au moins deux paires contrastives, cf. Bîlbîie & Winterstein (2011) et section 3.3.4.4 de cet ouvrage.

4 Les subordonnées fragmentaires : les relatives sans verbe

   b. In Giurgiu, existau la sfârşitul lunii noiembrie 45 811 carduri, [**dintre care** în lei, 44 991, iar în euro, 820].

   'Dans le département de Giurgiu, il y avait à la fin du mois de novembre 45 811 cartes (bancaires), dont en lei, 44 991, et en euros, 820.'

   c. In Irak, de la începutul conflictului au fost răpiţi mai mult de 150 de cetăţeni străini, [**dintre care** în 2004, 22 de jurnalişti, iar în 2005, alţi cinci].

   'En Irak, depuis le début du conflit ont été enlevés plus de 150 citoyens étrangers, dont en 2004, 22 journalistes, et en 2005, encore cinq.'

4.3.4 Synthèse

Dans cette section, je me suis intéressée aux propriétés sémantiques des RSV. D'abord, on a observé que les RSV ont un comportement hybride quant à la distinction relative restrictive vs. relative non restrictive. D'une part, les RSV ont une interprétation non intersective, ne restreignant pas l'ensemble dénoté par l'antécédent à un sous-ensemble particulier, ce qui les rapproche des relatives non restrictives. D'autre part, le contenu de la RSV appartient au contenu asserté par la phrase hôte, ce qui les oppose aux relatives non restrictives ordinaires. Ensuite, on a montré que les RSV expriment simultanément une double relation partitive : (i) une relation partitive au niveau des individus (c.-à-d. entre un légitimeur dénotant une entité plurielle fractionnable et un élément distingué désignant une sous-partie) et (ii) une relation partitive au niveau des éventualités (c.-à-d. que la RSV introduit explicitement ou implicitement une sous-éventualité de l'éventualité dénotée par la phrase hôte). Parallèlement, on a inventorié deux types d'interprétation dans les RSV : une interprétation exemplifiante et une interprétation partitionnante. Les propriétés définitoires du type exemplifiant sont : (i) l'élément distingué est identifiable indépendamment de la référence de l'antécédent ; (ii) la somme des sous-parties n'est pas coextensive à l'entité fractionnable ; (iii) il s'agit plutôt d'une relation entre un ensemble et un élément de cet ensemble. Les propriétés spécifiques au type partitionnant sont les suivantes : (i) l'élément distingué n'est pas identifiable indépendamment de la référence de l'antécédent ; (ii) la somme des sous-parties est coextensive à l'entité fractionnable ; (iii) il s'agit plutôt d'une relation entre un ensemble et un sous-ensemble. Sur la base de ces contraintes, on peut maintenant décrire précisément les différences qu'on observe d'un introducteur à l'autre en roumain et en français : en roumain, l'introducteur *dintre care* n'est utilisé qu'avec l'interprétation partitionnante, alors que *printre care* et *între care* sont compatibles avec les deux (bien qu'on note une préférence pour l'interprétation exemplifiante), à condition qu'il n'y ait pas de description explicite d'éventualité. En français, *dont* peut avoir les deux interprétations, alors que *parmi lesquel(le)s* obéit à une contrainte similaire à celle observée avec *printre care* et *între care* en roumain : ils ne sont pas acceptables dans les RSV qui décrivent explicitement une sous-éventualité.

4.4 Les RSV ne sont pas des phrases relatives verbales

Les RSV ont été décrites comme des phrases relatives elliptiques où manque la tête verbale (voir Grevisse 1993 pour le français et Gheorghe 2004, Gheorghe 2005 pour le roumain). Dans une approche en termes d'ellipse, les RSV sont considérées comme des phrases relatives ordinaires qui se distinguent simplement par le fait qu'une partie du matériel phonologique manque. Dans cette perspective, le matériel qui manque (indiqué par des chevrons dans l'arbre simplifié en Figure 4.1 présente une structure syntaxique « invisible », ce qui nous rappelle les approches structurales discutées dans le chapitre 2. Pour qu'une telle analyse soit appropriée, elle doit remplir les deux conditions suivantes : (i) on doit pouvoir reconstruire une phrase relative à partir de toute RSV de façon régulière, et (ii) les mêmes propriétés sémantiques qui caractérisent les RSV doivent pouvoir s'appliquer aux phrases relatives aussi. On démontre par la suite qu'aucune des deux conditions n'est satisfaite : la reconstruction d'une forme verbale n'est pas toujours possible et la contribution sémantique d'une RSV n'est pas celle d'une phrase relative ordinaire.

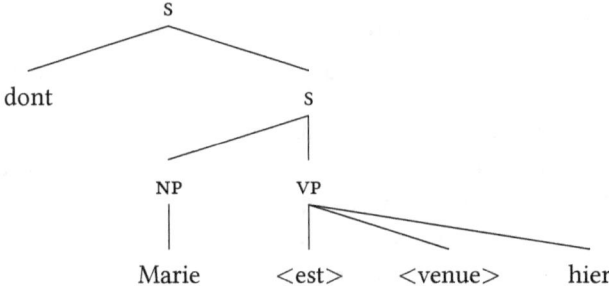

FIGURE 4.1 : Analyse par reconstruction syntaxique

4 Les subordonnées fragmentaires : les relatives sans verbe

4.4.1 Reconstruction syntaxique

Si on adopte une approche elliptique à base de reconstruction syntaxique, il y a au moins trois stratégies pour la reconstruction verbale dans les RSV. On peut reconstruire : (i) une forme verbale du même lexème que le verbe de la phrase hôte, cf. (86a) et (87a), dans les RSV qui contiennent un cluster imitant la syntaxe de l'hôte ; (ii) la forme d'un verbe existentiel ou d'un verbe qui paraphrase la relation d'appartenance à un ensemble (p.ex. en roumain les verbes *a fi* 'être', *a se afla* 'se trouver', *a se găsi* 'se trouver' ou en français les verbes *être, figurer, faire partie*), cf. (86b) et (87b), ou bien (iii) la forme d'un verbe de citation (p.ex. en roumain les verbes *a cita* 'citer', *a menţiona* 'mentionner' ou en français les verbes *citer, mentionner*), cf. (86c) et (87c).

(86) a. Ion a pictat mai multe tablouri, [**dintre care** două (sunt pictate) la mare].

        'Ion a peint plusieurs tableaux, dont deux (sont peints) à la mer.'

     b. Israelul a omorât peste 700 de palestinieni, [**dintre care** 200 (sunt) copii].

        'L'état d'Israël a tué plus de 700 Palestiniens, dont 200 (sont) des enfants.'

     c. Marin Preda a scris mai multe romane, [**printre care** (citām) *Moromeţii*].

        'Marin Preda a écrit plusieurs romans, dont (nous citons) *Moromeţii*.'

(87) a. Jean a peint beaucoup de tableaux, [**dont** deux (ont été peints) à la mer].

     b. Paul a écrit cinq livres, [**dont** deux (sont) sur le même sujet.

     c. Zola a écrit beaucoup de romans, [**dont** (on peut citer) *Germinal*].

Cependant, ces stratégies ne sont pas disponibles dans tous les contextes. Il n'y a pas un mécanisme général de reconstruction syntaxique pouvant s'appliquer à toutes les RSV. Pour chaque exemple, on doit choisir une certaine stratégie. Le type de reconstruction syntaxique possible dépend : (i) des propriétés syntaxiques du corps de la RSV, et (ii) du type de sémantique à paraphraser (exemple ou partition).

Dans une approche à base de reconstruction syntaxique, le choix de la forme verbale dépend des contraintes lexicales, comme les propriétés de sous-catégorisation, qui ne sont pas corrélées avec les propriétés sémantiques. Si dans une RSV telle qu'en (88a), la troisième stratégie marche avec les deux introducteurs *dont* et

4.4 Les RSV ne sont pas des phrases relatives verbales

parmi lesquel(le)s en français (88b), la deuxième option obéit à des contraintes particulières, imposées par le comportement syntaxique du verbe reconstruit. Ainsi, en (88c) on peut reconstruire le verbe *figurer* dans une RSV introduite par *parmi lesquel(le)s*, mais pas dans une RSV introduite par *dont*, car le verbe *figurer* peut sous-catégoriser un syntagme prépositionnel introduit par la préposition *parmi*, et non un syntagme prépositionnel introduit par la préposition *de*. En revanche, en (88d) on reconstruit une forme verbale comme l'expression *faire partie*, qui est compatible avec *dont* (car elle sous-catégorise un syntagme prépositionnel en *de*), mais pas avec *parmi lesquel(le)s* (car elle ne sous-catégorise pas un complément marqué par *parmi*).

(88) a. Plusieurs personnes sont venues, [{**dont** | **parmi lesquelles**} Jean].
 b. Plusieurs personnes sont venues, [{**dont** | **parmi lesquelles**} on peut citer Jean].
 c. Plusieurs personnes sont venues, [{*****dont** | **parmi lesquelles**} figure Jean].
 d. Plusieurs personnes sont venues, [{**dont** | *****parmi lesquelles**} Jean fait partie].

Dans certains cas, aucune des trois stratégies mentionnées ci-dessus n'est disponible dans les deux langues, car il y a trop de contraintes sur la sous-catégorisation du verbe reconstruit. Cela arrive surtout dans les RSV qui contiennent un cluster de syntagmes. Ainsi en roumain, l'introducteur *printre care* n'est compatible avec aucune stratégie de reconstruction verbale en (89), qu'il s'agisse d'un même lexème verbal que dans la phrase hôte (89b), d'un verbe existentiel (89c) ou bien d'un verbe de citation (89d). De même, dans l'exemple (90), où on a un cluster de constituants (*între 50 și 60%* 'entre 50 et 60%' et *vara* 'l'été') et l'introducteur *dintre care*, on a du mal à trouver un verbe qui puisse être reconstruit dans une des deux positions possibles, c.-à-d. avant le premier constituant du cluster ou bien entre les deux syntagmes du cluster.

(89) a. La petrecere, mai toți au vorbit cu câte cineva, [**printre**
 à fête plus tous ont parlé avec DISTR quelqu'un parmi
 care și Dan cu Ioana].
 lesquels aussi Dan avec Ioana

 'A la fête, presque tous ont parlé avec quelqu'un, dont Dan avec Ioana.'

4 Les subordonnées fragmentaires : les relatives sans verbe

    b. *La petrecere, mai toți au vorbit cu câte cineva, [printre
       à fête   plus tous ont parlé avec DISTR quelqu'un parmi
       care și Dan <u>a vorbit</u> cu Ioana].
       lesquels aussi Dan a parlé avec Ioana

       'A la fête, presque tous ont parlé avec quelqu'un, dont Dan avec Ioana.'

    c. *La petrecere, mai toți au vorbit cu câte cineva, [printre
       à fête   plus tous ont parlé avec DISTR quelqu'un parmi
       care și Dan <u>e</u> cu Ioana].
       lesquels aussi Dan est avec Ioana

       'A la fête, presque tous ont parlé avec quelqu'un, dont Dan avec Ioana.'

    d. *La petrecere, mai toți au vorbit cu câte cineva, [printre
       à fête   plus tous ont parlé avec DISTR quelqu'un parmi
       care <u>menționăm</u> și Dan cu Ioana].
       lesquels mentionner.PRS.1PL aussi Dan avec Ioana

       'A la fête, presque tous ont parlé avec quelqu'un, dont Dan avec Ioana.'

(90) Media precipitațiilor anuale este de circa 1 000 mm,
moyenne.DEF précipitations.GEN annuelles est de environ 1 000 mm
[**dintre care** (??) între 50 și 60% (??) vara].
parmi lesquels (??) entre 50 et 60% (??) été.DEF

'La moyenne des précipitations annuelles est d'environ 1 000 mm, dont entre 50% et 60% l'été.'

L'impossibilité de reconstruire un verbe dans les RSV contenant un cluster se manifeste en français aussi, comme illustré en (91) pour l'introducteur *dont*. On voit bien qu'aucune des trois stratégies de reconstruction verbale ne fonctionne en (91b–91d).

(91)   a. Plusieurs ont eu un cadeau, [**dont** Marie un livre].
      b. *Plusieurs ont eu un cadeau, [**dont** Marie <u>a eu</u> un livre].
      c. *Plusieurs ont eu un cadeau, [**dont** Marie <u>est</u> un livre].
      d. *Plusieurs ont eu un cadeau, [**dont** <u>on cite</u> Marie un livre].

Pour sauver la possibilité de reconstruction syntaxique dans les clusters, on pourrait faire appel à une reconstruction plus complexe qui combine une des trois

4.4 Les RSV ne sont pas des phrases relatives verbales

stratégies avec une phrase relative interne. Bien qu'elle marche pour certains exemples, cf. (92c), cette nouvelle possibilité n'est pas une solution générale pour les deux interprétations disponibles dans les RSV (comparer (92c) et (93c)) et, en plus, elle ne rend pas compte des contraintes pesant sur les syntagmes du cluster dans une RSV, qui doivent être toujours des constituants de même niveau dans la phrase hôte (94).

(92)   a. J'ai vendu 16 jeux, [**dont** certains à mes amis].
       b. *J'ai vendu 16 jeux, [**dont** j'ai vendu certains à mes amis].
       c. J'ai vendu 16 jeux, [**dont** on peut citer certains que j'ai vendu à mes amis].

(93)   a. J'ai parlé à plusieurs personnes hier, [**dont** à Marie de linguistique].
       b. *J'ai parlé à plusieurs personnes hier, [**dont** j'ai parlé à Marie de linguistique].
       c. *J'ai parlé à plusieurs personnes hier, [**dont** on peut citer que j'ai parlé à Marie de linguistique].

(94)   ??/*Mes amis croient que la vie existe sur d'autres planètes, [**dont** Marie sur Mars].

Un argument supplémentaire contre la reconstruction verbale dans les RSV est dû aux propriétés de l'introducteur *dont* et des syntagmes nominaux sans tête lexicalisée, qui sont d'ailleurs très fréquents avec les RSV (95a). Les syntagmes nominaux sans tête qui fonctionnent comme des compléments directs d'un verbe déclenchent la réalisation de l'affixe pronominal *en* sur le verbe (95b). Cependant, les RSV avec *dont* ne permettent aucune reconstruction, qu'il s'agisse ou non de l'affixe *en* (95c–95d), car de toute façon *dont* est incompatible avec la réalisation de l'affixe *en* sur le verbe.

(95)   a. Il a offert trois livres, [**dont** deux à son frère].
       b. Il *(en) a offert deux à son frère.
       c. *... **dont** il a offert deux à son frère.
       d. *... **dont** il en a offert deux à son frère.

En même temps, si on envisage une reconstruction syntaxique dans les RSV, on ne peut pas expliquer pourquoi le marquage casuel ou prépositionnel en roumain est interdit avec les RSV introduites par *dintre care* (96), alors qu'il est possible avec les RSV introduites par {*printre / între*} *care* (97), étant donné que les deux prépositions ont le même comportement syntaxique en dehors des RSV.

4 Les subordonnées fragmentaires : les relatives sans verbe

(96) a. Ion a oferit flori mai multor   persoane, [**dintre**
Ion a offert fleurs plus beaucoup.ADJ.DAT personnes parmi
care   {majoritatea | *majorității} fete].
lesquelles {majorité.DEF | majorité.DAT} filles

'Ion a offert des fleurs à plusieurs personnes, dont la plupart des filles.'

b. Dragoș lucrează cu   șapte medici, [**dintre care**   (*cu) doi
Dragoș travaille avec sept médecins parmi lesquels (avec) deux
israelieni].
Israéliens

'Dragoș travaille avec sept médecins, dont deux Israéliens.'

(97) a. Ion a oferit flori mai multor   fete, [**printre care**
Ion a offert fleurs plus beaucoup.ADJ.DAT filles parmi   lesquelles
și   {Maria | Mariei}].
aussi {Maria | Maria.DAT}

'Ion a offert des fleurs à plusieurs filles, parmi lesquelles Maria.'

b. Ion a vorbit cu   mai multe   fete, [**printre care**   și
Ion a parlé avec plus beaucoup.ADJ filles parmi lesquelles aussi
(cu)   Maria].
(avec) Maria

'Ion a parlé avec plusieurs filles, parmi lesquelles Maria.'

Dans d'autres cas, le choix de la stratégie est influencé par le type de sémantique observé dans la RSV. Ainsi, la troisième stratégie, qui utilise un verbe de citation comme moyen de reconstruction, est appropriée pour les RSV à interprétation exemplifiante (cf. l'exemple (98a) en roumain et (99a) en français), mais inacceptable dans le cas des RSV avec une interprétation partitionnante (cf. l'exemple (98b) en roumain et (99b) en français).

(98) a. Marin Preda a scris mai multe romane, [**printre care** (menționăm) Moromeții].

'Marin Preda a écrit plusieurs romans, dont (nous mentionnons) Moromeții.'

b. Săptămâna aceasta, Ion a cheltuit 1 000 de euro, [**dintre care** (#menționăm) 800 numai ieri].

'Cette semaine, Ion a dépensé 1 000 euros, dont (nous mentionnons) 800 seulement hier.'

4.4 Les RSV ne sont pas des phrases relatives verbales

(99) a. Zola a écrit beaucoup de romans, [**dont** (on peut citer) *Germinal*].
 b. Je vends 16 jeux, [**dont** (#on peut citer) la plupart encore dans leur boîte].

De plus, la position du verbe reconstruit change en fonction de la stratégie utilisée : s'il s'agit d'un verbe de citation, il précède nécessairement le corps de la RSV comme en (100b) et (101b), alors qu'avec les autres stratégies, le verbe suit le premier syntagme du corps, cf. (100a) et (101a).

(100) a. ... patru persoane, [**dintre care** una (este) cetățean american].
 '... quatre personnes, dont l'une (est) citoyen américain.'
 b. ... patru persoane, [**printre care** (amintim) un cetățean american].
 '... quatre personnes, parmi lesquelles (on mentionne) un citoyen américain.'

(101) a. ... quatre journalistes, [**dont** l'un (est) citoyen américain].
 b. ... quatre journalistes, [**dont** (on peut citer) un citoyen américain].

On observe ainsi qu'il n'y a pas de mécanisme général de reconstruction qui s'applique à toutes les RSV. Si ce mécanisme est disponible, des contraintes lexicales, syntaxiques ou sémantiques doivent être prises en compte pour chaque cas. Comme il s'agit d'un mécanisme ad-hoc et superflu, la reconstruction syntaxique doit être abandonnée.

4.4.2 Différences sémantiques

Si on considère que les RSV sont des phrases relatives elliptiques dérivées à partir des phrases relatives verbales, on s'attend à ce que leur contribution sémantique soit la même. Or, on observe que les RSV n'ont pas les mêmes propriétés sémantiques que les phrases relatives ordinaires.

4.4.2.1 Contenu (non-)parenthétique

Dans la section 4.3.1, on a vu que les phrases relatives non restrictives se comportent sémantiquement comme des phrases indépendantes qui contiennent une proforme (Arnold 2004), se prêtant à une analyse en termes d'implicatures conventionnelles. Par conséquent, leur contribution sémantique est largement indépendante par rapport à celle de la phrase hôte. En revanche, le contenu des RSV n'est pas parenthétique, c.-à-d. il fait partie du contenu asserté de la phrase

4 Les subordonnées fragmentaires : les relatives sans verbe

hôte, comme le montre le contraste en (102). Si l'exemple (102a), qui contient une phrase relative complète, est cohérent, la séquence des énoncés en (102b) contenant une RSV est contradictoire, car on assume à la fois la présence et l'absence des oreilles apparentes chez les baleines.

(102)   a.   Non, tu te trompes ! Bien que la plupart des mammifères, [**dont** les baleines font effectivement partie], aient des oreilles apparentes, les baleines, elles, n'en ont pas.

         b.   #Non, tu te trompes ! Bien que la plupart des mammifères, [**dont** les baleines], aient des oreilles apparentes, les baleines, elles, n'en ont pas.

Un des corrélats empiriques de cette différence sémantique observée entre les RSV et les phrases relatives non restrictives est le fait que les verbes d'attitude propositionnelle n'ont pas de portée sur le contenu d'une phrase relative non restrictive, cf. (103), alors que cela n'est pas le cas dans les RSV, c.-à-d. une RSV est interprétée sous la portée d'un tel verbe (cf. la discussion dans la section 4.3.1 et l'exemple (104) ci-dessous).

(103)   a.   Paul crede că anumite plante, [**printre care** amintim și sunătoarea], vindecă ulcerul.
           'Paul croit que certaines plantes, parmi lesquelles nous mentionnons la verveine, soignent les ulcères.'

         b.   ⇏ Paul crede că sunătoarea vindecă ulcerul.
           'Paul croit que la verveine soigne les ulcères.'

         c.   ⇒ Sunătoarea vindecă ulcerul.
           'La verveine soigne les ulcères.'

(104)   a.   Paul crede că anumite plante, [**printre care** și sunătoarea], vindecă ulcerul.
           'Paul croit que certaines plantes, dont la verveine, soignent les ulcères.'

         b.   ⇒ Paul crede că sunătoarea vindecă ulcerul.
           'Paul croit que la verveine soigne les ulcères.'

         c.   ⇏ Sunătoarea vindecă ulcerul.
           'La verveine soigne les ulcères.'

4.4 Les RSV ne sont pas des phrases relatives verbales

Contrairement à sa contrepartie verbale, le contenu de la RSV fait nécessairement partie du contenu de la phrase hôte ; par conséquent, une relative verbale (105) ne permet pas de faire la même inférence logique qu'une RSV (106).

(105) a. Certains de mes amis, [**dont** Marie {est | était} la plus drôle], sont venus à la fête.
   b. ⇏ Marie est venue à la fête.

(106) a. Certains de mes amis, [**dont** Marie], sont venus à la fête.
   b. ⇒ Marie est venue à la fête.

Les phrases relatives non restrictives peuvent localement faire un commentaire sur la phrase hôte, alors que les RSV ne le peuvent pas. C'est pour cela que la séquence *Il est donc étrange que Balzac en particulier soit autant boudé des enfants* est une continuation appropriée pour une phrase relative non restrictive (107a), mais non pour une RSV (107b).

(107) a. Les grands auteurs du XIXe, [**dont** Balzac est le plus célèbre], sont beaucoup lus par les enfants. Il est donc étrange que Balzac en particulier soit autant boudé des enfants.
   b. Les grands auteurs du XIXe, [**dont** Balzac], sont beaucoup lus par les enfants. #Il est donc étrange que Balzac en particulier soit autant boudé des enfants.

A la lumière de ces différences, on ne peut pas non plus assimiler les RSV aux phrases relatives restrictives, car les RSV ne restreignent pas la dénotation de l'antécédent.

4.4.2.2 Rôle de l'introducteur

Un autre problème soulevé par une approche elliptique en termes de reconstruction syntaxique est le fait qu'elle prédit la bonne formation de certaines RSV, qui en réalité sont inacceptables pour des raisons sémantiques. Cette approche considère que la sémantique partitive des RSV dérive du prédicat verbal élidé plutôt que de l'introducteur ; or, cette hypothèse ne rend pas compte des contraintes observées avec certains syntagmes prépositionnels dans les RSV.

En roumain, le corps d'une RSV introduite par *dintre care* ne peut pas contenir de syntagme nominal spécifique (référentiel), par exemple un nom propre (108a). Cependant, on peut facilement reconstruire une forme verbale dans le même contexte et obtenir une phrase relative bien formée (108b). On observe donc que

4 Les subordonnées fragmentaires : les relatives sans verbe

l'interprétation exemplifiante est exclue dans les RSV introduites par *dintre care*, mais disponible avec une forme verbale.

(108) a. *Au venit mai multe persoane, [**dintre care**
AUX.3PL venu plus beaucoup.ADJ personnes parmi lesquelles
Maria].
Maria
'Plusieurs personnes sont venues, dont Maria.'

b. Au venit mai multe persoane, [**dintre care**
AUX.3PL venu plus beaucoup.ADJ personnes parmi lesquelles
o amintim pe Maria].
ACC.3SG.F mentionner.PRS.1PL DOM Maria
'Plusieurs personnes sont venues, dont on mentionne Maria.'

En français, la différence observée entre la RSV introduite par *dont* en (109a)[17] et la RSV introduite par *parmi lesquelles* en (109b) est inattendue dans une approche à base de reconstruction syntaxique, car le prédicat gérant la relation entre la RSV et l'antécédent est supposé être la tête verbale qui manque dans la phrase relative et non l'introducteur. En revanche, dans une approche non structurale des RSV, rien n'empêche de considérer que l'introducteur possède des propriétés de sélection en ce qui concerne la constituance du corps de la RSV (p.ex. dans une RSV introduite par *parmi lesquel(le)s*, le corps doit contenir au moins un syntagme nominal).

(109) a. J'ai parlé à plusieurs personnes, [**dont** à Marie de linguistique].
b. *J'ai parlé à plusieurs personnes, [**parmi lesquelles** à Marie de linguistique].

4.4.2.3 Sémantique partitive stricte

Le type de relations explicitées par les RSV est beaucoup plus contraint par rapport aux relations qu'on peut avoir quand on emploie une phrase relative partitive ordinaire.

On a vu que les relations méronymiques sont exclues dans les RSV (cf. les exemples (60b) et (61b) de la section 4.3.2.1), mais elles sont possibles avec une phrase relative partitive verbale, comme le montre le contraste en (110).

(110) a. *Paul adore les Suédoises, [**dont** leurs cheveux].

---

[17]Cet exemple est parfaitement acceptable dans le registre informel.

4.5 Une approche constructionnelle des RSV en termes d'ajouts fragmentaires

b. Les fenêtres de ce château, [**dont** la peinture est écaillée], doivent être remplacées.

On a vu également que l'élément distingué dans le corps de la RSV doit être une sous-partie de l'ensemble dénoté par l'antécédent (cf. section 4.3.2.1). Bien que le *pied-piping* soit, en principe, possible dans une RSV, uniquement les relations directes ensemble/sous-partie sont autorisées (111a), alors que les phrases relatives partitives ordinaires n'obéissent pas à une contrainte aussi stricte (111b).

(111) a. *J'ai reçu deux pétitions, [**parmi** les signataires **desquelles** Jean].
b. J'ai reçu deux pétitions, [**parmi** les signataires **desquelles** figure Jean].

Pour conclure, à part le fait que la reconstruction syntaxique ne peut pas s'appliquer de façon uniforme à toutes les RSV, on observe que les propriétés sémantiques ne sont pas les mêmes dans les RSV et dans les relatives non restrictives verbales. Par conséquent, l'approche structurale en termes d'ellipse syntaxique ne peut pas rendre compte des propriétés syntaxiques et sémantiques des RSV.

4.5 Une approche constructionnelle des RSV en termes d'ajouts fragmentaires

On propose ici une approche non structurale, qui rend compte et de la forme et du contenu des RSV sans postuler de structure syntaxique « invisible ». Cette approche alternative reprend et enrichit l'analyse proposée par Bîlbîie & Laurens (2009).

Les principales idées pour comprendre l'analyse qu'on propose sont les suivantes : Le corps de la RSV est la tête de la construction. L'introducteur a des propriétés de sélection syntaxique et sémantique vis-à-vis de la tête. L'introducteur a également une contribution sémantique importante et marque la construction. La RSV est un ajout fragmentaire.

Dans cette section, je présente tout d'abord la notion sémantique de *fragment* et je montre comment elle permet la reconstruction sémantique d'un contenu propositionnel, à partir de la phrase hôte. Dans un deuxième temps, je présente la notion syntaxique de *cluster*, qui permet de dériver toute séquence de syntagmes sans tête verbale qui peut constituer le corps de la RSV. Les deux notions ont déjà été introduites dans le chapitre 3 dédié aux coordinations à gapping ; elles seront ici appliquées aux subordonnées RSV. Dans un troisième temps, je m'intéresse aux relations fonctionnelles dans la RSV, en particulier à la relation syntaxique qui s'établit entre le corps et l'introducteur, pour décider de la tête de la RSV. Ensuite, je montre comment les contraintes de localité permettent, d'une part, l'accès à l'élément distingué dans le corps de la RSV et, d'autre part, l'accès à l'antécédent dans la phrase hôte. Enfin, je présente l'analyse de la RSV dans son ensemble avec ses deux sous-types, en fonction des deux types d'introducteurs employés : un syntagme prépositionnel contenant une forme *qu-* ou bien l'introducteur *dont*. Je donne les entrées lexicales pour chaque introducteur, ainsi que les contraintes qui définissent les deux sous-types de RSV. La section finit par une présentation des deux *dont* en français : le *dont* des RSV et le complémenteur *dont* dans les relatives verbales.

4.5.1 Théorie des fragments

Toutes les différences enregistrées entre les RSV et leurs contreparties verbales s'expliquent par le fait que les RSV sont des ajouts fragmentaires. Une analyse simplifiée de la structure syntaxique d'une RSV est donnée en Figure 4.2.

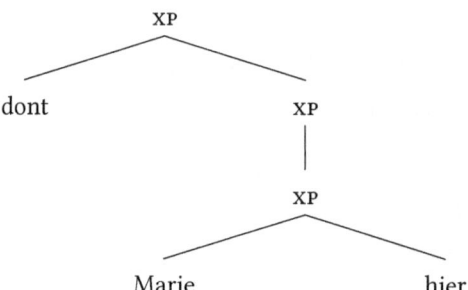

FIGURE 4.2 : Analyse en termes de fragment

Comme mentionné dans la section 3.5.3.2, un fragment est une expression dont le contenu sémantique n'est pas déductible de la forme prise en isolation. Le contenu sémantique d'un fragment dépend : (i) du type du fragment ; (ii) du contenu sémantique des constituants du fragment ; (iii) des informations contextuelles qui peuvent être de nature linguistique ou non (Ginzburg & Sag 2000 ; Fernández et al. 2007).

Un fragment phrastique, comme par exemple la question courte *quand* en (112a)[18], est interprété comme ayant le même contenu sémantique que la phrase

---

[18]Ce type d'ellipse est connu dans la littérature sous le nom de *sluicing*. Voir plus de détails sur cette construction dans la section 2.4.1.1.

4.5 Une approche constructionnelle des RSV en termes d'ajouts fragmentaires

quand elle va venir en (112b). Le contenu sémantique du fragment *quand* dans l'exemple (112a) est une fonction (i) du type du fragment (les questions courtes ont le même type de contenu que les phrases interrogatives, c.-à-d. une abstraction propositionnelle), (ii) du contenu littéral du constituant dans le fragment (*quand* fournit le paramètre pour l'abstraction propositionnelle, en particulier il introduit un paramètre temporel) et (iii) de l'information contextuelle (la phrase source *Marie va venir*, qui contient l'antécédent du fragment, fournit la proposition dont on a besoin pour construire l'abstraction propositionnelle). Ainsi, le fragment *quand* a un contenu similaire à la phrase *quand elle va venir*.

(112)   a. Marie va venir, mais personne ne sait [quand].
        b. Marie va venir, mais personne ne sait [quand elle va venir].

Pour calculer la sémantique du fragment, on utilise le langage *Minimal Recursion Semantics* (désormais, MRS) de Copestake et al. (2005), car, outre le fait qu'il permet la description d'une sémantique « plate », il a l'avantage de permettre la description des représentations sémantiques partielles ou incomplètes (telles que celles d'un fragment avant résolution), en sous-spécifiant les représentations complètes[19]. La résolution du fragment consiste ainsi d'un système de méta-contraintes reliant quatre représentations sémantiques dont deux partielles : le contenu de la phrase hôte (= la source) et le contenu du fragment résolu (= la cible) sont des représentations complètes, alors que le contenu « abstrait » obtenu à partir de l'hôte et le contenu des constituants du fragment sont des représentations partielles.

En MRS, les unités minimales de la représentation sémantique sont appelées des prédications élémentaires (angl. *elementary predications*, abrégées EP). Elles représentent une relation sémantique accompagnée de ses arguments, p.ex. *aimer(x, y)*.

La représentation générale d'une structure MRS est donnée en (113). Les traits qui nous intéressent ici sont les deux premiers. Le trait HOOK contient l'ensemble de l'information accessible de l'extérieur aux foncteurs sémantiques. En particulier, il contient le trait LTOP, qui enregistre le label sur lequel aucun autre n'a portée au niveau local (cela correspond à la tête sémantique de la structure qui est décrite), et le trait INDEX, qui enregistre l'indice de la relation accessible au foncteur. Le trait RELS est la liste de prédications élémentaires.

---

[19] On a choisi MRS, mais on pourrait utiliser aussi d'autres langages, comme *Lexical Resource Semantics* (LRS, Richter & Sailer 2004) ou encore *Type Theory with Records* (TTR, Cooper 2005).

4 Les subordonnées fragmentaires : les relatives sans verbe

(113) Structure générale MRS

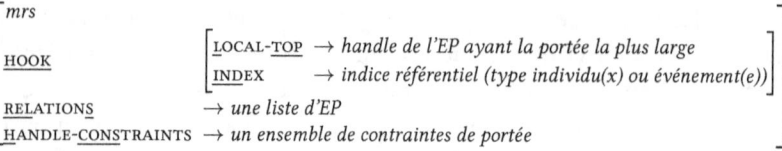

Les quatre représentations sémantiques dont on a besoin pour la résolution sémantique du fragment dans les RSV correspondent à quatre listes de prédications élémentaires en MRS : la liste $\boxed{A}$ correspond au contenu de la phrase source (noté SOURCE par la suite) ; la liste $\boxed{B}$ correspond au contenu abstrait (noté ABSTRACT-CONT) obtenu à partir de la phrase source ; la liste $\boxed{C}$ représente le contenu du fragment (noté FRAGMENT) et, enfin, la liste $\boxed{D}$ correspond au contenu du fragment résolu, appelé aussi la cible (noté TARGET). Cela est illustré en (114) et décrit formellement en (115). Les listes $\boxed{A}$ et $\boxed{D}$ sont des représentations sémantiques complètes, alors que les listes $\boxed{B}$ et $\boxed{C}$ sont des représentations sémantiques partielles.

(114) a. Plusieurs personnes sont venues, [**dont** Marie hier].
       b. Plusieurs personnes sont venues. ($\boxed{A}$ = SOURCE)
       c. X est venu ($\boxed{B}$ = ABSTRACT-CONT)
       d. Marie hier ($\boxed{C}$ = FRAGMENT)
       e. Marie est venue hier. ($\boxed{D}$ = TARGET)

(115) Représentation MRS du fragment en (114)

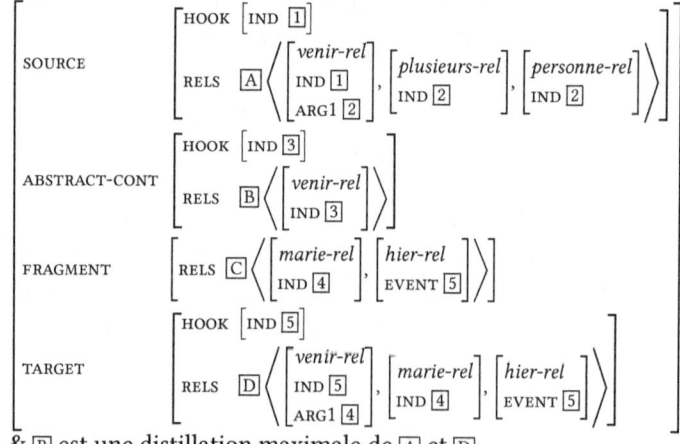

     & $\boxed{B}$ est une distillation maximale de $\boxed{A}$ et $\boxed{D}$
     & $\boxed{D}$ est une fusion de $\boxed{B}$ et $\boxed{C}$

4.5 Une approche constructionnelle des RSV en termes d'ajouts fragmentaires

Ces listes sont reliées par deux méta-contraintes : la fusion et la distillation[20], qui opèrent sur des prédications élémentaires du même type.

Fusion de listes : Soient L_1, L_2 et L_3 trois descriptions de listes. L_1 est une **fusion** de L_2 et L_3 si et seulement si chaque élément de L_1 est soit le résultat de l'unification d'un élément de L_2 avec un élément de L_3, soit identique à un élément de L_2 ou de L_3. Tout élément de L_2 ou L_3 doit apparaître dans L_1 soit tel quel, soit unifié à un élément de l'autre liste.

Distillation de listes : Soient L_1, L_2 et L_3 trois descriptions de listes. L_1 est une **distillation** de L_2 et L_3 si et seulement si (i) L_2 est une fusion de L_1 et L_2 et (ii) L_3 est une fusion de L_1 et L_3.

Distillation maximale de listes : Soient L_1, L_2 et L_3 trois descriptions de listes. L_1 est une **distillation maximale** de L_2 et L_3 si et seulement si (i) L_1 est une distillation de L_2 et L_3 et (ii) il n'existe pas de liste L_1' qui soit une distillation de L_2 et L_3 et qui contienne plus d'éléments que L_1.

La première contrainte opérant sur les quatre représentations sémantiques est donnée en (115) ci-dessus : grosso modo, on fait la distillation du contenu de la source (liste $\boxed{A}$) et du contenu du fragment résolu (liste $\boxed{D}$) afin de récupérer le contenu « abstrait » (liste $\boxed{B}$) dont on a besoin pour interpréter le fragment. La distillation doit être maximale, afin de récupérer le maximum d'informations de la source (les RSV partagent tout avec leur hôte, excepté le contenu littéral du fragment). Ainsi, le contenu de la cible en (114e) ne peut pas être quelque chose de moins précis, comme *Marie a fait quelque chose hier.*

La deuxième contrainte qui s'ajoute en (115) ci-dessus sert à obtenir le contenu du fragment résolu (liste $\boxed{D}$) en fusionnant le contenu « abstrait » (liste $\boxed{B}$) et le contenu littéral du fragment (liste $\boxed{C}$). A l'issue de la fusion, on obtient plusieurs résultats qui obéiront à des contraintes supplémentaires à l'interface syntaxe-sémantique, imposées par l'introducteur d'une RSV ou par la construction RSV elle-même.

Ce système de représentation sémantique en MRS peut être intégré dans une grammaire de type HPSG en utilisant un trait FRAGMENT dont la valeur correspond à deux traits : le trait SOURCE et le trait ABSTRACT-CONT qui sont de type *sem-obj*. Dans l'approche qu'on adopte ici, la valeur du trait CONT de tous les signes est de type *mrs*. Tous les signes possèdent également un trait C-CONT (*constructional content*), permettant d'exprimer un éventuel contenu sémantique d'origine constructionnelle[21], la valeur de ce trait étant également de type *mrs*.

---

[20] Je remercie Olivier Bonami pour m'avoir proposé ces deux termes.

[21] Les contenus de type *message* y sont conçus comme des relations d'origine constructionnelle.

(116) Représentation du fragment en HPSG avec MRS (cas général)
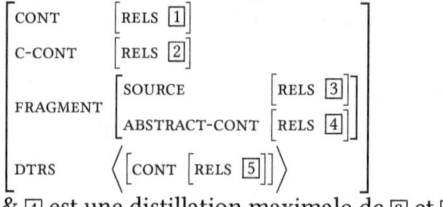
& ④ est une distillation maximale de ③ et ①
& ① est une fusion de ④, ⑤ et ②

A la représentation du fragment donnée en (116), on ajoute les deux contraintes mentionnées précédemment, qui peuvent être décrites comme suit : le contenu « abstrait » ④ est obtenu en distillant le contenu de la source ③ et le contenu du fragment résolu ① ; le contenu du fragment résolu ① est obtenu en fusionnant le contenu « abstrait » ④ avec les constituants du fragment ⑤ et l'éventuel contenu sémantique d'origine constructionnelle ②.

4.5.2 Théorie des clusters

Certains types de fragments sont sujets à des contraintes de forme qui instancient les informations lexicales sur les propriétés de sous-catégorisation des items lexicaux qui ne sont pas réalisés dans la séquence elliptique. Cette propriété a amené Ginzburg & Sag (2000) à analyser le fragment phrastique comme la branche unaire d'un syntagme ayant l'ensemble des propriétés d'une phrase, y compris la catégorie syntaxique VERBAL. Dans cette perspective, le fragment *Marie*, conçu comme une réponse courte à une question comme *Qui est venu?*, peut être décrit en postulant un syntagme de type tête-fragment, présenté en (117) :

(117) Syntagme de type tête-fragment dans Ginzburg & Sag (2000)
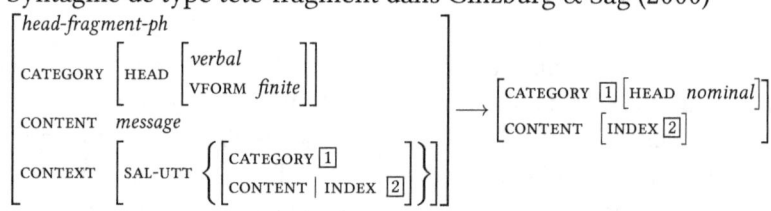

Cependant, l'approche que je présente ici est un peu différente de celle proposée par Ginzburg & Sag (2000), car, contrairement aux types de fragments (118a) analysés par Ginzburg & Sag (2000), les fragments dans les RSV (119a) n'ont pas la même distribution que leurs contreparties à tête verbale, comme le montrent les différences d'acceptabilité qu'on observe avec les exemples en (119).

4.5 Une approche constructionnelle des RSV en termes d'ajouts fragmentaires

(118) a. Je me demande [où].
   b. Je me demande [où il est].

(119) a. Plusieurs ont parlé à mes amis, [dont Marie à Marc].
   b. *Plusieurs <u>ont parlé</u> à mes amis, [dont Marie <u>a parlé</u> à Marc].

Cela est vrai même en dehors des constructions avec RSV. Il a été noté que les constructions elliptiques n'ont pas toujours la même distribution que leur source. Ainsi, en français la conjonction lexicalisée *ainsi que* ou encore l'adverbial *non pas* peuvent être suivis d'une séquence de syntagmes ayant le contenu d'une phrase comme en (120a) et (121a), mais ils ne peuvent jamais se combiner avec une phrase finie telle qu'en (120b) et (121b), cf. Abeillé & Godard (1996) et Mouret (2006 ; 2007 ; 2008).

(120) a. Paul a mangé une pomme, [**ainsi que** <Marie une orange>].
   b. *Paul <u>a mangé</u> une pomme, [**ainsi que** Marie <u>a mangé</u> une orange].

(121) a. Paul a invité Marie [et **non pas** <Marie Paul>].
   b. *Paul <u>a invité</u> Marie [et **non pas** Marie <u>a invité</u> Paul].

C'est pour cela qu'on choisit de représenter en (122) les fragments comme un sous-type de *head-only-ph* dont la seule branche tête correspond à un *cluster* (comme pour les constructions à gapping, analysées dans le chapitre 3). Les clusters sont des séquences de syntagmes qui ne sont pas reliés entre eux par des relations fonctionnelles. La notion de cluster en HPSG a été proposée par Mouret (2006 ; 2007) pour rendre compte des coordinations de séquences (angl. *Argument Cluster Coordination*) en français (voir aussi les sections 3.5.3.1 et 3.5.3.2). Comme il l'indique, la notion de cluster doit être définie indépendamment de la coordination dans la grammaire, vu le fait qu'elle est pertinente pour décrire non seulement des constructions apparaissant dans le domaine de la coordination, mais aussi de la subordination.

(122) Syntagme de type tête-fragment (nouvelle version)

$$\textit{head-fragment-ph} \Rightarrow \begin{bmatrix} \text{CATEGORY} & \begin{bmatrix} \text{HEAD} & \begin{bmatrix} \text{CLUSTER} & \langle [\text{HEAD } \boxed{H_1}],\ldots,[\text{HEAD } \boxed{H_n}] \rangle \end{bmatrix} \end{bmatrix} \\ \text{CONTENT} & \textit{message} \\ \text{DTRS} & \left\langle \begin{bmatrix} \textit{cluster-ph} \\ \text{HEAD} & \begin{bmatrix} \text{CLUSTER} & \langle [\text{HEAD } \boxed{H_1}],\ldots,[\text{HEAD } \boxed{H_n}] \rangle \end{bmatrix} \end{bmatrix} \right\rangle \end{bmatrix}$$

4 Les subordonnées fragmentaires : les relatives sans verbe

Mouret (2006 ; 2007) pose une construction spécifique *cluster-ph* sans tête, qui est un sous-type de *non-headed-ph*. Les syntagmes de type tête-fragment (*head-fragment-ph*) et de type cluster (*cluster-ph*) sont représentés dans la hiérarchie de syntagmes donnée en Figure 4.3.

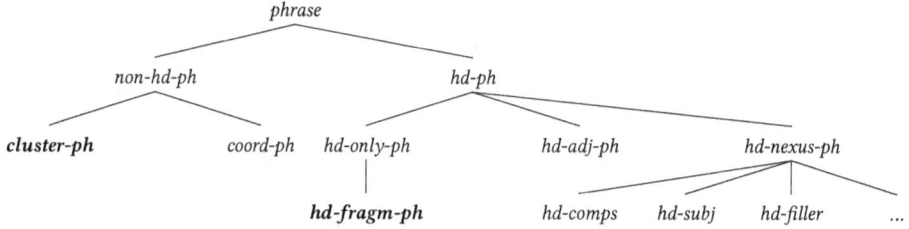

FIGURE 4.3 : Hiérarchie de syntagmes en HPSG, incluant le fragment et le cluster

Le syntagme de type cluster, défini formellement en (123)[22], présente un trait de tête CLUSTER qui prend pour valeur la liste des *synsem* associées aux constituants immédiats. Les propriétés syntaxiques et sémantiques de ses constituants sont ainsi rendues accessibles au niveau de la construction. Le cluster peut comporter un seul constituant immédiat ou plus.

(123)   Syntagme de type cluster (cf. Mouret 2006 ; 2007)
cluster-ph ⇒ *non-headed-ph* &
$$\begin{bmatrix} \text{HEAD} & \begin{bmatrix} \text{head} \\ \text{CLUSTER } nelist(synsem)\langle \boxed{1}, ..., \boxed{n} \rangle \end{bmatrix} \\ \text{N-HD-DTRS } \langle \begin{bmatrix} \text{SYNSEM } \boxed{1} \end{bmatrix}, ..., \begin{bmatrix} \text{SYNSEM } \boxed{n} \end{bmatrix} \rangle \end{bmatrix}$$

A partir de cette définition du syntagme cluster, on considère que les RSV dont le corps contient un seul syntagme présentent un cluster unaire, ce qui nous permet de généraliser l'analyse de façon simplifiée. On va subsumer donc sous la même analyse les deux formes de réalisation du corps des RSV, décrites dans la section 4.2.2.

Une fois les deux syntagmes définis (*hd-fragment-ph* et *cluster-ph*), on peut représenter formellement le corps de la RSV sous ses deux formes. Ainsi, Figure 4.4 est la représentation simplifiée d'un corps contenant un cluster de deux constituants, alors que Figure 4.5 est la représentation d'un corps contenant un cluster

---

[22] Pour plus de détails sur les contraintes du syntagme *cluster-ph*, voir la représentation complète donnée en (262) dans la section 3.5.3.1.

4.5 Une approche constructionnelle des RSV en termes d'ajouts fragmentaires

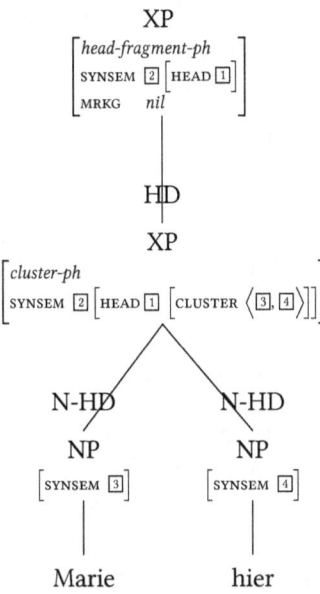

FIGURE 4.4 : Représentation simplifiée d'un fragment contenant un cluster de deux constituants

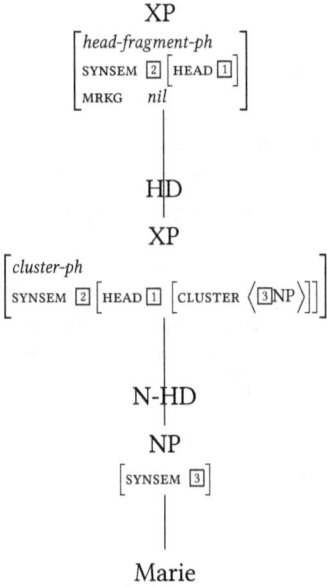

FIGURE 4.5 : Représentation simplifiée d'un fragment contenant un cluster unaire

unaire. Le syntagme « supérieur » (*head-fragment-ph*) hérite du syntagme « inférieur » (*cluster-ph*) sa catégorie sous-spécifiée, lui permettant de se combiner avec des foncteurs qui sélectionnent une catégorie non finie, comme c'est le cas de la conjonction *ainsi que* ou encore de l'averbial *non pas* présentés plus haut et exemplifiés en (120) et (121).

A ne pas confondre les notions de *fragment* et *cluster* : la notion de *cluster* est une notion syntaxique, liée à la constituance, alors que la notion de *fragment* est une notion plutôt sémantique, liée au fait que l'interprétation n'est pas autonome ; elle dépend de l'interprétation de l'antécédent.

4.5.3 Relations fonctionnelles dans la RSV

On s'intéresse maintenant aux relations fonctionnelles qui s'établissent entre le corps de la RSV et l'introducteur. Avant de lister les analyses envisageables pour la RSV, je veux présenter les grandes lignes de l'analyse proposée par Godard (1988) et Abeillé & Godard (2006 ; 2007) pour les relatives ordinaires du français. Deux grands types de relatives sont distingués en fonction du type d'introducteur : les relatives avec pronom relatif (*pro-rel-clause*) et les relatives avec complémenteur (*compr-rel-clause*)[23]. Un exemple simplifié pour chaque type est donné en (124).

(124) a. une personne [**à laquelle** on parle]
       b. une personne [**dont** on parle]

Les relatives à pronom relatif comme (124a) sont analysées comme des constructions à extraction ; dans cette configuration, l'introducteur *à laquelle* a la fonction extrait (angl. *filler*) et doit correspondre à un gap dans le reste de la relative.

---

[23]Parmi ces dernières, on distingue (i) les relatives avec gap (introduites par *que* / *qui* ou *dont*) des (ii) relatives sans gap (en *que* / *qui*). Comme les formes *que* et *qui* ne sont pas employées dans les RSV, on s'intéresse ici uniquement aux relatives en *dont*, donc on laisse de côté la discussion sur les relatives sans gap, qui par ailleurs relèvent du français parlé (pour plus de détails et exemples liés à ce type spécifique, voir Abeillé & Godard 2006).

(i) a. quelque chose [**que** je regarde]
     b. quelqu'un [**qui** chante]
     c. quelqu'un [**dont** on parle]

(ii) a. une fille [**qu'**elle est sympa]
     b. des feux [**qu'**il faut appeler les pompiers]

4.5 Une approche constructionnelle des RSV en termes d'ajouts fragmentaires

Ce sous-type de relative contraint le syntagme extrait à être un syntagme prépositionnel contenant un pronom relatif. Ces relatives sont donc analysées comme des syntagmes de type tête-extrait (angl. *head-filler-ph*, cf. la hiérarchie donnée en Figure 4.3). En ce qui concerne le deuxième sous-type de relatives, c.-à-d. celles avec complémenteur, elles sont analysées plutôt comme des syntagmes de type tête-complément (angl. *head-complement-ph*). Ainsi, le complémenteur *dont*[24] en (124b) est analysé comme une tête syntaxique prenant une phrase comme complément et introduisant un trait syntaxique MARKING (abrégé MRKG dans les structures de traits en HPSG) qui sert à distinguer les relatives avec et sans complémenteur.

On observe donc que pour les relatives ordinaires on n'a pas d'analyse uniforme en français. Revenant aux RSV, on doit préciser que ces relatives sans verbe ne se prêtent a priori à aucune des deux analyses proposées pour les relatives verbales en français, car il n'y a pas de gap dans la RSV, c.-à-d. il n'y a pas d'élément manquant (en position canonique) correspondant à l'introducteur. Aucune relation d'extraction ne semble exister au sein des RSV. De plus, comme on l'a observé dans la section 4.2.1.2, la forme *dont* dans les RSV n'a pas exactement les mêmes propriétés que le complémenteur *dont* dans les relatives ordinaires. Par conséquent, on doit chercher d'autres possibilités d'analyse pour les RSV.

On commence d'abord à distinguer le constituant qui pourrait avoir la fonction de tête dans la RSV. Il y a trois analyses possibles : (i) soit c'est le corps de la RSV qui est la tête (analyse A, cf. Figure 4.6), (ii) soit c'est l'introducteur de la RSV qui est la tête (analyse B, cf. Figure 4.7), (iii) soit il n'y a pas de tête (analyse C, cf Figure 4.8). On montre par la suite que les analyses B et C doivent être éliminées, car le corps de la RSV présente des propriétés de tête.

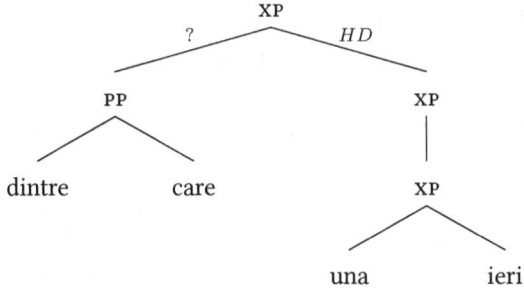

FIGURE 4.6 : Analyse A : Le corps est la tête.

---

[24] Voir les propriétés du complémenteur *dont* présentées dans la section 4.2.1.2.

4 Les subordonnées fragmentaires : les relatives sans verbe

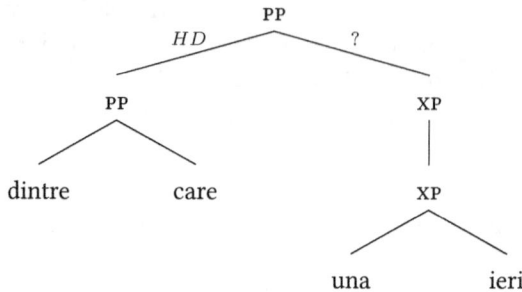

FIGURE 4.7 : Analyse B : L'introducteur est la tête.

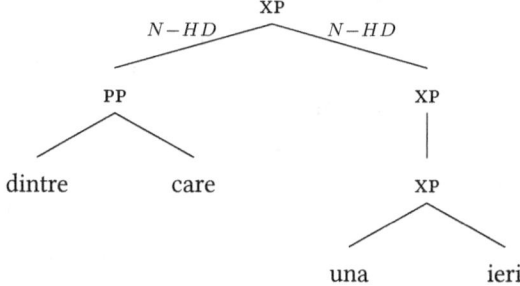

FIGURE 4.8 : Analyse C : Il n'y a pas de tête.

4.5.3.1 Le corps de la RSV comme tête

L'argument le plus convaincant pour attribuer la fonction de tête au corps de la RSV est son emploi indépendant dans certains exemples. Les syntagmes constituant le corps de la RSV peuvent fonctionner de la même manière qu'une RSV dans son ensemble, en l'absence d'un introducteur. Ils se comportent comme des ajouts incidents, avec une sémantique et une distribution similaires à celles qu'on observe dans les RSV. Ainsi, on trouve des ajouts incidents sans introducteur, avec les deux types d'interprétations : une interprétation exemplifiante, facilitée par la présence de l'adverbial *în special* 'notamment' en roumain (125a) ou *notamment* en français (126a), ou encore une interprétation partitionnante apparaissant surtout dans une structure coordonnée comme en (125b) et (126b–126c).

(125)   a.   Țările din Europa de Est, [(**printre care**) în special România], reprezintă piețele preferate de către mafioții italieni pentru spălarea banilor.

4.5 Une approche constructionnelle des RSV en termes d'ajouts fragmentaires

'Les pays de l'Europe de l'Est, (dont) notamment la Roumanie, représentent les marchés préférés par la mafia italienne pour le blanchiment d'argent.'

b. 6 000 de zboruri au fost anulate, [(**dintre care**) aproape 70 doar în București].

'6 000 vols ont été annulés, (dont) presque 70 seulement à Bucarest.'

c. Șase persoane, [(**dintre care**) două din Gorj și patru din Mehedinți], ar avea legături cu gruparea infracțională din care face parte și Emilian Ștefan.

'Six personnes, (dont) deux de Gorj et quatre de Mehedinți, auraient des relations avec le groupe infractionnel dont Emilian Ștefan fait partie.'

(126) a. De nombreuses espèces animales, [(**dont**) notamment les oursins], ont souffert de la pollution.

b. Plusieurs personnes, [(**dont**) une hier et deux ce matin], se sont plaintes de l'organisation.

c. Plusieurs personnes, [(**dont**) Marie hier et Jean ce matin], ont signalé le problème.

Par conséquent, la présence de l'introducteur n'est pas toujours nécessaire dans les syntagmes « fragmentaires » pour qu'ils fonctionnent comme ajouts avec une interprétation exemplifiante ou partitionnante. Il faut noter toutefois qu'en l'absence d'un introducteur, la sémantique de l'ajout n'est pas restreinte aux deux types d'interprétations mentionnées. Ainsi, les ajouts sans introducteur peuvent contenir un quantifieur universel ou négatif (127-128), ce qui ne semble pas être le cas des RSV standard, comme le montrent les exemples (58–59) de la section 4.3.2.1[25].

(127) a. Am scris trei cărți, [toate pe aceeași temă].

'J'ai écrit trois livres, tous sur le même thème.'

---

[25]Les ajouts qui sont compatibles avec un quantifieur universel ou négatif permettent aussi l'emploi d'une conjonction (comme *mais*), bien que l'introducteur *dont* soit impossible.

(i) a. La secrétaire du labo a commandé plusieurs livres, [{mais | *dont} tous en anglais].

b. La secrétaire du labo a commandé plusieurs livres, [{mais | *dont} aucun en français].

b. Patru fete, [niciuna trecută de 23 ani], au decedat vineri seara în urma unui accident de circulație.
'Quatre jeunes filles, aucune de plus de 23 ans, sont décédées vendredi soir à la suite d'un accident de la route.'

(128) a. Plusieurs livres, [tous sur le même thème], ont été commandés.
b. %Quatre filles, [aucune de plus de 23 ans], habitent dans cet immeuble délabré.

Un argument contre l'analyse de l'introducteur comme tête concerne la réalisation syntaxique des arguments sémantiques de la tête de l'introducteur. A part la forme *dont* en français, dont la catégorie est sujette à discussion, l'introducteur est toujours un syntagme prépositionnel (roum. {*printre / între / dintre*} *care* ou fr. *parmi lesquel(le)s*). Une préposition, comme la forme *printre* 'parmi' en roumain, introduit une relation sémantique entre deux arguments (indépendamment de son emploi dans les RSV ou en dehors des RSV) : l'un des arguments (noté *Arg1* dans les exemples en (129) est typiquement réalisé comme complément de la préposition, alors que l'autre (noté *Arg2*) n'est pas réalisé dans le syntagme prépositionnel lui-même (c.-à-d. il est un argument externe). Ce deuxième argument n'est pas sélectionné par la préposition elle-même, mais plutôt par le syntagme prépositionnel dans son ensemble. Dans le cas des RSV, cet argument externe de la préposition n'est pas identifié avec l'antécédent de la RSV, mais plutôt avec l'élément distingué se trouvant dans le corps de la RSV. Il est donc légitime de considérer que les propriétés de sélection de l'introducteur et celles de la RSV dans son ensemble sont distinctes et, par conséquent, on ne doit pas analyser l'introducteur comme tête.

(129) a. Avem [un spion]$_{Arg2}$ [**printre** [noi]$_{Arg1}$].
avoir.PRS.1PL un espion parmi nous
'Nous avons un espion parmi nous.'

b. ... mai multe persoane, [**printre** [care]$_{Arg1}$] [și Maria]$_{Arg2}$.
... plus beaucoup.ADJ personnes parmi lesquelles aussi Maria
'... plusieurs personnes, parmi lesquelles Maria.'

4.5 Une approche constructionnelle des RSV en termes d'ajouts fragmentaires

4.5.3.2 L'introducteur de la RSV comme foncteur

L'introducteur de la RSV impose certaines contraintes : (i) il doit précéder le corps de la RSV (contrairement à des ajouts adverbiaux comme *notamment* en (10–11) ci-dessus) ; (ii) il présente des propriétés de sélection ; (iii) au moins dans certains cas, il modifie la distribution du syntagme avec lequel il se combine.

Les relations fonctionnelles qui s'établissent entre l'introducteur et le corps d'une RSV rappellent les discussions portées autour de la relation fonctionnelle entre le déterminant et le nom à l'intérieur d'un groupe nominal. Ainsi, Van Eynde (2003 ; 2006 ; 2007) argumente en faveur d'une distinction qui doit être faite entre la notion de tête et la notion de sélecteur. En particulier, il considère que les prénominaux (déterminants, numéraux, etc.) de l'italien et du néerlandais doivent être analysés comme des sélecteurs qui prennent un nominal comme leur tête et non comme leur complément (par exemple, dans le syntagme *whose house*, le pronom au génitif *whose* sélectionne un nom commun comme tête ; le syntagme dans son ensemble reçoit le cas de la tête nominale, cf. le Principe des Traits de Tête, indépendamment du cas du pronom au génitif). Cette approche a l'avantage de rendre compte de manière satisfaisante des faits d'accord morpho-syntaxique dans un syntagme nominal (ou encore de l'accord sémantique dans une coordination nominale).

Par conséquent, Van Eynde introduit une nouvelle fonction syntaxique *foncteur* (qui regroupe les fonctions de spécifieur, marqueur ou ajout pré-tête). Les foncteurs ne sont pas sous-catégorisés, au contraire ils sélectionnent une tête, à laquelle ils peuvent imposer un certain marquage. Une tête combinée avec un foncteur peut ainsi avoir une distribution différente de celle qu'elle pourrait avoir en emploi indépendant.

On propose donc d'analyser l'introducteur de la RSV comme un foncteur[26], sans pour autant étendre cette fonction aux constituants prénominaux[27]. La linéarisation stricte de l'introducteur par rapport au corps de la RSV, qui ne caractérise pas les ajouts, est un argument en faveur de cette analyse, cf. les exemples repris ci-dessous en (130–131).

---

[26] Le fait que l'introducteur de la RSV ne se comporte pas comme une tête ordinaire ou encore comme un ajout pourrait être pris en compte par des approches alternatives : l'introducteur de la RSV pourrait être analysé soit comme une tête « faible » (voir, dans ce sens, l'analyse proposée pour les conjonctions dans la section 3.5.2), soit comme un marqueur. A priori, le choix d'une ou l'autre analyse ne fait pas de différence empirique majeure.

[27] Bien que les arguments de Van Eynde soient convaincants, on reprend son analyse uniquement pour les introducteurs dans les RSV. Il reste à vérifier si on peut l'étendre aux prénominaux en roumain (et en français) ou encore à d'autres catégories comme les conjonctions ou les complémenteurs. Pour l'instant, on ne remet pas en cause ici la distinction entre spécifieurs et modifieurs.

4 *Les subordonnées fragmentaires : les relatives sans verbe*

(130) a. Mai multe țări sud-americane, [**printre care** și
plus beaucoup.ADJ pays sud-américains parmi lesquels aussi
Brazilia], exportă cafea în Europa.
Brésil.DEF exportent café en Europe.DEF

'Plusieurs pays sud-américains, parmi lesquels le Brésil, exportent du café vers l'Europe.'

b. *Mai multe țări sud-americane, [și Brazilia **printre**
plus beaucoup.ADJ pays sud-américains aussi Brésil.DEF parmi
care], exportă cafea în Europa.
lesquels exportent café en Europe.DEF

c. Mai multe țări, [**printre care** în mod special Brazilia],
plus beaucoup.ADJ pays parmi lesquels en mode spécial Brésil.DEF
exportă cafea în Europa.
exportent café en Europe.DEF

'Plusieurs pays, parmi lesquels en particulier le Brésil, exportent du café vers l'Europe.'

d. *Mai multe țări, [în mod special **printre care**
plus beaucoup.ADJ pays en mode spécial parmi lesquels
Brazilia], exportă cafea în Europa.
Brésil.DEF exportent café en Europe.DEF

(131) a. Plusieurs personnes sont venues, [**parmi lesquelles** Jean].

b. *Plusieurs personnes sont venues, [Jean **parmi lesquelles**].

c. Plusieurs personnes sont venues, [**parmi lesquelles** notamment Jean].

d. *Plusieurs personnes sont venues, [notamment **parmi lesquelles** Jean].

Plus important encore, cette analyse est justifiée par les propriétés de sélection de l'introducteur et par la contribution sémantique de celui-ci au type sémantique de la construction dans son ensemble (p.ex. l'introducteur *dintre care* en roumain impose une interprétation partitionnante à l'ensemble de la RSV).

Le foncteur et la tête qu'il sélectionne forment un syntagme tête-foncteur (*hd-funct-ph*), qui, dans la hiérarchie de syntagmes donnée en Figure 4.9, est un sous-type des syntagmes de type tête-ajout (*hd-adj-ph*), cf. Van Eynde (2007). Le syntagme tête-foncteur est défini en (132) et exemplifié en Figure 4.10.

4.5 Une approche constructionnelle des RSV en termes d'ajouts fragmentaires

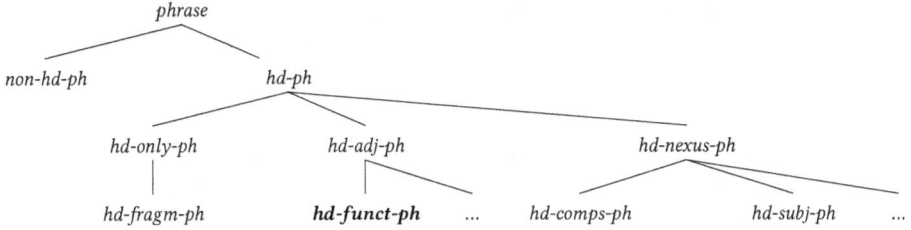

FIGURE 4.9 : Le syntagme tête-foncteur dans une hiérarchie de syntagmes

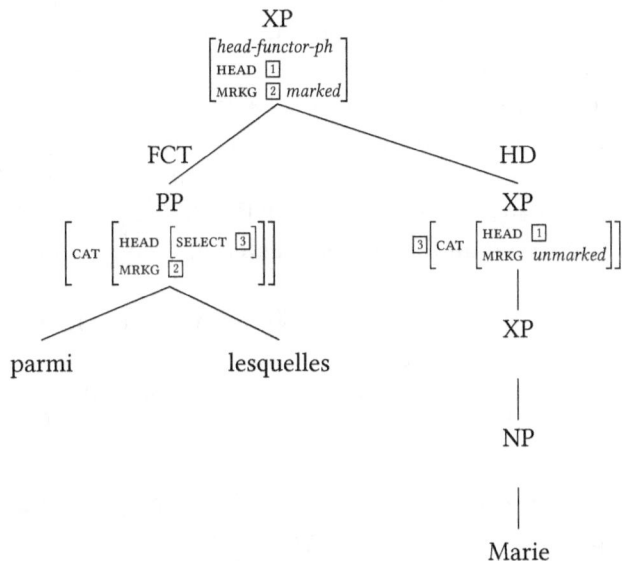

FIGURE 4.10 : Arbre avec un syntagme tête-foncteur

(132) Syntagme de type tête-foncteur
head-functor-ph ⇒ headed-ph &

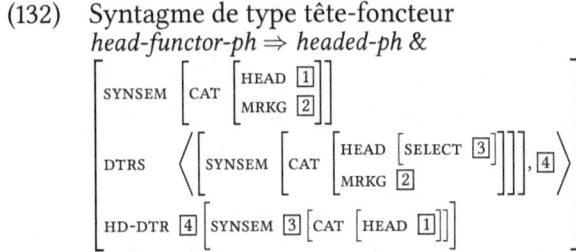

Les foncteurs ont deux propriétés principales : ils sélectionnent leur tête (cf. le trait SELECT, qui est inclus dans la valeur de HEAD de la branche foncteur)

et contribuent au marquage du syntagme (cf. le trait MRKG, qui apparaît dans la valeur du trait CAT).

Les trois contraintes pesant sur le syntagme tête-foncteur sont :

(i) Principe des Traits de Tête : la valeur du trait HEAD d'un syntagme avec tête est identique à la valeur du trait HEAD de la branche tête (on capte ainsi l'intuition générale que la catégorie de la tête donne la catégorie du syntagme).

(ii) Principe du Sélecteur : on reprend de Van Eynde (2003 ; 2006 ; 2007) le trait SELECT qui capte les contraintes qu'une branche non-tête peut imposer à sa sœur tête. La valeur du trait SELECT de la branche non-tête doit être identique à la valeur SYNSEM de la branche tête. La valeur du trait SELECT est de type *synsem* et non *signe*, ce qui fait que le foncteur peut imposer des contraintes concernant les propriétés syntaxiques et sémantiques de la tête, mais pas concernant les propriétés phonologiques de celle-ci ou encore sa structure interne (ce qui rend possible les différentes constituances au sein du corps de la RSV : un seul constituant ou un cluster, par exemple). La raison pour laquelle le trait SELECT est introduit dans la valeur du trait HEAD du foncteur est le fait que les propriétés de sélection d'un foncteur syntagmatique sont identiques à celles de sa branche tête.

(iii) Principe du Marquage Généralisé : l'information qui figure dans la valeur du trait MARKING est partagée entre la mère et sa branche non-tête (la valeur MARKING de la mère dans un syntagme de type *hd-funct-ph* est identique à celle de sa branche non-tête).

Le syntagme tête-foncteur présente ainsi deux branches : une branche tête (dont l'indice est $\boxed{3}$ en (132) et Figure 4.10) qui donne le trait HEAD de la construction, et une branche foncteur qui sélectionne sa tête et contribue au marquage de la construction. Par conséquent, la tête d'une RSV est le fragment tel qu'il a été défini dans les sections 4.5.1 et 4.5.2.

Après avoir défini les relations syntaxiques qui s'établissent (i) à l'intérieur du corps d'une RSV, (ii) entre le corps de la RSV et l'introducteur, et (iii) entre la RSV dans son ensemble et la phrase hôte, on peut donner une représentation simplifiée de ces relations en Figure 4.11 pour le français et en Figure 4.12 pour le roumain. L'arbre donné en Figure 4.12 est une illustration de l'exemple roumain (133).

(133) Vin   mai multe   persoane, [**printre care**   şi
      venir.PRS.3PL plus beaucoup.ADJ personnes parmi   lesquelles aussi
      Maria].
      Maria
      'Plusieurs personnes viennent, parmi lesquelles Maria.'

4.5 Une approche constructionnelle des RSV en termes d'ajouts fragmentaires

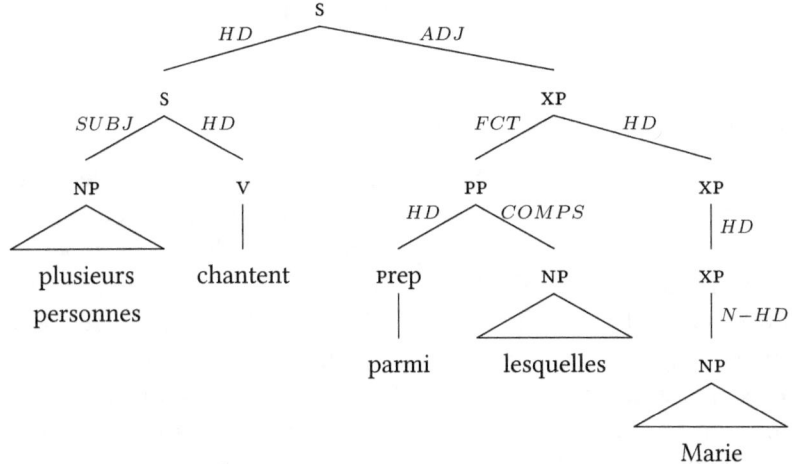

FIGURE 4.11 : Syntaxe simplifiée des constructions avec RSV en français

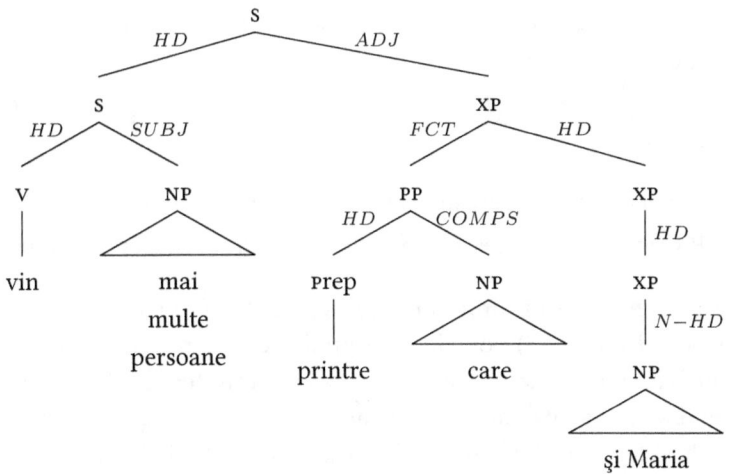

FIGURE 4.12 : Syntaxe simplifiée des constructions avec RSV en roumain

4 Les subordonnées fragmentaires : les relatives sans verbe

La relation syntaxique qui s'établit entre la RSV et la phrase hôte définit un syntagme de type tête-ajout (*hd-adj-ph*). La relation syntaxique qui existe entre le corps de la RSV et l'introducteur définit un syntagme de type tête-foncteur (*hd-funct-ph*).

4.5.4 Théorie de la localité de sélection sémantique

Les propriétés de sélection de la RSV et les propriétés de sélection de l'introducteur obéissent au même type de contraintes de localité. Plus précisément, il y a deux relations faisant intervenir un problème de localité de sélection : (i) la relation à distance entre la RSV et son antécédent, et (ii) la relation à distance entre l'introducteur et l'élément distingué. Concernant la première relation, si la RSV modifie une phrase, l'antécédent doit être un dépendant direct de la tête de la phrase (comparer les exemples (134b) et (134d)). Concernant la deuxième relation, si l'introducteur modifie un cluster, le syntagme exprimant la sous-partie de l'entité fractionnable (c.-à-d. l'élément distingué) doit être un constituant immédiat du cluster, cf. (135). On observe donc que, dans les deux cas, les contraintes sont du même ordre : soit il y a localité, soit le niveau d'enchâssement est limité à 1.

(134) a. Plusieurs personnes, [**dont** Marie], sont venues.
b. Plusieurs personnes sont venues, [**dont** Marie].
c. Des représentants de plusieurs pays, [**dont** le Brésil], se sont réunis hier.
d. *Des représentants de plusieurs pays se sont réunis hier, [**dont** le Brésil].

(135) a. Plusieurs personnes sont venues, [**dont** Marie].
b. Plusieurs personnes sont venues, [**dont** hier le frère de Marie].

Pour formaliser ces contraintes de localité, on utilise un dispositif analogue à celui utilisé par Kiss (2005) pour la relation de sélection sémantique à distance entre les subordonnées relatives extraposées et leur antécédent en allemand. De manière générale, ce mécanisme permet aux ajouts (phrastiques) de modifier des syntagmes dont les propriétés sont très variables, à condition qu'ils contiennent un élément particulier qui puisse être qualifié d'antécédent et que celui-ci ne soit pas trop enchâssé.

On reprend le trait ANCHORS (dont la valeur est une liste) introduit par Kiss (2005). Ce trait contient les indices des entités sémantiques qui sont accessibles

4.5 Une approche constructionnelle des RSV en termes d'ajouts fragmentaires

à la sélection opérée par l'ajout. Les expressions linguistiques introduisent des ancres sémantiques typées qui sont propagées selon certaines règles et sélectionnables.

Les deux contraintes dont on a besoin pour la propagation d'ancres figurent en (136) et (137).

(136) Contrainte de localité 1
$$\begin{bmatrix} word \\ \text{DEPS} \left\langle ..., \left[\text{CONT} \left[\text{HOOK } \boxed{1} \text{ anchor}\right]\right], ... \right\rangle \end{bmatrix} \Rightarrow \left[\text{SS} \left[\text{CONT} \left[\text{ANCHORS} \left\langle ..., \boxed{1}, ... \right\rangle\right]\right]\right]$$

(137) Contrainte de localité 2
$$\begin{bmatrix} cluster \\ \text{DTRS} \left\langle ..., \left[\text{CONT} \left[\text{HOOK } \boxed{1} \text{ anchor}\right]\right], ... \right\rangle \end{bmatrix} \Rightarrow \left[\text{SS} \left[\text{CONT} \left[\text{ANCHORS} \left\langle ..., \boxed{1}, ... \right\rangle\right]\right]\right]$$

La première contrainte donnée en (136) dit qu'au niveau d'un syntagme tous les dépendants directs de la tête sont sélectionnables et accessibles via l'ensemble des ancres.

La deuxième contrainte définie en (137) garantit qu'au niveau d'un cluster tous les constituants immédiats du cluster sont sélectionnables et accessibles via l'ensemble des ancres. Un autre avantage des contraintes d'ancre est qu'elles restreignent la sélection sémantique au matériel qui est littéralement introduit dans le cluster. Les relations sémantiques reconstruites ne sont donc pas disponibles pour la sélection sémantique.

Le résultat de l'application de ces deux contraintes sur une RSV sera donné plus tard, une fois qu'on aura introduit tous les éléments nécessaires pour l'analyse.

4.5.5 Théorie des RSV

Cette section fait la synthèse des contraintes syntaxiques et sémantiques qui s'appliquent à la RSV dans son ensemble et montre la manière dont elles interagissent. Les contraintes syntaxiques dans les RSV dérivent : (i) des propriétés des clusters, (ii) des propriétés de sélection des introducteurs, et (iii) des propriétés constructionnelles des RSV. Les clusters ont des propriétés inhérentes qui peuvent entrer en conflit avec les propriétés des RSV. Par exemple, les syntagmes dans un cluster doivent être des dépendants directs de la tête de la phrase hôte et avoir le même marquage que les syntagmes parallèles dans l'hôte. Cette contrainte entrera en conflit avec les propriétés de sélection de certains introducteurs, comme

4 Les subordonnées fragmentaires : les relatives sans verbe

parmi lesquel(le)s en français, qui contraignent le syntagme exprimant la sous-partie (c.-à-d. l'élément distingué) à être un syntagme nominal non marqué (138).

(138) a. J'ai parlé à plusieurs personnes, [**dont** à Marie de linguistique].
       b. *J'ai parlé à plusieurs personnes, [**parmi lesquelles** à Marie de linguistique].

Les propriétés constructionnelles de la RSV dans son ensemble incluent la présence d'un introducteur avec une sémantique partitive. Pour les RSV introduites par un syntagme *qu-*, il doit être précisé que l'introducteur doit contenir une forme *qu-* coréférentielle avec l'antécédent dans la phrase hôte.

Les contraintes sémantiques des RSV dérivent : (i) de la sémantique du fragment, et (ii) de la sémantique partitive des RSV. Les RSV ont un type de contenu similaire à celui d'une phrase. Elles se comportent comme des anaphores descriptives, par le fait qu'elles introduisent une nouvelle entité sémantique qui partage une partie de sa description avec l'antécédent. Dans le cas des RSV, cette nouvelle entité est une sous-éventualité. Les RSV introduisent simultanément deux relations partitives : la première relation partitive relie l'antécédent et une nouvelle entité introduite par un syntagme dans le corps de la RSV. Cette relation est exprimée par l'introducteur. Cela est mis en évidence par le fait que les RSV peuvent avoir soit une interprétation exemplifiante, soit une interprétation partitionnante, mais tous les introducteurs ne sont pas compatibles avec les deux interprétations. La deuxième relation partitive relie l'éventualité dénotée par la phrase source et la sous-éventualité introduite par la RSV.

La RSV est définie en (139). La tête du syntagme est un fragment phrastique. Il est sélectionné par l'introducteur de la RSV imposant une relation ensemble/sous-partie (*sum-subpart-rel*), relation sémantique qui est caractéristique de cette construction. La relation ensemble/sous-partie est supposée avoir deux sous-types : un sous-type exemplifiant (*exemplifying-sum-subpart-rel*) et un sous-type partitionnant (*partitioning-sum-subpart-rel*). La construction elle-même apporte une deuxième relation mettant en jeu une sous-partie : on met ainsi en relation l'éventualité dénotée par la phrase hôte [SUM 6 *event*], avec l'éventualité dénotée par le fragment phrastique [SUBPART 7 *event*]. De plus, la construction sélectionne un antécédent nominal. On note aussi l'emploi de la liste ANCHORS pour exprimer la localité de la sélection opérée par l'introducteur et par la RSV elle-même. Ainsi, [ANCHORS <..., [IND 10], ...>] nous permet d'avoir accès à l'antécédent, qui désigne une entité plurielle [SUM 10] dans la phrase hôte, alors que [ANCHORS <..., [IND 8], ...>] nous permet l'accès à l'élément distingué, qui dénote la sous-partie [SUBPART 8] dans le corps de la RSV. Enfin, il faut rappeler

4.5 Une approche constructionnelle des RSV en termes d'ajouts fragmentaires

que les contraintes sémantiques données en (116) ci-dessus s'appliquent à toute construction RSV.

(139) La construction RSV[28]
VRA-*ph* ⇒ *headed-ph* &

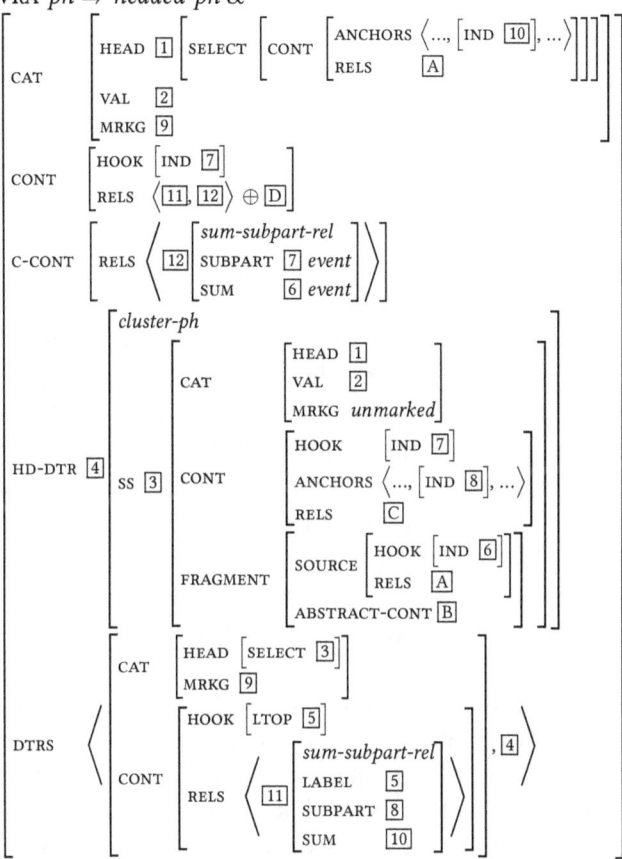

Selon la forme de l'introducteur, la construction RSV a deux sous-types : une RSV dont l'introducteur contient un mot *qu-* (*WH-VRA-ph*) et une RSV (en français uniquement) dont l'introducteur est *dont* (*DONT-VRA-ph*).

En ce qui concerne le premier sous-type (*WH-VRA-ph*) défini en (140), l'introducteur contient une forme *qu-* qui est coréférentielle avec l'antécédent nominal dans la phrase hôte (cf. le partage d'indices).

---

[28] Comme toutes les étiquettes utilisées dans les représentations arborescentes et les matrices attribut-valeur en HPSG sont en anglais, on va utiliser l'étiquette anglaise VRA (*Verbless Relative Adjuncts*) au lieu de l'étiquette française RSV.

4 *Les subordonnées fragmentaires : les relatives sans verbe*

(140) La construction RSV avec un introducteur contenant une forme *qu-*
WH-VRA-*ph* ⇒ VRA-*ph* &

$$\begin{bmatrix} \text{SS} \begin{bmatrix} \text{CAT} \begin{bmatrix} \text{HEAD} \begin{bmatrix} \text{SELECT} \begin{bmatrix} \text{CONT} \begin{bmatrix} \text{ANCHORS} \langle ..., [\text{IND} \boxed{1}], ... \rangle \end{bmatrix} \end{bmatrix} \end{bmatrix} \end{bmatrix} \end{bmatrix} \\ \text{DTRS} \langle [\text{REL} \{\boxed{1}\}], sign \rangle \end{bmatrix}$$

Les prépositions fonctionnant comme tête dans l'introducteur de la RSV (p.ex. roum. *dintre, printre, între* et fr. *parmi*) ont les propriétés lexicales suivantes : elles ont une structure argumentale qui contient deux éléments, un argument interne (qui est un pronom relatif) réalisé comme complément (COMPS) de la préposition et un argument externe (XARG) qui n'est pas réalisé comme dépendant de la préposition. La préposition sélectionne un syntagme qui contient une ancre coïndicée avec son argument externe. La préposition doit aussi introduire une relation ensemble/sous-partie (*sum-subpart-rel*) entre ses deux arguments : l'argument interne dénote l'ensemble (SUM), alors que l'argument externe dénote la sous-partie (SUBPART) de l'ensemble. Les prépositions peuvent différer selon qu'elles permettent les deux types d'interprétation discutés dans la section 4.3.2.2, à savoir une interprétation exemplifiante et une interprétation partitionnante, ou bien uniquement une de ces deux interprétations. Ainsi, la préposition *dintre* en roumain (143) est compatible uniquement avec une interprétation partitionnante, alors que les autres prépositions (roum. *printre* et *între* (144) et fr. *parmi* (145)) introduisent une relation sous-spécifiée (c.-à-d. elles sont compatibles avec les deux interprétations).

Enfin, les prépositions peuvent contraindre la catégorie du corps de la RSV via le trait SELECT. Ainsi, la préposition *dintre* en roumain (143) n'est compatible qu'avec un syntagme nominal non marqué (le cas de l'élément distingué dans le corps de la RSV doit être direct, c.-à-d. il doit avoir une forme de nominatif-accusatif, et non de datif-génitif, comme illustré en (141)), alors que la préposition *printre* ou *între* en roumain (144) ne contraint pas la catégorie du corps de la RSV. En français, la préposition *parmi* (145) contraint le corps de la RSV à contenir un syntagme nominal non marqué par une préposition (142).

(141) Impactul a dus la spitalizarea mai multor
impact.DEF a mené à hospitalisation.DEF plus beaucoup.ADJ.GEN
persoane, [**dintre care** (*a) şapte români].
personnes parmi lesquelles (GEN.SG.F) sept Roumains

'L'impact a mené à l'hospitalisation de plusieurs personnes, dont sept Roumains.'

4.5 Une approche constructionnelle des RSV en termes d'ajouts fragmentaires

(142) J'ai parlé à plusieurs personnes, [**parmi lesquelles** (*à) Marie].

(143) Entrée lexicale pour la préposition *dintre* en roumain

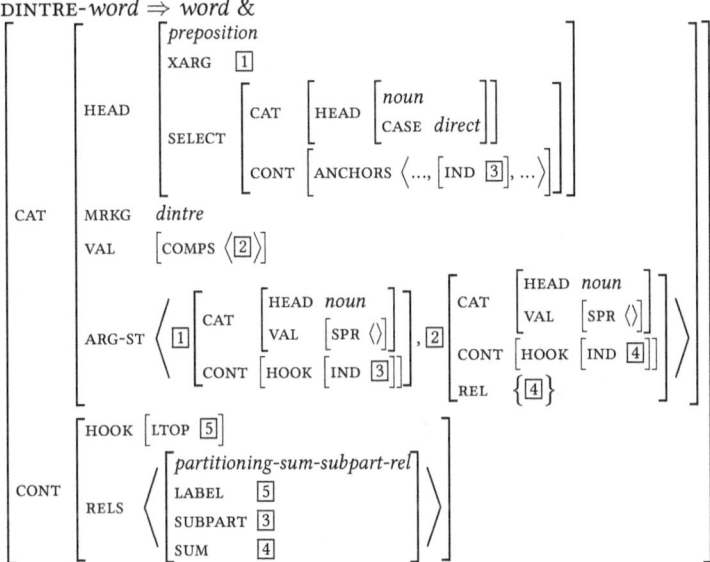

(144) Entrée lexicale pour la préposition *printre* en roumain (de même pour *între*)

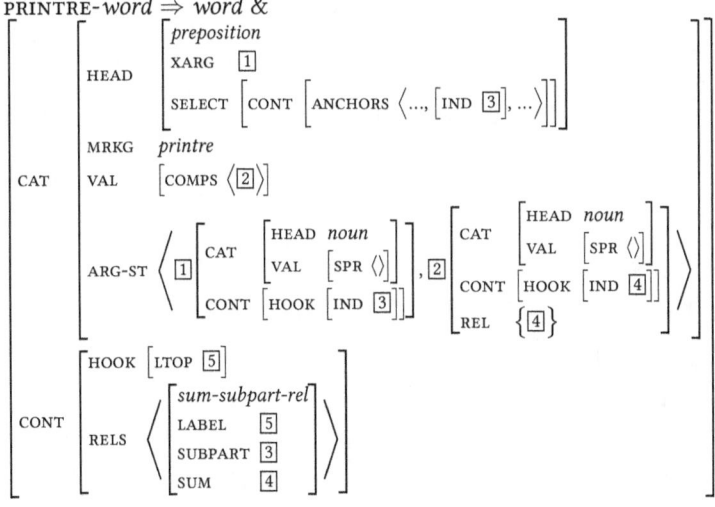

4 Les subordonnées fragmentaires : les relatives sans verbe

(145) Entrée lexicale pour la préposition *parmi* en français

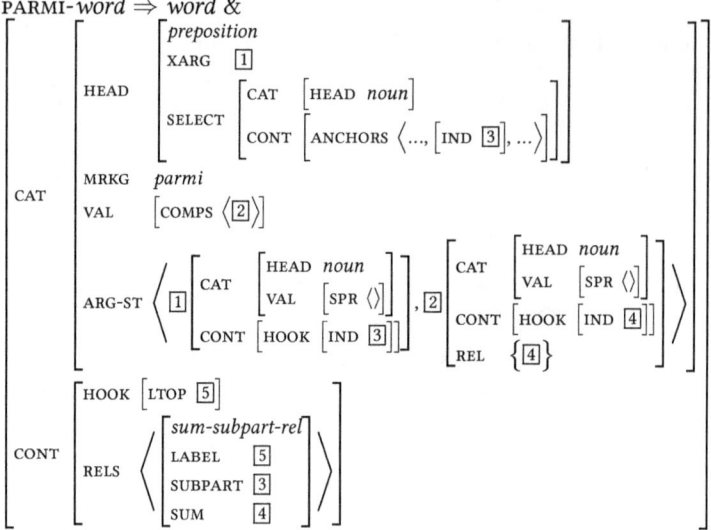

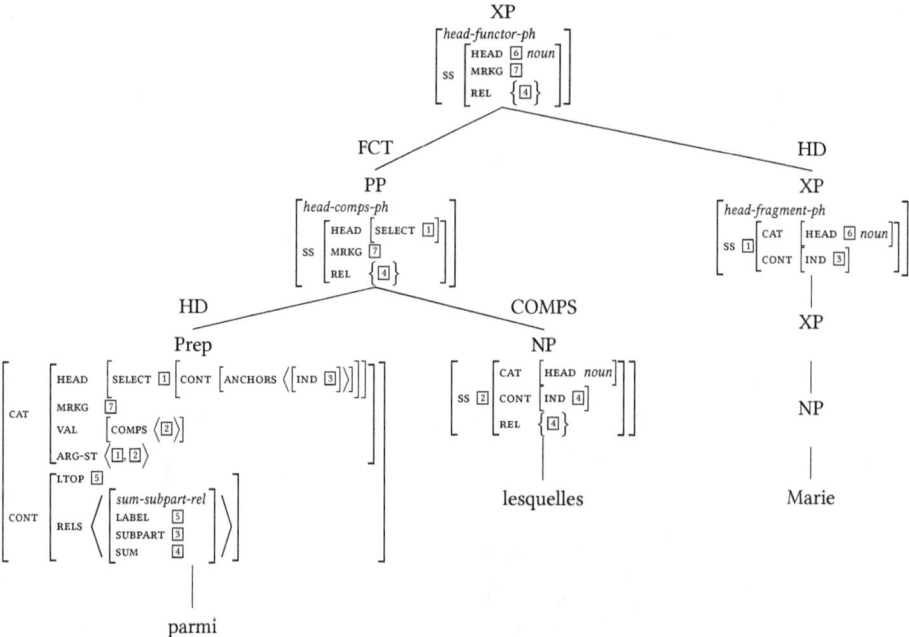

Figure 4.13 : Relation à distance entre l'introducteur et l'élément distingué

4.5 Une approche constructionnelle des RSV en termes d'ajouts fragmentaires

Une exemplification de cette analyse est donnée en Figure 4.13. La préposition *parmi* en français introduit une relation partitive sous-spécifiée (*sum-subpart-rel*), c.-à-d. elle est compatible et avec l'interprétation exemplifiante et aussi avec l'interprétation partitionnante. Sa structure argumentale contient un argument externe (qui dénote la sous-partie et qui correspond donc au syntagme *Marie*) et un complément (qui dénote l'ensemble et qui correspond donc au pronom relatif *lesquelles*). Cette représentation exemplifie aussi le résultat de l'application d'une des deux contraintes de localité discutées plus haut dans la section 4.5.4, à savoir la relation à distance entre l'introducteur et l'élément distingué : l'élément distingué dans le corps de la RSV est rendu accessible via le trait ANCHORS.

En Figure 4.14, on a une représentation simplifiée de la construction dans son ensemble, qui nous permet d'observer aussi le résultat de l'application de la deuxième contrainte de localité discutée dans la section 4.5.4, à savoir la relation à

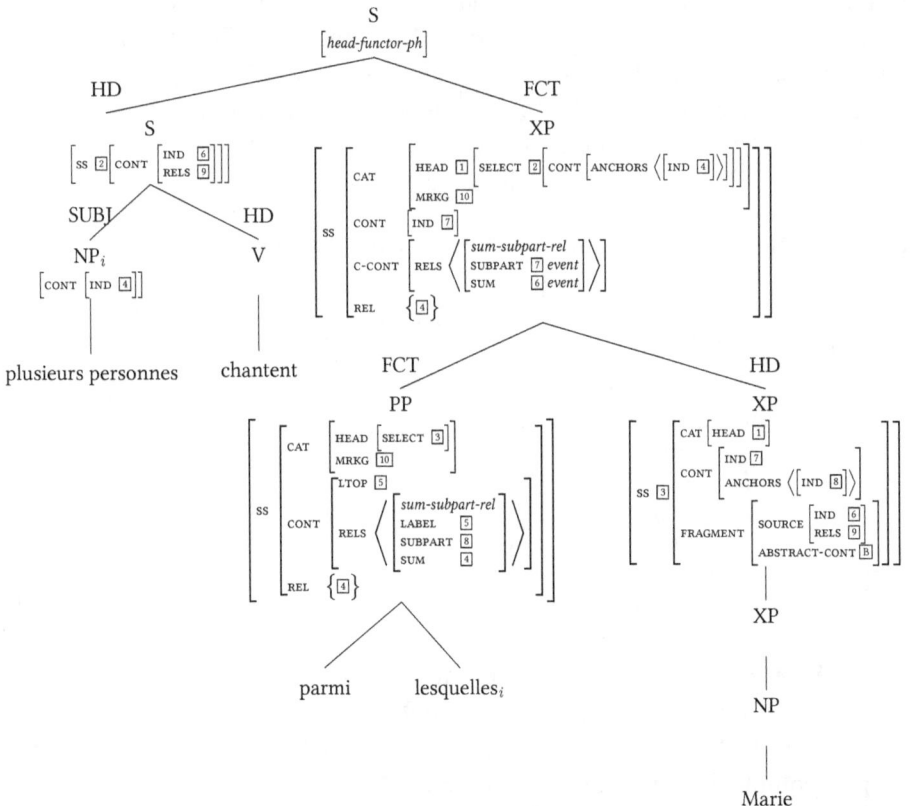

FIGURE 4.14 : Relation à distance entre la RSV et son antécédent

4 Les subordonnées fragmentaires : les relatives sans verbe

distance entre la RSV et son antécédent dans la phrase hôte : l'antécédent (ici, le syntagme nominal *plusieurs personnes*, qui est coïndicé avec le pronom relatif *lesquelles*) est rendu accessible à la RSV via le trait ANCHORS.

En ce qui concerne le deuxième sous-type de RSV (*DONT-VRA-ph*) défini en (146), il aura comme seule contrainte le fait que le nœud racine de la construction possède un trait MARKING (abrégé MRKG) dont la valeur est *dont*.

(146) La construction RSV avec un introducteur contenant *dont* en français
DONT-VRA-*ph* ⇒ VRA-*ph* &
$$\left[\text{SS} \left[\text{CAT} \left[\text{MRKG} \ dont \right] \right] \right]$$

On analyse le français *dont* comme un marqueur qui n'a pas de structure argumentale, introduisant une relation sémantique sous-spécifiée. *Dont* sélectionne un syntagme qui (i) contient une ancre pour l'argument dénotant la sous-partie et (ii) sélectionne un syntagme contenant une ancre pour l'argument dénotant l'ensemble. L'entrée lexicale pour la forme *dont* dans les RSV est donnée en (147). Ainsi, [ANCHORS <..., [IND $\boxed{4}$], ...>] nous permet d'avoir accès à l'antécédent, qui désigne une entité plurielle [SUM $\boxed{4}$] dans la phrase hôte, alors que [ANCHORS <..., [IND $\boxed{3}$], ...>] nous permet l'accès à l'élément distingué, qui dénote la sous-partie [SUBPART $\boxed{3}$] dans le corps de la RSV.

(147) Entrée lexicale pour *dont* dans les RSV en français
DONT-*word* ⇒ *word* &

$$\begin{bmatrix} \text{CAT} \begin{bmatrix} \text{HEAD} \begin{bmatrix} \text{SELECT} \begin{bmatrix} \text{CAT} \begin{bmatrix} \text{HEAD} \begin{bmatrix} \text{SELECT} \begin{bmatrix} \text{CONT} \begin{bmatrix} \text{ANCHORS} \langle ..., [\text{IND} \ \boxed{4}], ... \rangle \end{bmatrix} \end{bmatrix} \end{bmatrix} \\ \text{CONT} \begin{bmatrix} \text{ANCHORS} \langle ..., [\text{IND} \ \boxed{3}], ... \rangle \end{bmatrix} \end{bmatrix} \end{bmatrix} \\ \text{VAL} \ \langle \rangle \\ \text{MRKG} \ dont \end{bmatrix} \\ \text{CONT} \begin{bmatrix} \text{HOOK} \begin{bmatrix} \text{LTOP} \ \boxed{5} \end{bmatrix} \\ \text{RELS} \left\langle \begin{bmatrix} sum\text{-}subpart\text{-}rel \\ \text{LABEL} \ \boxed{5} \\ \text{SUBPART} \ \boxed{3} \\ \text{SUM} \ \boxed{4} \end{bmatrix} \right\rangle \end{bmatrix} \end{bmatrix}$$

L'entrée proposée en (146) pour l'introducteur *dont* dans les RSV est différente de celle postulée pour le complémenteur *dont* dans les relatives verbales en français (Godard 1988 ; 1989 ; Abeillé, Godard & Sag 2003 ; Abeillé & Godard 2006 ; 2007). Le complémenteur[29] *dont* est défini en (148).

---

[29] Sag (1997) définit un super-type *verbal* qui a comme sous-types le verbe et les complémenteurs.

4.5 Une approche constructionnelle des RSV en termes d'ajouts fragmentaires

(148) Entrée lexicale pour le complémenteur *dont* dans les relatives ordinaires

$$\begin{bmatrix} \text{HEAD} & \begin{bmatrix} complementizer \\ \text{VFORM} \ \boxed{1} \end{bmatrix} \\ \text{MRKG} & dont \\ \text{COMPS} & \left\langle \text{S} \begin{bmatrix} \text{VFORM} & \boxed{1}tensed \\ \text{SUBJ} & \langle\rangle \\ \text{SLASH} & \{\boxed{2}\text{PP}[de]\} \\ \text{MRKG} & unmarked \end{bmatrix} \right\rangle \\ \text{BIND} & \{\boxed{2}\} \\ \text{SLASH} & \{\} \end{bmatrix}$$

Contrairement à l'introducteur *dont* dans les RSV, le complémenteur *dont* est une tête syntaxique[30], prenant comme complément une phrase tensée[31], auquel manque un constituant prépositionnel. En français standard, ce gap est un syntagme prépositionnel en *de*. Le trait BIND sert à lier la valeur du trait SLASH du complément phrastique. Comme la valeur est un syntagme prépositionnel en *de*, le gap dans une relative standard en *dont* est toujours un syntagme prépositionnel.

Je donne en Figure 4.15 un exemple de relative verbale introduite par le complémenteur *dont*. Le verbe *parle* possède un trait SLASH non vide indiquant qu'un argument est manquant. Le trait SLASH est partagé par les catégories dominant le verbe jusqu'à la relative elle-même, qui le « vide ».

En revanche, une RSV en *dont* n'a pas de trait SLASH, car il n'y a pas de constituant manquant. Je donne en Figure 4.16 un exemple de RSV en *dont*.

---

[30] Plus précisément, on peut considérer que le complémenteur *dont* est une tête « faible », c.-à-d. une tête syntaxique qui partage sa valeur de HEAD avec son complément (cf. Tseng 2002).

[31] Pour les phrases verbales en français, on peut faire la distinction entre phrase tensée et phrase finie (Abeillé & Godard à paraître). Une phrase tensée contient nécessairement une forme verbale ayant une marque de temps (indicatif, subjonctif, etc.). En revanche, l'opposition fini/non-fini est pertinente en français à cause du placement de la négation : les participes présents se distinguent des infinitifs, cf. *ne venant pas* vs. *ne venir pas. On peut ainsi considérer l'infinitif comme une forme verbale non finie et non tensée et le participe présent comme une forme finie et non tensée. Le complémenteur *dont* n'est compatible qu'avec une phrase tensée en français.

4 Les subordonnées fragmentaires : les relatives sans verbe

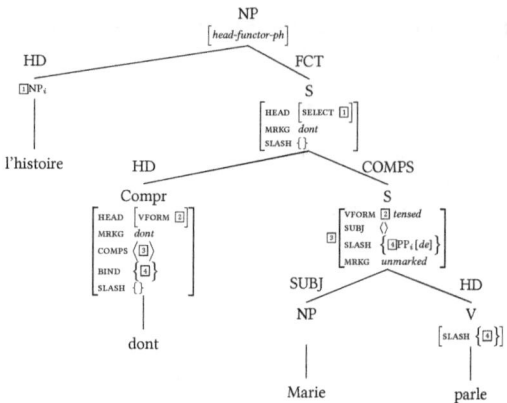

FIGURE 4.15 : Arbre avec le complémenteur *dont* dans les relatives verbales ordinaires

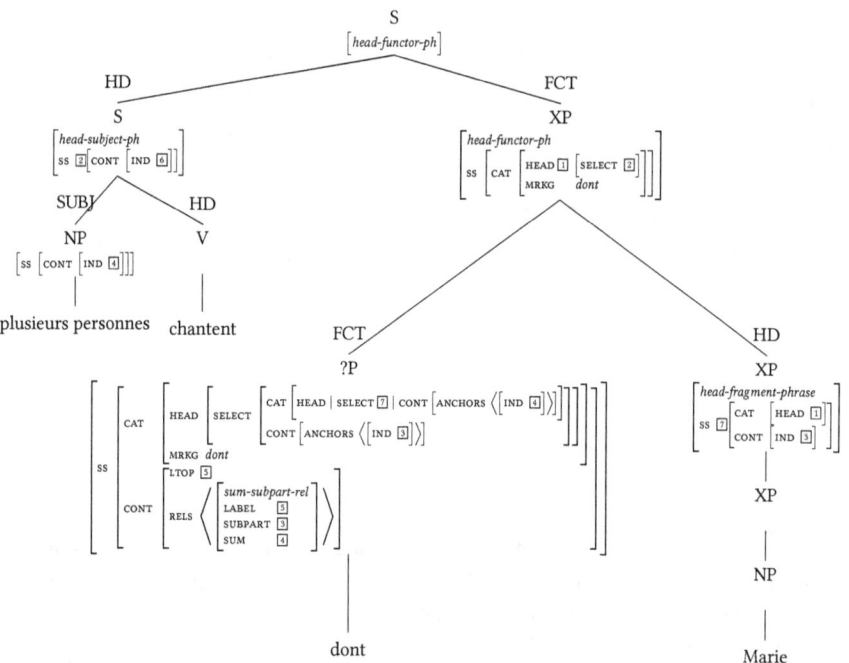

FIGURE 4.16 : Arbre avec l'introducteur *dont* dans les RSV

4.6 Conclusion

Les RSV se caractérisent par les propriétés suivantes : (i) ce sont des ajouts incidents ; (ii) elles ont une sémantique non restrictive, bien qu'elles fassent partie du contenu asserté de l'hôte, et (iii) elles ont une double sémantique partitive : au niveau des individus et au niveau des éventualités. En fonction du statut de l'élément distingué par rapport à l'antécédent, cette relation partitive se prête à deux interprétations : une interprétation exemplifiante si l'élément distingué constitue un élément de l'ensemble dénoté par l'antécédent, ou bien une interprétation partitionnante si l'élément distingué constitue un sous-ensemble de l'ensemble dénoté par l'antécédent.

Les RSV en roumain et en français ont été décrites comme des phrases relatives présentant une ellipse du verbe, en vertu de leur ressemblance avec les phrases relatives partitives non restrictives. Bien qu'une analyse en termes de reconstruction syntaxique puisse rendre compte de certaines propriétés des RSV, on a présenté des arguments empiriques (provenant des deux langues) contre une telle approche.

Une analyse des RSV comme des ajouts fragmentaires rend compte de l'ensemble des propriétés des RSV. Bien que cette nouvelle approche puisse sembler techniquement complexe, les parties individuelles qui la composent sont justifiées de manière indépendante pour d'autres constructions dans la grammaire des deux langues.

5 Conclusion générale

Dans cet ouvrage, j'ai développé un fragment de grammaire qui rend compte des propriétés majeures de deux constructions elliptiques (auxquelles « manque » la tête verbale), appelées respectivement gapping (1a) et relatives sans verbe (1b), abrégées RSV. Les deux constructions ont été choisies pour montrer qu'une analyse uniforme (sans reconstruction syntaxique) est disponible dans les deux types de relations syntaxiques : coordination et subordination. Au terme de ce livre, je veux insister sur les aspects généraux engendrés par l'étude des phrases elliptiques.

(1)   a. Jean aime les pommes [**et** Marie les bananes].
       b. Plusieurs personnes sont venues cette semaine, [**dont** Marie (hier)].

5.1 Ellipse et reconstruction

La proposition centrale défendue ici est que les phrases trouées dans les coordinations à gapping et les subordonnées relatives sans verbe ne peuvent pas être alignées sur le fonctionnement d'une phrase verbale ordinaire. Leurs propriétés syntaxiques et sémantiques montrent qu'elles ne sont pas dérivées à partir d'une phrase complète. Une analyse en termes de reconstruction syntaxique est donc inadéquate. Par conséquent, la phrase elliptique dans les deux types de structures mentionnés comporte un mode d'organisation syntaxique spécifique et doit avoir un statut indépendant dans la grammaire, à savoir le statut d'une *phrase fragmentaire*, c.-à-d. une unité syntaxique qui a un contenu de type message, mais dont la syntaxe est incomplète. Cet ouvrage apporte de nouveaux arguments en faveur d'une reconstruction plutôt sémantique avec des contraintes de parallélisme, cf. Ginzburg & Sag (2000) et Culicover & Jackendoff (2005).

Fondamentalement, la sémantique complète peut être obtenue à partir d'une syntaxe incomplète, en exploitant la notion de *fragment*, comme l'avaient proposé Ginzburg & Sag (2000) pour les questions et les réponses courtes dans le dialogue en anglais. On se donne donc en syntaxe la notion de *fragment* conçu comme une construction à laquelle sont associées des conditions de bonne formation syntaxiques et interprétatives. Cependant, contrairement à Ginzburg &

Sag (2000) qui analysent les fragments phrastiques comme ayant l'ensemble des propriétés d'une phrase finie (cf. la catégorie VERBAL), j'ai choisi de représenter les fragments comme étant construits à partir d'un *cluster*, notion reprise de Mouret (2006 ; 2007) et requise de manière indépendante pour les coordinations de séquences dans la portée syntaxique d'un prédicat. Le syntagme de type cluster réunit tous les éléments résiduels d'une phrase elliptique et rend accessibles leurs propriétés syntaxiques et sémantiques au niveau de la construction. En permettant au cluster de comporter un seul constituant immédiat ou plus, on peut obtenir une analyse uniforme des coordinations à gapping et des RSV dont le corps est composé d'un ou plusieurs constituants immédiats. Le fragment hérite la catégorie sous-spécifiée du cluster, ce qui lui permet de se combiner avec des foncteurs sélectionnant des catégories non finies (p.ex. *ainsi que* et *non pas* en français)[1] .

Une fois les deux notions de *fragment* et *cluster* introduites dans la grammaire, on peut ajouter les contraintes spécifiques à chaque construction. Ainsi, une coordination à gapping se distingue des autres constructions elliptiques par le fait que la phrase trouée doit suivre la phrase source (en roumain et en français) et par le fait que la relation discursive qui s'établit entre les conjoints est toujours une relation symétrique. Quant aux propriétés spécifiques des RSV, on note la présence d'un introducteur avec une sémantique partitive (c.-à-d. il impose une relation de type ensemble/sous-partie).

Fondamentalement, la description et l'analyse des deux constructions étudiées dans ce livre montrent que, de manière générale, on peut envisager une grammaire syntagmatique simple, surfaciste, sans éléments vides ou effacement, sans mouvement et sans postuler nécessairement d'homomorphisme syntaxe-sémantique.

5.2 Ellipse et parallélisme

Un des arguments majeurs qu'on mentionne habituellement en faveur d'une reconstruction syntaxique dans les constructions elliptiques est la présence des effets de « connectivité » discutés dans la section 2.5.1.1, c.-à-d. un parallélisme structural entre la phrase elliptique et la phrase source, en ce qui concerne les propriétés morpho-syntaxiques des éléments résiduels.

---

[1]Ces deux notions sont compatibles avec plusieurs traitements, comme on a pu le voir dans le chapitre 3 et chapitre 4 : dans le chapitre 3, j'ai tout simplement utilisé une version constructionnelle de HPSG, alors que dans le chapitre 4, j'ai utilisé, en plus, le langage *Minimal Recursion Semantics*.

Les résultats de cette recherche montrent que le parallélisme structural, tel qu'il est discuté dans les travaux sur l'ellipse, est moins strict que ce que l'on pense (*contra* Culicover & Jackendoff 2005). Ainsi, pour les constructions à gapping, on a vu que le parallélisme syntaxique n'est pas strict en ce qui concerne la catégorie grammaticale, le nombre de dépendants réalisés, ainsi que l'ordre dans lequel apparaissent les éléments résiduels par rapport à leurs corrélats dans la phrase source. Ce parallélisme syntaxique « relâché » exige simplement que les éléments résiduels remplissent les conditions de sélection du prédicat antécédent dans la phrase source (cf. la généralisation de Wasow qui gère les coordinations de termes dissemblables). De même, dans les RSV, on observe des asymétries en ce qui concerne le marquage prépositionnel (et casuel en roumain) : ainsi, en français, de manière générale, l'élément distingué dans le corps de la RSV ne peut pas recevoir le marquage prépositionnel de son légitimeur dans la phrase hôte ; en roumain aussi, l'élément distingué dans les RSV introduites par *dintre care* 'parmi lesquel(le)s' ne reçoit généralement pas de marque casuelle ou prépositionnelle, par rapport à son légitimeur.

En revanche, on doit accorder plus d'attention aux effets de parallélisme au niveau sémantique (et discursif pour le gapping). De manière générale, ces constructions elliptiques mettent en jeu un parallélisme sémantique fort. Dans les constructions à gapping, il doit y avoir au moins deux contrastes sémantiques entre les éléments résiduels et les corrélats (c.-à-d. deux paires contrastives). De plus, pour les coordinations à gapping, un parallélisme fort est observé aussi au niveau discursif, le gapping privilégiant les relations symétriques de parallélisme et de contraste. Dans les RSV, la relation sémantique qui s'établit entre l'élément distingué dans le corps de la RSV et son légitimeur dans la phrase hôte est toujours une relation partitive (c.-à-d. le légitimeur dans la phrase hôte doit être une entité fractionable exprimant une somme dont les sous-parties sont accessibles, alors que l'élément distingué dans la RSV doit être interprété comme une sous-partie de l'entité fractionable).

5.3 Perspectives

Un premier point que je veux mentionner concerne la description du gapping. Afin d'avoir une analyse complète des coordinations à gapping, le travail présenté dans ce livre devrait être suivi par une étude prosodique. On a vu que le parallélisme est strict surtout au niveau sémantique et discursif. Il reste à vérifier si l'intonation dans le gapping est plutôt sensible aux aspects sémantiques et discursifs et moins aux aspects syntaxiques, ce qui invaliderait l'hypothèse de Féry

5 Conclusion générale

& Hartmann (2005). On devrait vérifier aussi de plus près, dans les deux langues, les différents facteurs qui influencent les préférences des locuteurs dans l'acceptabilité des exemples, et cela peut être mieux observé en faisant des études de corpus et en utilisant des méthodes expérimentales.

Une deuxième piste de recherche concerne la parenté qui pourrait être établie entre les deux constructions étudiées dans cet ouvrage et d'autres constructions elliptiques. A plusieurs reprises, j'ai émis l'hypothèse selon laquelle certaines constructions elliptiques semblent se prêter à un même type d'analyse que celle proposée pour le gapping et les RSV.

Un type d'ellipse proche du gapping est le stripping et en particulier les ellipses polaires, dans lesquelles l'élément résiduel est accompagné d'un adverbe polaire comme *aussi* (2a) et *non plus* (2b) en français. Comme je l'ai déjà précisé dans le chapitre 3, certains auteurs (Hankamer & Sag 1976 ; Gardent 1991 ; Lobeck 1995 ; Hartmann 2000 ; Toosarvandani 2011, etc.) analysent ces exemples comme un sous-type de gapping. Une description détaillée doit être faite pour voir si l'on peut trouver une analyse uniforme pour le gapping et les ellipses polaires.

(2) a. Jean viendra à la fête [**et** Marie aussi].
     b. Jean n'est pas venu à la fête [**et** Marie non plus].

Les structures comparatives (3) constituent un autre type d'ellipse qui permet des séquences qui ressemblent au gapping dans la coordination (cf. Zribi-Hertz 1986 ; Culicover & Jackendoff 2005 ; Amsili & Desmets 2008). Toujours dans le chapitre 3, j'ai mentionné quelques éléments suggérant la souplesse des contraintes sur les structures comparatives, par rapport à celles qui sont en jeu dans une structure coordonnée. Une étude détaillée reste à faire pour voir si l'on peut envisager une analyse uniforme.

(3) a. Jean est autant doué en bricolage [**que** Marie en décoration].
     b. Il s'ennuie chez lui, [**comme** moi au boulot]. (Amsili & Desmets 2008)

Enfin, en dehors des RSV étudiées dans le chapitre 4, il y a d'autres subordonnées elliptiques ayant la fonction d'ajout et permettant des séquences à deux éléments résiduels : les ajouts additifs (4a), les ajouts exceptifs (4b) ou encore les ajouts concessifs (4c). Là encore, une étude reste à faire pour chaque construction, pour voir si l'analyse proposée dans ce livre peut être étendue.

(4) a. Tout le monde a apporté quelque chose, [**y compris** Marie un gâteau].
     b. Personne n'a apporté quoi que ce soit, [**sauf** Marie un gâteau].

    c. [**Bien que** pour la première fois à l'étranger], Marie s'est très bien débrouillée.

Contrairement à ce que l'on peut penser, j'aimerais préciser que les résultats de cette recherche ne remettent pas en cause à eux seuls la nécessité d'un mécanisme de reconstruction syntaxique dans la grammaire. Les mises en facteur à droite (abrégées RNR), par exemple, semblent mettre en jeu un mécanisme d'ellipse syntaxique (Abeillé & Mouret 2010 ; Chaves 2014 ; Abeillé et al. 2016). Comme je l'ai déjà mentionné dans la conclusion du chapitre 2, je considère que dans une grammaire de l'ellipse les deux solutions, à savoir la reconstruction syntaxique et la reconstruction à l'interface syntaxe-sémantique, doivent être disponibles, afin de rendre compte des propriétés des différentes constructions elliptiques.

Bibliographie

Abbot, Barbara. 1976. Right node raising as a test for constituenthood. *Linguistic Inquiry* 7(4). 639–642.
Abe, Jun & Hiroto Hoshi. 1997. Gapping and P-stranding. *Journal of East Asian Linguistics* 6(1). 101–136.
Abe, Jun & Hiroto Hoshi. 1999. Directionality of movement in ellipsis resolution in English and Japanese. In Shalom Lappin & Elabbas Benmamoun (éds.), *Fragments: Studies in ellipsis and gapping*, 193–226. Oxford University Press.
Abeillé, Anne. 2002. *Une grammaire électronique du français*. Paris: CNRS Editions.
Abeillé, Anne. 2003. A lexicon- and construction-based approach to coordinations. In Stefan Müller (éd.), *Proceedings of the HPSG'03 Conference*, 5–25. Stanford: CSLI Publications.
Abeillé, Anne. 2005. Les syntagmes conjoints et leurs fonctions syntaxiques. *Langages* 160. 42–66.
Abeillé, Anne. 2006. Stripping constructions in French. Paris. Présentation à la conférence internationale *Coordination and ellipsis*.
Abeillé, Anne. à paraître. Les phrases liées. In Anne Abeillé & Danièle Godard (éds.), *Grande grammaire du Français*. Arles: Actes Sud.
Abeillé, Anne, Gabriela Bîlbîie & François Mouret. 2014. A Romance perspective on gapping constructions. In Hans Boas & Francisco Gonzálvez-García (éds.), *Romance perspectives on Construction Grammar* (Constructional Approaches to Language), 227–267. Amsterdam/Philadelphia: John Benjamins.
Abeillé, Anne, Lionel Clément & François Toussenel. 2003. Building a French treebank. In Anne Abeillé (éd.), *Treebanks*, 165–188. Dordrecht: Kluwer.
Abeillé, Anne, Berthold Crysmann & Aoi Shiraïshi. 2016. Syntactic mismatch in French peripheral ellipsis. In Christopher Piñón (éd.), *Empirical issues in syntax and semantics 11*, 1–30.
Abeillé, Anne & Danièle Godard. 1996. La complémentation des auxiliaires en français. *Langages* 122. 32–61.

Bibliographie

Abeillé, Anne & Danièle Godard. 2003. Les prédicats complexes dans les langues romanes. In Danièle Godard (éd.), *Les langues romanes. Problèmes de la phrase simple*, 125–184. Paris: CNRS Editions.

Abeillé, Anne & Danièle Godard. 2006. Les relatives sans pronom relatif. In Michaël Abecassis, Laure Ayosso & Elodie Vialleton (éds.), *Le français parlé au 21ème siècle : normes et variations dans les discours et en interaction*, 37–60. Paris: l'Harmattan.

Abeillé, Anne & Danièle Godard. 2007. Resumptive pronouns in French *dont* and *que* relative clauses. Université Paris Diderot - Paris 7 & Université de Nantes. Présentation à la *Table ronde sur les pronoms résomptifs*.

Abeillé, Anne & Danièle Godard. à paraître. *Grande grammaire du Français*. Arles: Actes Sud.

Abeillé, Anne, Danièle Godard & Ivan A. Sag. 2003. French relative clause constructions. Université Paris Diderot – Paris 7 & Stanford University. Manuscrit.

Abeillé, Anne & François Mouret. 2010. Quelques contraintes sur les coordinations elliptiques en français. *Revue de Sémantique et Pragmatique* 24. 177–206.

Abeillé, Anne, François Mouret, Cédric Patin, Géraldine Vercherand & Hiyon Yoo. en préparation. Is there a prosodic correlate to gapping in French? Université Paris Diderot – Paris 7. Manuscrit.

Aelbrecht, Lobke. 2009. *You have the right to remain silent: the syntactic licensing of ellipsis*. Université catholique de Bruxelles. Thèse de doctorat.

Agafonova, Irina. 2014. On syntax-semantics of gapping constructions. In *Proceedings from the Annual Meeting of the Chicago Linguistic Society 46*, 1–16. Chicago Linguistic Society.

Agbayani, Brian & Ed Zoerner. 2004. Gapping, pseudogapping and sideward movement. *Studia Linguistica* 58(3). 185–211.

Ambridge, Ben & Adèle Goldberg. 2008. The island status of clausal complements: Evidence in favor of an information structure explanation. *Cognitive Linguistics* 19(3). 357–389.

Amsili, Pascal & Claire Beyssade. 2009. Obligatory presupposition in discourse. In Peter Kühnlein, Anton Benz & Candace Sidner (éds.), *Constraints in discourse*, vol. 2 (Pragmatics and Beyond new series), 105–124. Amsterdam/Philadelphia: John Benjamins.

Amsili, Pascal & Marianne Desmets. 2008. French comparative ellipsis. Paris. Présentation à *International Conference on Elliptical Constructions*.

Arnold, Doug. 2004. Non-restrictive relative clauses in construction based HPSG. In Stefan Müller (éd.), *Proceedings of the HPSG'04 Conference*, 27–47. Stanford: CSLI Publications.

Arnold, Doug. 2007. Non-restrictive relatives are not orphans. *Journal of Linguistics* 2. 272–309.

Arnold, Doug & Robert Borsley. 2008. Non-restrictive relative clauses, ellipsis and anaphora. In Stefan Müller (éd.), *Proceedings of the HPSG'08 Conference*, 5–25. Stanford: CSLI Publications.

Asher, Nicholas. 1993. *Reference to abstract objects in discourse* (Studies in Linguistics and Philosophy). Dordrecht: Kluwer.

Asher, Nicholas & Alex Lascarides. 2003. *Logics of conversation* (Studies in Natural Language Processing). Cambridge University Press.

Avram, Larisa & Martine Coene. 2009. Null objects and accusative clitics in Romanian. *Bucharest Working Papers in Linguistics* 11(1). 233–252.

Baltin, Mark. 1987. Do antecedent-contained deletions exist ? *Linguistic Inquiry* 18(4). 579–595.

Barbu, Ana-Maria. 1999. Complexul verbal. *Studii și cercetări lingvistice* L(1). 39–84.

Barbu, Ana-Maria. 2003. The negation *nu*: lexical or affixal item ? In Emil Ionescu (éd.), *Understanding Romanian negation. syntactic and semantic approaches in a declarative perspective*, 68–82. Bucarest: Editura Universității din București.

Barbu, Ana-Maria. 2004. Statutul semiadverbelor din cadrul complexului verbal. In Gabriela Pană Dindelegan (éd.), *Tradiție și inovație în studiul limbii române*, 625–634. Bucarest: Editura Universității din București.

Barton, Ellen. 1990. *Nonsentential constituents: A theory of grammatical structure and pragmatic interpretation* (Pragmatics and Beyond New Series). Amsterdam/Philadelphia: John Benjamins.

Beavers, John & Ivan A. Sag. 2004. Coordinate ellipsis and apparent non-constituent coordination. In Stefan Müller (éd.), *Proceedings of the HPSG'04 Conference*, 48–69. Stanford: CSLI Publications.

Beck, Sigrid. 1997. On the semantics of comparative conditionals. *Linguistics and Philosophy* 20(3). 229–271.

Beyssade, Claire & Jean-Marie Marandin. 2006. The speech act assignment problem revisited: disentangling speaker's commitment from speaker's call on addressee. In Olivier Bonami & Patricia Cabredo Hofherr (éds.), *Empirical studies in syntax and semantics 6*, 37–68.

Bîlbîie, Gabriela. 2008. A syntactic account of Romanian correlative coordination from a Romance perspective. In Stefan Müller (éd.), *Proceedings of the HPSG'08 Conference*, 25–45. Stanford: CSLI Publications.

Bîlbîie, Gabriela. 2009. Against syntactic reconstruction in Romanian gapping. *Bucharest Working Papers in Linguistics* 11(1). 119–134.

Bibliographie

Bîlbîie, Gabriela. 2010. Left-peripheral ellipsis in Romanian: between gapping and argument cluster coordination analyses. Université de Bucarest. Présentation à *The 11th Conference of the English Department*.

Bîlbîie, Gabriela. 2011. *Grammaire des constructions elliptiques. Une étude comparative des phrases sans verbe en roumain et en français*. Université Paris Diderot – Paris 7. Thèse de doctorat.

Bîlbîie, Gabriela. 2013a. A quantitative study on right node raising in the Penn Treebank. Genève. Communication au *19ème Congrès International des Linguistes*.

Bîlbîie, Gabriela. 2013b. Une perspective quantitative sur le gapping dans le Penn Treebank. Université Paris Diderot - Paris 7. Présentation dans le cadre du séminaire *Ellipse*.

Bîlbîie, Gabriela & Frédéric Laurens. 2009. A construction-based analysis of verbless relative adjuncts in French and Romanian. In Stefan Müller (éd.), *Proceedings of the HPSG'09 Conference*, 5–25. Stanford: CSLI Publications.

Bîlbîie, Gabriela & Frédéric Laurens. 2010. Towards a non-elliptical analysis of verbless relative adjuncts. *Bucharest Working Papers in Linguistics* 12(1). 51–66.

Bîlbîie, Gabriela & Grégoire Winterstein. 2011. Expressing contrast in Romanian: the conjunction *iar*. In Janine Berns, Haike Jacobs & Tobias Scheer (éds.), *Romance languages and linguistic theory 2009: Selected papers from 'going Romance' Nice 2009*, 1–18. Amsterdam/Philadelphia: John Benjamins.

Blanche-Benveniste, Claire & Dominique Willems. 2007. Un nouveau regard sur les verbes faibles. *Bulletin de la Société Linguistique de Paris* 102(1). 217–254.

Boeckx, Cedric. 2000. An additional note on pseudogapping. In Kerstin Schwabe & Ning Zhang (éds.), *Ellipsis in conjunction*, 117–132. Tübingen: Max Niemeyer Verlag.

Bonami, Olivier & Danièle Godard. 2005. Les adverbes évaluatifs dans une approche multidimensionnelle du sens. In Injoo Choi-Jonin, Myriam Bras, Anne Dagnac & Magali Rouquier (éds.), *Questions de classification en linguistique : méthodes et descriptions*, 19–37. Berne: Peter Lang.

Bonami, Olivier & Danièle Godard. 2007. Quelle syntaxe, incidemment, pour les adverbes incidents ? *Bulletin de la Société de linguistique de Paris* CII. 255–284.

Bonami, Olivier & Danièle Godard. 2008. Vers une syntaxe générale des constituants incidents. Université de Haute Bretagne - Rennes. Présentation au Séminaire du LIDILE.

Booij, Geert. 1994. Against split morphology. In Geert Booij & Jaap van Marle (éds.), *Yearbook of Morphology 1993*, 27–50. Dordrecht: Kluwer Academic Publishers.

Booij, Geert. 1996. Inherent versus contextual inflection and the split morphology hypothesis. In Geert Booij & Jaap van Marle (éds.), *Yearbook of Morphology 1995*, 1–16. Dordrecht: Kluwer Academic Publishers.

Booij, Geert. 2007. *The grammar of words: An introduction to morphology*. 2e édition. Oxford University Press.

Boone, Enrico. 2014. *The syntax and licensing of gapping and fragments*. Université de Leiden. Thèse de doctorat.

Borsley, Robert. 1994. In defense of coordinate structures. *Linguistic Analysis* 24. 219–246.

Borsley, Robert. 2005. Against ConjP. *Lingua* 115. 461–482.

Bouton, Lawrence. 1970. Antecedent contained pro-forms. In *Proceedings from the Annual Meeting of the Chicago Linguistic Society 6*, 154–167. Chicago Linguistic Society.

Bresnan, Joan. 1973. Syntax of the comparative clause construction in English. *Linguistic Inquiry* 4(3). 275–343.

Briscoe, Ted & Ann Copestake. 1999. Lexical rules in constraint-based grammars. *Computational Linguistics* 25(4). 487–526.

Büring, Daniel. 2003. On D-trees, beans, and B-accents. *Linguistics and Philosophy*. 511–545.

Busquets, Joan & Pascal Denis. 2001. L'ellipse modale en français. *Cahiers de Grammaire* 26. 55–74.

Camacho, José. 2003. *The structure of coordination. Conjunction and agreement phenomena in Spanish and other languages*. Vol. 57 (Studies in Natural Language and Linguistic Theory). Dordrecht: Kluwer Academic Publishers.

Carlson, Greg. 1987. Same and different: Some consequences for syntax and semantics. *Linguistics and Philosophy* 10(4). 531–565.

Carlson, Katy. 2001. The effects of parallelism and prosody in the processing of gapping structures. *Language and Speech* 44(1). 1–26.

Carlson, Katy. 2002. *Parallelism and prosody in the processing of ellipsis sentences*. New York: Routledge.

Carlson, Katy, Michael Walsh Dickey & Christopher Kennedy. 2005. Structural economy in the processing and representation of gapping sentences. *Syntax* 8(3). 208–228.

Bibliographie

Cecchetto, Carlo & Orin Percus. 2006. When we do that and when we don't: a contrastive analysis of VP-ellipsis and VP-anaphora. In Mara Frascarelli (éd.), *Phases of interpretation*, 71–106. Berlin: Mouton de Gruyter.

Centeno, Naiara. 2011. *Gapping and determiner sharing in Spanish*. University of the Basque Country. Thèse de doctorat.

Chao, Wynn. 1988. *On ellipsis*. New York: Garland Publishing.

Chaves, Rui. 2005. A linearization-based approach to gapping. In Gerhard Jäger, Paola Monachesi, Gerald Penn & Shuly Wintner (éds.), *FG-MOL 2005: The 10th Conference on Formal Grammar and the 9th Meeting on Mathematics of Language*, 207–220. Stanford: CSLI Publications.

Chaves, Rui. 2007. *Coordinate structures. Constraint-based syntax-semantics processing*. University of Lisbon. Thèse de doctorat.

Chaves, Rui. 2014. On the disunity of right-node raising phenomena: Extraposition, ellipsis, and deletion. *Language* 90(4). 834–886.

Chaves, Rui & Ivan A. Sag. 2008. Left- and right-peripheral ellipsis in coordinate and non-coordinate structures. University at Buffalo & Stanford University. Manuscrit.

Chomsky, Noam. 1964. *Current issues in linguistic theory*. La Haye: Mouton.

Chung, Sandra. 2005. Sluicing and the lexicon: The point of no return. In Rebecca Cover & Yuni Kim (éds.), *Proceedings of the Annual Meeting of the Berkeley Linguistics Society 31*, 73–91. Berkeley Linguistics Society.

Chung, Sandra, Ladusaw William & James McCloskey. 1995. Sluicing and logical form. *Natural Language Semantics* 3. 239–282.

Clément, Lionel. 2010. Zeugme sémantique. *Revue de Sémantique et Pragmatique* 24. 231–247.

Cooper, Robin. 2005. Records and record types in semantic theory. *Journal of Logic and Computation* 15(2). 99–112.

Copestake, Ann, Dan Flickinger, Carl J. Pollard & Ivan A. Sag. 2005. Minimal recursion semantics: An introduction. *Research on Language and Computation* 3(4). 281–332.

Coppock, Elizabeth. 2001. Gapping: in defense of deletion. In *Proceedings from the Annual Meeting of the Chicago Linguistic Society 37*, 133–148. Chicago Linguistic Society.

Corblin, Francis. 1997. Les indéfinis : variables et quantificateurs. *Langue française* 116. 8–32.

Corblin, Francis, Jean-Marie Marandin & Petra Sleeman. 2004. Nounless determiners. In Francis Corblin & Henriette de Swart (éds.), *Handbook of French semantics*, 23–40. Stanford: CSLI Publications.

Cornilescu, Alexandra & Alexandru Nicolae. 2010. On nominal ellipsis and the valuation of definiteness in Romanian. *Bucharest Working Papers in Linguistics* 12(1). 93–125.

Crysmann, Berthold. 2003. An asymmetric theory of peripheral sharing in HPSG: Conjunction reduction and coordination of unlikes. In Gerhard Jäger, Paola Monachesi, Gerald Penn & Shuly Wintner (éds.), *Proceedings of formal grammar 2003*, 45–64. Stanford: CSLI Publications.

Crysmann, Berthold. 2006. Coordination. In Keith Brown (éd.), *Encyclopedia of language and linguistics*, vol. 3, 183–196. Oxford: Elsevier Science.

Culicover, Peter. 2009. *Natural language syntax*. Oxford University Press.

Culicover, Peter & Ray Jackendoff. 2005. *Simpler syntax*. Oxford University Press.

Cummins, Sarah & Yves Roberge. 2005. A modular account of null objects in French. *Syntax* 8(1). 44–64.

Cyrino, Sonia & Gabriela Matos. 2002. VP ellipsis in European and Brazilian Portuguese – A comparative analysis. *Journal of Portuguese Linguistics* 1(2). 177–195.

Dagnac, Anne. 2008. L'ellipse modale en français : arguments pour une ellipse du TP. In Jacques Durand, Benoît Habert & Bernard Laks (éds.), *Actes du Congrès Mondial de Linguistique Française – CMLF'08*, 2453–2465.

Dagnac, Anne. 2010. Modal ellipsis in French, Spanish and Italian: evidence for a TP-deletion analysis. In Karlos Arregi, Zsuzsanna Fagyal, Silvina Montrul & Annie Tremblay (éds.), *Romance linguistics 2008: Interactions in Romance*, 157–170. Amsterdam/Philadelphia: John Benjamins.

Dalrymple, Mary. 2005. Against reconstruction in ellipsis. In Reinaldo Elugardo & Robert J. Stainton (éds.), *Ellipsis and nonsentential speech*, 31–55. Dordrecht: Springer.

Dalrymple, Mary, Stuart Shieber & Fernando Pereira. 1991. Ellipsis and higher-order unification. *Linguistics and Philosophy* 14(4). 399–452.

Depiante, Marcela. 2000. *The syntax of deep and surface anaphora: A study of null complement anaphora and stripping/bare argument ellipsis*. University of Connecticut. Thèse de doctorat.

Depiante, Marcela. 2001. On null complement anaphora in Spanish and Italian. *Probus* 13. 193–221.

Desmets, Marianne. 2008. Ellipses dans les constructions comparatives en *comme*. *Linx* 58. 47–74.

Dobrovie-Sorin, Carmen & Claire Beyssade. 2004. *Définir les indéfinis*. Paris: CNRS Editions.

Bibliographie

Dowty, David. 1988. Type raising, functional composition, and non-constituent conjunction. In Richard Oehrle, Emmon Bach & Deirdre Wheeler (éds.), *Categorial Grammers and natural language structures*, 153–198. Dordrecht: Kluwer.

Fălăuş, Anamaria. 2008. Romanian n-words as negative quantifiers. In *Proceedings of the 31st Annual Penn Linguistics Colloquium: University of Pennsylvania Working Papers in Linguistics*, vol. 14, 121–134.

Fanselow, Gisbert & Stefan Frisch. 2006. Effects of processing difficulty on judgments of acceptability. In Gisbert Fanselow, Caroline Féry, Ralf Vogel & Matthias Schlesewsky (éds.), *Gradience in grammar: Generative perspectives*. Oxford University Press.

Farudi, Annahita. 2013. *Gapping in Farsi: a crosslinguistic investigation*. University of Massachusetts. Thèse de doctorat.

Fernández, Raquel. 2006. *Non-sentential utterances in dialogue: Classification, resolution and use*. King's College London. Thèse de doctorat.

Fernández, Raquel, Jonathan Ginzburg & Shalom Lappin. 2007. Classifying non-sentential utterances in dialogue: A machine learning approach. *Computational Linguistics* 33(3). 397–427.

Féry, Caroline & Katharina Hartmann. 2005. The focus and prosodic structure of German right node raising and gapping. *Linguistic Review* 22. 69–116.

Fiengo, Robert & Robert May. 1994. *Indices and identity*. MIT Press.

Fillmore, Charles. 1986. Pragmatically controlled zero anaphora. In *Proceedings of the Annual Meeting of the Berkeley Linguistics Society 12*, 95–107. Berkeley Linguistics Society.

Fortin, Catherine Rose. 2007. *Indonesian sluicing and verb phrase ellipsis: Description and explanation in a minimalist framework*. University of Michigan, Ann Arbor. Thèse de doctorat.

Fox, Danny. 2000. *Economy and semantic interpretation*. Cambridge: MIT Press.

Frazier, Lyn & Charles Clifton. 2005. The syntax-discourse divide: processing ellipsis. *Syntax* 8(2). 121–174.

Frazier, Lyn & Charles Clifton. 2006. Ellipsis and discourse coherence. *Linguistics and Philosophy* 29(3). 315–346.

Furbee, N. Louanna. 1974. Identity in gapping and lexical insertion of verbs. *Linguistic Inquiry* 5(2). 299–304.

Gaeta, Livio & Silvia Luraghi. 2001. Gapping in Classical Greek prose. *Studies in Language* 25(1). 89–113.

Gardent, Claire. 1991. *Gapping and VP ellipsis in a unification-based grammar*. University of Edinburgh. Thèse de doctorat.

Gazdar, Gerald. 1981. Speech act assignment. In Aravind Joshi, Bonnie Webber & Ivan A. Sag (éds.), *Elements of discourse understanding*, 64–83. Cambridge University Press.

Gazdar, Gerald, Ewan Klein, Geoffrey K. Pullum & Ivan A. Sag. 1985. *Generalized Phrase Structure Grammar*. Oxford: Basil Blackwell.

Gengel, Kirsten. 2013. *Pseudogapping and ellipsis*. Oxford University Press.

Gheorghe, Mihaela. 2004. *Propoziția relativă*. Bucarest: Editura Paralela 45.

Gheorghe, Mihaela. 2005. Construcții cu propoziții relative. In Valeria Guțu-Romalo (éd.), *Gramatica limbii române*, vol. II. Bucarest: Editura Academiei Române.

Ginzburg, Jonathan. 2012. *The interactive stance: Meaning for conversation*. Oxford University Press.

Ginzburg, Jonathan & Robin Cooper. 2004. Clarification, ellipsis, and the nature of contextual updates in dialogue. *Linguistics and Philosophy* 27. 297–365.

Ginzburg, Jonathan & Philip Miller. à paraître. Ellipsis in Head-Driven Phrase Structure Grammar. In Jeroen van Craenenbrock & Tanja Temmerman (éds.), *Handbook of ellipsis*. Oxford University Press.

Ginzburg, Jonathan & Ivan A. Sag. 2000. *Interrogative investigations: the form, meaning and use of English interrogatives*. Vol. 123. Stanford: CSLI Publications.

Giurgea, Ion. 2010. *Pronoms, déterminants et ellipse nominale*. Bucarest: Editura Universității din București.

Godard, Danièle. 1988. *La syntaxe des relatives en français*. Paris: CNRS Editions.

Godard, Danièle. 1989. Français standard et non standard : les relatives. *LINX* 20. 51–88.

Goldberg, Lotus. 2005. *Verb-stranding VP ellipsis: A cross-linguistic study*. McGill University. Thèse de doctorat.

Goodall, Grant. 1987. *Parallel structures in syntax: coordination, causatives, and restructuring*. Cambridge University Press.

Green, Georgia. 1976. Main clause phenomena in subordinate clauses. *Language* 52(2). 382–397.

Grevisse, Maurice. 1993. *Le bon usage*. 13e édition. Boeck Duculot.

Grevisse, Maurice & André Goosse. 1991. *Le bon usage*. 11e édition. Boeck Duculot.

Grice, Paul. 1968. Utterer's meaning, sentence meaning and word-meaning. *Foundations of Language* 4. 225–242.

Grinder, John & Paul Postal. 1971. Missing antecedents. *Linguistic Inquiry* 2(3). 269–312.

Bibliographie

Gundel, Jeanette. 1988. Universals of topic-comment structure. In Michael Hammond, Edith A. Moravcsik & Jessica Wirth (éds.), *Studies in syntactic typology*, vol. 17 (Typological Studies in Language), 209–239. Amsterdam/Philadelphia: John Benjamins.

Gundel, Jeanette & Thorstein Fretheim. 2004. Topic and focus. In Laurence Horn & Gregory Ward (éds.), *The handbook of pragmatics*, 175–196. Oxford: Blackwell Publishing.

Guţu-Romalo, Valeria (éd.). 2005. *Gramatica limbii române*. Vol. II. Bucarest: Editura Academiei Române.

Hankamer, Jorge. 1971. *Constraints on deletion in syntax*. Yale University. Thèse de doctorat.

Hankamer, Jorge. 1973. Unacceptable ambiguity. *Linguistic Inquiry* 4(1). 17–68.

Hankamer, Jorge. 1979. *Deletion in coordinate structures*. New York: Garland.

Hankamer, Jorge & Ivan A. Sag. 1976. Deep and surface anaphora. *Linguistic Inquiry* 7(3). 391–428.

Hardt, Daniel. 1993. *Verb phrase ellipsis: Form, meaning and processing*. University of Pennsylvania. Thèse de doctorat.

Hardt, Daniel. 1999. Dynamic interpretation of verb phrase ellipsis. *Linguistics and Philosophy* 22. 185–219.

Harries-Delisle, Helga. 1978. Coordination reduction. In Joseph Greenberg (éd.), *Universals of human language*, 515–583. Stanford University Press.

Hartmann, Katharina. 2000. *Right node raising and gapping. Interface conditions on prosodic deletion*. Amsterdam/Philadelphia: John Benjamins.

Haspelmath, Martin. 2007. Coordination. In Timothy Shopen (éd.), *Language typology and syntactic description. Complex constructions*, vol. 2, 1–51. Cambridge University Press.

Hawkins, John. 1988. On explaining some right-left asymmetries in syntactic and morphological universals. In Michael Hammond, Edith Moravcsik & Jessica Wirth (éds.), *Studies in syntactic typology*, 321–357. Amsterdam/Philadelphia: John Benjamins.

Hendriks, Petra. 1995. *Comparatives and Categorial Grammar*. University of Gröningen. Thèse de doctorat.

Hendriks, Petra. 2004. Coherence relations, ellipsis and contrastive topics. *Journal of Semantics* 21(2). 133–153.

Hendriks, Petra & Jennifer Spenader. 2005. Why be silent? some functions of ellipsis in natural language. In Jennifer Spenader & Petra Hendriks (éds.), *Proceedings of the ESSLLI'05 workshop on cross-modular approaches to ellipsis*, 29–36. Heriot-Watt University.

Hernández, Ana Carrera. 2007. Gapping as a syntactic dependency. *Lingua* 117. 2106–2133.

Hinterwimmer, Stefan & Sophie Repp. 2008. Different alternatives for topics and foci: Evidence from indefinites and multiple *wh*. In Atle Grønn (éd.), *Proceedings of SuB12*, 241–255. Oslo: ILOS.

Hoeksema, Jack. 1983. Negative polarity and the comparative. *Natural Language and Linguistic Theory* 1(3). 403–434.

Hoeksema, Jack. 2006. Pseudogapping: its syntactic analysis and cummulative effects on its acceptability. *Research in Language and Computation* 4. 335–352.

Hofmeister, Philip & Ivan A. Sag. 2010. Cognitive constraints and island effects. *Language* 86(2). 366–415.

Höhle, Tilman. 1991. On reconstruction and coordination. In Hubert Haider & Klaus Netter (éds.), *Representation and Derivation in the theory of grammar* (Studies in Natural Language and Linguistic Theory), 139–197. Dordrecht: Kluwer.

Horn, Laurence. 1993. Economy and redundancy in a dualistic model of natural language. In Susanna Shore & Maria Vilkuna (éds.), *SKY 1993: 1993 Yearbook of the Linguistic Association of Finland*, 33–72.

Hoyt, Frederic. 2008. Once more into the gap. University of Texas at Austin. Manuscrit.

Hoyt, Frederic & Alexandra Teodorescu. 2004. Sluicing in Romanian: A typological study. In Julie Auger, J. Clancy Clements & Barbara Vance (éds.), *Contemporary approaches to Romance linguistics: Selected Papers from the 33rd Linguistic Symposium on Romance Languages*, 197–215. Amsterdam/Philadelphia: John Benjamins.

Huang, C.-T. James. 1984. On the distribution and reference of empty pronouns. *Linguistic Inquiry* 15. 531–574.

Huddleston, Rodney. 1967. More on the English comparative. *Journal of Linguistics* 3(1). 91–102.

Huddleston, Rodney. 1994. The contrast between interrogatives and questions. *Journal of Linguistics* 30(2). 411–439.

Huddleston, Rodney & Geoffrey K. Pullum (éds.). 2002. *The Cambridge grammar of the English language*. Cambridge University Press.

Hudson, Richard. 1976. Conjunction reduction, gapping and right-node raising. *Language* 52. 535–562.

Hudson, Richard. 1988. Coordination and grammatical relations. *Journal of Linguistics* 24. 303–342.

Bibliographie

Hudson, Richard. 1989. Gapping and grammatical relations. *Journal of Linguistics* 25. 57–94.

Hulsey, Sarah. 2008. *Focus sensitive coordination*. MIT. Thèse de doctorat.

Ince, Atakan. 2009. *Dimensions of ellipsis: investigations in Turkish*. University of Maryland, College Park. Thèse de doctorat.

Ionescu, Emil (éd.). 2003. *Understanding Romanian negation. syntactic and semantic approaches in a declarative perspective*. Bucarest: Editura Universității din București.

Ionescu, Emil. 2005. Verbe cu complemente directe neexprimate în română. *Analele Universității din București*. Limbă și Literatură.

Iordăchioaia, Gianina. 2010. *Negative concord with negative quantifiers: A polyadic quantifier approach to Romanian negative concord*. University of Tübingen. Thèse de doctorat.

Izutsu, Mitsuko Narita. 2008. Contrast, concessive, and corrective: Toward a comprehensive study of opposition relations. *Journal of Pragmatics* 40. 646–675.

Jackendoff, Ray. 1971. Gapping and related rules. *Linguistic Inquiry* 2(1). 21–35.

Jackendoff, Ray. 1972. *Semantic interpretation in generative grammar*. Cambridge: MIT Press.

Jasinskaja, Katja & Henk Zeevat. 2009. Explaining conjunction systems: Russian, English, German. In Arndt Riester & Torgrim Solstad (éds.), *Proceedings of Sinn und Bedeutung 13*, 231–245. Stuttgart.

Jasinskaja, Katja & Henk Zeevat. 2010. Explaining additive, adversative and contrast marking in Russian and English. *Revue de Sémantique et Pragmatique* 24. 65–91.

Jayaseelan, K.A. 1990. Incomplete VP deletion and gapping. *Linguistic Analysis* 20. 64–81.

Jayez, Jacques & Corinne Rossari. 2004. Parentheticals as conventional implicatures. In Francis Corblin & Henriette de Swart (éds.), *Handbook of French semantics*, 211–229. Stanford: CSLI Publications.

Johannessen, Janne Bondi. 1998. *Coordination*. Oxford University Press.

Johnson, Kyle. 2000. Gapping determiners. In Kerstin Schwabe & Ning Zhang (éds.), *Ellipsis in conjunction*, 95–116. Tübingen: Niemeyer.

Johnson, Kyle. 2001. What VP ellipsis can do, and what it can't, but not why. In Mark Baltin & Chris Collins (éds.), *The handbook of contemporary syntactic theory*, 139–479. Oxford: Blackwell Publishers.

Johnson, Kyle (éd.). 2008. *Topics in ellipsis*. Cambridge University Press.

Johnson, Kyle. 2009. Gapping is not (VP-)ellipsis. *Linguistic Inquiry* 40(2). 289–328.

Johnson, Kyle. 2014. Gapping. University of Massachusetts, Amherst. Manuscrit.

Johnson, Kyle. 1996/2004. In search of the English middle field. University of Massachusetts, Amherst. Manuscrit.

Kayne, Richard. 1994. *The antisymmetry of syntax*. Cambridge: MIT Press.

Kazenin, Konstantin. 2001. Gapping and some agreement puzzles. University of Tübingen. Manuscrit.

Kehler, Andrew. 1994. A discourse processing account of gapping and causal implicature. Harvard University. Manuscrit.

Kehler, Andrew. 1996. Coherence and the coordinate structure constraint. In David Librik & Roxane Beeler (éds.), *Proceedings of the Annual Meeting of the Berkeley Linguistics Society 22*, 220–231. Berkeley Linguistics Society.

Kehler, Andrew. 2000. Coherence and the resolution of ellipsis. *Linguistics and Philosophy* 23. 533–575.

Kehler, Andrew. 2002. *Coherence, reference and the theory of grammar*. Stanford: CSLI Publications.

Kennedy, Christopher. 1994. *Argument contained ellipsis*. Linguistic Research Center Report LRC-94-03. University of California, Santa Cruz.

Kennedy, Christopher. 1997. Antecedent-contained deletion and the syntax of quantification. *Linguistic Inquiry* 28(4). 662–688.

Kennedy, Christopher. 2003. Ellipsis and syntactic representation. In Susanne Winkler & Kerstin Schwabe (éds.), *The interfaces: Deriving and interpreting omitted structures*, 29–53. Amsterdam/Philadelphia: John Benjamins.

Kertz, Laura. 2010. *Ellipsis reconsidered*. University of California, San Diego, La Jolla. Thèse de doctorat.

Kertz, Laura. 2013. Verb phrase ellipsis: The view from information structure. *Language* 89. 390–428.

Kim, Jeong-Seok. 1997. *Syntactic focus movement and ellipsis: A minimalist approach*. University of Connecticut. Thèse de doctorat.

Kim, Jeong-Seok. 1998. A minimalist account of gapping in Korean/Japanese. *Studies in Generative Grammar* 8. 105–137.

Kim, Jeong-Seok. 2006. Gapping: movement or deletion. Yeungnam University. Manuscrit.

Kiss, Tibor. 2005. Semantic constraints on relative clause extraposition. *Natural Language and Linguistic Theory* 23(2). 281–334.

Kluender, Robert. 1998. On the distinction between strong and weak islands: a processing perspective. In Peter Culicover & Louise McNally (éds.), *Syntax and semantics 29: The limits of syntax*, 241–279. New York: Academic Press.

Konietzko, Andreas & Susanne Winkler. 2010. Contrastive ellipsis: Mapping between syntax and information structure. *Lingua* 120. 1436–1457.

Koutsoudas, Andreas. 1971. Gapping, conjunction reduction, and coordinate deletion. *Foundations of Language* 7. 337–386.

Kubota, Yusuke & Jungmee Lee. 2008. Reconsidering the coordinate structure constraint in Japanese and Korean: syntactic constraint or pragmatic principle? In Stefan Müller (éd.), *Proceedings of the HPSG'08 Conference*, 399–416. Stanford: CSLI Publications.

Kubota, Yusuke & Robert Levine. 2014. Pseudogapping as pseudo-VP ellipsis. In Nicholas Asher & Sergei Soloviev (éds.), *Logical aspects of computational linguistics*, 122–137. Berlin: Springer-Verlag.

Kuno, Susumu. 1972. Functional sentence perspective: A case study from Japanese and English. *Linguistic Inquiry* 3(3). 269–320.

Kuno, Susumu. 1976. Gapping: A functional analysis. *Linguistic Inquiry* 7(2). 300–318.

Kuno, Susumu. 1982. The focus of the question and the focus of the answer. In *Proceedings from the Annual Meeting of the Chicago Linguistic Society 18*, 134–157. Chicago Linguistic Society.

Kuroda, Shige-Yuki. 1972. The categorical and the thetic judgement: Evidence from Japanese syntax. *Foundations of Language* 9(2). 153–185.

Laca, Brenda & Liliane Tasmowski. 2001. Distributivité et interprétations dépendantes des expressions d'identité. In Georges Kleiber, Brenda Laca & Liliane Tasmowski (éds.), *Typologie des groupes nominaux*, 143–166. Rennes: Presses Universitaires de Rennes.

Lakoff, George. 1973. Hedges: a study in meaning criteria and the logic of fuzzy concepts. *Journal of Philosophical Logic* 2(4). 458–508.

Lakoff, George. 1974. Syntactic amalgams. In *Proceedings from the Annual Meeting of the Chicago Linguistic Society 10*, 321–344. Chicago Linguistic Society.

Lakoff, George. 1986. Frame semantic control of the coordinate structure constraint. In *Proceedings from the Annual Meeting of the Chicago Linguistic Society 22*, 152–167. Chicago Linguistic Society.

Lakoff, Robin. 1971. If's, And's and But's about conjunction. In Charles Fillmore & Terence Langendoen (éds.), *Studies in linguistic semantics*, 114–149. New York: Holt, Rinehart & Winston.

Lambrecht, Knud & Kevin Lemoine. 2005. Definite null objects in (spoken) French: A Construction-Grammar account. In Mirjam Fried & Hans Boas (éds.), *Grammatical constructions – Back to the roots*, vol. 4 (Constructional

Approaches to Language Series), 13–56. Amsterdam/Philadelphia: John Benjamins.
Lang, Ewald. 1984. *The semantics of coordination*. Vol. 9 (Studies in Language Companion Series). Amsterdam/Philadelphia: John Benjamins.
Lappin, Shalom. 1999. An HPSG account of antecedent contained ellipsis. In Shalom Lappin & Elabbas Benmamoun (éds.), *Fragments: Studies in ellipsis and gapping*, 68–97. Oxford University Press.
Lasersohn, Peter. 1995. *Plurality, conjunction and events*. Dordrecht: Kluwer.
Lasnik, Howard. 1999. Pseudogapping puzzles. In Shalom Lappin & Elabbas Benmamoun (éds.), *Fragments: Studies in ellipsis and gapping*, 141–174. Oxford University Press.
Lasnik, Howard. 2006. A family of questions. Présentation faite à l'Université Nanzan.
Laurens, Frédéric. 2007. *Analyse et formalisation des types de phrases averbales du français*. Université Paris Diderot – Paris 7. Mémoire de master.
Laurens, Frédéric. 2008. French predicative verbless utterances. In Stefan Müller (éd.), *Proceedings of the HPSG'08 Conference*, 152–172. Stanford: CSLI Publications.
Lechner, Winfried. 2001. Reduced and phrasal comparatives. *Natural Language and Linguistic Theory* 19. 683–735.
Lechner, Winfried. 2004. *Ellipsis in comparatives*. Mouton de Gruyter.
Lee, Hyeran. 2005. VP coordination analysis of gapping constructions in Korean. *Studies in Generative Grammar* 15(4). 533–562.
Levin, Nancy. 1986. *Main-verb ellipsis in spoken English*. New York: Garland Publishing.
Levin, Nancy & Ellen Prince. 1986. Gapping and causal implicature. *Papers in Linguistics* 19. 351–364.
Lin, Vivian. 2002. *Coordination and sharing at the interfaces*. MIT. Thèse de doctorat.
Lobeck, Anne. 1995. *Ellipsis. Functional heads, licensing and identification*. Oxford University Press.
López, Luis & Susanne Winkler. 2003. Variation at the syntax-semantics interface: Evidence from gapping. In Kerstin Schwabe & Susanne Winkler (éds.), *The interfaces: Deriving and interpreting omitted structures*, 227–248. Amsterdam/Philadelphia: John Benjamins.
Ludlow, Peter. 2005. A note on alleged cases of non-sentential speech. In Renaldo Elugardo & Robert Stainton (éds.), *Non-sentential speech*. Dordrecht: Kluwer.

Bibliographie

Maling, Joan. 1972. On gapping and the order of constituents. *Linguistic Inquiry* 3(1). 101–108.

Mallinson, Graham & Barry Blake. 1981. *Language typology*. Amsterdam: North Holland.

Manus, Sophie & Cédric Patin. 2011. Gapping in Bantu. Paris. Présentation à la conférence internationale *Topics in the typology of elliptical constructions*.

Marandin, Jean-Marie. 1999. Grammaire de l'incidence. Université Paris Diderot – Paris 7. Manuscrit.

Marandin, Jean-Marie. 2008. The exclamative clause type in French. In Stefan Müller (éd.), *Proceedings of the HPSG'08 Conference*, 436–456. Stanford: CSLI Publications.

Marandin, Jean-Marie. à paraître. Types phrastiques. In Anne Abeillé & Danièle Godard (éds.), *Grande grammaire du Français*. Arles: Actes Sud.

Mardale, Alexandru. 2010. Eléments d'analyse du marquage différentiel de l'objet dans les langues romanes. *Faits de Langues: Les Cahiers* 2. 161–197.

Martin, Andrea & Brian McElree. 2009. Memory operations that support language comprehension: Evidence from verb-phrase ellipsis. *Journal of Experimental Psychology: Learning, Memory, and Cognition* 35(5). 1231–1239.

Martin, Andrea & Brian McElree. 2011. Direct-access retrieval during sentence comprehension: Evidence from sluicing. *Journal of Memory and Language* 64(4). 327–343.

Martins, Ana Maria. 2005. Clitic placement, VP-ellipsis, and scrambling in Romance. In Montserrat Batllori, Maria-Lluïsa Hernanz, Carme Picallo & Francesc Roca (éds.), *Grammaticalization and parametric variation*, 175–193. Oxford University Press.

Matos, Gabriela & Ana Brito. 2008. Comparative clauses and cross-linguistic variation: a syntactic approach. In Olivier Bonami & Patricia Cabredo-Hofherr (éds.), *Empirical issues in syntax and semantics 7*, 307–329.

Maxwell, John T. & Christopher Manning. 1996. A theory of non-constituent coordination based on finite-state rules. In Miriam Butt & Tracy Holloway King (éds.), *Proceedings of the LFG'96 Conference*. Stanford: CSLI Publications.

McCawley, James. 1988. *The syntactic phenomena of English*. 2e édition. Chicago University Press.

McCawley, James. 1993. Gapping with shared operators. In Joshua Guenter, Barbara Kaiser & Cheryl Zoll (éds.), *Proceedings of the Annual Meeting of the Berkeley Linguistics Society 19*, 245–253. Berkeley Linguistics Society.

McShane, Marjorie. 2005. *A theory of ellipsis*. Oxford University Press.

Melis, Ludo. 2001. La préposition est-elle toujours la tête d'un groupe prépositionnel ? *Travaux de linguistique* 42–43. 11–22.

Merchant, Jason. 2001. *The syntax of silence: Sluicing, islands, and the theory of ellipsis*. Oxford University Press.

Merchant, Jason. 2004. Fragments and ellipsis. *Linguistics and Philosophy* 27(6). 661–738.

Merchant, Jason. 2006. Sluicing. In Martin Everaert & Henk van Riemsdijk (éds.), *The syntax companion*, 269–289. London: Blackwell.

Merchant, Jason. 2008a. An asymmetry in voice mismatches in VP-ellipsis and pseudogapping. *Linguistic Inquiry* 39(1). 169–179.

Merchant, Jason. 2008b. Variable island repair under ellipsis. In Kyle Johnson (éd.), *Topics in ellipsis*, 132–153. Cambridge University Press.

Merchant, Jason. 2009. Ellipsis. In Artemis Alexiadou, Tibor Kiss & Miriam Butt (éds.), *Handbook of contemporary syntax*, 2nd edn. Berlin: Walter de Gruyter.

Merchant, Jason. 2011. Derivational and non derivational approaches to gender mismatches in Greek NPE. Paris. Présentation à la conférence internationale *Topics in the typology of elliptical constructions*.

Merchant, Jason. 2013a. Diagnosing ellipsis. In Lisa Cheng & Norbert Corver (éds.), *Diagnosing syntax*, 537–542. Oxford University Press.

Merchant, Jason. 2013b. Voice and ellipsis. *Linguistic Inquiry* 44(1). 77–108.

Merchant, Jason & Andrew Simpson (éds.). 2012. *Sluicing: Cross-linguistic perspectives*. Oxford University Press.

Meyer, Charles. 1995. Coordination ellipsis in spoken and written American English. *Language Sciences* 17(3). 241–269.

Miller, Philip. 1990. Pseudogapping and *Do so* substitution. In *Papers from the 26th Regional Meeting of the Chicago Linguistic Society*, 293–305. Chicago Linguistic Society.

Miller, Philip. 1997a. Auxiliary verbs in Old and Middle French: a diachronic study of substitutive *faire* and a comparison with the Modern English auxiliaries. In Ans van Kemenade & Nigel Vincent (éds.), *Parameters of Morphosyntactic Change*, 119–133. Cambridge University Press.

Miller, Philip. 1997b. Les morphèmes zéro à l'épreuve du rasoir d'Occam. In Jean Chuquet & Marc Fryd (éds.), *Travaux linguistiques du Cerlico*, vol. 10, 13–42. Rennes: Presses Universitaires de Rennes.

Miller, Philip. 2011. The choice between verbal anaphors in discourse. In Iris Hendricks, Sobha Lalitha Devi, António Branco & Ruslan Mitkov (éds.), *Anaphora processing and Applications. 8th Discourse Anaphora and Anaphor Resolution Colloquium, DAARC2011*, 82–95. Berlin: Springer.

Miller, Philip. 2014a. A corpus study of pseudogapping and its theoretical consequences. In Christopher Piñón (éd.), *Empirical issues in syntax and semantics* 10, 73–90.

Miller, Philip. 2014b. Les compléments orphelins dans les ellipses et anaphores verbales en anglais. In Geneviève Girard (éd.), *Autour du verbe anglais*, 45–57. Paris: Presses de la Sorbonne Nouvelle.

Miller, Philip & Barbara Hemforth. 2014. Verb phrase ellipsis with nominal antecedents. Université Paris Diderot – Paris 7. Manuscrit.

Miller, Philip & Geoffrey K. Pullum. 2014. Exophoric verb phrase ellipsis. In Philip Hofmeister & Elisabeth Norcliffe (éds.), *The Core and the Periphery: Data-driven perspectives on syntax inspired by Ivan A. Sag*, 5–32. Stanford: CSLI Publications.

Miller, Philip & Ivan A. Sag. 1997. French clitic movement without clitics or movement. *Natural Language and Linguistic Theory* 15. 573–639.

Molnár, Valéria. 1998. Topic in focus. *Acta Linguistica Hungarica* 45. 89–166.

Molnár, Valéria & Susanne Winkler. 2010. Edges and gaps: the role of contrast in the theory of grammar. *Lingua* 120. 1392–1415.

Moltmann, Friederike. 1992. *Coordination and comparatives*. MIT. Thèse de doctorat.

Monachesi, Paola. 1999. The syntactic structure of Romanian auxiliary (and modal) verbs. In Gosse Bouma, Erhard Hinrichs, Geert-Jan Kruijff & Richard Oehrle (éds.), *Constraints and resources in natural language syntax and semantics*, 99–115. Stanford: CSLI Publications.

Monachesi, Paola. 2000. Clitic placement in the Romanian verbal complex. In Birgit Gerlach & Janet Grijzenhout (éds.), *Clitics in phonology, morphology and syntax*, 255–293. Amsterdam/Philadelphia: John Benjamins.

Monachesi, Paola. 2005. *The verbal complex in Romance: a case study in grammatical interfaces*. Oxford University Press.

Mouret, François. 2006. A phrase structure approach to argument cluster coordination. In Stefan Müller (éd.), *Proceedings of the HPSG'06 Conference*, 247–267. Stanford: CSLI Publications.

Mouret, François. 2007. *Grammaire des constructions coordonnées. Coordinations simples et coordinations à redoublement en français contemporain*. Université Paris Diderot – Paris 7. Thèse de doctorat.

Mouret, François. 2008. Les coordinations de termes dissemblables sont-elles elliptiques ? In Jacques Durand, Benoît Habert & Bernard Laks (éds.), *Actes du Congrès Mondial de Linguistique Française (CMLF'08)*, 2563–2575.

Mouret, François. 2011. Deux types de constructions absolues dans la *Jalousie* de Robbe-Grillet. *L'information grammaticale* 128. 51–55.

Mouret, François & Marianne Desmets. 2008. Analogie et coordination en *comme*. *Linx* 58. 75–96.

Munn, Alan. 1993. *Topics in the syntax and semantics of coordinate structures*. University of Maryland. Thèse de doctorat.

Neijt, Anneke. 1979. *Gapping: A contribution to sentence grammar*. Dordrecht: Foris.

Nykiel, Joanna. 2013. Clefts and preposition omission under sluicing. *Lingua* 123. 74–117.

Oehrle, Richard. 1987. Boolean properties in the analysis of gapping. In Geoffrey Huck & Almerindo Ojeda (éds.), *Syntax and semantics 20: discontinuous constituency*, 201–240. San Diego: Academic Press.

Osborne, Timothy. 2006. Gapping vs. non-gapping coordination. *Linguistische Berichte* 207. 307–337.

Osborne, Timothy. 2009. Comparative coordination vs. comparative subordination. *Natural Language and Linguistic Theory* 27(2). 427–454.

Panhuis, Dirk. 1979. Gapping in Latin. *The Classical Journal* 75. 229–241.

Paritong, Maike. 1992. Constituent coordination in HPSG. In Günther Görz (éd.), *Proceedings of KONVENS'92*, 228–237. Berlin: Springer.

Paul, Waltraud. 1999. Verb gapping in Chinese: a case of verb raising. *Lingua* 107. 207–226.

Peterson, Peter. 2004. Non-restrictive relatives and other non-syntagmatic relations in an LF framework. In Miriam Butt & Tracy Holloway King (éds.), *Proceedings of LFG'04*, 391–397. Stanford: CSLI Publications.

Piot, Mireille. 1988. Coordination – subordination : une définition générale. *Langue française* 77. 5–18.

Postal, Paul. 1974. *On raising: one rule of English grammar and its theoretical implications*. Cambridge: MIT Press.

Potts, Christopher. 2005. *The logic of conventional implicatures*. Oxford University Press.

Prince, Ellen. 1986. On the syntactic marking of presupposed open propositions. In *Proceedings from the Annual Meeting of the Chicago Linguistic Society 22*, 208–222. Chicago Linguistic Society.

Pullum, Geoffrey K. & Arnold Zwicky. 1986. Phonological resolution of syntactic feature conflicts. *Language* 62. 751–773.

Bibliographie

Pulte, William. 1971. Gapping and word order in Quechua. In *Proceedings from the Annual Meeting of the Chicago Linguistic Society 7*, 193–197. Chicago Linguistic Society.

Pulte, William. 1973. A note on gapping. *Linguistic Inquiry* 4(1). 100–101.

Ramat, Paolo. 1987. *Linguistic typology*. Berlin: Mouton de Gruyter.

Rebuschi, Georges. 2005. Generalizing the antisymmetric analysis of coordination to nominal modification. *Lingua* 115(4). 445–459.

Reich, Ingo. 2006. Toward a uniform analysis of short answers and gapping. In Pascal Denis, Eric McCready, Alexis Palmer & Brian Reese (éds.), *Proceedings of the 2004 Texas Linguistics Society Conference*, 69–78. MA: Cascadilla Proceedings Project.

Reich, Ingo. 2011. Ellipsis. In Claudia Maienborn, Klaus von Heusinger & Paul Portner (éds.), *Semantics: An international handbook of natural language meaning*, 1849–1874. Berlin: Mouton de Gruyter.

Repp, Sophie. 2009. *Negation in gapping*. Oxford University Press.

Repp, Sophie. 2010. Defining 'contrast' as an information-structural notion in grammar. *Lingua* 120. 1333–1345.

Richter, Frank & Manfred Sailer. 2004. Basic concepts of Lexical Resource Semantics. In Arnold Beckmann & Norbert Preining (éds.), *ESSLLI 2003 – Course Material I. Collegium Logicum*, vol. 5, 87–143. Vienne: Kurt Gödel Society Wien.

Rigaud, Nathalie & José Deulofeu. 2014. Modal ellipsis in French revisited: A corpus-driven constructional approach. In Henry Tyne, Virginie André, Christophe Benzitoun, Alex Boulton & Yan Greub (éds.), *French through corpora: Ecological and data-driven perspectives in French language studies*, 104–130. Newcastle upon Tyne: Cambridge Scholars Publishing.

Rooth, Mats. 1992. A theory of focus interpretation. *Natural Language Semantics* 1. 75–116.

Rooth, Mats. 1996. Focus. In Shalom Lappin (éd.), *Handbook of contemporary semantic theory*, 271–297. Oxford: Blackwell.

Rosenbaum, Harvey. 1977. Zapotec gapping as counter-evidence to some universal proposals. *Linguistic Inquiry* 8(2). 379–395.

Ross, John Robert. 1967. *Constraints on variables in syntax*. Indiana University. Thèse de doctorat.

Ross, John Robert. 1969. Guess who? In *Proceedings from the Annual Meeting of the Chicago Linguistic Society 5*, 252–286. Chicago Linguistic Society.

Ross, John Robert. 1970. Gapping and the order of constituents. In Manfred Bierwisch & Karl Erich Heidolph (éds.), *Progress in linguistics*, 249–259. La Haye: Mouton.

Rothstein, Susan. 2004. *Structuring events: A study in the semantics of lexical aspect*. Oxford: Blackwell.

Roussarie, Laurent. à paraître. Les adverbes associatifs. In Anne Abeillé & Danièle Godard (éds.), *Grande grammaire du Français*. Arles: Actes Sud.

Ruixi Ressy, Ai. 2008. *Elliptical predicate constructions in Mandarin*. München: Lincom Europa.

Sabbagh, Joseph. 2007. Ordering and linearizing rightward movement. *Natural Language and Linguistic Theory* 25(2). 349–401.

Saebo, Kjell Johan. 2004. Conversational contrast and conventional parallel: Topic implicatures and additive presuppositions. *Journal of Semantics* 21(2). 199–217.

Sag, Ivan A. 1976. *Deletion and logical form*. MIT. Thèse de doctorat.

Sag, Ivan A. 1980. *Deletion and logical form*. New York: Garland.

Sag, Ivan A. 1997. English relative clause constructions. *Journal of Linguistics* 33(2). 431–483.

Sag, Ivan A. 2003. Coordination and underspecification. In Jong-Bok Kim & Stephen Wechsler (éds.), *Proceedings of the HPSG'02 Conference*, 267–291. Stanford: CSLI Publications.

Sag, Ivan A. 2005. La coordination et l'identité syntaxique des termes. *Langages* 160. 110–127.

Sag, Ivan A. 2012. Sign-Based Construction Grammar. In Hans Boas & Ivan A. Sag (éds.), *Sign-Based Construction Grammar*. Stanford: CSLI Publications.

Sag, Ivan A., Gerald Gazdar, Thomas Wasow & Steven Weisler. 1985. Coordination and how to distinguish categories. *Natural Language and Linguistic Theory* 3. 117–171.

Sag, Ivan A., Thomas Wasow & Emily Bender. 2003. *Syntactic theory, a formal introduction*. Stanford: CSLI Publications.

Sanders, Gerald. 1977. A functional typology of elliptical coordinations. In Fred Eckman (éd.), *Current themes in linguistics: Bilingualism, experimental linguistics, and language typologies*, 241–270. Washington D.C.: Hemisphere.

Sato, Yosuke. 2009. Coordination, dependency, and gapping in Japanese at the interfaces. In Hiroki Maezawa & Azusa Yokogoshi (éds.), *Proceedings of the 6th Workshop on Altaic formal linguistics (WAFL6): MIT Working Papers in Linguistics*, vol. 61, 309–324.

Schlangen, David. 2003. *A coherence-based approach to the interpretation of non-sentential utterances in dialogue*. University of Edinburgh. Thèse de doctorat.

Bibliographie

Schwabe, Kerstin. 2000. Coordinate ellipsis and information structure. In Kerstin Schwabe & Ning Zhang (éds.), *Ellipsis in conjunction*, 247–269. Tübingen: Niemeyer.

Schwabe, Kerstin & Susanne Winkler. 2003. Exploring the interfaces from the perspective of omitted structures. In Kerstin Schwabe & Susanne Winkler (éds.), *The interfaces: Deriving and interpreting omitted structures*, 1–26. Amsterdam/Philadelphia: John Benjamins.

Schwarz, Bernhard. 2000. *Topics in ellipsis*. University of Massachusetts, Amherst. Thèse de doctorat.

Shieber, Stuart, Fernando Pereira & Mary Dalrymple. 1996. Interactions of scope and ellipsis. *Linguistics and Philosophy* 19(5). 527–552.

Shopen, Timothy. 1972. *A generative theory of ellipsis: A consideration of the linguistic use of silence*. University of California, Los Angeles. Thèse de doctorat.

Siegel, Muffy. 1984. Gapping and interpretation. *Linguistic Inquiry* 15(3). 523–530.

Siegel, Muffy. 1987. Compositionality, case, and the scope of auxiliaries. *Linguistics and Philosophy* 10. 53–76.

Sleeman, Petra. 1996. *Licensing empty nouns in French*. Den Haag: Holland Academic Graphics.

Soames, Scott & David M. Perlmutter. 1979. *Syntactic argumentation and the structure of English*. Berkeley: University of California Press.

Stainton, Robert. 2006. *Words and thoughts: Subsentences, ellipsis, and the philosophy of language*. Oxford University Press.

Steedman, Mark. 1990. Gapping as constituent coordination. *Linguistics and Philosophy* 13(2). 207–263.

Steedman, Mark. 2000. *The syntactic process*. Cambridge: MIT Press.

Stillings, Justine T. 1975. The formulation of gapping in English as evidence for variable types in syntactic transformations. *Linguistic Analysis* 1(3). 247–273.

Stump, Gregory. 1978. Interpretive gapping in Montague Grammar. In *Linguistics Faculty Publications*, 472–481. University of Kentucky.

Tang, Sze-Wing. 2001. The (non-)existence of gapping in Chinese and its implications for the theory of gapping. *Journal of East Asian Linguistics* 10. 201–224.

Thoms, Gary. 2016. Pseudogapping, parallelism, and the scope of focus. *Syntax* 19(3). 286–307.

Toosarvandani, Maziar. 2011. Adversative *but* and the proper treatment of gapping. Pittsburgh. Présentation à *The 85th Annual Meeting of the Linguistic Society of America*.

Tran, Tri Chan. 2010. *Gapping in Spanish: A Minimalist account*. Lambert Academic Publishing.

Tseng, Jesse. 2002. Remarks on marking. In Frank Van Eynde, Lars Hellan & Dorothee Beermann (éds.), *Proceedings of the HPSG'01 Conference*, 267–283. Stanford: CSLI Publications.

Umbach, Carla. 2005. Contrast and information structure: A focus-based analysis of *but*. *Linguistics* 43(1). 207–232.

Vallduví, Enric & Maria Vilkuna. 1998. On rheme and kontrast. In Peter Culicover & Louise McNally (éds.), *Syntax and semantics 29: The limits of syntax*, 79–108. New York: Academic Press.

Van Eynde, Frank. 2003. On the notion 'determiner'. In Stefan Müller (éd.), *Proceedings of the HPSG'03 Conference*, 391–396. Stanford: CSLI Publications.

Van Eynde, Frank. 2006. NP-internal agreement and the structure of the noun phrase. *Journal of Linguistics* 42(1). 139–186.

Van Eynde, Frank. 2007. The Big Mess Construction. In Stefan Müller (éd.), *Proceedings of the HPSG'07 Conference*, 415–433. Stanford: CSLI Publications.

van Oirsouw, Robert. 1987. *The syntax of coordination*. London/New York: Routledge.

Van Peteghem, Marleen. 2002. Les différentes interprétations de *pareil* ou comment un adjectif relationnel devient un marqueur anaphorique. *Langue française* 136. 60–72.

van Riemsdijk, Henk. 2006. Grafts follow from merge. In Mara Frascarelli (éd.), *Phases of interpretation*, vol. 91 (Studies in Generative Grammar), 17–44.

Vicente, Luis. 2010. A note on the movement analysis of gapping. *Linguistic Inquiry* 41(3). 509–517.

Wasow, Thomas. 1972. *Anaphoric relations in English*. MIT. Thèse de doctorat.

Wilder, Chris. 1994. Coordination, ATB and ellipsis. In Jan-Wouter Zwart (éd.), *Minimalism and Kayne's Antisymmetry Hypothesis*, 291–331. University of Groningen: Groninger Arbeiten zur germanistischen Linguistik.

Wilder, Chris. 1997. Some properties of ellipsis in coordination. In Artemis Alexiadou & T. Allan Hall (éds.), *Studies in universal grammar and typological variation*, 59–107. Amsterdam/Philadelphia: John Benjamins.

Williams, Edwin. 1977. Discourse and logical form. *Linguistic Inquiry* 8(1). 101–139.

Williams, Edwin. 1997. Blocking and anaphora. *Linguistic Inquiry* 28(4). 577–628.

Winkler, Susanne. 2005. *Ellipsis and focus in Generative Grammar*. Vol. 81 (Studies in Generative Grammar). Berlin: Mouton de Gruyter.

Winkler, Susanne. 2006. Ellipsis. In Keith Brown (éd.), *The Encyclopedia of language and linguistics*, 2e édition, 109–113. Oxford: Elsevier.

Bibliographie

Winterstein, Grégoire. 2010. *La dimension probabiliste des marqueurs de discours. Nouvelles perspectives sur l'argumentation dans la langue.* Université Paris Diderot – Paris 7. Thèse de doctorat.

Yoshida, Masaya, Michael Walsh Dickey & Patrick Sturt. 2012. Predictive processing of syntactic structure: Sluicing and ellipsis in real-time sentence processing. *Language and Cognitive Processes* 28(3). 1–31.

Zafiu, Rodica. 2005. Conjuncţiile adversative din limba română: tipologie şi niveluri de incidenţă. In Gabriela Pană Dindelegan (éd.), *Limba română — structură şi funcţionare. Actele celui de-al 4-lea Colocviu al Catedrei de Limba Română*, 243–258. Bucarest: Editura Universităţii din Bucureşti.

Zeevat, Henk. 2004. Contrastors. *Journal of Semantics* 21. 95–112.

Zoerner, Ed & Brian Agbayani. 2000. Unifying left-peripheral deletion, gapping and pseudogapping. In *Proceedings from the Annual Meeting of the Chicago Linguistic Society 36*, 549–561. Chicago Linguistic Society.

Zribi-Hertz, Anne. 1986. *Relations anaphoriques en français.* Université Paris 8. Thèse de doctorat.

Index des auteurs

Abbot, Barbara, 44
Abe, Jun, 82, 167, 176
Abeillé, Anne, 13, 16, 19–22, 24, 25, 36, 44, 47, 70, 71, 81, 82, 84, 94, 108, 131, 139, 164, 165, 197, 201, 202, 204, 208, 260–262, 264, 279, 313, 316, 334, 335, 343
Aelbrecht, Lobke, 68, 82
Agafonova, Irina, 82, 106, 168
Agbayani, Brian, 50, 55, 81, 169, 177, 178
Ambridge, Ben, 64, 184
Amsili, Pascal, 47, 101, 109, 111, 148, 342
Arnold, Doug, 280, 281, 303
Asher, Nicholas, 150
Avram, Larisa, 39

Baltin, Mark, 41
Barbu, Ana-Maria, 113, 123, 132, 190, 200, 231
Barton, Ellen, 48
Beavers, John, 61, 188, 230
Beck, Sigrid, 155
Beyssade, Claire, 28, 148, 286
Bîlbîie, Gabriela, 44–46, 82, 87, 90, 97, 105, 108, 113, 123, 132, 142, 144, 157, 158, 181, 186, 187, 197, 201, 205, 227, 237, 257, 295, 307
Blake, Barry, 49, 50, 86, 89

Blanche-Benveniste, Claire, 102
Boeckx, Cedric, 46
Bonami, Olivier, 28, 128, 278
Booij, Geert, 123
Boone, Enrico, 81
Borsley, Robert, 204, 280, 281
Bouton, Lawrence, 40
Bresnan, Joan, 47
Briscoe, Ted, 248
Brito, Ana, 109
Büring, Daniel, 159
Busquets, Joan, 40, 43

Camacho, José, 203
Carlson, Greg, 233, 241
Carlson, Katy, 17, 19, 79, 81, 164
Cecchetto, Carlo, 41
Centeno, Naiara, 82
Chao, Wynn, 50, 106, 108, 112, 180
Chaves, Rui, 44, 46, 81, 130, 181, 188, 204, 230, 343
Chomsky, Noam, 190, 230
Chung, Sandra, 34, 59, 61, 75, 76
Clément, Lionel, 119, 260
Clifton, Charles, 76
Coene, Martine, 39
Cooper, Robin, 3, 309
Copestake, Ann, 248, 309
Coppock, Elizabeth, 15, 81, 168, 172–176, 179, 180, 185, 191
Corblin, Francis, 12, 291
Cornilescu, Alexandra, 12

Index des auteurs

Crysmann, Berthold, 86, 87, 230
Culicover, Peter, 2, 4, 13, 36, 63, 64, 68–71, 73, 99, 101, 109, 130, 136, 140, 155, 180, 181, 183, 190, 192, 196–198, 231, 339, 341, 342, 385
Cummins, Sarah, 39, 40
Cyrino, Sonia, 37, 38, 40

Dagnac, Anne, 38, 39, 41, 43
Dahl, Östen, 15
Dalrymple, Mary, 16, 36, 64–67, 69, 73, 219
Denis, Pascal, 40, 43
Depiante, Marcela, 40, 61
Desmets, Marianne, 47, 101, 104, 109, 111, 342
Deulofeu, José, 39
Diderot, Denis, 133
Dobrovie-Sorin, Carmen, 286
Dowty, David, 33, 192, 236

Fălăuş, Anamaria, 124
Fanselow, Gisbert, 64, 184
Farudi, Annahita, 82, 101
Fernández, Raquel, 48, 308
Féry, Caroline, 142, 164, 165, 172, 341
Fiengo, Robert, 15, 61, 66, 75, 173
Fillmore, Charles, 39
Fortin, Catherine Rose, 61
Fox, Danny, 173
Frazier, Lyn, 76
Frege, Gottlob, 11
Fretheim, Thorstein, 161
Frisch, Stefan, 64, 184
Furbee, N. Louanna, 87

Gaeta, Livio, 51, 82, 89

Gardent, Claire, 16, 32, 64, 81, 108, 130, 133, 171, 184, 192–196, 342
Gazdar, Gerald, 7, 21, 140
Gengel, Kirsten, 42, 43
Gheorghe, Mihaela, 257, 279, 286, 295, 297
Ginzburg, Jonathan, 2–6, 16, 19, 20, 29, 30, 34, 48, 64, 68–70, 72, 73, 78, 197–201, 211–215, 217, 219, 308, 312, 339, 385
Giurgea, Ion, 12
Godard, Danièle, 13, 19, 22, 24, 25, 28, 98, 128, 131, 208, 261, 262, 264, 278, 279, 313, 316, 334, 335
Goldberg, Adèle, 64, 184
Goldberg, Lotus, 37
Goodall, Grant, 192
Goosse, André, 186
Green, Georgia, 101
Grevisse, Maurice, 186, 257, 297
Grice, Paul, 12
Grinder, John, 16, 30
Gundel, Jeanette, 161
Guţu-Romalo, Valeria, 132

Hankamer, Jorge, 16, 19, 35, 38, 47, 59, 81, 97, 98, 102, 106–108, 130, 133, 167, 172, 174, 177, 180, 184, 195, 217, 342
Hardt, Daniel, 36, 60–62, 66, 73
Harries-Delisle, Helga, 49
Hartmann, Katharina, 32, 44, 59, 81, 82, 109, 129, 130, 136, 140, 142, 146, 158, 164, 165, 167, 172, 180, 341, 342
Haspelmath, Martin, 33, 46, 48, 50–52, 86, 90, 91, 126

Index des auteurs

Hawkins, John, 51
Hemforth, Barbara, 65
Hendriks, Petra, 12, 17, 109, 154, 155
Hernández, Ana Carrera, 81, 86
Hinterwimmer, Stefan, 144, 145
Hoeksema, Jack, 42, 47
Hofmeister, Philip, 64, 184
Höhle, Tilman, 44
Horn, Laurence, 12
Hoshi, Hiroto, 82, 167, 176
Hoyt, Frederic, 34, 81, 157, 192
Huang, C.-T. James, 39
Huddleston, Rodney, 19, 21, 36, 47, 234, 280
Hudson, Richard, 33, 55, 81, 236
Hulsey, Sarah, 168

Ince, Atakan, 82, 91, 97, 170, 171
Ionescu, Emil, 39, 190
Iordăchioaia, Gianina, 124
Izutsu, Mitsuko Narita, 99

Jackendoff, Ray, 2, 4, 13, 33, 36, 63, 64, 68–71, 73, 81, 85, 89, 98, 99, 101, 109, 116, 126, 127, 130, 136, 140, 147, 155, 167, 172, 180, 181, 190, 192, 196–198, 231, 257, 339, 341, 342, 385
Jasinskaja, Katja, 106, 157, 158
Jayaseelan, K.A., 42, 81, 172
Jayez, Jacques, 283
Johannessen, Janne Bondi, 202–204
Johnson, Kyle, 14, 36, 42, 54, 55, 81, 97, 98, 101, 127, 133, 139, 157, 158, 168, 173, 174, 177–180, 184–186

Kayne, Richard, 202–204

Kazenin, Konstantin, 82, 86, 90–92, 106, 157
Kehler, Andrew, 15, 61, 62, 66, 76, 77, 79, 81, 150, 152–154, 177
Kennedy, Christopher, 41, 65, 70
Kertz, Laura, 79
Kim, Jeong-Seok, 81, 82, 167, 169, 172
Kiss, Tibor, 326
Kluender, Robert, 64, 184
Konietzko, Andreas, 142, 147, 158, 160, 162, 172
Koutsoudas, Andreas, 50, 81, 98, 133
Kubota, Yusuke, 42, 153
Kuno, Susumu, 19, 81, 126, 142, 157–159, 161, 163, 172, 184, 195
Kuroda, Shige-Yuki, 161

Laca, Brenda, 233
Lakoff, George, 101, 102, 153
Lakoff, Robin, 151
Lambrecht, Knud, 39
Lang, Ewald, 105, 143
Lappin, Shalom, 41, 61
Lascarides, Alex, 150
Lasersohn, Peter, 283
Lasnik, Howard, 42, 59, 134
Laurens, Frédéric, 22, 24–26, 29, 30, 257, 266, 307
Lechner, Winfried, 46, 47
Lee, Hyeran, 82, 90
Lee, Jungmee, 153
Lemoine, Kevin, 39
Levin, Nancy, 15, 41, 150
Levine, Robert, 42
Lin, Vivian, 81, 168, 172
Lobeck, Anne, 36, 37, 60, 61, 66, 85, 89, 102, 107, 108, 177, 342
López, Luis, 55, 81, 168, 178, 179
Ludlow, Peter, 60, 61

Index des auteurs

Luraghi, Silvia, 51, 82, 89

Maling, Joan, 55, 81, 86, 91
Mallinson, Graham, 49, 50, 86, 89
Manning, Christopher, 33, 236
Manus, Sophie, 82
Marandin, Jean-Marie, 20, 28, 249
Mardale, Alexandru, 18
Martin, Andrea, 79
Martins, Ana Maria, 38
Matos, Gabriela, 37, 38, 40, 109
Maxwell, John T., 33, 236
May, Robert, 15, 61, 66, 75, 173
McCawley, James, 103, 168
McElree, Brian, 79
McShane, Marjorie, 110
Melis, Ludo, 266
Merchant, Jason, 11, 12, 14, 34, 48, 54–59, 63–65, 73, 75, 77, 78, 108, 121, 134, 166, 167, 174, 175, 180, 183
Meyer, Charles, 44
Miller, Philip, 4, 5, 16, 30, 36–38, 42, 43, 64, 65, 68, 69, 78, 199
Molnár, Valéria, 162, 172
Moltmann, Friederike, 46, 101, 192
Monachesi, Paola, 123, 199, 200
Mouret, François, 13, 22, 33, 44, 47, 81, 82, 93, 94, 97, 104, 139, 186, 201, 202, 204, 205, 208, 210, 226, 230, 231, 234–238, 241, 244, 247–250, 313, 314, 340, 343
Munn, Alan, 202–204

Neijt, Anneke, 32, 81, 82, 130, 167, 172, 175, 180
Nicolae, Alexandru, 12
Nykiel, Joanna, 68

Oehrle, Richard, 81, 117, 118, 165, 168
Osborne, Timothy, 46, 82, 90, 101

Panhuis, Dirk, 82
Paritong, Maike, 202
Patin, Cédric, 82
Paul, Waltraud, 82, 179
Percus, Orin, 41
Perlmutter, David M., 276
Peterson, Peter, 280
Piot, Mireille, 48
Postal, Paul, 16, 30, 44
Potts, Christopher, 281
Prince, Ellen, 15, 150, 157
Pullum, Geoffrey K., 7, 19, 36, 37, 140, 234, 280
Pulte, William, 82, 87, 88

Ramat, Paolo, 51, 89
Rebuschi, Georges, 203
Reich, Ingo, 67, 81, 82, 157
Repp, Sophie, 32, 82, 104, 116–118, 121, 129, 134, 142, 144–146, 155, 157, 158, 162, 167, 170, 176, 178, 180, 185, 191
Richter, Frank, 309
Rigaud, Nathalie, 39
Roberge, Yves, 39, 40
Rooth, Mats, 143, 163
Rosenbaum, Harvey, 50, 82, 87
Ross, John Robert, 32, 34, 35, 49, 55–57, 59, 81, 85–87, 116, 132, 153, 167, 172, 180, 184, 208, 276
Rossari, Corinne, 283
Rothstein, Susan, 293
Roussarie, Laurent, 286
Ruixi Ressy, Ai, 82, 179

Sabbagh, Joseph, 55

Saebo, Kjell Johan, 148
Sag, Ivan A., 2–4, 6, 16, 19, 20, 29, 34–36, 38, 44, 46, 48, 57, 59, 61, 64, 68–70, 72–75, 98, 106–108, 116, 126, 129, 137, 139, 141–143, 164, 165, 167, 172, 174, 177, 184, 188, 192, 194–202, 206, 211–215, 217, 230, 264, 308, 312, 334, 339, 342, 385
Sailer, Manfred, 309
Sanders, Gerald, 49–51
Sato, Yosuke, 82, 90
Saussure, Ferdinand de, 2, 11, 198, 198[76]
Schlangen, David, 48, 64
Schwabe, Kerstin, 54, 163
Schwarz, Bernhard, 62, 164
Shieber, Stuart, 73
Shopen, Timothy, 60
Siegel, Muffy, 14, 81, 168, 169
Simpson, Andrew, 34
Sleeman, Petra, 12
Soames, Scott, 276
Spenader, Jennifer, 12, 17
Stainton, Robert, 64, 67, 68
Steedman, Mark, 33, 81, 85, 126, 139, 157, 192, 193, 209, 236, 250, 257
Stillings, Justine T., 167, 172
Stump, Gregory, 195

Tang, Sze-Wing, 82
Tasmowski, Liliane, 233
Teodorescu, Alexandra, 34
Thoms, Gary, 42
Toosarvandani, Maziar, 105, 109, 170, 342
Tran, Tri Chan, 82

Tseng, Jesse, 202, 335

Umbach, Carla, 143, 144

Vallduví, Enric, 143
Van Eynde, Frank, 321, 322, 324
van Oirsouw, Robert, 167, 172, 230
Van Peteghem, Marleen, 233, 241
van Riemsdijk, Henk, 102
Vicente, Luis, 81, 178, 185
Vilkuna, Maria, 143

Wasow, Thomas, 7, 60, 140, 176, 196, 254, 341
Wilder, Chris, 36, 98, 133, 167, 172, 230
Willems, Dominique, 102
Williams, Edwin, 61, 62, 75, 107, 108, 133, 176
Winkler, Susanne, 54, 55, 62, 79, 81, 82, 118, 127, 142, 147, 156–158, 160, 162, 164, 165, 168–170, 172, 178–180
Winterstein, Grégoire, 87, 105, 142, 144, 148, 151, 152, 157, 158, 187, 295

Yoshida, Masaya, 79

Zafiu, Rodica, 105
Zeevat, Henk, 106, 143, 157, 158
Zoerner, Ed, 50, 55, 81, 169, 177, 178
Zribi-Hertz, Anne, 12, 16, 61, 82, 109, 116, 126, 176, 342
Zwicky, Arnold, 7, 140

Index des langues

allemand, 3, 50^{33}, 52, 53, 56, 57, 67, 82, 86, 87, 90, 91, 91^8, 104^{20}, 129^{39}, 164, 165, 179, 326
ancien français, 38^{25}, 43^{28}

basque, 86, 91^9

cherokee, 88
chinois, 39, 51, 82, 179, 179^{68}
chuvash, 82, 86, 90, 92, 92^{10}
coréen, 3, 39, 53, 82, 85, 86, 90, 161, 179

dargwa, 82, 90, 91

espagnol, 82, 104^{20}, 119^{29}, 258

gaélique irlandais, 85
gallois, 53
grec, 82, 87, 119^{29}, 121^{31}

hausa, 50
hébreu, 37
hindi, 51, 86
hollandais, 82

irlandais, 37
italien, 41, 64, 65, 258, 321

japonais, 3, 39, 51, 82, 85, 86, 90, 161, 179

langues bantoues, 82
langues celtiques, 50

langues germaniques, 50
langues romanes, 3, 37–42, 50, 82, 105, 142, 199, 205, 258
langues slaves, 106, 142
latin, 82, 87

malayalam, 53
maltais, 50
mandarin, 50

néerlandais, 50^{33}, 321

persan, 82, 86, 101
portugais, 37, 37^{24}, 38–40, 42, 43, 43^{27}, 50^{33}
portugais européen, 43
punjabi, 86

quechua, 51, 82, 87^4, 88

russe, 51, 52, 82, 87, 87^5, 90, 92, 106, 121, 157, 158

swahili, 37

thaï, 50
tojolabal, 51, 87
turc, 82, 86, 91^8, 170

zapotec, 51, 82, 87, 87^4

Index terminologique

accord, 91, 92, 123, 178, 187, 231, 235, 239, 240, 263, 321
Across-The-Board (ATB) Movement, 55, 171, 173[62], 177, 191
acte illocutoire, 21, 28, 67, 128, 281
adjectif relationnel, 233, 240
adverbe associatif, 104, 117, 147[51], 160, 161, 235, 238, 246, 267, 286, 286[14]
affixe/clitique adverbial, 123, 123[33], 124, 138, 188, 190[74], 199, 217, 249
affixe/clitique pronominal, 110, 112[25], 123, 123[33], 138, 188, 199, 217, 238, 239, 249, 301
ajout incident, 8, 48, 259[2], 278, 279, 318, 337
analepse (forward ellipsis), 48–51, 85, 86, 88–90, 91[8], 92, 92[10], 110
anaphore, 30, 30[20], 36[23], 61, 62, 66, 73, 89, 106, 168, 173, 212, 263, 280, 281, 284[12]
anaphore d'instance, 212, 212[80]
anaphore de surface, 106
anaphore descriptive, 212, 328
anaphore profonde, 106
Antecedent Contained Ellipsis, 40, 45, 68, 111
approche constructionnelle, 5, 7, 9, 83, 166, 191, 197, 222, 246, 254, 256, 340[1]
approche non structurale, 5, 7, 54, 63–65, 68, 69, 78, 83, 166, 197, 306, 307
approche structurale, 4, 7, 54, 56, 59, 60, 63, 67–69, 75, 78, 166, 171, 176, 179, 185, 297, 307
Argument Cluster Coordination (ACC), 33, 44[30], 53, 82, 84, 89–91, 93, 95, 192, 208, 226[84], 252, 256, 257, 273, 313
Argument Contained Ellipsis, 41, 45
asymétrie syntaxique, 7, 44, 44[31], 65, 73, 75, 76, 76[49], 120, 121, 121[31], 122, 139, 167, 169, 222, 232, 254, 341
atélique, 293
auxiliaire, 91[8], 112, 113, 116, 118, 253

Bare Argument Ellipsis (BAE), 36, 108, 142[45], 153[54], 162, 162[56]

catalepse (backward ellipsis), 48–51, 61, 85, 88–90, 91[8], 92, 92[10], 110, 179
catégorie mixte, 271
clivée, 263
cluster, 208, 209, 211, 215, 229, 247–250, 256, 259, 270, 271, 273, 275, 276[9], 279, 285, 290, 298,

Index terminologique

299, 307, 313, 314, 316, 324, 326, 327, 340
cohérence discursive, 16, 76[49], 79
Combinatory Categorial Grammar (CCG), 192
comparatives, 7, 32, 42, 46, 47, 64, 100, 101, 109–111, 120[30], 190, 214, 220, 252, 342
complexe verbal, 3, 113, 179, 199
concordance négative, 124[35]
conjoint incident, 197, 204[78]
Conjunction Reduction, 33, 33[21], 55[38], 82, 84, 90, 226[84], 257
constituant majeur, 129, 129[39], 130, 131, 135, 195, 217, 241, 253
construction inaccusative, 249
contenu parenthétique, 280, 283, 303
Contrainte sur les Structures Coordonnées, 153, 208
contraintes d'îles, 13, 57, 64, 173, 175, 180, 180[70], 181, 184
contraintes de localité, 14, 57, 64, 64[40], 127, 133, 135, 180, 254, 308, 326, 333
contraintes de parallélisme, 3, 7, 44, 63, 69–71, 82, 83, 196, 207, 253, 254, 339, 341
contraste sémantique, 4, 7, 44, 87[5], 100, 104, 105, 110, 137[43], 142, 142[45], 143, 144, 147[51], 148–152, 154, 157, 165, 243, 244, 341
coordination de termes dissemblables, 206, 218, 219, 254, 341
coordination omnisyndétique (ou corrélative), 97, 97[15], 186, 197, 205, 228, 235, 237, 245, 254
Copy-and-Merge, 178[67]
coréférence, 14, 30[20], 66, 134, 168, 170, 328, 329

deletion under identity, 59, 60
dépendance à distance, 199
désaccentuation, 164
dialogue, 3, 44[30], 48, 55, 67, 107, 209, 211, 214, 339
dislocation, 25, 276

e-GIVENness, 173, 174
effacement, 4, 5, 59, 59[39], 60, 62, 67, 166, 171–175, 176[66], 178[67], 179, 183, 185[72], 187–189, 191, 192, 222, 340
effets de connectivité, 3, 56, 59, 64, 67–69, 73, 78, 136, 340
élément vide, 4, 5, 59, 60, 69, 171, 176, 192, 222, 340
ellipse nominale, 12, 121[31]
ellipse post-auxiliaire, 36–38, 42, 46
ellipse post-modale, 38, 40, 43
emploi exophorique, 61, 67, 69, 106, 176
ensemble d'alternatives, 143, 144, 148, 150, 152, 162, 286
entité plurielle, 283, 294, 296, 328
éventualité, 268, 268[8], 271, 289, 290, 292–297, 328, 337
éventualité plurielle, 233, 241
expression idiomatique, 114, 114[27], 149, 253
expression référentielle, 66, 67, 161
extraction, 5, 14, 55, 55[38], 57–59, 64, 64[40], 68, 153, 153[54], 175, 177,

Index terminologique

180, 183–185, 191, 197, 249, 254, 316, 317
extraction parallèle, 153, 177, 208, 209
extraposition, 55^{38}, 274, 276, 326

flexion contextuelle, 123, 253
flexion inhérente, 123, 253
focus, 142^{46}, 158, 161, 164, 165, 174, 254
focus contrastif, 147^{51}, 162, 163, 179
Focus Establishing Constituents (FEC), 217^{82}
focus informationnel, 88^{6}, 147^{51}, 156, 159–161, 244
focus prosodique, 139, 147^{51}
force illocutoire, 280
fragment, 2–4, 8, 9, 31, 70, 72^{45}, 83, 112, 192, 194, 196, 198, 208, 211–215, 219–221, 244, 254, 256, 259^{2}, 307–313, 316, 328, 339, 340

généralisation de Wasow, 7, 140, 196, 254, 341
Generalized Phrase Structure Grammar (GPSG), 192
grammaire catégorielle, 139, 192, 209, 236
grammaire dérivationnelle, 4, 168, 169, 178^{67}, 179, 184
grammaire générative, 2, 4, 5, 54, 59, 165
grammaire lexicaliste, 4

Heavy NP Shift, 172^{61}
high ellipsis, 75, 76, 167

îles PF, 175
îles propositionnelles, 175, 180

implicature conventionnelle, 281, 282, 303
interprétation exemplifiante, 8, 258^{1}, 259, 286, 296, 297, 302, 306, 318, 319, 328, 330, 333, 337
interprétation intersective, 280
interprétation non intersective, 280, 282, 296
interprétation partitionnante, 8, 259, 287, 289, 291, 292, 296, 302, 318, 319, 322, 328, 330, 333, 337
inversion du sujet, 93

juxtaposition, 97, 106, 112, 134, 139, 205, 244^{89}

Left Peripheral Ellipsis, 33, 33^{21}, 226^{84}
légitimation indirecte, 71, 196, 254
Lexical Resource Semantics (LRS), 309^{19}
LF-copy, 61, 167, 176, 177, 179
linéarisation, 8, 91^{8}, 185, 227, 228, 260, 274, 276, 276^{9}, 278, 279, 321
low ellipsis, 75, 76, 167

marquage casuel, 3, 17, 47, 56, 67, 82, 123, 126, 136, 260, 267, 279, 301, 341
marquage différentiel de l'objet, 18^{7}, 123^{34}
marquage prépositionnel, 71, 126, 136, 260, 267, 268, 279, 301, 341
massique, 284, 284^{11}
Maximal Question Under Discussion (MAX-QUD), 214

379

Index terminologique

Maxime de Quantité, 12
méronymie, 266[6], 285, 306
Minimal Recursion Semantics (MRS), 9, 187[73], 220, 309, 309[19], 310, 311, 340[1]
mouvement, 4, 5, 7, 8, 50[34], 54, 57, 83, 166, 169[58], 171–174, 174[63], 175, 175[65], 177, 178, 178[67], 179, 185, 191, 192, 222, 254, 340

négation, 13, 105, 112[25], 116–118, 123[33], 124, 124[35], 165, 167, 169, 170, 184–186, 187[73], 189, 190, 190[74], 191, 200, 231, 234, 253, 335[31]
No Embedding Constraint, 101
Null Complement Anaphora, 37[24], 38, 40, 53
Null Objects, 39, 40

object drop, 39, 40, 137
ordre de mots, 3, 26, 33, 49, 82, 85–88, 90, 93, 115, 128, 136, 139, 158, 160, 170, 185, 197, 227[85], 244, 341

paire contrastive, 105, 110, 135, 137–139, 142–146, 146[50], 147, 147[51], 148, 150–152, 154, 156, 158, 159, 164, 165, 192[75], 195, 196, 254, 295[16], 341
paradigme de flexion, 118, 119, 253
PF-deletion, 59, 167, 171, 177, 179
phrase averbale, 6, 19, 22–29, 78, 96[12], 107[22]
pied-piping, 57, 307
polarité, 37, 74, 104, 105, 116, 124, 169, 170, 191, 253

portée étroite, 14, 74, 105, 116, 117, 125, 170, 186, 191, 234
portée large, 14, 74, 94, 116, 118, 165, 168, 170, 184, 185, 187, 187[73], 191, 234, 238, 282
possession, 285
prédicat collectif, 294
prédicat complexe, 131, 241
prédicat d'attitude propositionnelle, 102, 264, 281, 282, 295, 304
preposition stranding, 57, 64
principe de compositionnalité, 11
Principe de conservation des arguments, 198
Principe de la Projection Etendue, 178
principe de récupérabilité de l'ellipse, 190, 230
Principe des traits de tête généralisé, 200, 321, 324
principes du liage, 66, 74, 170, 172
pro-drop, 3, 40, 82, 134, 137, 142, 199, 217
processing, 19, 51, 76[49], 89, 126, 134, 184
proforme nulle, 40, 59–62, 68, 172, 176
pronom résomptif, 264
prosodie incidente, 48, 243
prosodie intégrée, 243, 279
pseudoclivée, 115, 263
Pseudogapping, 41, 42, 42[26], 44, 46, 76, 84, 113, 177, 252

quantifieur existentiel, 173
quantifieur négatif, 124[35], 319, 319[25]
quantifieur universel, 173, 284, 319, 319[25]

question courte, 34, 48, 72, 107, 198, 211, 256, 308, 309, 339
question multiple, 34, 127, 155–158, 254
Question Under Discussion (QUD), 73, 157

rasoir d'Occam, 5
reconstruction sémantique, 7, 8, 54, 63, 69–71, 73, 196, 219, 254, 307, 339, 343
reconstruction syntaxique, 2, 3, 7, 8, 24, 25, 27, 54, 63, 65, 66, 69, 73, 83, 136, 166, 171, 179, 187, 196, 222, 229, 231, 234, 236, 254, 256, 298, 300, 301, 303, 305–307, 337, 339, 340, 343
redoublement clitique, 18^7, 123^{34}, 239
règle lexicale, 5, 248–250
relation anaphorique, 16
relation discursive, 4, 15, 66, 99, 104, 106, 150–153, 155, 220, 221, 254, 340, 341
réponse courte, 48, 57, 58, 64, 67, 72, 76, 107, 169^{58}, 198, 211, 213, 256, 312, 339
restricteur, 285
Right Roof Constraint, 276, 279
Right-Node Raising (RNR), 33^{21}, 44, 44^{30}, 46, 46^{32}, 49, 50, 53, 55^{38}, 90, 192, 343

saillance prosodique, 88^6, 139, 160, 231
Salient Utterance (SAL-UTT), 72, 73, 212, 217
scrambling, 179
sideward movement, 171, 178

signifiant, 2, 11, 198^{76}
signifié, 2, 11, 198^{76}
Sluicing, 14, 34, 56–60, 64, 76, 77, 89^7, 106, 111, 167, 174, 179, 308^{18}
split antecedent, 174, 176
Sprouting, 34
Stripping, 7, 16, 16^6, 35, 36, 55^{38}, 57, 70, 76, 84, 84^3, 106, 108, 162^{56}, 214, 252, 342
structure informationnelle, 4, 79, 156, 163, 179, 254
structure plate, 227^{85}
subject drop, 40, 137
substitution, 71, 194–196, 229
syntagme endocentrique, 200, 201, 203
syntagme exocentrique, 200

télique, 293
tête faible, 202, 321^{26}, 335^{30}
tête prédicative, 6, 19, 20, 22, 23, 26, 29, 32, 131, 241
topique, 105, 128^{38}, 155, 158, 161, 164, 165, 254
topique contrastif, 147^{51}, 156, 159, 161, 162, 162^{56}, 163, 179, 244
type de phrase, 20–22, 28, 94, 200
Type Theory with Records (TTR), 309^{19}

unification d'ordre supérieur, 69, 219

vehicle change, 67
Verb Phrase Ellipsis (VPE), 16, 36, 37, 41, 42, 44^{29}, 44^{30}, 46, 49, 50, 50^{33}, 57, 60–62, 70, 76, 106, 107^{23}, 167, 173, 177–179, 219
Verb-Stranding VPE, 37, 40

zeugme, 118, 149^{52}

www.ingramcontent.com/pod-product-compliance
Lightning Source LLC
Chambersburg PA
CBHW081327230426
43667CB00018B/2856